물질과 기억

H e n r i   B e r g s o n

현대철학총서 2

물질과 기억

정 신 과   신 체 의   관 계 에   관 한   시 론

앙리 베르크손 지음 | **최 화** 역주

베르크손 전집 1

자유문고

역주자 머리말

참 오래 걸렸다. 역주자가 처음으로 이 책을 번역하자고 마음먹은 것은 대학원을 졸업하던 즈음이었다고 기억한다. 그러니까 얼추 35년 전의 일이다. 그때는 아직 이 책을 읽지도 않았고, 그래서 이왕 읽는 김에 번역까지 해보면 좋겠다고 생각한 것이다. 지금 돌이켜 생각하면 참으로 무모한 결심이었던 것이 불어도 잘 모르고 베르크손도 잘 모르면서, 이제 겨우 불어 문법을 배워서 사전을 찾아가며 해독하는 정도의 실력으로 알면 알수록 심오해지는 베르크손 형이상학의 가장 중심적 저작을 번역하겠다고 덤벼들었으니, 하룻강아지 범 무서운 줄 모른다는 말이 바로 이런 경우를 두고 한 말일 것이다. 무식하면 용감하다고 일단 덤벼들었으나 얼마 못 가 포기하고 말았다. 그러나 문서는 잘 못 버리는 습관 때문에 부끄럽게도 아직 그 원고는 가지고 있다.

사실 당시에는 그런 시대였다. 번역서라고 나온 많은 책들이 문맥도 잘 안 통하고 말이 안 되는 것들이 많던 시대였다. 대학원 졸업 정도의 학력으로도 충분히 번역서를 내고, 또 출판사들도 받아주었다. 물론 오늘날에도 번역가들이 다 박사학위를 가진 것은 아니지만 그래도 그들의 실력은 충분히 믿을 만한 것이고, 또 말이 안 되는 번역 같은 것은 찾아보기 힘들어졌다. 요즈음 번역서들은 너무나 훌륭하여 지금의 역주자도 그들에 못 미칠까 은근히 걱정이 된다. 그때에 비하면 35년 후의 우리나라 문화계 전반의 실력은, 번역 문제만 본다 하더라도, 가히 괄목상대할 만하다.

역주자는 플라톤으로 박사학위를 받았지만, 지난 35년 간 베르크손에 대한 사랑은 버릴 수 없었다. 그리하여 역주자의 대학 교수로서의 경력은 주로 플라톤과 베르크손 연구에 바쳐졌다. 그렇다고 뭐 크게 이룬 것은 없지만 이 두 핵심적 형이상학자들에게 배운 것들은 단지 철학뿐 아니라 삶 전체를 이끈 가르침이 되었다. 역주자의 눈으로는(이 눈도 사실은 박홍규 선생님께 배운 것이지만) 플라톤과 베르크손은 서양의 양대 형이상학, 박홍규 선생님의 표현에 따르면 본질주의와 기능주의, 역주자의 생각으로는 정지체 중심의 형이상학과 운동 중심의 형이상학을 대표하는 철학자이다. 또는 전통 형이상학과 새로운 형이상학이라 부를 수도 있으리라. 그런데 이 책 『물질과 기억』은 운동 중심의 새로운 형이상학의 핵심이 전개된 책이다.

베르크손은 책을 명확하게 쓰기로 유명한 사람인데, 글이 마치 수학책과 같이 필요한 말만 딱 골라서 하고 그 외의 주변 이야기는 전혀 하지 않는 사람이다. 그러니 분명한 말만 있기 때문에 우선 읽기는 좋다. 그러나 베르크손에 대해 논문을 쓰려는 사람에게는 매우 곤란한 철학자이다. 마치 내 책에 대해서는 아무 논문도 쓰지 말라고 하는 사람 같다. 그런 그의 책 중에 유독 어려운 책이 하나 있으니, 그것이 바로 『물질과 기억』이다. 이것은 그가 일부러 어렵게 쓰려고 작정해서가 아니라, 전달하려는 내용 자체가 어렵기 때문일 것이다. 지금까지 사람들이 일반적으로 가지고 있던 생각과는 워낙 다른 생각을 하고 있으니 우선 그의 말에 맞는 생각의 틀(이 책에 나오는 말대로라면 "기억의 국면")을 갖다 대기가 어렵다. 또 읽을 때에는 그럭저럭 이해했다 해도 금방 잊어버린다. 가지고 있던 생각과 생판 다른 이야기를 들으면 들었어도 잘 기억이 안 되는 것과 같은 이치이다.

이 책을 제대로 이해하려면 지금까지 가지고 있던 지식, 특히 철학적 지식을 모조리 버리고 전혀 철학을 모르는 사람의 입장으로 되돌아가야 한다. 그렇다고 철학을 모르는 "일반인"의 입장으로 되돌아만 가면 되는가 하면 그것도 아니다. "일반인"도 일상생활을 해야 하니 거기서 알게 모르게 받아들이는 철학적, 형이상학적 입장이 있다. 그것마저 버리고 베르크손이 말하는 이른바 "직접 주어진 것" 속으로 되돌아가야 한다. "직접 주어진 것"은 그냥 멍하니 바라보는 상태에서 주어지는 것이 아니라 삶의 필요에 의해 왜곡된 것을 없애는 작업을 통해 나타나는 것이다. 그게 무슨 "직접 주어진 것"이냐고, 네가 원하는 대로 작업한 것이 아니냐고 묻는다면, 어떤 의미에서는 그렇고, 어떤 면에서는 아니라고 말할 수밖에 없다. 작업을 했다는 면에서는 분명 "직접 주어진 것"이 아닌데, 우선 그 작업이 원하는 대로 마음대로 하는 것이 아니며, 그 결과를 "직관"하면 분명 "직접 주어진 것"임을 알 수 있다고. 아, 여기서부터 벌써 의문을 가지는 사람이 많을 것이다. 이러니 이해하기가 어려울 수밖에. 이것을 예상한 베르크손은 역주자처럼 이야기하는 것이 아니라 누구나 받아들일 수밖에 없는 자료(과학적, 심리학적)를 가지고 이야기한다. 그러니 돌고 돌아야 하고 결국 또 어려워진다. 역주자도 학생들과 같이 이 책을 읽은 것만 대여섯 번은 되는데 어렵기는 마찬가지였다. 오죽 했으면 전체를 요약하면서 세부를 기억하지 못해 어려워하는 역주자를 보고 어느 대학원생이 아직 이 책에 대한 "'습관 기억'이 형성되지 않은 거로군요." 하고 무심코 한마디를 했다. 내 처지를 발각당하고 정신이 번쩍 든 나는 질질 끌던 번역 작업에 더욱 매진하게 되었다.

이 책의 핵심 주제는 심신관계의 문제이다. 이 책을 이해할 때도 이 문제를 놓치지 않고, 이 문제를 중심으로 따라 가야 한다. 그렇게 볼 때 이 책의 핵심은 제1장과 제4장이다. 심신관계, 즉 마음과 몸, 영혼과 신체가 어떻게 관계를 맺느냐는 문제는 데카르트 이후 철학의 중심문제로 자리 잡았고, 근대 철학의 대표자들, 특히 라이프니츠, 말브랑슈, 스피노자는 모두 이 문제를 놓고 나름의 해법을 제시한 사람들이다. 베르크손은 이 모두를, 그리고 칸트까지 비판한다. 그들 모두 실용적 세계관에서 벗어나지 못했기 때문이다.

베르크손에게 심신관계가 문제가 된 것은 박사학위인 첫 번째 책 『의식에 직접 주어진 것들에 관한 시론』에서 정신과 물질, 시간과 공간, 질과 양을 완전히 구별하였기 때문에, 그렇다면 그 양자가 어떻게 관계를 맺느냐는 것이 문제가 될 수밖에 없었기 때문이다. 그 관계를 논하는 것이 바로 다음으로 출판한 이 책 『물질과 기억』인데, 우선 말해야 할 것은 둘이 관계를 맺는다는 것이지 둘이 하나라는 이야기는 아니라는 사실이다. 그러니까 첫 번째 책에서의 완전한 구별이 잘못되었다는 것이 아니라 둘은 분명히 구별되는데(그러니까 계속 이원론을 유지하고 있다), 다만 서로 만날 수는 있다는 것이다. 그 여지를 밝히는 것이 이 책이다. 어떻게 만나는가? 그 대답은 한마디로 물질과 기억으로 만난다는 것이다. 책 제목 자체가 대답이다. 그렇다면 물질은 뭐고 기억은 뭐기에 서로 만난다는 것일까? 순서대로 우선 물질이란 무엇이냐를 알아야 한다. 그것이 설명되어 있는 곳이 제4장이다.

제4장에서는 물질에 대해 "직접 주어진 것"을 파악하려는 시도를 보이고 있다. 그것은 첫 번째 책이 지속에 대해 "직접 주어진 것"을 파악하려는 시도였던 것과 대칭의 짝을 이룬다. 보통의 일상인에게 물질은 우선 물체이다. 그런데 물체는 일정한 한계를 가지고, 딱딱해서 만질 수 있고 또 볼 수도 있고, 고정적이어서 항상 일정한 방식으로 관계를 맺을 수 있다. 그런데 이것이 물질의 진정한 모습일까? 우리가 물질을 그렇게 생각하는 것은 우리의 실용적 필요에 의해 재단해 놓은 결과이다. 가장 원시적인 생물(가령 아메바)조차도 자신의 양분이 되는 것은 섭취하고 위험한 것은 피하는 행태를 보인다. 양분이 되는 것과 아닌 것의 기초적인 구별로부터 점점 고등 동물로 올라갈수록 필요가 다양해지고 그에 따라 구별도 다양해진다. 드디어 인간에 이르면 온갖 형태와 색깔, 냄새, 맛, 촉감 등을 구별하며 그 결과들이 하나하나 굳어져서 사물로 된 것이 바로 물체이다. 일단 물체를 구별해 놓으면 물체 자체는 불변적이고 고정적이며, 물체의 운동은 불변적 물체에 따라 붙을 수도 있고 아닐 수도 있는 우연적 요소가 되어 버린다. 그런 세계관의 대표적 경우가 아리스토텔레스일 것이다. 그러나 실재 물질의 모습은 어떤 것일까?

우리가 눈을 뜨면 우리 앞에 전개되는 세상의 모습은 모두 이어져 있다. 어떤 움직이는 연속성(continuité mouvante)으로 나타난다. 가령 저 앞의 산은 물론 산으로서 우리가 구별한 하나의 산이지만 그 내부를 보면 여러 나무가 모여 있다. 그 나무도 또한 한 그루의 나무이지만 그 내부는 또 잎, 줄기 등 여러 부분들이 모여 있다. 그 중 잎을 보면 다시 여러 부분으로 이루어져 있고… 등등, 이런 식으로 계속 내려가면 결국 원자에 도달할 것이다. 그 원자는 다시 핵과 전자로, 핵은 다시 양성자와 중성자로 분해되어 결국 쿼크로 가고, 거기서 멈추지 않고 다시 끈 이론 등으로 나아갈 것이다. 이러한 진행은 우리가 더 이상 자세히 파악할 수단이 없거나 잡을 수 있는 이론적 틀이 없어서 그렇지 계속될 것이다. 이렇게 계속될 수 있는 것은 뭔가 연속적인 것을 자꾸 나누려 하기 때문이다. 사실 처음 산에서부터 끈까지 각 단계에서의 하나하나의 사물은 모두 우리가 편의상 구별한 것들이다. 연속성을 끊어진 사물로 구별하려니까 구별은 끝없이 진행된다. 사실 원자 이후의 존재자들은 모두 이론의 산물이며, 원자조차 눈으로 본 사람은 아무도 없다. 실재하는 것은 움직이는 연속성이다. 연속적 운동이다. 그 모두가 이어진 운동일 따름이다. 운동과 구별되는 운동체가 따로 있는 것이 아니라(그렇다면 벌써 불변의 물체와 그 운동의 구별을 도입한 것이다) 그 자체가 모두 운동이다. 플럭스이다. 물질은 플럭스이다.

우리가 만지는 이 책은 그 윤곽이 고정된 사물같지만 사실은 그 표면에서 무수히 진동하는 운동일 뿐이다. 그 진동을 우리가 응축하여 어떤 색깔의 책으로 지각한다. 이 책이 이 책으로서의 자기 동일성을 주장하려면 책의 자기 자신임이 있어야 한다. 그런 자기성은 오직 생명체만이 가지고 있다. 그것만이 기억이 있기 때문이다. 그렇지 않은 물질은 자기 동일성이 없고 끊임없이 운동할 뿐이다. 그 운동을 끊어서 자기 동일적 운동체와 그 운동으로 구별한 것이 바로 생명체인 우리가 실용적 목적에 의해 우리의 자기 동일성을 운동에 투사하여 구별해 낸 결과이다. 생명체는 가장 먼저 자기 몸과 자기 몸이 아닌 것을 구별하는데, 그 구별에서 출발하여 아까 말한 영양이 되는 것과 아닌 것을 구별하고 다음으로 필요에 따라 여러 구별들을 한다. 그리고 그 구별한 것 각각을 자신과 같이 자기 동일성이 있는 것으로 확립한다. 그 결과가 각각의 구별되는 사물들이다. 그러니까 모든 구별은 삶의 실용적 목적에 따라 이루어진 것이며, 그 실용적 구별을 제거할 때 실재와 마주하게 된다. 그 실재가 바로 아까 말한 움직이는 연속성, 즉 연속적 운동이다.

　모든 물질 사이에는 서로 인력과 척력이 작용하는데 가령 뉴턴은 그것을 실체인 물질들 사이를 연결하는 실과 같은 어떤 힘으로 생각한다. 그러나 그것은 모두 실용적 생각을 사변에 적용한 결과이고, 사실은 그 실체를 좀 더 이상화하고 힘을 좀 더 물체화하면 패러데이와 같이 원자(실체) 자체가 힘의 중심에 불과하게 되고 그 힘이 물체화하여, 원자들이 상호 침투하는, 표면을 정할 수 없이 전 우주로 뻗쳐 가는 힘들, 즉 운동이 된다. 베르크손이 생각하는 물질의 실상은 그와 같은 것이다. 물질은 운동이다. 즉, 플럭스이다. 물질의 실상은 플럭스이다.

　그렇다면 베르크손에게는 이제 두 가지 운동이 있게 된다. 하나는 자기 동일성을 가진 생명의 운동이며, 다른 하나는 그렇지 못한 운동, 즉 물질의 운동이다. 구별들 중에 가장 실재를 반영하는 구별은 생명과 물질의 구별이며, 그것이 모든 구별 중 가장 근거가 있고, 가장 기초적인 구별이다.

두 운동은 어떻게 다른가? 물질은 현재를 반복할 뿐이다. 끊임없이 변하는 어떤 현재 속에 있는 것, 그것이 물질의 근본적인 법칙이다. 그것에는 과거도, 현재도, 미래도 없고, 쉽게 말하여 그냥 부르르 떨고 있는 진동, 플라톤식으로 말하여 방황하는 원인(flamomene aitia)의 "진동(seismos)"이다. 그러니 현재는 과거의 반복이며, 미래도 현재의 반복이고, 필연은 바로 거기서 성립한다. 현재는 과거에서 연역되며, 미래도 현재에서 연역된다. 그런데 생명은 그 진동을 그대로 따라가는 것이 아니라 응축한다. 응축한다는 것은 지속의 어느 부분 동안의 일을 단번에 뭉친다는 것이다. 그러므로 그것은 현재의 반복이 아니라 과거, 현재, 미래가 서로 뭉치고 이어져서 서로 속으로 밀고 들어간다. 과거가 현재로 이어지고 현재가 미래로 이어진다. 그것이 바로 지속이다. 지속하는 것은 기억이 있다. 기억이 있다는 것은 과거가 현재, 미래로 이어진다는 것이다. 기억이 있는 것은 과거를 단지 반복하는 것이 아니라 응축한다. 베르크손이 든 유명한 사례에 따르면, 가령 파장이 가장 긴 빨간 색은 초당 400조 번을 진동한다. 그 진동을 모두 따라가면서 세려면 어떤 것을 감지하기 위한 가장 짧은 시간인 1/500초에 한 번씩 센다고 해도 25,000년이 걸린다. 그러니까 응축한 빨간 색은 세는데 250세기가 걸릴 진동을 한 번에 붙잡은 결과이다. 여기서 중요한 것은 인상적인 그 숫자가 아니라 물질은 진동이고 생명체는 그것을 응축한다는

사실이다. 진동을 응축한다는 사실 자체가 물질의 필연에 따라가지
않는다는 것, 즉 자유의 표현이다. 응축하는 것은 기억이 있으며, 기
억이 있는 것은 자유롭다. 즉, 필연에 따라가지 않는다. 생명이 파악
하는 질은 물질의 진동을 응축한 것이며, 그 응축을 점점 풀면 질이
점점 희미해지고 종국에 가서는 물질처럼 동질적인 진동으로 해체
될 것이다. 생명은 그러므로 긴장이다. 생명의 긴장과 물질의 이완
이 서로 만난다. 어디서 만나는가? 물질이 항상 있는 현재에서 만난
다. 생명은 과거를 현재에도 보존하는 기억이며, 그 기억이 현재만
을 반복하는 물질과 현재에서 만난다. 바로 이것이 우리가 아까 정
신과 신체는 물질과 기억으로 만난다고 한 말의 의미이다. 어디서?
현재에서. 이 현재란 방금의 예에서도 드러나듯이 바로 빨간 색이
라는 질이며, 그것이 드러나는 곳을 총칭하여 우리는 지각이라 부
른다. 그러므로 물질과 정신이 만나는 곳은 우선 지각에서이다. 그
것은 곧 말을 바꾸면 지각이 이루어지는 현재라는 시간에서 만난다
는 말이 된다. 이것이 이 책에서 베르크손이 누누이 강조한 바와 같
이, 심신관계는 공간이 아니라 시간에 따라 이해되어야 한다고 말
의 의미이다. 이 시간의 의미를 이해하지 못하면 종전의 철학자들
처럼 연장과 비연장이 어떻게 만나느냐고 문제를 제기하게 되고 그
러면 해결할 길이 막막해진다.

　이렇게 말을 해도 아직 의문을 제기할 것이다. 당신 말이 옳다고
하자. 그런데 지각에서 만나다면, 베르크손도 주장하고 있는 것이
지만 지각은 우리 밖에서 이루어지는 것이 아니냐? 그렇다면 정신
과 물질이 밖에서 만난다는 말이냐? 우리는 그렇다고 대답할 것이

다. 그러면 정신이 어떻게 밖에 있느냐고 또 물을 것이다. 이렇게 묻는 이유는 정신이 뇌에 있다고 생각하기 때문이다. 뒤에 다시 말하겠지만 정신은 뇌 속에 있지 않다. 뇌는 기억의 저장소가 아니다. 정신은 사실 어느 공간 속에 있지 않다. 굳이 말하자면 정신의 세계에 있다. 가령 기하학적 도형이나 수는 기하학의 공간과 수의 공간에 있다. 이것을 이해하지 못하면 기하학과 수학은 성립하지 않는다. 기하학적 도형이나 수는 우리 머릿속에 있지 않다. 머리를 해부해 봐야 볼 수가 없다. 그러면 어디 있는가? 그런 질문 자체가 정신을 공간적으로 생각하기 때문에 생기는 것인데, 정 장소를 따진다면 어떤 객관적 세계 속에 있다고 말할 수밖에 없다. 기하학이나 수학이 우리 안에 있다면 우리 마음대로 될 것이다. 그러나 기하학이나 수학은 우리 마음대로, 마음먹은 대로 되는 것이 아니고 나름의 법칙이 있다. 그것을 우리는 객관적 세계 속에 있다고 하고, 기하학적 공간이나 수학적 공간이라 부르는 것이다. 그런 공간은 우리 밖에 있지만 우리의 세계와 연결되어 있다. 그와 마찬가지로 우리 정신의 세계, 기억의 세계는 기하학적 공간이나 수학적 공간만큼 떨어져 있지는 않지만 하여간 나름 독립적으로 존재한다.

우리의 기억은 우리가 함부로 변경할 수 없는 나름의 법칙성을 가지고 독립적으로 존재한다. 물론 기하학이나 수학처럼 엄밀하지는 않지만 자신의 법칙을 가지고 있다. 가령 우리의 기억은 단 한 순간의 예외도 없이 모조리 보존된다. 그것을 기억해 내는 것은 그때그때의 상황에 따라 변덕스럽게 변하지만 그 기억 자체는 보존되어 우리의 성격을 형성한다. 우리는 그것을 뇌에 보존되어 있다고 생각하지만 뇌는 기억의 저장고가 아니다. 제2장 전체가 그것을 설명하고 있다. 뇌는 기억이 현실적 행동으로 구현되려 할 때 운동근육의 전개를 준비하는 곳에 불과하지, 기억의 저장소가 아니다.

정신은 그렇게 공간과는 독립적으로 존재하는 것이지만, 또 한편으로 우리의 기능은 우리 밖에 나가 있다. 우리의 신체는 우리 촉각의 한계이며, 우리가 어떤 사물을 만질 때 바로 그 만지는 곳에서 우리와 사물이 접한다. 촉각은 그곳에 있다. 그러니 촉각을 생각하면 지각과 우리의 관계와 장소를 가장 쉽게 이해할 수 있다. 지각의 내용, 즉 지각의 대상은 우리 밖에 그리고 접촉이 이루어지는 바로 그곳에 있다. 지각은 대상이 있는 곳에서 성립한다. 이것은 다른 지각에서도 모두 마찬가지이다. 시각의 대상은 우리 밖에, 대상이 있는 바로 그곳에 있고, 지각이 이루어지는 것도 바로 거기이다. 어떻게 몸 밖에서 촉각과 같이 그 대상을 만질 수 있나? 있다. 바로 그것이 시각의 기능이다. 떨어져 있는 대상도 촉각처럼 만지고 알 수 있는 기능이 바로 시각이다. 아까 우리 기능이 우리 밖으로 나가 있다는 말은 바로 그 뜻이다. 그러나 사람들은 지적할 것이다. 우리가 사물을 보는 것은 사물로부터 빛이 들어와서 망막에 맺히니까 보는 것이지 밖에서 보는 것은 아니지 않느냐? 그렇게 묻는 것은 지각을 수동적이고 정적인 사건으로 파악하기 때문에 그런 것이다. 밖으로부터 어떤 빛의 진동이 들어오면 그것을 그냥 망막의 상으로 파악하는 것으로 그치는 것이 아니라 우리 기억이 밖으로 나간다. 그래서 그 사물이 있는 바로 거기서 무엇이라고 파악한다. 지각한다는 것은 이렇게 밖으로부터의 진동이 우리 속으로 들어오고, 우리 기억이 밖으로 나가고 하는 일련의 과정, 하나의 회로이다.

좀 더 자세히 말하자면, 물질 자체의 진동이라 해야 할 순수지각이 우리 속으로 들어오는데 그것은 응축되어(응축-기억) 들어오며, 그때 거기에 맞춰 우리의 기억(상-기억)이 밖으로 나간다. 다만 이때 정조라 불리는 우리 몸의 상태가 같이 덧붙여져서 나간다. 그 결과는 다시 들어오고 기억은 다시 나가고 하는 과정이 계속된다. 그것이 마치 회로처럼 돌고 도는 과정이 바로 지각이다. 이 회로를 이해하지 못하면 시각이 우리 망막에서 이루어지는 정적인 사건이라고 생각하게 된다. 그것이 사실이라면 날아오는 공을 잡으러 우리 손을 망막으로 뻗어야 할 것이다. 아무도 그렇게 하지 않는다. 우리는 밖으로 손을 뻗으며, 결국 받기에 성공한다. 이것이 제1장에서 설명된 몸과 지각의 관계이다.

여기까지가 이 책에서 설명된 심신관계에 대한 베르크손의 해법이다. 우선 제4장(물질론)과 제1장(몸과 지각의 관계)이 중요하다고 했지만 이야기가 진행되는 사이에 제2장(뇌와 기억의 관계)도 언급하게 되었다. 제3장도 사실은 논의 중에 지나가듯 살짝 언급되기는 했다. 제3장은 기억이 어떻게 기억의 여러 국면을 거쳐 현실화되고 뇌가 운동기제를 그리는가 하는 과정에 대한 설명이다. 하여간 여기까지가 베르크손의 설명에 충실한 이 책의 묘사였고, 이제 짧게 여기서 해석해 낼 수 있는 이야기를 덧붙일까 한다. 이것은 물론 역주자의 이야기이므로 베르크손에게는 아무 책임이 없다.

우리는 물질과 기억이 우선 지각에서 만난다고 했지만 사실은 지각에서만 만나는 것은 아니다. 이 책에서 가장 유명한 뒤집힌 원뿔과 평면의 그림(본문의 그림 4)에서 꼭짓점 S에서 분명히 그림으로 기억과 물질이 만나는 점이 표시되어 있다. 여기서 점 S는 우리의 몸이다. 책에서는 오직 몸이라는 말밖에 없고 몸인 것도 사실이다. 기억이 우리 몸 전체와 만난다고밖에는 할 수 없으니까. 몸은 우리 행동의 중심이고 기억은 몸을 통해 어떤 행동을 하니까 몸 전체인 것은 맞다. 습관기억의 경우 몸에 기억이 되어 있다고 말할 만큼 몸 전체가 기억과 관계를 맺고 있어야 한다. 그러나 좀 더 좁힐 수는 없나? 정확히 몸의 어디가 기억과 만나는가? 역시 뇌라고 할 수밖에 없다. 뇌는 몸의 움직임을 그리고 있다. 뇌가 우선 몸의 운동기제를 그리고, 몸은 그에 따라 움직인다. 이것은 모든 경우에 그렇다고는 말할 수 없고, 가령 상이 필요 없는 습관-기억의 경우에는 거의 몸이 자동적으로 운동한다고 해야 한다. 그러나 상-기억이 현재화될 때는 결국 기억이 현재와 만나야 하는데 그것은 곧 현재, 즉 뇌(물질)와 만난다고 해야 하지 않나? 이것은 베르크손이 직접 한 말은 아니고 역주자의 짐작에 불과하다. 그러나 크게 어긋난 짐작은 아닐 것이다. 뇌에 기억이 저장되어 있다는 생각을 물리치고 싶어 했던 베르크손이 뇌에서 기억과 만난다는 말도 회피한 것이 아닐까 한다.

우리 밖에서는 지각에서, 우리 몸에서는 몸 전체나 뇌에서 만나는 물질과 기억은 사실 정신 속에서도 만난다. 물질과는 전혀 다른 정신 속에서 어떻게 기억과 물질이 만나는가? 직접 물질과 기억이 만나는 것은 아니지만 "물질성"이 정신과 만난다. 다른 말로 하면 정신도 물질성을 가지고 있다. 그 대표적인 것이 순수공간인데 그것은 베르크손에 따르면 정신의 상상의 산물로서 정신이 사물 아래에 까는 것이다. 사물을 지각하고 그에 따라 행동하는 것을 주 기능으로 가지고 있는 정신은 자신 속에 사물의 성질을 받아들인다. 그리하여 정신은 자신의 존재방식을 망각할 정도로 주로 공간적으로 사유한다. 그러므로 정신은 이미 자신 속에서 물질의 공간성과 만나고 있다고 해야 하는 것은 아닌가? 이것은 베르크손이 직접 언급하는 것은 아니니 이쯤 지적하는 것으로 만족하자.

이 책은 베르크손의 어느 책보다 인용된 논문이나 자료가 많다. 몇 년 전이었다면 이것을 다 해설하려는 것은 엄두도 내지 못했을 것이다. 그러나 최근 인터넷의 발달로, 특히 Bibliothèque nationale de Paris(BNP)의 Gallica 사이트의 도움으로 많은 자료를 찾을 수 있었고, 옛 책을 사진본으로 내는 출판사에서 직접 살 수도 있었으며, 빠리에 유학 중인 조태구 군의 도움도 받았다. 그러나 모든 자료를 다 구할 수는 없었는데, 나머지 것들은 새로 나온 베르크손 판본인 *Edition critique*(우리는 "*Edition choc*"라 부르고 *Ech*로 표시했다)의 뒤에 실린 Camille Riquier의 Dossier critique의 도움을 받아 자료들에 대한 해설을 붙일 수 있었다. 우리가 주로 사용한 판본도 *Edition critique*이며, 그 외의 판본이나 해설에 필요한 자료들은 다음의 판본목록에 밝혔다.

판본목록

I. *Matière et mémoire. Essai sur la relation du corps à l'esprit*, Paris, Ancienne librairie G. Baillère et Cie Félix Alcan, 1896. Avant-propos(p. I~III)

II. 위와 같은 책, 7e édition, Alcan, 1911. 분리된 쪽수의 새로운 Avant-propos(p. I~IX) 들어감.

III. *Matière et mémoire. Essai sur la relation du corps à l'esprit*, 37e édition, Paris, PUF, 1941. Avant-propos가 전체 쪽수와 합쳐져 매겨짐(p. 1~19)

IV. 위와 같은 책, Quadrige 판, Paris, PUF, 1982. 위 III과 같은 사진본.

V. *Ech* Edition choc de *Matière et mémoire*, PUF, Paris, 2008. 베르크손의 원문을 "Quadrige"판과 쪽수도 동일하게 하였지만 뒤에 주석을 붙인 최신판. 우리는 이 주석의 도움을 많이 받았다. 필요한 경우에는 많이 인용하기도 했다. 그러나 이해를 돕는 경우 이외에는 인용횟수를 가능한 한 줄이려고 노력했다.

(A) "Mémoire et reconaissnce", *Revue philosophique de la France et de l'étranger*, 41, 1896. 3, 225~248쪽; 41, 1896. 4, 380~399쪽. 연말에 책이 나오기 전 책의 부분을 발췌하여 철학 잡지에 발표한 두 논문 중 첫 번째 논문으로 2회에 걸쳐 연재되었다. 이 논문은 책의 제2장 부분에 해당하며, 상당한 차이를 보인다. 우리는 많은 소소한 차이들은 생략하고 크게 차이가 나는 부분만 번역하여 표시했다.

(A2) "Perception et matière", *Revue de métaphysique et de morale*, 4, 1896. 5, 257~279쪽. 발췌 논문 중 두 번째 논문으로 책의 제4장 부분에 해당하며, 책과 소소한 차이를 보이는 곳은 여러 곳이지만 생략했고, 단 한 군데에서만 조금 큰 차이가 있어 번역하고 표시했다.

M *Mélanges*, ed. André Robinet, avec la colaboration de Rose-Marie Mossé-Bastide, Martine Robinet et Michel Gautier, Paris, PUF, 1972.

M영 *Matter and memory*, N. M. Paul과 W. S. Palmer 역, Allen& Unwin; Humanities Press, London; New York, 8판, 1970.

일러두기

1. *¹ *² *³ 등은 원주, ¹, ², ³ 등은 역주.
2. 원주건 역주건 주석의 본서에 대한 쪽수는 모두 불어판 원문(위의 Ⅲ, Ⅳ, Ⅴ)
   의 쪽수(각 쪽의 옆에 표시됨).

베르크손의 책 약호표

Essai　*Essai sur les données immédiates de la conscience*, Alcan, 1888.

MM　*Matière et mémoire*, Alcan, 1896.

EC　*L'évolution créatrice*, Alcan, 1907.

ES　*L'énergie spirituelle*, 1919.

PM　*La Pensée et le Mouvant*, Alcan, 1938.

제7판의 머리말[1]

이 책은 정신의 실재성(réalité)과 물질의 실재성을 인정하며, 기억(mémoire)이라는 한 명확한 예를 통하여 그 둘 사이의 관계를 결정하려고 시도한다. 따라서 이 책은 분명히 이원론적이다. 그러나 다른 한편 이 책이 몸과 마음을 생각하는 것은 이원론이 항상 야기하던 난점들이자, 직접적 의식에 의해 암시되고 있고 상식에 의해 받아들여졌음에도 불구하고 철학자들이 이원론을 결코 높이 평가하지 않게 만든 이론적 난점들을, 배제까지는 아닐지라도 크게 약화시키기를 바랄 수 있도록 하는 방식이다.

그러한 난점들은 대부분, 물질에 대해 사람들이 가지고 있는, 때로는 실재론적이고 때로는 관념론적인 견해(conception)에 기인한다. 제1장의 과제는 관념론과 실재론이 똑같이 과도한 이론들이며, 물질을 우리가 그것에 대해 가지고 있는 표상(représentation)으로 환원하는 것도 잘못이요, 우리 속에 표상을 만들어내기는 하지만 표상과는 다른 성질의 어떤 사물(chose)로 생각하는 것도 잘못임

---

1   이 머리말은 1910년 10월 영문번역판을 위해 처음 써졌고 불어본에서는 1911년 제7판부터 이전의 머리말을 대체하여 붙게 되었다. 이때에는 이미 *EC*가 발표되어(1907) 그의 철학이 완성 단계에 이르렀고, 세계적인 명성을 얻고 있던 시기이다. 한편 이전의 머리말은 이 머리말 끝을 보라.

을 보여주는 것이다. 우리에게 물질은 '상(像, image)'의 총화이다. 그리고 우리가 말하는 '상'이란 관념론자들이 표상이라 부르는 것보다는 강하지만 실재론자들이 사물이라 부르는 것보다는 약한 어떤 존재 ― '사물'과 '표상' 사이의 중도에 위치한 존재 ― 를 뜻한다. 물질에 대한 그러한 견해는 바로 상식의 견해이다. 철학적 사변에 익숙지 못한 사람에게, 그가 보고 만지는, 그의 앞에 놓여 있는 대상이 그의 정신 속에서만, 그리고 그의 정신에 대해서만 존재할 뿐이라거나, 심지어는 버클리와 같이 좀 더 일반적으로 오직 어떤 정신에 대해서만 존재할 뿐이라고 말한다면 매우 놀랄 것이다. 우리의 대화자는 항상 대상이 그것을 지각하는 의식과는 독립적으로 존재한다고 주장할 것이다. 그러나 다른 한편 대상은 사람들이 거기에서 지각한 것과는 완전히 다른 것이어서 눈이 보여주는 색깔도, 손이 거기서 감지하는 저항도 가지고 있지 않다고 말한다면 그는 마찬가지로 놀랄 것이다. 그에게 그러한 색깔과 저항은 대상 속에 있다. 즉, 그것들은 우리 정신의 상태들이 아니라 우리의 존재로부터 독립적인 존재의 구성요소이다. 따라서 상식에게 대상은 그 자체로서 존재하며, 다른 한편 대상 그 자체가 우리가 지각하는 그대로의 모습을 하고 있다. 즉, 그것은 하나의 상이지만, 그 자체로서 존재하는 상이다.

이것이 바로 우리가 제1장에서 '상'이라는 말을 사용하는 의미이다. 우리는 철학자들 사이의 논란을 모르는 사람(esprit)의 입장에 선다. 그런 사람은 자연히 물질이 그가 지각하는 그대로 존재한다고 믿을 것이다. 그리고 그는 물질을 상으로 지각하기 때문에 물질 그 자체가 모종의 상이라고 생각할 것이다. 한 마디로 말해 우리는 관념론과 실재론이 물질의 존재(existence)와 외양(apparence) 사이에서 행한 분리 이전의 단계에서 그것을 생각할 것이다. 아닌 게 아니라 철학자들이 그러한 분리를 행한 이래로 그것을 피하기가 어렵게 되었다. 그러나 우리는 독자에게 그것을 잊으라고 요청한다. 제1장이 진행되는 중에 혹시 우리의 이러저러한 주장에 대한 반론이 마음속에서 제기될 경우, 그러한 반론이 여전히 우리가 벗어나라고 권유했던 두 관점 중 어느 하나에 다시 자리 잡은 데서 나오지 않았는지를 살펴보기 바란다.

버클리가 "기계론적 철학자들(mechanical philosophers)"[2]에 반대해서 물질의 제2성질이 적어도 제1성질만큼의 실재성은 가진다고 주장했을 때, 철학에는 커다란 진보가 이루어졌다. 그의 잘못은 그러한 주장을 위해 물질을 정신의 내부로 옮겨와 순전히 관념(une pure idée)으로 만들어야 한다고 믿었던 데 있었다.[3] 데카르트가 물 3

---

2 Riquier는 이 "기계론적 철학자들"을 반-아리스토텔레스적 자연 철학자들로서 모든 자연 현상을 물질과 운동으로만 설명하려는 사람들이라 한다(Ech, 304쪽, 주6 참조). 그중에는 Hobbes나 Locke가 속하며, 그들 이론의 중심은 제일 성질과 제이 성질을 구별하는 것이다. 그 구별은 로크가 Boyle로부터 빌려온 것인데, 로크에 의해 널리 퍼지게 되었다.

3 Berkeley는 관념을 사물로 전환시킴으로써 2차 성질에도 1차 성질만큼의 실재성을 부여한 것은 옳았으나, 이번에는 사물을 관념으로 전환시키면서 1차 성질도 존재하기 위해서는 2차 성질만큼이나 정신 속에 놓여야 한다고 생각했다. Riquier는 또한 Gueroult가 버클리의 비물질성(immatérialisme)과 베르크손의 '상'이 깊은 의미에서는 일치함을 주

질을 기하학적 연장과 혼동했을 때, 그는 분명 물질을 우리로부터
너무 멀리 가져다 놓았다. 그러나 그것을 우리 가까이로 가져오기
위해 물질을 정신 자체와 일치시키는 데까지 나갈 필요는 없다. 버
클리는 거기까지 나아갔기 때문에 물리학의 성과를 고려할 수 없었
으며, 데카르트가 현상들 사이의 수학적 관계를 그것들의 본질 자
체로 파악한 데 비해 그는 우주의 수학적 질서를 순전한 우연으로
간주할 수밖에 없었다. 그때 그러한 수학적 질서의 근거를 설명하
고 물리학에 굳건한 기초를 복원하기 위해서는 칸트의 비판이 필연
적이게 되었다. 그러나 그것은 감성과 오성의 범위(portée)를 제한
함으로써만 거기에 성공할 수 있었다. 만약 물질을 데카르트가 밀
고 나간 지점과 버클리가 끌고 온 지점의 중간에, 간단히 말해 상식
이 생각하는 지점에 놓아두려는 입장을 취했다면, 적어도 〔감성과
오성을 제한한다는〕 그 점에서는 칸트의 비판이 필연적이지 않았
을 것이며, 적어도 그러한 방향에서는 인간의 정신이 자신의 범위
를 제한하는 데에 이르지 않았을 것이고, 형이상학이 물리학에 희
생되지도 않았을 것이다. 우리 자신이 물질을 보려고 하는 곳도 바
로 거기서〔즉, 상식의 선에서〕이다. 제1장은 물질을 보는 그와 같은

장했다(*Berkeley. Quatre études sue la perception et sur Dieu*, Aubier, édition
Montaigne, Paris, 1956, 107~116쪽; *Ech*, 471~476쪽에 재수록)고 지적한다.
그러나 이것은 오해다. 베르크손의 '상'이론은 물론 버클리와 일치하는
면이 있다. 바로 다음에 이어지는 베르크손의 설명에서와 같이 베르크손
은 버클리와 데카르트의 중간이기 때문에 한편으로는 버클리와 일치하지
만, 그러나 다른 편으로는 완전히 다르다. 물질은 지각 그 자체가 아니라
우리와 독립적으로 우리 외부에 실재하기 때문이다.

방식을 정의하고, 제4장은 거기서부터 결론을 이끌어낸다.

그러나 앞서 말한 바와 같이[4] 물질의 문제는 이 책의 제3장과 제4장에서 접근할 문제, 즉 본 연구의 과제인 정신과 신체의 관계에 관한 문제에 관련되는 한에서만 취급될 것이다.

그러한 관계는 철학사를 통하여 끊임없이 문제되었지만, 실제로 4 는 거의 연구되지 않았다. "영혼과 육체의 결합"을 요지부동의 설명할 수 없는 사실로서 인정하는 데에 그치는 이론들이나, 막연하게 육체를 영혼의 도구라고 말하는 이론들[5]을 제쳐두면, 실질에서는 — 즉 개별적 사실들의 해석에서는 — 모두 다 꼭 같은 결론에 이르게 되는 "부대현상 가설(hypothèse épiphénoméniste)"이나 "평행론 가설(hypothèse paralléliste)"[6] 이외의 심신 관계에 관한 이론은 없다. 그도 그럴 것이 사고를 단순한 뇌의 기능으로 생각하고 의식의

---

4 앞의 1쪽 처음을 보라.

5 "요지부동의 설명할 수 없는" 사실로 인정하는 데 그치는 이론은 데카르트를 뜻하며, "막연하게 육체를 영혼의 도구"라 생각하는 이론은 고대의 정신론적 철학자들을 말한다.

6 부대현상론은 뇌 속의 분자의 움직임에 따라 의식의 상태도 물질에 부수하는 인광처럼 결정된다는 이론으로 주로 유물론자의 주장이다. 또 평행론은 스피노자와 같이 신의 두 양상인 연장과 사유가 무한한 신의 다른 두 표현으로서 서로 평행한다는 이론이다. 베르크손은 바로 다음의 설명에서와 같이 부대현상론도 평행론도 모두 물질과 정신이 병행한다는 것을 공통적으로 가정한다고 보고 있다. 바로 이것이 두 이론 모두의 잘못이다. 서로 연관이 있다는 것은 분명하지만 못이 거기에 걸린 옷의 모양을 나타내지 못하는 것과 같이 물질과 정신이 병행한다는 것은 근거 없는 가정이 된다.

상태를 두뇌 상태의 부대현상으로 생각하건, 사고의 상태와 뇌의 상태를 하나의 원문으로부터 나온 두 개의 다른 언어로의 번역으로 생각하건 양쪽 모두, 활동하고 있는 두뇌의 내부로 들어가서 두뇌 표면을 이루고 있는 원자들의 왕래(chassé-croisé)를 관찰할 수 있고, 다른 한편으로 정신 생리학(psychophysiologie)의 요체를 터득하고 있다면, 상응하는 의식의 세부사항을 알 수 있다는 것을 원리로 삼고 있다.

　사실 그것은 과학자들이나 철학자들 사이에서 가장 널리 인정받고 있는 것이다. 그러나 사실을 편견 없이 검토했을 때 그것이 실제로 그러한 종류의 가설을 암시하고 있는가 하는 것을 의문시해 볼 여지가 있을 것이다. 의식의 상태와 두뇌 사이에 어떤 유대관계가 성립한다는 것은 반박할 수 없다. 그러나 옷과 그것이 걸려 있는 못 사이에도 유대관계는 존재한다. 못을 뽑아버리면 옷이 떨어지기 때문이다. 그렇다고 하여 못의 형태가 옷의 형태를 그린다거나 어떠한 방식으로든 그것을 예견할 수 있게 해준다고 말할 것인가? 결국 심리적 사실이 뇌의 상태에 걸려 있다(accroché)는 것으로부터 심리·생리적인 두 연쇄의 '평행론'을 이끌어낼 수는 없다. 철학이 그러한 평행론적 이론을 과학의 자료에 근거한 것이라 주장할 때, 그것은 진정한 악순환을 범하고 만다. 왜냐하면 과학이 하나의 사실인 유대관계를 하나의 가설(그것도 거의 이해할 수 없는 가설[*1])

─────────

*1　이 점에 관해서 우리는 "정신생리학의 오류추리(Le paralogisme psycho-physiologique)"(*Revue de métaphysique et de morale*, 1904. 11.)라는 제목의 논문에서 더욱 집중적으로 다루었다.[7]

에 불과한 평행론의 방향으로 해석한다면, 그것은 의식적으로든 무의식적으로든 철학적 차원의 이유인 까닭이다. 그것은 과학이 모종의 철학[8]을 가지고 〔그 가설보다〕 더욱 그럴듯하고 더욱 실증 과학적 관심에 부합하는 가설은 없다고 믿는 데에 익숙해 있기 때문이다.

그런데 문제를 해결하기 위해 분명한 실마리가 되는 사실을 찾으려 할 때 곧 바로 옮겨가게 되는 곳은 기억(mémoire)의 영역이다. 그것은 〔충분히〕 예상할 수 있는 것이었는데, 왜냐하면 기억(souvenir)이 ― 우리가 이 책에서 보이려고 시도하고 있는 것처럼 ― 바로 물질과 정신 사이의 교차점(point d'intersecton)을 나타내고 있기 때문이다.[9] 그러나 이유는 중요치 않다. 내가 생각하기에 정신

---

7   이 논문은 우선 1904년 Cogrès international de philosophie à Génève에
     서 발표되었고, 다음으로 *Revue de métaphysique et de morale*, 12, 1904,
     859~908쪽에 게재되었다. 그것을 거의 수정하지 않고 1919년 *ES*에 "Le
     cerveau et la pensée: une illusion philosophique"라는 제목으로 수록하
     였다. 이 논문은 평행론이 실재론적 입장에 서건 관념론적 입장에 서건
     곧 반대 입장을 동시에 받아들여야 성립할 수 있음을 보임으로서, 평행론
     이 그 자체 모순적 주장임을 보여준다. 그렇기 때문에 이해할 수 없는 가
     설이 된다.

8   하나의 물질적인 상태에 하나의 정신적인 상태가 대응한다는 평행론의
     철학. 평행론 자체가 오류일 뿐만 아니라, 물질이나 정신에 '하나, 하나의'
     상태가 떨어져서 존재한다는 믿음 자체도 오류이다.

9   Riquier에 따르면 고대 정신론이 정신의 가장 높은 상태(관념)와 물질의
     가장 낮은 상태(물리적 사실)를 고려했다면 현대의 새로운 정신론(베르크
     손)은 물질의 가장 높고 복잡한 단계(뇌-척추 신경계)와 정신의 가장 낮
     은 단계(기억)를 탐구한다는 것이다. 그렇게 함으로써 더 정확하고 실증

생리학적 관계에 어떤 빛을 던져줄 수 있는 전체 사실 중에서, 정상적 상태에서이건 병리적 상태에서이건 기억에 관계된 사실들이 특권적 위치를 점한다는 것은 아무도 반박하지 않을 것이다. 여기서는 기록들이 지극히 풍부할 뿐만 아니라(다양한 실어증에 대해 축적된 관찰의 엄청난 양만이라도 생각해 보라!), 해부학·생리학·심리학이 여기서보다 더 잘 서로를 뒷받침하는 데에 성공한 곳은 없다. 아무런 선입견 없이 사실의 기반 위에서 영혼과 신체의 관계라는 오래된 문제에 접근하는 사람에게 문제는 곧 바로 기억의 문제, 좀 더 구체적으로는 단어 기억(mémoire des mots)의 문제 주위로 좁혀드는 것처럼 보인다. 바로 거기에서부터 문제의 더 불분명한 측면을 밝혀줄 수 있는 빛이 출발해야 한다는 것은 의심할 여지가 없다.

우리가 어떻게 문제를 해결하려고 시도하는지를 [앞으로] 보게 될 것이다. 일반적으로 심리적 상태는 우리에게 대부분의 경우 뇌의 상태를 훨씬 넘어서는 것처럼 보인다. 즉, 뇌의 상태는 심리상태의 아주 적은 부분, 즉 공간운동(locomotion)으로 번역될 수 있는 부분만을 그릴 뿐이다. 일련의 추상적 추리로 전개되는 복잡한 사유를 생각해 보라. 그런 사유는 적어도 발생 중(naissantes)인 것이나마 상들의 표상을 동반한다. 그런 상들이 의식에 표상될 때에는

적 기반 위에서 양자 사이의 관계를 탐구할 수 있게 된다고 지적한다(*Ech*, 307쪽, 주16). 이것은 부분적으로 옳은 지적이지만 정신의 가장 낮은 단계는 그냥 기억이 아니라 신체 기억, 즉 습관 기억이고 습관 기억은 몸 전체와 만난다는 것을 보충해야 한다. 그리고 그것이 다가 아니고 정작 중요한 만남은 지각에서 응축기억, 신체적 정조, 그리고 과거 기억 일반과 물질의 만남이며, 또 뇌에서는 상-기억과 뇌(행동)가 만남을 이야기해야 한다.

항상, 윤곽만 잡혀 있는 상태에서이건 또는 어떤 경향의 상태에서이건 그 상들 자체를 공간 위에 실연實演할 운동들이 그려진다. — 즉, 그 운동들에 의해 몸에 이러저러한 태도가 새겨지고, 상들이 암암리에 포함하고 있는 공간운동적인 모든 것이 전개된다. 그런데 우리의 생각으로는, 바로 그런 운동이 복잡한 사유를 전개할 때 두뇌의 상태가 매 순간 지시하고 있는 것이다. 두뇌의 내부 속으로 뚫고 들어가서 거기에서 일어나는 것을 지켜볼 수 있는 사람은 아마, 윤곽만 잡혀 있거나 〔실행되려고〕 준비가 되어 있는 그러한 운동에 대해서는 알 수가 있을 것이다. 〔그러나 그 밖의〕 다른 것에 대해 알 수 있으리라는 것을 증명하는 것은 아무것도 없다. 그가 초인적인 지능을 부여받고, 정신 생리학의 요체를 터득하고 있다 하더라도, 상응하는 의식 속에서 일어나는 것에 대해서는 무대 위에서 왔다 갔다 하는 배우의 움직임에 의해서 희곡에 대해 알 수 있는 바로 그 정도밖에 알 수 없을 것이다.

그것은 곧 뇌에 속하는 것과 정신적인 것의 관계는 항상적(恒常的, constante)인 관계도 단순한 관계도 아니라는 말이다. 공연되고 있는 연극의 성격에 따라서 배우들의 움직임은 희곡에 대해 더 많은 것을 알려주거나 더 적은 것을 알려줄 것이다. 무언극이라면 거의 모든 것을 알려줄 것이며, 섬세한 희극이라면 거의 아무것도 알려주지 않을 것이다. 이와 같이 우리 두뇌의 상태도 우리가 우리의 심리적 삶을 행동으로 외화 하느냐 순수한 인식으로 내재화하느냐에 따라 우리의 정신 상태를 많거나 적게 포함한다.

따라서 결국 정신의 삶에는 여러 상이한 음조(tons)가 존재하며,

우리의 심리적 삶은 우리의 **삶에 대한 주의**(attention à la vie)의 정도에 따라 때로는 행동과 가깝게, 때로는 멀게 상이한 높이로 연주된다. 이것이 이 책을 주도하는 관념 중에 하나이며 우리 작업의 출발점으로 사용되었던 바로 그 관념이다. 사람들이 일반적으로 심리 상태의 더 큰 복잡성이라 간주하는 것이 우리의 관점에서는 우리 인격 전체의 더 큰 확장으로 보인다. 우리의 인격은 보통의 경우 행위에 의해 죄어져 있으나 그것이 물려있는 바이스가 풀릴수록 그만큼 더욱더 확장되며, 여전히 나누어지지는 않지만 그만큼 더욱더 넓은 면적으로 펼쳐진다. 사람들이 일반적으로 심리적 삶 자체의 교란, 내적 무질서, 인격의 질병으로 생각하는 것이 우리의 관점에서는 심리적 삶을 그에 동반하는 운동 장치에 연결해 주는 유대의 이완이나 왜곡, 즉 외부의 삶에 대한 우리의 주의注意의 변화나 감소로 보인다. 이러한 주장은 또한 언어 기억의 국지화(localisation)를 부정하고 실어증을 그러한 국지화와 다르게 설명하는 주장과 마찬가지로 이 책이 처음 출판되었을 때(1896)에는 역설적인 것으로 생각되었다. 오늘날에는 훨씬 덜 그러해 보일 것이다. 그때에는 고전적이며 보편적으로 인정되고 손댈 수 없는 것으로 생각되었던 실어증에 대한 견해가 특히 해부학적 차원의 이유 때문에, 그러나 부분적으로는 우리가 이 세기 초에 개진했던 것과 같은 종류의 심리학적 이유 때문에 몇 년 전부터 맹렬히 공격받았다.[2] 삐에르 쟈네

----

*2 Pierre Marie의 작업들과 F. Moutier의 저서 『브로카의 실어증L'aphasie de Broca』(1908, Paris, 특히 제7장)을 보라. 그 문제에 관련된 연구와 논쟁들을 자세히 다룰 수는 없다. 그러나 J. Dagnau-Bouveret의 최근 논

문 "피질 하부의 신체 운동적 실어증L'aphasie motrice sous-corticale" (Journal de psychologie normale et pathologique, 1911. 1~2월)을 언급하지 않을 수 없다.[10]

10 Moutier, *L'aphasie de Broca*(G. Steinheil, Paris, 1908)는 최근에는 Kessinger legcy reprint에서 사진본으로 재출간되었다. 책의 제목과는 다르게 브로카의 실어증 이론을 소개하는 책이 아니라 그것을 Pierre Marie의 정신에 따라 매우 자세하고 세밀하게 비판한 책이다. Dagnan-Bouveret, "L'aphasie motrice sous-corticale"은 "Quelques remarques sur l'aphasie motrice sous-corticale (Anartherie de Pierre Marie)" (*Journal de psychologie normale et pathologique*, 1911.)을 가리키는 것으로 P. Marie의 실분절증(anartherie) 현상을 소개한 논문이다. 브로카 시대만 하더라도 실어증은 '탄'('탄'이라는 말밖에 못하기 때문에)이라 불린 Leborgne 씨의 예를 중심으로 표현성 실어증을 가진 사람의 증상만을 실어증이라 불렀으며 죽은 다음에 해부해본 결과 좌뇌의 세 번째 전두엽에 함몰이 보인다고 하여 그곳을 브로카 영역이라 불렀다. 그러나 Pierre Marie씨의 재검토 결과 그 부분뿐만 아니라 다른 부분에서의 손상도 관찰되고 결국 브로카의 주장은 전혀 잘못되었음이 판명되었다. 그리하여 P. Marie는 브로카의 실어증은 실어증이라 할 수 없고 무분절증(anartherie)이라 해야 한다고 주장하였는데, 이 논문은 그것을 설명한 논문이다. 이 논문에서 Dagna-Bouveret는 베르크손을 직접 인용하며, 특히 그의 연상주의 비판을 수용한다. Moutier와 P. Marie의 전반적 의의에 관해서는 Dagnan-Bouveret의 "L'aphasie et les localisations cérébrales" (*Revue de métaphysique et de morale*, 16-4, 1908)이 매우 도움이 된다. 그에 따르면 샤르꼬 이래로 실어증은 다음 네 가지로 분류되었다. 1) 언어농: 청각은 살아 있고 말을 할 수는 있는데, 들은 말을 이해할 수가 없다. 즉, 언어청각기억이 사라진 것으로 그 위치는 좌뇌의 첫 번째 시간엽이다. 2) 언어맹: 말한 것을 이해하고 말하고 심지어 쓸 수도 있는데, 쓰인 글을, 심지어 자신이 쓴 것마저도 읽지 못한다. 언어시각기능이 사라진 것으로 그 위치는 좌뇌의 두 번째 측

두엽이다. 3) 운동 실어증: 브로카의 실어증으로 다른 모든 언어기능은 정상인데 말을 분절하여 하지 못한다. 운동언어기억이 사라진 것으로 위치는 왼쪽 세 번째 전두엽의 발부분이다. 4) 실필증(agraphie): 말하고, 말을 이해하고, 읽기까지 할 수 있는데 쓸 수가 없다. 손이 마비된 것도 아니고, 쓸 말을 음절로 끊어 말할 수도 있는데 쓸 수가 없다. 필기운동기억이 사라진 것으로 위치는 좌뇌 두 번째 전두엽이다. 이러한 분류는 너무도 명확하여 누구도 부인할 수 없는 '전통적' 분류법이 되었다. Pierre Marie 는 거기에 반기를 들었다. 1) 우선 실어증은 하나이며 거기에는 지적 능력의 손상이 항상 동반된다는 것이다. 그것은 말을 이해하지 못하는 베르니케 실어증에 해당한다. 2) 다음으로는 실분절증(anartherie)이다. 그들은 말을 완벽히 이해하지만 말을 하지는 못한다. 3) 베르니케 실어증처럼 말을 이해하지도, 읽지도, 쓰지도 못한다. 거기다 말을 하지도 못한다. 그러니까 이것은 베르니케와 브로카 실어증을 합친 것과 같다. 4) 마지막으로 전통적인 순수 언어맹이 온다. 그리고 전통적인 좌뇌 세 번째 전두엽은 언어기능에 어떠한 특별한 역할도 하지 않는다고 주장한다. 그가 행한 많은 해부 결과 1) 세 번째 전두엽의 손상 없이도 브로카 실어증은 생기며, 2) 세 번째 전두엽이 손상되었는데도 실어증은 생기지 않았음을 보았다. 여기서 세부사항을 말할 수는 없으나 P. Marie의 주장은 결국 어느 국부적 손상에 대응하는 일정한 기능 같은 것은 없고 뇌의 한 부분의 손상은 전체와 연관을 가진다는 것이다. 결국 뇌의 국지화 이론은 전면적으로 부인되는 것이다. 베르크손이 그들을 인용하는 것도 결국 이런 이유 때문일 것이다. 한편 먼저 인용된 Moutier, *L'aphasie de Broca*의 제7장은 제2부의 제7장으로서 "Dissociation anatomique et localisation de l'aphasie de Broca solon la doctrine de Peirre Marie.—La zone lenticulaire et la zone Wernicke(Pierre Marie의 이론에 따른 Broca 실어증의 해부학적 분해와 장소-렌즈형 영역과 Wernicke영역)"라는 제목이 붙어 있다. 여기서 Broca 실어증은 Broca영역의 손상 때문이 아니라 항상 어느 정도의 Wernicke 영역의 손상을 동반하며, 거기에 렌즈형 영역의 손상이 덧붙여지면 Broca실어증이 생긴다는 것이 밝혀진다. 그리고 그 손상이라는 것도 어

(Pierre Janet) 씨는 그가 신경증에 관해 수행했던 그토록 심오하고 독창적인 연구에 의해 최근 몇 년 동안에 완전히 다른 방법을 통해, 즉 그 병의 '정신 쇠약적(psychasthéniques)' 형태를 탐구함으로써, 형이상학적 견해라고 특징지어졌던 심리적 '긴장'과 "실재에 대한 주의"라는 〔위에서 말한 우리의〕 생각들을 사용하기에 이르렀다.*³

  사실 그러한 생각들을 형이상학적이라 특징짓는 것은 완전히 잘못된 일은 아니었다. 형이상학뿐 아니라 심리학에까지 독립된 학문

---

*3 P. Janet, 『강박과 정신쇠약*Les obsessions et la psychasthénie*』, Paris, Alcan, 1903(특히 474~502쪽).[11]

느 부분이 완전히 없어지는 것이 아니라 그 부분 자체는 그대로 존속하고 다만 그 부분이 경화하거나 마비된다는 것을 의미함을 천명한다. 그러니까 위의 2)에서와 같이 Broca실어증은 실분절증임을 말하는 것이다.

11 이 책이 요즘에는 Hamattan사에서 사진본으로 재인쇄(2005)되어 출간되었다. Janet는 히스테리적 신경증과 강박적 신경증을 구분하고 특히 후자의 원인을 정신쇠약에서 찾았는데, 인용된 부분에서 심리현상들의 위계질서를 심리적 긴장(tension pshchologique)의 정도에 따라 분류했다. 심리적 긴장이 가장 큰 것은 실재의 기능(fonction du réel)이 발휘될 때이며, 다음으로 이미지의 기능(fonction des images), 내장의 감정적 반응들(réaction émotionnelles viscérales), 무용한 근육운동(mouvements musculaires inutiles) 등으로 분류된다. 이때 실재의 기능이 베르크손이 말하는 "심리적 긴장"과 "실재에 대한 주의"에 해당한다. Janet는 바로 이곳에서 직접 베르크손을 인용하고 있을 뿐 아니라(477쪽, 480쪽 등), 논의의 전개에서도 베르크손의 영향이 느껴진다. 가령 정신병의 원인을 프로이트와 같이 억압된 무의식에서 찾지 않고 "실재에 대한 주의"와 같은 긴장이 약화되는 데서 찾았다는 것은 훨씬 베르크손적 정신에 가까운 설명 방식이다.

으로서 확립될 권리를 거부하지 않는 우리는 그 두 학문 각각이 상
대방에 대해 문제를 제기해야 하고, 어느 정도는 문제를 해결하는
데 상대를 도울 수 있다고 생각한다. 심리학이 실제 생활에서 유용
하게 작용하는 한에서의 인간 정신에 대한 연구를 과제로 삼고 있
고, 형이상학이 유용한 행동의 조건으로부터 벗어나 순수 창조력으
로서 스스로를 되찾기 위해 노력하는 바로 그 동일한 인간 정신이
라면, 어찌 그렇지 않을 수 있겠는가? 두 학문이 문제를 제기할 때
사용하는 용어들의 문자에만 집착하면 서로 무관해 보이는 많은 문
제들이, 그 내적 의미를 잘 고찰해 보면 매우 가까운 문제들이며,
서로에 의해 풀릴 수 있는 문제들인 것으로 보인다. 우리의 연구의
시초에는, 물질의 실재성 혹은 본질에 관하여 실재론자와 관념론
자, 또는 기계론자와 역동론자 사이를 뒤흔들던 문제들과 기억의
분석 사이에 어떠한 것이든 모종의 연관이 존재할 수 있으리라고는
믿지 않았다. 그러나 연관은 실재한다. 심지어 긴밀하기까지 하다.

9 그리고 그 점을 고려할 때 한 중요한 형이상학적 문제가 관찰의 영
역으로 옮겨지게 되며, 거기서 그것은 순전한 변증법의 닫힌 장(場,
champs)에서 학파들 사이에 무수한 논란을 조장하는 대신에 점진
적으로 해결될 수 있을 것이다. 이 책의 어떤 부분이 복잡해진 것
은 철학을 그런 측면에서 생각할 때 야기되는, 문제의 불가피한 착
종(enchevêtrement)에 기인한다. 그러나 실재의 착종 자체에 기인
한 그와 같은 착종을 가로질러 우리의 연구에서의 주도적 실마리를
제공해 주었던 두 원리를 늦추지 않고 견지한다면 어렵지 않게 갈
피를 잡을 수 있으리라 믿는다. 그 첫째는, 심리적 분석은 본질적으

로 행동을 지향하고 있는 우리 정신 기능의 타산적 성격(caractère utilitaire)을 지표指標로 하여 끊임없이 자기 위치를 설정해야 한다는 것이다. 둘째는 행동에서 형성된 습관들이 사변의 영역으로 올라가면서 거기에 인위적인 문제를 만들어내며, 형이상학은 그러한 인위적 불명확성을 제거함으로써 시작해야 한다는 것이다.

제7판 이전의 머리말은 다음과 같다.

"우리 작업의 출발점은 이 책의 제3장에 해당하는 분석이었다. 그 장에서 우리는 기억이라는 명확한 예를 통해, 동일한 정신의 현상이 꿈과 행동 사이의 모든 중간 단계들을 나타내는 수많은 상이한 의식의 국면들(plans de conscience)에 동시에 관계한다는 것을 보여줄 것이다. 몸이 개입하는 것은 그 국면들 중 마지막 국면에, 그리고 오직 거기에서만이다.

그러나 정신적 삶에서의 몸의 역할에 대한 그러한 견해는 때로는 과학적이고 때로는 형이상학적인 매우 많은 수의 난점들을 일으키는 것으로 보였다. 다시 그러한 난점들의 분석으로부터 이 책의 나머지 부분이 나온 것이다.

한편으로 우리는 기억을 두뇌의 기능으로밖에 보지 않는 이론들을 논의해야 했고, 그러기 위해서는 뇌의 국지화(localisation cérébrale)라는 매우 특수한 몇몇 사실들을 가능한 한 자세히 해석해야 했다. 그것이 곧 우리의 제2장의 과제의 일부이다. 그러나 다른 한편 우리는 모든 이원론이 야기하는 다양한 성질의, 유래 없이 강력한 반대들을 우리 앞에 맞닥뜨리지 않고는 심리적 활동과 그것의 물질적 전개(épanouissement) 사이에 그처럼 뚜렷한 분리를 확립할 수 없었다. 우리는 따라서 신체 관념에 대한 깊은 고찰에 착수하고, 물질에 대한 실재론과 관념론의 이론을 대비시켜 그들의 공통적 전제(postulat)를 뽑아내고, 마지막으로 모든 전제가 배제되었을 때 신체와 정신의 구별을 더 명료하게 파악하는 동시에 그들의 결합(union)의 구조(mécanisme)로 더 내밀하게 뚫고 들어갈 수 없을지를 모색할 수밖에 없었다. 그리하여 우리는 점차 형이상학의 가장 일반적인 문제들로 끌려들어 가게 되었다.

그러나 그러한 형이상학적 난점들을 뚫고 우리를 안내할 길잡이(fil conducteur)로서 우리가 가진 것은 그 난점들 한가운데로 우리를 끌고 간 바로 그 심리학이었다. 우리의 지성이 자신의 견해를 구체화하고 (matérialiser) 자신의 꿈을 실현하려는 꺾을 수 없는 경향을 가지는 것이 사실이라면, 그와 같이 행동에서 형성된 습관들이 사변에까지 거슬러 올라가서 우리의 정신과 신체와 그들 상호간의 영향에 대해 우리가 가질 직접적 인식을 그 원천에서 교란시키기 위해 등장한다고 가정할 수 있다. 따라서 많은 형이상학적 난점들이 생기는 것은 아마도 우리가 사변과 실천을 뒤섞는다는 것, 또는 한 관념을 이론적으로 심화한다고 믿으면서 유용성의 방향으로 밀고 나간다는 것, 또는 마지막으로 행동의 형식을 사유에 적용한다는 것으로부터일 것이다. 그렇다면 이제 행동과 인식을 조심스럽게 구별하면 어떤 문제들은 해결되기에 이르거나 더 이상 문제를 제기할 여지가 없게 되거나 하여간 많은 불분명한 점들이 밝혀지는 것을 보게 될 것이다.

그것이 바로 내적 삶을 그 사라지기 쉬운 본래 모습(originalité)에서 포착하기 위해 그것을 덮고 있는 실천적으로 유용한 상징들을 제거하려고 시도했을 때 우리가 이미 의식의 문제에 적용한 방법이다. 바로 그 방법을 더 확대하여 여기서 다시 취하고자 한다. 그 방법으로 이번에는 더 이상 정신의 내부가 아니라 정신과 물질의 접촉점에 자리 잡기 위해서이다. 이와 같이 정의된 철학은 직관의 소여所與로 의식적, 반성적으로 되돌아가는 것에 불과하다.[12] 그것은 사실들의 분석과 이론들의 대비를 통해 상식의 결론으로 우리를 다시 데려갈 것이 틀림없다."[13]

---

12 "직관의 소여所與로 의식적, 반성적으로 되돌아가는 것"이란 겉으로는 직관이라는 베르크손의 일반적 방법인 것 같지만, 아니 그것인 것도 사실이지만, "내적 삶을 그 사라지기 쉬운 본래 모습(originalité)에서 포착하기 위해 그것을 덮고 있는 실천적으로 유용한 상징들을 제거하려고 시도"한다는 것을 봤을 때 공간적 표상에 물든 사유를 걷어내고 의식에 직접 주어진 것으로 돌아가려는 베르크손적인 현상학이라 해도 좋을 것이다. 이것은 베르크손의 방법론에서 잘 주목되지 않은 측면이다.

13   처음 『물질과 기억』이라는 책이 나왔을 때의 서문은 제3장에서 논의되
는 꿈과 행동 사이의 의식의 여러 국면에 대한 고찰로부터 출발하여, 어
떻게 제2장의 뇌와 기억의 관계에 대한 논의로, 그 다음에 제1장의 신체
의 역할에 관한 논의와 제4장의 심신관계에 대한 논의로 옮아갔는가 하
는 발생론적 해명에 주안점을 두고 있으며, 마지막에는 방법에 대한 논의
로 끝을 맺고 있다(3 → 2 → 1 → 4 → 방법). 이에 반해 7판 이후의 서문은
제1장에 대한 설명으로부터 시작하고 있으며, 따라서 거기서 문제가 되
는 '상' 개념에 대한 해명이 출발점을 이루고 있다. 물론 '상' 개념의 해명
은 책이 나온 후 가장 문제가 많이 제기되었던 문제로서 베르크손이 해명
할 필요를 느꼈기 때문에 이루어진 일일 것이다. 그런데 '상'은 실재론과
관념론의 중간을 취하는 것으로서 상식의 입장을 대변한다. 베르크손도
우선 그런 상식의 입장에서 심신관계의 문제를 보려고 한다. 그렇게 했을
때 문제를 실증적으로 풀 수 있는 실마리는 기억의 문제, 그중에서도 특
히 언어기억의 문제가 중심문제로 부상한다(제2장). 그것을 잘 살펴보면
정신과 물질의 관계는 희곡과 무대 위에서의 배우의 움직임의 관계와 같
다. 즉, 같은 행동에도 여러 다른 층의 정신의 내용이 대응할 수 있는 것이
다. 이것은 뇌 속 물질과 정신의 대응을 일 대 일의 대응관계로 보는 국지
화이론을 무력하게 한다(제3장). 문제를 이러한 실증적 입장에서 보면 형
이상학과 심리학의 상호관계도 올바르게 정립될 수 있고 심신문제도 실
증적 토대 위에서 전개될 수 있다(제4장)는 것이 주된 내용이다. 그리하여
7판 이후의 서문은 제1장으로부터 순서대로 제2장, 제3장, 제4장을 어떻
게 보아야 하는지를 밝히는 방식으로 쓰였다. 그리고 마지막에는 방법론
의 두 원리를 기술하는 것으로 끝을 맺는다(1 → 2 → 3 → 4 → 방법).

제1장

표상을 위한 상들의
선택에 관하여 ― 몸의 역할

우리는 잠시 물질에 대한 이론들도 정신에 대한 이론들도, 또 외부 세계의 실재성(réalité)이나 관념성(idéalité)에 대한 논의들도 모두 모르는 체하려 한다.[14] 그러면 이제 나는 그 말이 취할 수 있는 가장 넓은 의미에서의 상(像, image)[15]들 앞에, 즉 내 감각을 열면 지

---

14 모든 이론적 투여로부터 자유롭게 가장 직접적 소여로부터 출발하자는 베르크손적 "현상학"의 말하자면 "철학적, 이론적 판단중지(epochē)"이다. 그리하여 정신이나 물질에 관한 이론들, 실재론이나 관념론 등 모든 이론으로부터 자유로워졌을 때 이제 눈을 뜨면 가장 먼저 보이는 것은 뭔지는 모르겠지만 하여간 어떤 상像, 사실은 움직이는 연속성이다.

15 이때 상像은 'image'를 번역한 말이다. 불어도 우리말 번역도 모두 시각성이 강하게 함의되어 있지만, 여기서는 단지 시각적인 것만이 아니고 청각·촉각 등 모든 감각적 사태 일반, 심지어는 추상 개념까지 모두 포함한 존재자 일반, 즉 삼라만상을 가리키는 말로 이해되어야 한다. "그 말

각되고 닫으면 지각되지 않는 상들 앞에 있다. 그러한 모든 상은 그 모든 구성 부분이 내가 자연 법칙이라 부르는 불변의 법칙들에 따라 서로에게 작용·반작용하며, 그 법칙들에 대한 완벽한 앎은 틀림없이 각각의 상들에 무엇이 일어날 것인지를 계산하고 예견하게 해 줄 것이므로, 상들의 미래는 그 현재에 포함되어 있고 거기에 아무 새로운 것도 보태지 않을 것임이 분명하다. 그러나 지각에 의해 밖으로부터 인식될 뿐 아니라 느낌(affections)[16]에 의해 안으로부터도 인식된다는 점에서 다른 것보다 두드러진 상이 하나 있

이 취할 수 있는 가장 넓은 의미"란 바로 그런 뜻이다. 베르크손이 굳이 'image'라는 말을 사용한 것은 모든 정신 또는 물질의 존재 방식이나 관념론, 실재론 등의 논의를 떠나기로 한 이상 그들 중 어디에도 치우치지 않으면서도 인간이라면 누구나 인정할 수밖에 없는 최소한의 공통치이자 가장 중립적인 단어로 존재자 일반을 표현하기 위해서이다. 이미 머리말에서 나왔듯이(위의 제1쪽) 베르크손이 말하는 상이란 "관념론자들이 표상이라 부르는 것보다는 강하지만 실재론자들이 사물이라 부르는 것보다는 약한 어떤 존재 — '사물'과 '표상' 사이의 중도에 위치한 존재를 뜻한다." 그런데 이 상이란 나름의 단절성, 비연속성을 가진 것으로서 그것은 완전히 의식에 직접적으로 주어진 것은 아니다. 나중에 제4장에서 밝혀지겠지만 의식에 직접 주어진 것은 유동적 연장성, 혹은 유동적 연속성이다. 여기서는 거기까지 말하기는 너무 이르므로 그냥 상식의 입장에서의 상을 이야기하는 것이다.

16 'affection'은 주로 쾌·불쾌의 느낌을 말한다. 이 말의 가장 정확한 우리말 번역은 '정조情調'이지만, 일반적으로 그 말의 의미가 잘 알려져 있지 않아서 번역이 매우 어렵다. 여기서는 신체 내부로부터 느껴지는 모든 감정과 감각을 의미하며, 우선 느낌으로 번역하지만, 정조라는 번역어도 계속 사용할 것이다.

다. 내 몸(corps)이 그것이다. 나는 그 느낌이 일어나는 주변상황
(conditions)을 검토해 본다.[17] 그러면 그 느낌은 항상, 마치 최후의
행동(démarche)에 잘 결정되지 않은 어떤 영향을 미쳐야 할 것처   12
럼, 밖으로부터 받아들인 진동과 내가 수행하려는 운동 사이에 끼
어들기 위해 등장한다는 것을 발견한다. 나는 나의 다양한 느낌들
을 재음미해 본다. 그러면 그들 각각은 나름대로 행동으로의 초대
와 더불어 동시에 기다려도 된다거나 심지어 아무것도 하지 않아도
된다는 허가(autorisation)를 포함하고 있는 듯이 보인다. 좀 더 자세
히 들여다본다. 그러면 수행되지는 않았으나 시작된 운동들과 더하
건 덜하건 유용한 결정을 내리라는 지시를 발견하지만, 선택을 배
제하는 강요는 발견되지 않는다. 나는 내 기억들을 불러 모아 서로
비교해 본다. 그러면 자연이 생명체에 공간 속에서 움직일 수 있는
능력을 부여한 다음 종에게는 감각을 통해 자신을 위협하는 위험
일반을 알려주고, 개체들에게는 그것을 피하기 위해 취해야 할 주
의점들을 일임한 바로 그 순간 방금 전과 같은 감각(sensibilité)[18]이
나타나는 것을 유기체 세계의 어디서나 보았다고 믿고 있었음을 상

---

17 여기서부터 7쪽 25줄까지 여러 질문과 탐구의 주어는 항상 '나(Je)'이다.
    우리말 구문상의 어색함에도 불구하고 계속해서 그 주어를 살린 것은 일
    인칭 문장으로 서술한 저자의 의도를 살리기 위해서이다. 주관과 객관을
    구분하건 하지 않건, 유아론을 주장하건 하지 않건, 누구나 인정할 수 있
    는 최소한의 공통치로서의 직접적 자아의 입장에서 사태를 기술하려는
    것이 저자의 의도이다.
18 위험을 알려주고 개체가 취해야 할 주의점을 일러주는 자체가 감각을 통
    해 이루어진다.

기하게 된다. 끝으로 나는 그런 정조(affection)에 처했을 때 내 의식이 맡은 역할이 무엇인지 의식 자신에게 물어 본다. 그러면 의식은 대답한다. 자신은 사실 내가 주도권을 쥐고 있다고 생각하는 모든 움직임을 감정이나 감각의 형태로 지켜보고 있으며, 반대로 나의 활동이 자동적으로 됨으로써 더 이상 자신이 필요 없다고 선언되자마자 희미해지고 사라진다고. 따라서 [이상과 같은] 모든 외양이 틀린 것이거나, 정조적 상태(état affectif)가 도달하는 행동은 한 운동에서 다른 운동이 나오듯 이전의 현상들로부터 엄밀하게 연역될 수 있는 것이 아니며, 따라서 진정으로 새로운 무엇을 우주와 그 역사에 덧붙이는 것이거나 둘 중 하나이다. 외양으로 만족하자. 나는 내가 느끼고 본 것을 간단·순수하게 다음과 같이 정식화定式化하려 한다. 즉, **내가 우주라 부르는 상들의 총체 속에서는 내 몸이 내게 그 유형을 제공하는 어떤 특별한 상들[19]의 매개에 의하지 않고는 진정으로 새로운 어떤 것도 일어날 수 없는 것처럼 모든 것이 진행된다.[20]**

13   이제 나는 나의 것과 유사한 몸 중에서 내가 내 몸이라 부르는 이 특별한 상의 윤곽(configuration)을 탐구한다. 나는 [우선] 진동들을 신경중추에 전달하는 구심신경을, 다음으로는 중추로부터 출발하

---

19   나중에 밝혀지겠지만 지각의 상들, 또는 표상들.

20   다른 모든 상의 운동은 자연 법칙에 따라 필연적으로 전개되는 데 반해, 내가, 즉 내 몸이 개입하면 그 운동은 더 이상 필연적이 아니라, 자유로운 행위가 된다. 그런 행위는 나에게 알려진 위험과 주의점에 대해 어떻게 대응할 것인지를 결정하는 행위, 즉 자유로운 행위로서 내 몸이 그 유형을 제공하는 지각상을 매개로 하여 이루어진다. 즉 내 몸의 행위, 나의 행위는 자유로운 행위이다.

여 주변으로 진동을 전달하고 몸의 부분 또는 전체를 움직이는 원심신경을 만난다. 심리학자들과 생리학자들[21]에게 그들 각각의 목적지(destination)를 물어본다. 그들의 대답은 신경계통에서의 원심운동이 몸 또는 몸 부분들의 위치 이동을 일으킬 수 있다면, 구심운동, 또는 적어도 그들 가운데 어떤 것들은 외부세계에 대한 표상을 생기게 한다는 것이다. 이에 대해 어떻게 생각해야 할까?

구심신경도 상이며 두뇌도 상이고 감각신경에 의해 전달되어 뇌까지 미치는 진동도 또한 상이다. 내가 뇌의 진동이라 부르는 이 상이 외부의 상들을 낳으려면, 전자가 후자를 어떤 방식으로든 포함하고 있어야 할 것이며, 물질계 전체의 표상이 그 분자운동[즉 뇌의 진동]의 표상 속에 내포되어 있어야 할 것이다. 그런데 그와 같은 생각이 얼마나 어리석은지는 그런 주장을 [말로] 표명해 보는 것만으로도 충분히 알 수 있을 것이다. 뇌가 물질계의 부분이지 물질계가 뇌의 부분이 아니다. 물질계라는 이름을 가진 상을 제거해 보라. 그와 동시에 그것의 부분인 뇌와 뇌의 진동도 제거해야 할 것이다. 반대로 그 두 상, 즉 뇌와 뇌의 진동이 사라진다고 가정해 보라. 그때는 가정에 의해 오직 그것들만이, 즉 아주 작은 부분, 거대한 그림 속에서의 하찮은 세부만이 제거될 뿐이다. 그림 전체, 즉 우주는

---

21 Riquier는 물론 생리학자(Magendie, Vulpain, Müller)와 심리학자들(Taine, Ribot)에 관한 이야기이겠지만 이 장에서 특히 문제되는 것은 심리학자와 생리학자들의 중간인 생리학적 심리학자나 실험 심리학자, 즉 Lotze, Spencer, Wundt, Maudsley 등이라고 지적한다(Ech, 312쪽, 주4). 그의 지적에 반대할 이유도 없지만, 꼭 그들에 한정할 필요도 없을 것이다.

14 온전히 존속한다. 뇌가 상 전체를 좌우하는 조건이라는 생각은 진
실로 자기모순이다. 뇌는 가정에 의해 전체 상들의 한 부분에 불과
하기 때문이다. 따라서 신경도 신경중추도 우주라는 상의 조건이
될 수는 없는 일이다.[22]

　이 마지막 논점을 좀 더 고찰해 보자. 여기 외부의 상들과 나의
몸, 그리고 내 몸에 의해 주위 상들에 가해진 변형들이 있다. 나는
외부 상들이 내가 내 몸이라 부르는 상에 대해 어떻게 영향을 미치
는지 잘 안다. 즉, 전자는 후자에게 운동을 전달한다. 그리고 나의
몸이 외부 상에 대해 어떻게 영향을 미치는지도 잘 안다. 즉, 전자
는 후자에게 운동을 되돌려 준다. 그러므로 나의 몸은 물질계의 총
체 속에서 운동을 받아들이고 되돌려 주면서 다른 상들과 마찬가지
로 작용하는 하나의 상이다. 다만 나의 몸은 아마도 자신이 받아들

22　구심신경, 뇌, 진동은 모두 상으로서 전체 상의 아주 작은 부분에 불과하
다. 그런데 뇌의 진동이 전체 상을 포함한다고 주장하는 것은 부분이 전
체를 포함하고 있다는 말과 같다. 그것은 불가능하다. 그런데도 뇌의 진
동이 전체 상을 포함하고 있다고 주장하는 것은 아마도 뇌의 진동에는 전
체의 상 자체가 아니라 그 상에 대한 부분, 즉 정신적 표상만을 가지고 있
기 때문이라 생각할 것이다. 그러나 그런 상은 관념론이 주장하는 상에
불과하다. 여기서 문제되는 상은 관념론이나 실재론을 모두 배제한 상태
에서의 상식의 상, 즉 물질성과 정신성의 중간에 있는 상이다. 즉, 상 자체
가 외부세계 전체에 관한 상인 한, 그것은 외부세계 자체가 되어야 한다.
물질과 순수지각으로서의 상은 일치한다는 것이 베르그손의 근본 출발점
이다(이것은 나중에 밝혀질 것이다). 그렇기 때문에 바로 다음 문단에서 말
하는 바와 같이 내 몸이 가지는 상은 가정에 의해 기껏해야 내 몸이라는
상일 뿐이고, 거기서 전체의 상을 끌어내는 것은 불가능하다.

인 것을 되돌려 주는 방식을 어느 정도 선택하는 것으로 보인다는 점만이 다를 뿐이다. 그러나 어떻게 나의 몸 일반, 특히 신경 계통이 세계에 대한 나의 표상 전체, 또는 그 부분을 산출할(engendrer) 수 있을 것인가? 나의 몸을 상이라 하든 물질이라 하든 말이 중요한 것이 아니다. 만약 물질이라면 그것은 물질계의 부분일 것이요, 따라서 물질계는 몸의 주위에, 그리고 그것 밖에 존재한다. 만약 상이라면 그 상은 사람들이 거기에 집어넣었던 것만을 줄 수 있을 뿐이며, 또 가정에 의해 그 상이 오직 내 몸이라는 상일 뿐이기 때문에 거기에서 세계 전체의 상을 끌어내려고 하는 것은 어리석은 일일 것이다. **여러 대상들을 움직이게끔 만들어진 대상인 나의 몸은 따라서 행동의 중심(centre d'action)이며, 그 몸이 표상을 만들어낼 수는 없을 것이다.**

그러나 나의 몸이 그것을 둘러싸고 있는 대상들에 대해 새롭고도 실재적인 작용을 가할 수 있는 대상이라면, 그 대상들에 비하여 특권적 위치를 점하는 것이어야 한다. 일반적으로 한 상은 어떠한 것 15 이든 다른 상들에 대해 소위 자연법칙이라는 것에 따라 결정적이며 계산가능하기까지 한 방식으로 영향을 미친다. 그것은 선택할 필요가 없기 때문에 주변지역을 탐험할 필요도 없고, 단지 가능할 뿐인 여러 행동들을 사전에 시험 삼아 해볼 필요도 없다. 시간이 울리면 필요한 작용은 저절로 이루어질 것이다. 그러나 내가 가정한 바로는 내가 내 몸이라 부르는 상의 역할이 다른 상들에 실재적인 영향을 미친다는 것이었으며, 따라서 실질적으로(matériellement) 가

능한 여러 행동방식들(démarches) 사이에서 결정을 내린다는 것이
었다. 그리고 그 행동방식들은 분명 내가 내 몸이라 부르는 상이 주
위의 상들로부터 얼마만한 이익(avantage)을 끌어낼 수 있느냐에
따라 내 몸에 제안된 것이므로, 주위의 상들은 어떤 방식으로든 그
것들이 내 몸으로 향하고 있는 앞면(face)에 내 몸이 그것들로부터
끌어낼 수 있는 이득(parti)을 그리고 있어야 한다. 내가 관찰한 바
로는 사실상 외부 사물들의 크기, 형태, 그리고 색깔까지도 내 몸이
그들로부터 멀어지느냐 가까워지느냐에 따라 변화하며, 냄새의 짙
기나 소리의 강도도 거리에 따라 증가·감소하며, 무엇보다도 그 거
리라는 것 자체가 결국은 주변 물체들이 이를테면 내 몸의 직접적
행동에 대하여 갖는 확실성의 정도를 나타낸다. 나를 둘러싼 상들
은 내 시야가 넓어지는 그만큼 더욱더 획일적인 배경 위에 그려지
게 되고, 나에게 무차별적인 것으로 되어버리는 것으로 보인다. 시
야가 좁아질수록 시야에 들어오는 대상들은 더욱더 분명하게 배치
되며, 그것도 내 몸이 그것들을 만지고 움직이는 것이 얼마나 더 용
이하냐에 따른다. 따라서 대상들은 마치 거울과 같이 이루어질 수
도 있는(éventuelle)[23] 내 몸의 영향력을 내 몸으로 되돌려 보낸다.

---

23 'éventuel'이란 '조건이 만족되면 일어날 수도 있는', '경우에 따라서는 일
    어날 수도 있는' 것을 말한다. 이에 해당하는 한 단어의 우리말이 없어 번
    역이 매우 어렵다. '있을(일어날) 수도 있는', '있을지(일어날지) 모를' 정도
    가 가장 무난한 것으로 보인다. 양상을 강한 순서대로 필연성, 개연성, 가
    능성, 우연성이라 열거했을 때, 'éventualité'는 개연성과 가능성 사이에
    위치한다(물론 가능성은 그 의미가 매우 넓어 필연 바로 아래에서부터 우연성
    의 영역까지도 포괄할 수 있다).

그것들은 내 몸의 작용력(puissance)의 증가나 감소에 따라 정돈되는 것이다. **내 몸을 둘러싸고 있는 대상들은 그들에 대한 내 몸의 가능한 행동(action possible)을 반영한다.** 16

  나는 이제 다른 상들은 건드리지 않고 내가 내 몸이라 부르는 상만을 약간 변형시키려 한다. 가상假想을 통해 그 상에서 뇌척추 계통(système cérébro-spinal)의 모든 구심신경을 잘라내 보는 것이다. 무슨 일이 일어날까? 해부도解剖刀를 몇 번 써서 몇몇 신경섬유 다발을 잘라낸 데에 불과할 것이다. 즉, 세계의 나머지 부분, 심지어 내 몸의 나머지 부분도 이전 그대로 남아 있을 것이다. 가해진 변화는 따라서 미미한 것이다. 〔그런데〕 사실은 '나의 지각' 전체가 사라져 버린다. 그렇다면 방금 일어난 일을 조금 더 자세히 살펴보자. 여기 세계 일반을 이루는 상들과 내 몸에 인접한 상들, 그리고 내 몸 자체가 있다. 이 마지막 상에서 구심신경의 평상적인 역할은 운동을 뇌와 뇌수에 전달하는 것이며, 원심신경은 그 운동을 주변으로 돌려보낸다. 따라서 구심신경의 절단은 오직 하나의 실질적으로 인지할 수 있는 효과만을 일으킬 수 있을 뿐이며, 그것은 중심을 통과하면서 주변에서 주변으로 이행해 가는 흐름을 단절시키는 것이다. 그것은 결국 자신을 둘러싸고 있는 사물들 가운데에서 그 사물들에 대해 행동하기 위해 필요한 양과 질의 운동을 길어 와야 하는 내 몸으로 하여금 그것을 하지 못하게 하는 것이다. 그것은 따라서 행동에, 그리고 오직 그것에만 관계된다. 그런데 〔못하게 된 것은 나의 행동인 반면〕 사라지는 것은 나의 지각이다. 따라서 나의 지각은 상들의 총체 속에 그림자, 또는 반영(reflet)의 방식으로 내 몸의 잠재적이거나 가능적인 행동을 정확히 그리고 있다는 것이 아니라면 무어라 말할 것인가? 그런데 해부도를 사용해서도 보잘것없는 변화밖에 일으키지 못했던 그 상들의 체계는 일반적으로 물질계라 17 불리는 것이다. 한편 방금 사라졌던 것은 물질에 대한 '나의 지각'이다. 거기서부터 잠정적으로 다음 두 정의를 끌어낼 수 있다. 즉, **나는 상들의 총체를 물질이라 부르며, 그 상들이 내 몸이라는 어떤 특정한 상의 가능한 행동과 관계를 맺을 때 그것을 물질의 지각이라 부른다.**

이 마지막 관계를 파고 들어가 보자. 나는 구심신경과 원심신경, 그리고 신경중추를 가진 내 몸을 생각한다. 외부 대상은 진동을 구심신경에 각인하고 그 진동은 중추에까지 전달되며, 중추는 매우 다양한 분자운동의 무대이고, 그러한 운동은 대상들의 성질과 위치에 의존한다는 것을 나는 알고 있다. 대상을 바꾸고 내 몸에 대한 그들의 관계를 변경시켜 보라. 그러면 지각중추의 내적 운동 속의 모든 것이 변해버린다. 그러나 '나의 지각' 또한 모두 변해버린다. 나의 지각은 따라서 분자운동의 함수이며 그것에 종속한다. 그러나 어떻게 종속하는가? 여러분은 아마 지각이 분자운동을 번역하며, 끝까지 분석해 보면 뇌수의 분자운동 이외의 다른 아무것도 표상되지 않을 것이라 말할 것이다. 그러나 신경계통과 그 내적 운동이라는 상은 가정에 의해 어느 한 물질적 대상의 상에 불과하고 내가 표상하는 것은 물질계 전체인데 어떻게 그러한 주장이 추호의 의미라도 가질 수 있겠는가? 여기서 사람들이 난점을 피하려고 시도하는 것은 사실이다. 두뇌가 물질계의 나머지 부분, 따라서 상 ─ 세계가 상이라면 ─ 의 나머지 부분과 그 본질에서 유사하다는 것을 보여주는 것이다. 그런 다음 두뇌의 내적 운동이 자신의 진동보다 무한히 큰 상像인 물질계 전체의 표상을 만들어내거나 결정하는 것을 바라기 때문에, 두뇌의 분자운동에서도 또 운동 일반에서도 더 이상 다른 것들과 같은 상들은 볼 수가 없고, 다만 상 이상이거나 이하인 어떤 것, 하여간 상과는 다른 성질의 어떤 것밖에는 볼 수 없다는 듯 가장한다. 그리고 거기서 진짜 기적에 의해 표상이 나타난다는 것이다.[24] 그리하여 물질은 표상과는 완전히 다른 것이 되어버리고, 따라서 우리는 거기에 대해 아무런 상도 가지지 않게 된다. 그것에 대면하여 사람들은 상이 없는 빈 의식을 상정하는데, 그에 대해 우리는 아무 생각도 할 수 없다. 그 의식을 채우기 위해 드디어는 형태를 가지지 않은 물질이 물질을 가지지 않는 사유에 대해 행하는 이해하지 못할 어떤 작용을 궁리해낸다. 그러나 상像인 한에서 물질의 운동은 매우 분명하며[25], 그 운동 속에서는 거기서 볼 수 있는 18

24 위의 주 22)에서는 물질과 다르지 않은 상에 대해 이야기했는데 여기서 논박을 위해 (물질적) 상과는 다른 어떤 상을 얘기한다. 상을 물질과 동일한 것으로 생각한 베르크손으로서는 그런 논박이 당연할 것이다. 하여간 물질과 상이 다르게 되면 이제 그런 상과 물질이 어떻게 관계를 맺느냐는 문제는 기적에 의해서라고 할 수밖에 없고, 그래서 표상의 나타남은 기적에 의한 것일 수밖에 없다고 이야기하는 것이다.

25 원문은 "les mouvement de la matière sont très clairs en tant qu'images" 이다. 상으로서의 물질의 운동은 너무도 분명하여 거기서 다른 것을 끌어

것 이외의 다른 것을 찾아낼 여지는 없다는 것이야말로 진실이다. 유일한 난점은 그러한 매우 독특한 상으로부터 무한히 다양한 표상들이 나오게 하는 데에만 있게 될 것이다. 그러나 뇌수의 진동은 물질계의 **부분을 이루며** 따라서 그 상은 표상의 매우 조그마한 한구석을 차지할 뿐이라는 데에 모두 의견이 일치한다면 그런 난점을 생각할 이유가 없지 않을까?[26] — 그렇다면 결국 그 운동들은 무엇이며, 그 특별한 상은 전체의 표상에 어떠한 역할을 수행하는가? — 의심할 여지가 없을 것이다. 그것들은 외부 대상의 작용에 대한 내 몸의 반작용을 시작하면서 그 반작용을 준비하도록 예정되어 있는 내

낼 여지가 없다는 뜻이다.

26 이 부분의 논의는 매우 복잡한데, 논의의 핵심은 대체로 다음과 같다. 지각이 두뇌의 분자운동에 종속한다는 것은 사실인데 어떻게 종속하는가가 문제이다. 사람들은(특히 부대현상론자들일 것이다) 분자운동이 지각을 낳는다고 한다. 그러나 두뇌의 분자운동도 상이고 물질계도 상이고 물질계에 대한 우리의 표상도 상이라면 물질계의 극히 미미한 한 부분에 불과한 두뇌 내부의 분자운동이 물질계 전체에 대한 상을 낳는다는 것(우리는 물질계 전체를 표상하므로)은 어리석은 주장이다. 그럼에도 불구하고 그들은 물질과 분자운동은 같은 성질이지만 그것들은 모두 표상이 아니라고 주장하는 한편 표상과 대면하여 역시 상이 아닌 빈 의식이 있다고 상정한 다음, 어떻게 된 것인지는 모르지만 하여간 물질은 의식에 작용하며 마치 기적처럼 분자운동에서 표상이 나오며, 다만 어떻게 분자운동이라는 특정한 운동에서 그토록 다양한 표상이 나오는지만 문제라고 주장한다. 베르크손의 대답은 물질의 운동은 (물질 자체와 마찬가지로) 분명히 상이며, 운동 속에는 거기서 보이는 것(즉 운동 자체) 이외의 다른 것이 있지 않으므로 물질의 작은 부분인 두뇌 내부의 분자운동이 물질계 전체라는 상을 낳는다는 것은 불합리하다는 것이다. 베르크손의 주장의 핵심은

몸 내부에 있는 운동들이다.[27] 상들 자체는 상을 만들어낼 수 없다. 그러나 마치 위치를 바꾸어 놓은 나침반이 그런 것처럼, 뇌수의 진동은 매순간 주변 상들에 대한 어떤 특정의 상, 즉 내 몸의 위치를 가리키고 있다. 표상의 총체 속에서 뇌수의 진동은 대단히 사소한 것이다. 그러나 그것은 내가 내 몸이라 부르는 표상의 부분에게는 생사가 달린 중대성을 가지고 있다. 왜냐하면 그 진동은 매순간 내 몸의 잠재적 행동방식을 그리고 있기 때문이다. 그러므로 뇌가 지닌 이른바 지각능력이라 하는 것과 척수의 반사기능 사이에는 정도의 차이만 있을 뿐 성질의 차이는 있을 수 없다. 척수는 받아들여진 자극을 [이미] 이루어진 운동으로 변형하고, 뇌는 그것을 단지 [이제 곧] 나타나려고 할 뿐인 [따라서 아직 이루어지지 않은] 반작용으로 연장한다. 그러나 이 경우든 저 경우든 신경물질의 역할은 운동들을 인도하거나, 서로 결합하거나, 억제하는 것이다. 그렇다면 '세계에 대한 나의 지각'이 뇌수의 내적 운동에 의존하는 것처럼 보이는 것, 즉 뇌수의 운동이 변하면 그것도 변하고, 없어지면 그것도

19

두뇌 속의 분자운동은 물질적 운동일 뿐, 그 이상도 이하도 아니기 때문에 거기서 물질계 전체의 표상이 나올 수 없다는 것이다. 여기서 헷갈리지 않게 구별해야 할 것은 물질을 포함한 상 일반이라는 베르크손의 상과 두뇌에서 만들어진다는 부대현상론자들의 표상이다. 이 후자의 표상은 아무런 근거도 없이 만들어진 이론적 가상이다.

27 뇌수의 진동들은 무엇인가? 그것은 내 몸의 반작용을 준비하거나 그 반작용을 시작하는 운동이다. 내 몸이 행동의 중심이라면 지각에 의해 받아들인 운동은 그 행동을 준비하는 것이며, 그 내용을 참조하여 내가 내보내는 반작용의 시작하는 운동이다.

사라지는 것처럼 보이는 것은 무엇 때문인가?

이 문제가 어려워 보이는 것은 무엇보다도 두뇌 회질과 그 변화들을 그 자체로서 충족적이며 세계의 나머지 부분으로부터 분리될 수 있을 것으로 생각하는 데에 있다. 유물론자들과 이원론자들은 그 점에서 근본적으로 일치한다. 그들은 뇌수물질의 어떤 분자운동을 별도의 것으로 생각한다. 그리하여 한 쪽은[28] 우리의 의식적 지각 속에서 뇌수물질의 분자운동을 따르면서 그것의 자취를 비춰주는 어떤 인광(phosporescence)을 발견하고, 다른 쪽은[29] 지각을 의식에다 펼쳐놓고 그 의식이 끊임없이 두뇌피질의 분자운동을 나름의 방식으로 표현하는 것으로 생각한다. 이쪽이건 저쪽이건 지각이 그리거나 번역한다고 간주되는 것은 우리 신경계통의 상태이다. 그러나 도대체 신경계통이라는 것이 그것에 양분을 공급하는 유기체 없이, 그 유기체가 숨 쉬는 대기 없이, 그 대기가 담고 있는 대지 없이, 그 대지가 선회하는 태양 없이 과연 살아 있다고 할 수 있는가? 더욱 일반적으로 독립된 물질적 대상이라는 허구는 일종의 부조리를 내포하고 있는 것이 아닌가?[30] 그런 대상은 그 물리적 특성

28 유물론자들. Riquier에 따르면 J. Molescott, L. Büchner, Th. Huxley, 특히 H. Maudsley가 이에 해당한다고 한다(*Ech*, 315쪽, 주14 참조).

29 이원론자들. 이때 이원론자는 베르크손 자신이 아니라 실재론자나 심신 평행론자들을 말한다. Riquier는 Descartes 이래로 Spinoza, Malebranche, Leibniz를 이원론자로 열거하고 있다(*Ech*, 316쪽, 주15 참조).

30 이것은 이 책 전체에 걸친 베르크손 철학의 근본 원리이다. 물질계의 모든 운동은 서로 연속되어 있고 연결되어 있다. 그것을 하나하나 독립적

을 다른 대상과 유지하고 있는 관계로부터 빌려 온 것이고, 그의 각
결정, 따라서 그의 존재까지도 그것이 우주 전체에서 차지하고 있
는 위치에 빚지고 있으니까 말이다. 그러므로 우리의 지각이 단지
두뇌 덩어리의 분자적 운동들에만 의지한다고 말하지 말자. 지각이
분자운동과 함께 변하기는 하지만 그런 운동 자체는 나머지 물질계
와 불가분적으로 연결되어 있다고 말하자. 그렇다면 이제 더 이상
단지 우리의 지각이 어떻게 두뇌 회질의 변화에 결부되어 있느냐를
아는 것만의 문제가 아니다. 문제가 확대되고 또한 훨씬 더 명확한
용어로 제기된다. 여기 내가 세계에 대한 나의 지각이라 부르는 상
들의 체계가 있다. 그것은 어떤 특별한 상, 즉 나의 몸이 조금만 변
해도 밑바닥으로부터 꼭대기까지 완전히 뒤집어져 버린다. 그 특별
한 상이 중심을 차지한다. 그것을 중심으로 모든 다른 상들이 조절
된다. 만화경을 돌린 것처럼 그것의 각 움직임에 따라 모든 것이 변
한다. 다른 한편 여기 그 동일한 상들이 이번에는 각자가 자기 자
신에게 되돌려진 것으로서 있다. 분명 서로가 서로에게 영향을 끼
치고 있지만 결과가 항상 원인에 비례한다는 방식에서이다. 이것
이 내가 우주라 부르는 것이다. 이 두 체계가 공존한다는 것, 또 동
일한 상이 우주 속에서는 비교적 불변적이고 지각 속에서는 무한히
변할 수 있다는 사실을 어떻게 설명할 것인가? 실재론과 관념론[31]

실체로서 고립시키는 것은 실용적 사유방식에 사로잡힌 지성의 인위적인
구분에 불과하다(아래 본문의 (각 쪽 옆에 표시된) 220쪽 이하 참조).
31 Riquier는 관념론은 물질의 독립적 실재를 부인하는 사람들이고 실재론
자는 물질의 독립적 존재를 인정하면서 그것이 지각의 원인이라는 사람

사이, 그리고 아마 유물론과 유심론[32] 사이에도 걸려 있는 이 문제는 그러므로 우리 생각에 따르면 다음과 같은 형태로 제기된다. **각 상이 자기 자신에 대해서, 그리고 주위 상들이 그것에 가하는 작용의 정도에 따라 분명히 정해진 방식으로 변하는 한 체계와, 모든 상이 오직 하나에 대해서, 그리고 그들이 그 특별한 상의 가능한 행동을 반영하는 정도에 따라 가변적 방식으로 변화하는 또 다른 체계가 존재하는 바, 이 두 개의 다른 체계에 동일한 상들이 동시에 속할 수 있다는 것은 어디에 연유하는가?**[33]

21

들이라고 설명한다(*Ech*, 317쪽 주16 참조).

32 Riquier는 베르크손이 Comte와 Ravaisson이 이해한 것과 같이 유물론은 상위의 것을 하위의 것에 의해 설명하는 사람들이며, 정신론은 그 반대를 주장하는 사람들이라 한다. 실재론과 관념론, 유물론과 정신론이라는 두 대립적 이론 쌍은 하나를 다른 쪽으로부터 연역하려 한다는 점에서 서로 교차한다. 바로 이어지는 논의에서도 베르크손은 아닌 게 아니라 "주관적 관념론"과 "유물론적 실재론"을 이야기한다는 점에서 그들의 교차를 인정하는 것처럼 보인다. 그러나 Riquier는 베르크손의 궁극적인 노림수는 물질의 실재성과 정신의 실재성을 모두 인정함으로써 그 둘을 떼어놓으려는 것이라고 주장한다(*Ech*, 317쪽, 주17 참조). 그러나 물질과 정신 모두의 실재성을 인정하는 것은 두 이론 쌍을 떼어놓는 것이라기보다는 그 둘을 모두 부정하는 것이다.

33 처음부터 여기까지 아무런 이론적 투여 없이 의식에 직접적으로 주어진 것에서 본 지각이란 어떤 것인가에 대한 기술이다. 그러면 우선 내 몸이라는 특별한 상이 주변의 상들에 둘러싸여 있는데, ①내 몸은 상들의 총체인 우주에 내 몸이 그 유형을 제공하는 상인 지각에 의해 진정으로 새로운 어떤 것을 하고 있다. ②내 몸은 그러한 행동의 중심일 뿐 표상을 만들어내지는 못한다. ③내 몸을 둘러싸고 있는 대상들은 그들에 대한 내

　모든 상은 어떤 상들의 내부에 있는 동시에 다른 상들의 외부에 있다. 그러나 상들 전체에 대해서는 그것이 우리의 내부에 있다고도 외부에 있다고도 말할 수 없다. 내부성과 외부성은 상들 사이의 관계에 불과하기 때문이다. 우주가 우리 사유 속에서만 존재하는지 아니면 사유 밖에 존재하는지를 묻는다는 것은 그러므로 이해할 수는 있다고 하더라도 해결은 불가능한 용어로 문제를 제기하는 것이며, 사유, 존재, 우주 따위의 용어가 이쪽저쪽에서 완전히 다른 의미로 받아들여질 수밖에 없는 불모의 논의로 스스로를 처단해버리는 셈이다. 논쟁을 결판내기 위해서는 우선 논쟁이 이루어질 수 있는 공통의 영역을 찾아야 하고, 이쪽에서나 저쪽에서나 사물은 상의 형태로 파악될 수밖에 없으므로 상과의 연관 하에서, 오직 그것에 따라서만 문제를 제기해야 한다. 그런데 각 상이 자기 자신과 관계를 가질 뿐이어서 절대적 가치를 가지는 **과학**에 속하는 체계와 모든 상이 우리 몸이라는 중심 상에 따라 통제되고 그것의 변화에 따르는 **의식** 세계의 체계가 있다고 할 때, 어떠한 철학적 이론도 동일한 상이 두 체계에 동시에 들어갈 수 있다는 데에 반대하지 않는다.

　몸의 가능한 행동(action possible)을 반영한다. ④물질이란 상들의 총체를 가리키며, 그 상들이 내 몸의 가능한 행동과 관계를 맺을 때 물질의 지각이 된다. ⑤그러면 지각의 문제는 동일한 상이 두 체계, 즉 각 상이 분명히 정해진 방식으로 변하는 체계와 내 몸의 가능한 행동을 반영하는 정도에 따라 변하는 체계에 동시에 속할 수 있다는 것이 어디서 연유하는지의 문제로 설정된다는 것이 지금까지의 논의이다. 이것은 문제의 축을 완전히 바꾸어 놓는 문제제기 방식이다.

실재론과 관념론 사이에 제기되는 문제는 이제 그 두 체계 사이에 유지되고 있는 관계는 무엇인가라는 매우 분명한 형태를 띠게 된다. 그리고 주관적 관념론은 첫 번째 체계를 두 번째 체계에서 유도해 내는 것이며, 유물론적 실재론은 두 번째 체계를 첫 번째 체계에서 끌어내는 것임을 파악하기는 쉬운 일이다.

실재론자는 아닌 게 아니라 우주로부터, 즉 그들 상호간의 관계가 불변의 법칙에 의해 지배받는 상들의 총체로부터 출발한다. 거기서는 결과가 원인에 비례하며, 또 모든 상이 무한히 연장되는 동일한 평면 위에 전개되기 때문에 중심이 없다는 것이 그 특징이다. 그러나 실재론자는 그러한 체계 이외에 **지각**이 존재함을 인정할 수밖에 없게 되는데, 지각의 체계에서는 〔위와〕 동일한 상들이 그들 중 오직 하나로 연결되고 그 하나를 중심으로 여러 다른 원근면 (plans)들로 단계적으로 정돈되어 그 중심 상이 조금만 변해도 전체가 변모된다. 바로 이러한 지각이 관념론자의 출발점이며, 그가 취하는 상들의 체계에서는 그의 몸이라는 특권적 상이 존재하며, 그것에 의해 다른 상들이 조정調整을 받게 된다. 그러나 그가 현재를 과거에 다시 연결시켜서 미래를 예견하려고 원하는 순간[34], 그러한 중심 입장을 버리고 모든 상을 동일한 평면 위로 도로 가져다 놓으며, 그 상들이 그의 몸에 대해서가 아니라 그 자체로서 변한다고 가정하고, 또 각 변화가 그 원인의 수치를 정확하게 반영하는 체계에 속하는 것처럼 상들을 취급할 수밖에 없다. 그러한 조건 아래에서

22

---

34 가령 물리학적 계산을 하려 할 때.

만 우주의 과학은 가능하게 되며, 그러한 과학이 존재하고 또 미래를 예견하는 데에 성공했기 때문에 그것의 기반이 된 가정은 자의적 가정이 아니다. 첫 번째 체계[35]만이 현재의 경험에 주어진 것이다. 그러나 과거, 현재, 미래의 연속성을 인정한다는 바로 그 사실에만 의해서라도 우리는 두 번째의 것을 믿는다. 따라서 관념론이나 실재론이나 모두 그 두 체계 중 어느 하나를 놓고 거기서 다른 것을 연역해 내려고 하는 것이다.

그러나 관념론도 실재론도 그러한 연역에 도달하지는 못한다. 그 두 상의 체계 가운데 어느 것도 다른 것을 내포하지 않으며 그들 각각은 자기 충족적이기 때문이다. 만약 중심을 가지지 않고 각 요소가 스스로의 크기와 스스로의 절대적 가치를 지니는 상의 체계를 취했다면, 어째서 각각의 상이 어느 한 중심 상의 모든 유위변전에 종속하는, 즉 비결정적 가치를 지니는 또 다른 체계를 거기에 갖다 붙이는지 나는 이해할 수가 없다. 그리하여 지각이 생기게 하기 위해서는 부대현상으로서의 의식(conscience-épiphénomène)이라는 유물론적 가정과 같은 하늘에서 내려온 두레박(deus ex machina)을 끌어대야 할 것이다. 먼저 놓고 나갔던 바 절대적으로 변화하는 모든 상 중에서 우리가 우리의 뇌라 부르는 상을 선택하여, 그 상의 내적 상태에 이번에는 모든 다른 상들의 상대적이고도 가변적인 복제품(reproduction)을 함께 가질 수 있는 — 어떻게 해서인지는 모르지만 — 괴이한 특권을 부여할 것이다. 하기야 그 다음에는 그 표상

---

35 의식, 또는 지각의 체계.

에 아무런 중요성도 부여하지 않고 거기서 뇌수의 진동이 뒤에 남긴 인광을 보는 척할 것이다. 마치 그 표상을 구성하는 상들 속에 삽입된 두뇌수질과 뇌수의 진동은[36] 그들 자신과는 다른 성질을 가질 수나 있다는 듯이! 모든 실재론은 그러므로 지각을 하나의 우연으로, 따라서 신비로 만드는 것이다. 그러나 반대로 특권적인 하나의 중심 주변에 배치되어 그 중심이 조금만 움직여도 크게 변하는 불안정한 상들의 체계를 취한다면, 그것은 우선 자연의 질서, 즉 입지점立地點과 출발항出發項에 무관한 그 질서를 배제하는 것이다. 그 질서를 회복하려면 이번에도 하늘에서 내려온 두레박을 끌어들일 수밖에, 사물과 정신 사이에, 또는 적어도 칸트처럼 말하여 감각과 오성 사이에 뭔지 모를 예정조화를 자의적 가정에 의해 상정할 수밖에 없다. 이번에는 과학이 우연이 될 것이고, 그 성공은 신비가 될 것이다. ─ 따라서 첫 번째 체계에서 두 번째도, 두 번째에서 첫 24 번째도 연역해낼 수 없으며, 실재론과 관념론이라는 두 상반된 이론은, 마침내 동일한 영역에 다시 자리 잡게 됐을 때, 반대 방향에서 동일한 장애물에 부딪히러 오는 것이다.

　이제 두 이론의 밑바닥을 파보면 공통의 가정을 발견할 것이며 그것은 다음과 같이 정식화定式化될 것이다. 즉, **지각은 완전히 사변적인 관심을 가진다. 그것은 순수 인식이다.** 모든 논의는 과학적 인

36　사실은 뇌수의 진동이 상을 낳는 것이라 주장하므로 뇌수의 진동에 상이 삽입된 것이라야 할 텐데, 베르크손은 여기서 거꾸로 말하고 있다. 그러나 의미는 명확하다. 뇌수의 진동이 자신과는 다른 성질의 상을 "가질 수 있다는 듯이" 말한다는 것이다.

식에 대비할 때 그런 인식에 어떤 지위를 부여할 것인가에 관해 이루어진다. 어떤 사람들은 과학에 의해 요청된 질서 쪽을 택하여 지각 속에서는 혼동되고 잠정적인 과학밖에는 보지 못한다. 다른 사람들은 지각을 먼저 놓고 그것을 절대로서 세우고는 과학을 실재적인 것의 상징적 표현으로 생각한다. 그러나 이쪽에게나 저쪽에게나 지각은 무엇보다도 인식을 의미한다.

그런데 우리는 바로 그 전제에 반대한다. 그것은 동물계열에서의 신경계통의 구조에 대한 가장 피상적인 시험에 의해서도 부인된다. 그리고 물질과 인식, 그리고 그들의 관계에 대한 삼중의 문제를 심히 불투명하게 하지 않고서는 그것을 받아들일 수 없을 것이다.

적충(滴蟲, monère)으로부터 고등 척추동물에 이르기까지 외적 지각의 진보를 하나하나 따라가 본다면 어떨까? 단순한 원형질 덩어리 상태에서 생명물질(matière vivante)은 이미 흥분하기 쉽고, 수축성이 있으며, 외부 자극물의 영향을 받고, 기계적·물리적·화학적 반응으로 거기에 대응함을 발견한다. 유기체의 연쇄를 올라갈수록 생리적 작업이 분리되는 것을 본다. 신경세포들이 나타나고, 분화하며, 계통으로서 서로 모이는 경향을 띠게 된다. 동시에 동물은 외부 자극에 더욱 다양한 운동으로 반응한다. 그러나 받아들여진 운동이 곧바로 완성된 운동으로 연장되지 않을 때마저도 단지 그 기회를 엿보고 있는 것으로 보이며, 주변의 변화를 유기체에 전달하는 바로 그 동일한 인상이 유기체로 하여금 변화에 적응하도록 결정하거나 그것을 준비시킨다. 고등 척추동물에서는 특히 척수에 위치한 순수 자동운동과 두뇌의 개입을 요청하는 의지적 활동

8

사이의 구별이 철저해진다는 것은 분명하다. 받아들여진 인상이 다시 운동으로 꽃피는 대신 인식으로 정신화한다(se spiritualise)고 상상할 수도 있을 것이다. 그러나 두뇌의 기능과 척수 계통(système médullaire)의 반사적 행동 사이에는 복잡성의 차이가 있을 뿐 본성의 차이는 있지 않음을 확신하기 위해서는 두뇌의 구조와 척수의 구조를 비교하는 것으로도 충분하다. 반사작용에서는 실제로 무슨 일이 일어나는가? 자극에 의해 전달된 구심운동은 즉시 척수의 신경세포를 매개로 하여 근육의 수축을 결정하는 원심운동으로 반영된다. 한편 두뇌체계의 기능은 무엇으로 이루어져 있는가? 주변의 진동이 척수의 운동세포(cellule motrice)에 직접 전달되어 필요한 수축을 근육에 새기는 대신, 우선 뇌(encéphale)로 올라갔다가 반사운동에 개입했던 척수의 동일한 운동세포로 다시 내려온다. 그러면 그 우회에서 무엇을 얻었고 두뇌피질의 소위 감각세포(cellules sensitives)로 가서 무엇을 찾으려 했는가? 거기에서 사물의 표상으로 변형되는 기적적인 능력을 길어낸다고 이해할 수는 도저히 없고, 또 〔앞으로도〕 결코 없을 것이다. 게다가 조금 후에 보게 될 것처럼 나는 그러한 가정이 전혀 불필요하다고 생각한다. 그러나 내가 보건대 대단히 명확한 사실의 하나는 피질 중에 감각적(sensorielles)이라 불리는 다양한 지역의 세포들, 즉 구심섬유의 나뭇가지 모양을 한 끝부분과 롤랑도 지역(zone rolandique)의 운동세포(cellules motrices) 사이에 가로놓인 세포들은 받아들여진 진동이 척수의 이러저러한 운동장치(mécanismes moteurs)를 **마음대로**(à volonté) 취할 수 있도록 함으로써 그 효과를 **선택하게** 해 준다는

것이다. 가운데 놓인 그러한 세포들의 수가 많아질수록 그들로부터
나오는 아메바적 연장(prolongements amiboïde)도 늘어남으로써 서
로 다양하게 접근할 수 있게 될 것이 분명하고, 주변으로부터 오는
동일한 진동에 대해 열릴 수 있는 길도 더 다양하고 더 많이 존재하
게 될 것이다. 뇌는 따라서 일종의 중앙전화국(bureau téléphonique
central)[37]과 다르지 않다는 것이 우리의 생각이다. "통화하게 해주
거나" 연결을 기다리게 하는 것이 그 역할이다. 뇌는 그것이 받아
들인 것에 아무것도 더 보태지 않는다. 그러나 모든 지각기관이 자
신의 마지막 연장선을 그곳으로 보내고 척수와 연수(bulbe)의 모든
운동장치가 자신과 연결된(attirés) 대표자를 그곳에 가지고 있기 때
문에, 뇌는 실제로 하나의 중심을 이루어 거기서 주변의 자극이 이
러저러한 운동 장치와 관계를 맺게 되며, 그때 그것은 이제 선택된
것이지 더 이상 강요된 것이 아니다. 한편 그 물질 속에서는 주변으
로부터 오는 하나의 동일한 진동에 대해 무수한 운동의 길이 **전체
로서 한꺼번에** 열려 있을 수 있기 때문에, 그 진동은 뇌 속에서 무
한히 나누어질 수 있는 능력, 따라서 단지 발생 중의 무수한 운동반
응들 속으로 길을 잃을 수 있는 가능성을 그 진동은 지닌다. 그러므
로 뇌의 역할이란 때로는 받아들인 운동을 선택된 한 반응 기관으
로 인도해 주기도 하고, 때로는 그 운동에 운동할 수 있는 길 전체
를 열어주어 거기서 자신을 채우고 있는 가능한 모든 반응을 그려

---

37 Riquier의 지적에 따르면 Manouvrier("La fonction psycho-motrice", *Revue
philosophique de la France et de l'étranger*, 7, 1884, 646쪽)가 뇌와 전신전화국
의 비유를 먼저 사용했다고 한다(*Ech*, 318쪽, 주24).

보고 〔주의를 여러 갈래로〕분산하여 스스로를 분석할 수 있도록
해 주는 것이다. 다른 말로 하자면 뇌는 우리에게 받아들인 운동에
27 관련해서는 분석의 도구요, 행해진 운동에 관련해서는 선택의 도
구인 것처럼 보인다. 그러나 이 경우나 저 경우나 그 역할은 운동을
전달하고 나누는 데에서 그친다. 또 척수에서든 피질이라는 고위의
중심지대에서든 신경 요소들은 결코 인식을 위해 일하는 것이 아니
다. 단번에 여러 가능한 행동들의 윤곽을 잡거나 그들 중 하나를 조
직할 뿐이다.

그것은 즉 신경계통이 표상을 만들어내거나 또는 그것을 준비만
이라도 하는 데에 쓰이는 장치와는 전혀 상관이 없다는 말이다. 신
경계통은 자극을 받아들이고, 운동 장치를 조립하여 주어진 자극
에 그런 장치를 가능한 한 가장 많이 내놓는 것을 그 기능으로 삼는
다. 신경계통이 발전할수록 더 수가 많고 더 멀리 떨어진 공간의 점
들을 항상 더 복잡해지는 운동 장치와 관계 맺게 해 준다. 이렇게
하여 그것이 우리 행동에 남겨주는 자유(latitude)가 넓어지고, 그것
의 증가하는 완성도는 바로 거기에서 성립한다. 그러나 신경계통이
동물 연쇄의 한 쪽 끝에서 다른 쪽 끝까지 점점 필연성이 감소하는
행동을 위해 만들어진 것이라면, 그것을 본받아 진보하는 지각 역
시 그 전체가 순수 인식이 아니라 행동을 향한 것이라 생각해야 하
지 않는가? 그리고 그때서부터 지각의 증가하는 풍부함 자체도 단
지 사물에 대한 행동에서 생명체의 선택에 남겨진 비결정성의 증가
분을 상징해야 하는 것이 아닌가? 그러므로 이 비결정성을 진정한
원리로 삼고 출발해 보자. 일단 이 비결정성을 전제했을 때, 거기서

의식적 지각의 가능성을, 그리고 심지어 필연성까지도 연역해 낼 수 있을지 알아보자. 다른 말로 하면, 물질계라 불리는 이 유대적紐帶的이고 잘 연결된 상들의 체계를 가지고 그 체계 속의 여기저기에 생명물질에 의해 표현되는 **실재 행동의 중심들**을 상상해 보자. 내가 말하는 것은 그 중심들 각각의 주위에, 그것의 위치에 종속하고 그 위치와 함께 변하는 상들이 배치되어**야 한다**는 것이며, 따라서 의식적 지각은 일어나**야 한다**[38]는 것, 게다가 그 지각이 어떻게 나타나는지 이해할 수 있다는 것이다.

우선 의식적 지각의 범위는 생명체가 재량권을 가진 행동의 강도와 엄밀한 법칙에 의해 연결된다는 것에 주의하자. 우리의 가정이 근거 있는 것이라면, 그러한 지각은 물질을 통해 받아들여진 진동[39]이 필요한 반응으로 연장되지 않는 바로 그 순간에 나타난다. 사실 원시적(rudimentaires)인 유기체의 경우 진동이 일어나기 위해서는 이해관계에 있는 대상과의 직접적인 접촉이 필요할 것이요, 그때 반응은 지체될 수 없다. 이렇게 해서 열등한 종에게 접촉은 수동적이자 동시에 능동적이다. 접촉은 먹이를 알아보고 그것을 잡는 데, 위험을 느끼고 그것을 피하는 데 소용된다. 원생동물(protozoaires)

---

38 "…야 한다."는 것은 연역적으로 도출된다는 것을 의미한다. 즉, 비결정성이 전제되는 한 그것을 보장해줄 조건으로서 의식적 지각이 반드시 필요하다는 말이다.

39 "물질을 통해 받아들여진 진동"이란 물질로부터 오는 진동을 몸이라는 물질을 통해 받아들여진 진동이라는 의미로 이해해야 한다. 몸이라는 "물질에 의해"(본래 불어의 표현) 받아들여진 진동은 물질로부터 오는 진동이다.

의 다양한 위족(僞足, prolongement), 극피동물(échinodermes)의 관
족(管足, ambulacres)은 운동기관이면서 또한 촉각기관이기도 하다.
강장동물(coelantérés)의 찌르는 장치(針, apareil urticant)는 방어의
수단이자 동시에 지각의 도구이다. 한마디로 반응이 즉각적인 것일
수록 지각은 단순한 접촉을 닮은 것이어야 하며, 그때 지각과 반응
의 전 과정은 필연적 운동이 뒤따르는 기계적 충동력과 거의 구별
되지 않는다. 그러나 반응이 더 불확실해지고 망설임에 더 많은 자
리를 내주는 그만큼, 관심을 끄는 대상의 작용에 대해 그 동물이 느
끼는 거리도 더 증가한다. 동물은 시각·청각에 의해 항상 더 많은
29 수의 사물과 관계를 맺게 되고, 더욱더 먼 데서 오는 영향력을 받아
들인다. 또 그 대상들이 이익을 약속하건 위험으로서 위협하건 약
속과 위험은 그 지불 기한(échéance)을 연기시킨다. 따라서 생명체
가 지닐 수 있는 독립의 부분, 또는 앞으로 말하겠지만 행동을 감싸
고 있는 비결정성의 지역은 생명체가 관계 맺고 있는 사물들의 수
와 범위를 선험적으로 평가하게 해준다. 그 관계가 어떤 것이든, 따
라서 지각의 내적 본성이 어떤 것이든, 지각의 풍부성은 뒤따르는
행동의 비결정성과 정확하게 같은 크기임을 인정할 수 있으며, 따
라서 다음과 같은 법칙을 말할 수 있다. **행동이 시간에 대해 재량권
을 가지는 것과 정확히 비례하여 지각은 공간에 대한 재량권을 가진다.**

그러나 멀건 가깝건 떨어져 있는 대상들에 대한 유기체의 그러
한 관계가 왜 의식적 지각이라는 특수한 형태를 띠는가? 우리는 유
기체 속에서 일어나는 일을 살펴보았다. 전달되거나 억제되는 운동
들, 완성된 행동으로 변모되거나 발생 중의 행동들로 흩어져버리는

운동들을 보았다. 그 운동들은 행동, 오직 행동에만 관심이 있는 것처럼 보였고, 표상의 과정과는 완전히 관련이 없는 것으로 남아 있었다. 그때 우리가 생각한 것은 행동 자체와 그것을 둘러싸고 있는 비결정성이었다. 그 비결정성은 신경체계의 구조에 내포되어 있었고, 신경체계는 표상을 위해서라기보다는 오히려 그 비결정성을 위해서 이루어진 것으로 보였다. 그 비결정성이 하나의 사실로 인정되었기 때문에, 그것으로부터 지각의 필연성, 즉 생명체와 그것이 관심을 가지는 대상들의 멀고 가까운 영향 사이의 가변적 관계의 필연성을 결론지을 수 있었다. 그 지각이 의식이라는 사실은 어디에서 오는 것이며, 어째서 **마치** 그 의식이 뇌수 물질의 내적 운동들 30 로부터 생기는 것**처럼** 모든 것이 진행되는가?

이 문제에 답하기 위해 우리는 우선 의식적 지각이 이루어지는 상황을 상당히 단순화시키고자 한다. 사실상 기억에 젖어 있지 않는 지각은 없다. 우리는 우리 감각에 현재 직접적으로 주어지는 것들에다 과거 경험의 무수한 세부들을 섞는다. 매우 자주 그 기억들은 실재 지각을 이동시키며, 그때 우리는 실재 지각에서 단지 몇몇 실마리, 즉 이전의 상들을 상기시킬 수 있는 단순한 '기호들(signes)'만을 취할 뿐이다. 지각의 편리함과 신속성은 그러한 대가를 치른 것이다. 그러나 거기서부터 또한 온갖 종류의 착각들이 생긴다. 우리의 과거가 완전히 침투된 그러한 지각을, 성숙하고 완성된 의식이 가질 지각이기는 하지만 현재에 갇혀서 모든 다른 작업을 배제하고 외부 대상의 틀에 맞게 주조되는 일에만 몰두하는 지각으로 대체하는 것을 방해하는 것은 아무것도 없다. 개인적인 우

연들을 배제함으로써 얻은 그런 이상적 지각은 더 이상 전혀 실재
에 대응하지 않으며 [따라서] 우리의 가정은 자의적이라고 말할 것
인가? 그러나 우리가 증명하고 싶은 것이 바로 개인적인 우연들은
그러한 비개성적 지각에 접목되어 있다는 것, 그런 지각이 사물에
대한 우리의 인식의 기반 자체에 놓여 있다는 것, 그리고 그런 지
각을 무시하고 기억이 거기에 덧붙이거나 거기서 잘라낸 것과 구
별하지 않았기 때문에, 지각 전체를 강도가 더 크다는 사실에 의해
서밖에는 기억과 구별되지 않을 일종의 내적, 주관적 심상(vision)
으로 만들었다는 것이다. 따라서 그러한 것[40]이 우리의 첫 번째 가
정이 될 것이다. 그러나 그것은 자연히 다른 가정을 끌어들인다. 왜
냐하면 한 지각은 아무리 짧다고 가정하더라도 항상 일정한 시간
(durée)을 점하며, 그 결과 다수의 순간들을 서로 이을 기억의 노력
을 요구하기 때문이다. 우리가 증명하려고 시도할 것처럼[41], 심지어
감각적 성질들의 '주관성'[42]조차도 특히 우리 기억이 행하는 일종의
실재의 응축에서 성립한다. 요컨대 직접적 지각의 배경을 기억의
천으로 덮는 것으로서, 그리고 다수의 순간들을 응축하는 것으로서
의 그 두 형태의 기억[43]은 지각에 대한 개인적 의식의 중대한 기여,

31

---

40 지각이 과거를 모두 배제하고 현재의 틀에만 맞추어 이루어진다는 것. 기
    억이 배제된 지각이라는 것.

41 아래의 제4장 203쪽을 보라.

42 감각은 항상 우리의 감각이므로 우리에게 의존하는 듯한 성격을 갖는다.
    그 이유는 바로 다음에 나오는 것처럼 우리가 지각에 기억을 덮어씌우고
    여러 순간을 응축하기 때문이다. 그것이 감각의 '주관성'이다.

즉 사물에 대한 우리 인식의 주관적 측면을 이룬다. 그러나 우리는 우리의 생각을 더 분명하게 하기 위해 그런 기여를 무시하고 우리가 들어선 길에서 적정한 수준보다 훨씬 더 멀리 나가려고 한다. 나중에 길을 되돌아와서 특히 기억을 다시 통합함으로써 우리의 결론이 가질 수 있는 지나친 점을 교정하면 빚을 갚은 셈이 될 것이다.[44] 그러므로 곧 이어질 논의는 도식적인 설명이라고만 봐야 하며, 잠정적으로 지각을 구체적이고도 복잡한 나의 지각, 즉 나의 기억들로 가득 차 있고 항상 어떤 두께의 지속을 지니는 지각으로 이해하지 말고, **순수**지각, 사실상이라기보다는 권리 상 존재하는 지각, 나처럼 살아 있지만 현재에 흡수되어 있으며 모든 형태의 기억이 배제됨으로써 물질에 대해 동시에 직접적이고도 순간적인 시각(vision)을 얻어낼 수 있는 존재가 가질 지각으로 이해할 것을 요청하는 바이다. 그러면 이제 그런 가정에 자리 잡고 의식적 지각이 어떻게 설명되는지를 물어보자.

의식을 연역한다는 것은 매우 힘든 작업일 것이지만, 그러나 여기서 그것이 정말 필요한 것은 아니다. 물질계를 놓으면 상들의 총체가 주어지며 게다가 다른 것이 주어지기는 불가능하기 때문이다. 32

---

43 배경-기억(지각에는 항상 따라붙는 기억)과 응축-기억(지각이 곧 응축된 기억이라는 의미에서의 기억)이라 부를 수 있을 것이다. 그것은 제2장의 습관-기억과 추억-기억의 쌍과는 다른 쌍이지만 배경-기억은 추억-기억과 어느 정도 일치한다.

44 아래의 68쪽, "지각에 기억을 원상 복귀시키고 그에 의해 우리의 결론이 가질 수 있는 지나친 면을 수정하며……" 이하를 보라.

어떠한 물질 이론도 그러한 필연성을 벗어나지 않는다. 물질을 운동하는 원자들로 환원시켜 보라. 그 원자들이 물리적 성질들을 박탈당했다 하더라도 그럼에도 불구하고 그것들은 볼 수 있고 접촉 가능하다는 관계 하에서만 결정된다. 그 봄에 조명이 없고 접촉에 물질성이 없다고 하더라도.[45] 원자를 힘의 중심으로 압축하고, 연속적인 유동체 속에서 전개되는 소용돌이로 해체해 보라.[46] 그 유동체와 그 운동, 그 중심들은 그 자체 무기력한 촉각과 힘없는 추진력, 탈색된 빛과의 관계 하에서만 결정되며, 그것들은 아직 상이다. 상이 **지각되지** 않고서도 **존재할** 수 있다는 것은 사실이다.[47] 그것은 표상되지(représenté) 않고 현존할(présente) 수 있으며, 현존(présence)과 표상(représentation)이라는 그 두 용어의 거리는 정확히 물질 자체와 그것에 대해 우리가 가지는 의식적 지각 사이의 거리를 나타내는 것으로 보인다. 그러나 그 사태들을 더 자세히 고찰하고 그런 차이가 정확히 어디에서 성립하는지를 보자. 후자 속에 전자보다 **더 많은** 것이 들어 있다면, 즉 현존에서 표상으로 가기 위해 뭔가를 덧붙여야 한다면, 그 거리는 건널 수 없는 것이 될 것이

---

45 "봄에 조명이 없다"는 것은 무엇이라고 규정할 수가 없다는 뜻이고, "접촉에 물질성이 없다"는 것은 무엇을 접촉했는지 알 수가 없다는 뜻이다. 모든 기억을 제거한 지각은 무엇이라는 성질 자체를 정하기 이전의 지각이다. 그것은 조금 후에 나오는 것과 같이 "지각되지 않고도 존재하는" 상이다.

46 물질을 힘의 중심이라는 것은 Faraday의 이론이고, 소용돌이라는 것은 Thompson의 이론이다. 아래의 제4장 225쪽 이하를 보라.

47 이것은 말하자면 베르크손의 실재론의 표명이다.

며, 물질에서 지각으로의 이행은 뚫고 들어갈 수 없는 신비에 싸일 것이다. 〔반면〕 감소의 길을 통해 첫 번째 항에서 두 번째 항으로 갈 수 있다면, 즉 상의 표상이 그것의 단순한 현존보다 **더 적은** 것이라면, 사태는 달라질 것이다. 왜냐하면 그때에는 현재의 상의 단순한 현존이 그 상을 표상으로 전향시키기 위해서는 그 현재의 상이 자신의 어떤 것을 버리도록 강요되는 것으로 충분하기 때문이다.[48] 그런데 여기에 내가 물질적 대상이라 부르는 상이 있고 나는 그것에 대해 표상을 가진다. 그것이 그 자체로서 존재하는 것과 나에 대해 존재하는 바가 다르게 보이는 것은 어디에 연유하는가? 그것은 다른 상들 전체와 연관되어 있는 현재의 상이 앞선 상들로부터 연장된 것이듯이 그 자신은 뒤따르는 상들로 연속되기 때문이다. 단순한 그것의 존재를 표상으로 변형시키기 위해서는 그에 뒤따른 것과 그에 앞서는 것, 그리고 또한 그것을 채우고 있는 것을 갑자기 제거해버리는 것으로, 즉 그것의 외적인 껍질, 표면의 막만을 보존하는 것으로 충분할 것이다.[49] 현재적 상이며 객관적 실재인 그 상을 표상된 상과 구별하게 해주는 것은 그것의 각 점들로 다른 상들의 모든 점에 작용하고, 그것이 받아들인 모든 것을 전달하며, 각각

33

---

48 물질이 표상으로 되는 것은 그것이 가진 모든 요소 중의 많은 것이 감소되어 그 표면에서만 이루어지지만, 한편 그 물질에 대한 실재 지각은 우리의 기억이 덧붙여져서 성립한다. 이때 덧붙여지는 기억은 감소된 것(표면)에 대해서만 이루어지는 기억이다. 이 점을 헷갈리면 안 된다.

49 물질에 대한 우리의 지각은 항상 그 표면에만 관계된 것이다. 우리는 물질의 표면에만 접할 뿐이다.

의 작용에 대해 동등하고 반대되는 반작용으로 대응하고, 마지막으로 광대한 우주로 퍼져나가는 변화들이 모든 방향으로 지나가는 길에 불과하다는, 그것이 처한 필연성이다.[50] 내가 그 상을 고립시킬 수 있다면, 특히 그것의 외피(enveloppe)를 벗겨낼 수 있다면 나는 그것을 표상으로 전환시킬 것이다. 표상은 분명 거기에 있으나, 현실(acte)로 이행하는 순간, 다른 사물로 이어지고 스스로를 잃어버려야 한다는 의무[51]에 의해 중화된 채로[52], 항상 잠재적으로 있다. 그러한 전환을 얻기 위해 필요한 것은 대상을 밝히는 것이 아니라 반대로 그것의 어떤 측면을 어둡게 하고 그것의 매우 많은 부분을 감소시켜 그 잔여물이 **사물**(chose)처럼 주변으로 끼어 들어가는 것이 아니라 **그림**(tableau)처럼 거기서 떨어져 나오게 해야 한다. 그런데 생명체가 우주에서의 '비결정성의 중심'을 이루고 그 비결정성의 정도가 그것들의 기능의 수와 높이로 측정된다면, 그들이 단지

---

50 물질은 그 자체 플럭스이며, 플럭스는 모든 것이 모든 것에 대해 엉켜 있다. 그것은 플라톤의 아페이론과 같이 필연(ananke)의 세계이다. 그런 세계에서는 모든 것이 진동(seismos)한다. 즉 자기 자신임, 자기 동일성이 없다. 그런 성질이 필연적이다. 여기서 '그 것'이란 앞에 나온 '현재적 상'이다.

51 바로 위 주50)의 필연과 같은 의미이다.

52 표상이 "분명 거기에 있다"는 것은 표상이 물질계가 있는 장소에 있다는 것이며, "현실(acte)로 이행하는 순간, 다른 사물로 이어지고 스스로를 잃어버려야 한다는 의무에 의해 중화된다"는 것은 고립된 표상이 현실로 행동화되는 순간 마치 물질계의 작용·반작용처럼 필연적 행동으로 되려는 경향에 이끌린다, 즉 중화된다는 것이다. 기억이 없어진 순수지각은 물질처럼 필연적 운동으로 계속되려는 경향을 가진다.

현존한다는 것만으로도 그들의 기능이 관심을 가지지 않는 모든 부분의 대상들이 제거되는 것과 맞먹을 수 있다고 생각된다. 그들은 말하자면 외부의 작용들 중에 그들에게 무관한 것들을 지나가게 내버려둘 것이며, 떨어져 남은 다른 것들은 고립되었다는 그 자체에 의해 '지각'이 될 것이다. 그때 우리에게는 마치 거기서 나오는 빛, 항상 퍼져나감으로써 결코 드러나지 않았을 빛을 우리가 표면에서 반사시켜버린 것처럼 모든 것이 진행될 것이다. 우리를 둘러싼 상들은 몸이 관심을 두는 면을 ─ 그러나 이번에는 조명을 받아서 ─ 우리 몸 쪽으로 돌리는 것으로 보일 것이다.[53] 그 상들은 우리가 도중에 멈춰 세운 것, 우리가 영향을 미칠 수 있는 것을 그것들의 실체(substance)로부터 떼어 낼 것이다. 그것들을 연결하는 철저한 기계성(mécanisme radical)으로 인하여 서로에 대해 무관하기 때문에, 그 상들은 서로에 대해 상호적으로 모든 면을 동시에 드러내며, 그 말은 곧 그것들의 요소를 이루는 모든 부분이 서로 작용·반작용하며 그 결과 그것들 중 어떤 것도 의식적으로 지각되지도 지각하지도 않는다는 것과 마찬가지이다.[54] 반대로, 그것들이 어디선가 반응을 보이는 모종의 자발성에 부딪힌다면, 그들의 작용은 그만큼 감

---

53 우리에게 필요한 부분은 반사되고 그렇지 않은 부분은 지나가 버린다. 그 반사된 부분이 지각이 된다. 그것을 우리 쪽에서 보면 몸이 관심을 두는 면을 우리 쪽으로 되돌려 주는 것으로 보인다.

54 여기서 상들은 우리의 지각상이 되기 이전에 그 자체로서 존재하는 상들, 즉 물질계를 말한다. 물질계의 모든 요소는 서로 작용·반작용하며 그것은 의식되지 않는다.

소되고, 그런 작용의 감소가 바로 그것들에 대해 우리가 가지는 표상이다.[55] 그러므로 사물에 대한 우리의 표상은 결국 사물들이 우리의 자유에 반사되어 온다는 데서부터 발생할 것이다.

광선이 한 매질(milieu)에서 다른 매질로 지나갈 때, 일반적으로 방향을 바꾸면서 통과한다. 그러나 두 매질의 상호 밀도가 어떤 입사각에서는 굴절이 불가능하도록 될 수 있다. 그때 전면적인 반사가 일어난다. 이를테면 광선이 자기 갈 길을 계속하지 못한다는 그 불가능성을 상징하는 잠재적인 상이 광점에 대해 형성된다. 지각은 같은 종류의 현상이다. 주어진 것은 물질계의 상 전체와 그들의 내적인 요소들 전체이다. 그러나 진정한 활동성, 즉 자발적인 활동성의 중심들을 가정하면 거기에 도달한 광선 중에 그 활동성이 관심을 갖는 것은 통과하지 않고 그 광선을 보낸 대상의 윤곽을 그리기 위해 되돌아오는 것처럼 보일 것이다. 거기에는 적극적인 아무것도, 상에 보태지는 아무것도, 새로운 아무것도 없을 것이다. 대상들은 그들의 실재 작용 중의 뭔가를 버리고 그럼으로써 그들의 잠재적 작용, 즉 결국은 그들에 대한 생명체의 가능한 영향을 그리는 것에 불과하다. 지각은 따라서 방해받은 굴절로부터 오는 반사의 현상을 상당히 닮았다. 그것은 마치 신기루 효과와 같다.[56]

---

55 모든 부분에서 모든 부분에 대하여 상호 작용하던 물질이 자발성에 부딪히면 그 작용 중에 우리의 지각으로 반사되는 부분이 있고 그만큼은 그것의 작용이 줄어들게 된다. 그리고 그 줄어든 만큼이 바로 우리가 지각하는 부분이다. 그러나 그 부분은 사물의 표피로서 매우 미미한 부분이 될 것이다.

그것은 곧 상들에게 **존재한다**는 것과 **의식적으로 지각된다**는 것 사이에는 본성의 차이가 아니라 단지 정도의 차이가 있을 뿐이라는 말과 마찬가지이다. 물질의 실재성은 그 요소들 총체와 그들의 모든 종류의 작용들에서 성립한다. 물질에 대한 우리의 표상은 물체(corps)에 대한 우리의 가능한 행동의 척도이다.[57] 그것은 우리의 필요, 그리고 더 일반적으로는 우리의 기능이 관심을 갖지 않는 것을 배제한 결과이다. 어떤 의미에서는 의식이 없는 임의의 질점質點이 가질 순간적인 지각은 우리의 지각보다 무한히 더 광대하고 더 완전하다고 말할 수 있을 것이다. 그 질점은 물질계의 모든 점의 작용을 받아들이고 전달하는 반면 우리의 의식은 그중 어떤 부분의 어떤 측면에만 도달할 뿐이기 때문이다. 의식 — 외부 지각의 경우 — 은 바로 그러한 선택에서 성립한다. 그러나 의식적 지각의 그러한 빈곤성 속에는 이미 정신을 예고하는 적극적인 뭔가가 있다. 그것은 어원적인 의미에서의 분별(discernement)이다.[58]

---

56 신기루는 사막 지표면의 온도가 올라감으로써 상층부의 차가운 공기보다 밀도가 매우 낮아져 그 경계면에서 상이 반사되어 생기는 현상이다. 지각은 그것과 같은 현상이므로 따라서 "방해받은 굴절로부터 오는 반사의 현상"이다.

57 물체는 항상 어느 정도의 윤곽선을 가지고 잘라져 있는 것이고 우리의 행동은 항상 그런 종류의 사물들에 관계한다. 우리는 물질을 항상 어떤 물체로 보는데, 그렇게 봐야 그것에 대해 행동할 수 있기 때문이다. 그리고 물질에 대한 우리의 지각은 항상 그것에 대한 가능적 행동을 그린다.

58 'discernement'의 어원인 'dis-cernere'는 '나누다', '구별하다'의 의미이며 어원적으로 분석하면 '나누어서(dis-)' '구별하다, 자르다(cernere)'라는 뜻이다.

우리가 다루고 있는 문제의 모든 어려움은 사람들이 지각을, 지각기관과 같은 특수한 장치로 특정한 지점에서 촬영한 다음 정체불명의 화학적·심리적 공정과정을 통해 뇌수물질에다 현상한, 사물에 대한 사진과 같은 시각처럼 표상한다는 것으로부터 온다. 그러나 사진 — 거기에 사진이 있다면 — 은 사물의 내부 자체에서 공간의 모든 점에 대해 이미 찍혀 있고, 이미 인화되어 있다는 것을 어떻게 보지 않을 수가 있겠는가?[59] 어떠한 형이상학도 어떠한 물리학도 그런 결론으로부터 빠져나갈 수가 없다. 우주를 원자로 구성해 보라. 거리에 따라 다르긴 하지만 물질의 모든 원자가 가하는 작용이 양적·질적으로 그들 각각에서 느껴진다. 힘의 중심들로 구성할 것인가? 모든 중심으로부터 모든 방향으로 방출되는 힘의 선(力線)들이 물질계 전체의 영향을 각 중심으로 향하게 한다.[60] 단자들로 구성할 것인가? 라이프니츠가 원하던 것처럼 각각의 단자는 세계의 거울이다. 따라서 그 점에 대해서는 모든 사람이 일치한다.[61] 단, 우주의 임의의 한 장소를 생각한다면, 물질 전체의 작용은 저항도 소모도 없이 거기를 통과하며, 거기서의 전체의 사진은 거의 투

36

---

59 우리의 지각은 사물 자체와 마찬가지로 이미 우리의 외부에 그렇게 있다.

60 위의 주46)에서 언급한 바와 같이 Faraday의 입장이다. 아래의 제4장 225쪽의 주437) 참조.

61 외부세계에 우리와는 독립적이거나 아니면 적어도 그렇게 보이는 물질계가 존재하거나 그렇게 보인다는 것을 부정할 수는 없다. 이때 독립적이라는 것은 우리와는 다른 자기 자신의 법칙대로 움직인다는 것이다. 바로 다음 단락에 나올 것처럼 그것은 하나의 가설이 아니라 사실이다. 이것을 전제하지 않으면, 즉 대상의 세계가 없다면 학문 자체가 불가능하다.

명하다(translucide)고 말할 수 있다.[62] 즉, 건판 뒤에 상이 벗겨져 앉을 검은 막이 결여되어 있다. 우리의 '비결정성의 지역'은 이를테면 막의 역할을 할 것이다. 그것은 존재하는 것에 아무것도 보태지 않으며, 다만 실재 작용은 통과하고 잠재적 행동은 남게 할 뿐이다.[63]

이것은 여기서 하나의 가설이 아니다. 우리는 어떠한 지각 이론도 지나칠 수 없는 주어진 사실(les données)을 정식화한 것일 뿐이다. 그도 그럴 것이 어떠한 심리학자도 최소한 물질계의 가능성, 즉 근본에 가서는 모든 사물의 잠재적 지각을 전제하지 않고는 외부 지각에 대한 연구에 착수하지 못할 것이기 때문이다. 그런 단지 가능할 뿐인 물질의 덩어리에서 사람들은 내가 내 몸이라 부르는 특별한 대상을, 그리고 그 몸에서 지각 중심을 고립시킬 것이다. 즉, 공간의 임의의 한 점에서 와서 신경을 따라 퍼지고 중심에 도달하는 진동을 나에게 보일 것이다. 그러나 여기서 극적인 사태가 벌어진다. 중심을 구별해 낼 수 있는 뇌, 뇌를 포함하고 있는 몸, 몸을 둘러싼 물질계, 그 모두를 사람들은 갑자기 쫓아내 버린다. 그리고는 마치 요술 지팡이를 사용한 것처럼 절대적으로 새로운 사물이 생겨나듯, 표상을 먼저 전제했던 것[64]으로부터 솟아나게 한다. 그런 표

37

---

62 완전투명(transparent)이 아닌 것은 물질도 자기동일성이 완전히 결여된 것은 아닐 것이기 때문이다. 물질도 자신의 표상을 가진다고나 할까? 즉, 희박하지만 물질도 나름의 자유, 나름의 지속을 약간은 가질 것이기 때문이다.

63 결국 지각은 실재 작용에 아무런 영향을 미치지 않는다. 다만 잠재적 행동만을 '행동의 중심'에 남겨둔다.

상이 더 이상 자기들이 출발했던 물질과 아무런 공통점도 갖지 않
게 하기 위하여, 사람들은 그것을 공간 밖으로 밀어 낸다.[65] 물질 자
체는 없어도 상관없는 것이기를 바라겠지만 그럴 수가 없다. 그것
의 현상들은 너무도 엄밀하고 원천으로 선택한 점[66]과는 너무도 무
관한 질서를 나타내어 그러한 규칙성과 무관함이 진정으로 독립적
인 존재를 구성하기 때문이다.[67] 그렇다면 분명 물질로부터 그 유령
〔만〕을 보존하는 것을 감수해야 할 것이다. 적어도 생명을 주는 모
든 질을 물질로부터 벗겨내야 할 것이다. 〔그리고는〕 움직이는 도
형들을 무형의 공간에서 잘라 내거나, 아니면 (거의 마찬가지이지
만) 그들 사이에 합성되는 크기의 관계들, 즉 내용을 전개하면서 진
화할 함수들을 상상해야 할 것이다. 그렇게 되면 이제 물질에서 벗
겨낸 것들로 채워진 표상은 자유롭게 비연장적인 의식 속에서 전개
될 것이다.[68] 그러나 재단하는 것으로는 충분하지 않으며, 재봉해

---

64 미리 표상이란 물질과 다른 어떤 것이라고 전제했던 것.

65 물질과 달리 표상은 전혀 공간성을 띠지 않는다고 생각하기 때문에 공간
    밖으로 밀어낸 것이다.

66 '원천으로 선택한 점'이란 모든 표상의 원천으로 선택한 나(자아)를 의미
    한다. 그것과 물질계의 운동은 전혀 독립적이다.

67 그런 물질의 현상들은 엄밀히 규칙적이고 나와는 독립적이기 때문에 그
    사실 자체만으로도 그것의 독립적 존재성을 인정하지 않을 수 없다. 비록
    그것이 다음에 나오는 '유령'이나 "모든 질이 벗겨진" 것이라 하더라도.

68 표상을 물질과는 전혀 다른 것으로 만들었으나 물질을 완전히 제거해 버
    릴 수도 없으므로, 이제 "물질로부터 그 유령〔만〕을 보존"하거나 "모든 질
    을 물질로부터 벗겨내야" 한다. 그렇게 되면, 물질은 "무형의 공간에서 잘
    라낸" 움직이는 도형들이나 "크기의 관계들"과 그 "함수"로 축소될 수밖

야 한다. 물질적 근거로부터 잘라낸 질들을 이제는 어떻게 다시 거기에 다시 결합하는지를 설명해야 할 것이다. 물질에서 감소시킨 각 속성은 그만큼 표상과 대상 사이의 간격을 넓힌다. 그런 물질을 비연장적인 것으로 만든다면 그것이 어떻게 연장을 받아들일 것인가?[69] 그것을 동질적 운동으로 환원한다면 도대체 어디서 질이 생길 것인가? 특히 사물과 상, 물질과 사유, 그 두 항의 한쪽은 정의에 의해 다른 쪽에 없는 것만을 가질 뿐인데 그들 사이의 관계는 어떻게 생각할 것인가? 따라서 난점들은 당신의 발밑에서 생길 것이며 그것들 중 어느 하나를 없애려 노력해 봐도 많은 다른 난점들로 숫자만 늘어날 뿐일 것이다. 그렇다면 우리가 당신에게 요구하는 것은 무엇인가? 단지 요술 지팡이를 단념하고 당신이 먼저 들어섰던 길을 계속 가라는 것이다. 당신은 외부 상들이 감각기관에 이르러 신경에 변화를 가하고 뇌에 그 영향을 미치는 것을 보여주었다. 끝까지 가보라. 운동은 뇌수물질을 통과하여 거기서 머무르나 싶더니

38

에 없다. 후자의 경우 양적 관계의 함수들은 물질의 움직임에 따라 변할 것이므로 "내용을 전개하면서 진화할" 것이다. 일단 이렇게 되면 표상은 "물질에서 벗겨낸 것들", 즉 여러 질들로 채워질 수 있게 되고 물질의 공간성으로부터 떨어져 나왔으므로 "자유롭게 비연장적인 의식 속에서 전개될" 수 있게 된다. 그러나 이렇게 물질과 표상을 잘라낸 것으로는 모든 설명이 다 된 것이 아니고, 다시 그 표상이 어떻게 물질과 결합할 수 있는가를 설명해야 한다. 즉, 다시 꿰매야 한다. 그것이 바로 다음에 나오는 여러 질문들, 특히 심신관계의 문제에 답하는 것이지만, 그 해결은 쉽지 않다. 사태를 잘못 재단했기 때문이다.

69 이것이 데카르트의 문제였다.

이제 의지적 행동으로 피어날 것이다. 바로 이것이 지각의 기제(機制, mécanisme) 전체이다. 상으로서의 지각 자체에 대해서는 당신이 그것을 먼저 전제했고 더구나 전제하지 않을 수가 없었기 때문에 그 발생을 추적할 필요가 없다. 즉, 뇌를 취함으로써, 물질의 조각을 조금이라도 취함으로써, 당신은 상 전체를 취한 것이 아닌가? **지각은 권리 상으로는 전체의 상일 것이나 사실상으로는 당신에게 관심이 있는 것으로 환원될 것이기 때문에, 당신이 설명해야 할 것은 따라서 어떻게 지각이 생기느냐가 아니라 어떻게 그것이 제한되느냐이다.** 그러나 그 부분들이 가변적인 중심과의 관계 하에서 배치된다는 점에서 바로 지각이 단순한 상과 구별된다면, 그 제한은 어렵지 않게 이해된다. 즉, 지각은 권리 상으로는 무한하지만 사실상 당신이 당신의 몸이라 부르는 특수한 상의 행동방식에 남겨진 비결정성의 부분을 그리는 것으로 한정된다. 따라서 역으로, 뇌의 회질의 구조로부터 나오는 것과 같은 몸의 운동의 비결정성은 당신의 지각의 범위의 정확한 척도를 제공한다. 따라서 당신의 지각이 뇌의 내적 운동으로부터 결과된 것이고 말하자면 피질의 중심에서 나오는 것*처럼* 모든 것이 진행된다고 해서 놀라서는 안 된다. 뇌는 다른 상들의 더미에 둘러싸인 다른 것과 마찬가지의 상이기 때문에 지각이 거기서 나올 수는 없을 것이며, 포함하는 것이 포함된 것으로부터 나온다는 것은 부조리할 것이다. 그러나 뇌의 구조는 당신이 선택할 수 있는 운동들의 세밀한 지도를 제공하고, 다른 한편으로는 지각을 구성하기 위해 스스로에게로 되돌아오는 것으로 보이는 외부 상의 분량(portion)이 바로 그 운동들이 영향을 미칠 우주의 모든 점을 그리고 있기 때문에, 의식적 지각과 두뇌의 변화는 엄밀하게 대응한다. 그 두 항의 상호 의존은 따라서 단지 그들 모두가 의지의 비결정성이라는 제3의 항의 함수라는 데에 기인한다.[70]

가령 어느 광점 P에서 나온 광선이 망막의 다른 점 a, b, c 에 작용한다고 하자. 과학은 그 점 P에 일정한 세기와 일정한 지속을 지닌 진동을 위치시킨다. 바로 그 동일한 점 P에서 의식은 빛을 지각한다. 본 연구가 진행되면서[71] 우리는 그 둘 모두[72]가 옳다는 것, 그리고 그 운동에 추상적 역학이 거부하는 단일성과 불가분성과 질적 이질성을 돌려주기만 한다면, 또한 감각적 성질에서 우리 기억이 행한 그만큼의 **응축**을 보기만 한다면, 그 운동과 그 빛[73] 사이에 본질적 차이가 없다는 것을 보여줄 작정이다. 즉, 과학과 의식은 순간에서 일치하게 될 것이다. 잠정적으로, 여기서는 단어의 의미를 지나치게 깊이 따지지 말고, 점 P는 빛의 진동을 망막에 보낸다고 말하는 데에 그치자. 무슨 일이 일어날 것인가? 점 P의 시각적 상이 40 주어져 있지 않다면, 어떻게 그것이 형성되는지를 물을 여지가 있

---

70 지각의 내용은 나의 가능적 행동을 그리고 있고 뇌의 구조는 내가 선택할 수 있는 행동(즉 가능적 행동)의 세부형태를 그리고 있기 때문에 그 둘은 엄밀히 대응한다. 그러나 그 대응은 내용적, 실질적 대응이 아니라 내가 어떤 행동을 할 것이냐에 달려 있는 대응이기 때문에 내 의지의 함수이다.

71 아래의 제4장 특히 221~226쪽을 보라.

72 과학(science)과 의식(conscience). 양자는 같은 줄기에서 나온 말이다.

73 운동은 과학이 생각하는 빛의 진동, 빛은 의식이 지각하는 빛. 지각된 빛은 진동이 응축된 것이며, 단일성과 불가분성과 질적 이질성을 가진다.

을 것이고, 곧 바로 풀 수 없는 문제에 대면하게 될 것이다. 그러나 어떤 방식으로 접근하건 그것을 먼저 놓지 않을 수가 없다. 따라서 유일한 문제는 무한한 다른 상들은 배제되어 있는데 왜 그리고 어떻게 그 상은 **선택되어** 나의 지각에 속하느냐를 아는 것이다. 그런데 점 P에서 망막의 다양한 소립자들로 전달되는 진동은 피질과 피하질의 시각 중추와 또한 자주 다른 중추들에게로도 인도되며, 그 중추는 그 진동을 때로는 운동 장치로 전달하고 때로는 잠정적으로 멈추게 한다는 것을 나는 안다. 따라서 관여된 신경 요소들은 분명 받아들인 진동에 그 실효성을 부여하는 것이다. 그것들은 의지의 비결정성을 상징하며, 그들 총체(intégrité)에 그 비결정성이 달려 있다. 따라서 그 요소들의 병변(lésion)은 모두 우리의 가능한 행동을 감소시키면서 그만큼 지각을 감소시킬 것이다. 다른 말로 하면, 받아들여진 진동이 기계적으로 전달되지 않는 점들이 물질계 속에 있다면, 즉 우리가 말했듯[74] 비결정성의 지역이 존재한다면, 그 지역은 바로 사람들이 감각-운동 과정이라 부르는 것의 궤적 위에서 만날 수 있어야 한다. 그렇기 때문에 광선 Pa, Pb, Pc가 그 궤적을 따라 **지각되고** 그 다음 P로 **투사되는** 것처럼 모든 것이 진행되어야 한다. 거기에 더하여, 그러한 비결정성이 실험과 계산을 벗어나는 것이라면, 인상이 받아들여지고 전달되는 신경 요소들은 더 이상 그렇지 않다. 따라서 생리학자들과 심리학자들이 다루어야 할 것은 그런 요소들이다. 외부 지각의 모든 세부는 그것들에 의해 조정되

---

74 위의 27쪽을 보라.

고 그들에 의해 설명될 것이다. 원한다면, 자극은 그 요소들을 따라 41
길을 가서 중심에 이른 다음 거기서 의식적 상으로 전환되고 그것
이 다음에는 점 P로 외화된다고 말할 수 있을 것이다. 그러나 그렇
게 말하는 것은 단지 과학적 방법의 요청에 순응하는 것이지, 실재
과정을 묘사하는 것은 전혀 아닐 것이다. 사실은 의식에서 형성된
다음 P로 투사되는 단 하나의 비연장적인 상도 없다. 진실은 점 P와
그것이 발하는 광선, 망막, 관여된 신경 요소들, 그 모두는 하나의
유대적인 전체를 이루며, P의 상이 형성되고 지각되는 것은 분명 P
에서이지 다른 곳이 아니라는 것이다.[75]

사물을 이처럼 표상함으로써, 우리는 상식의 소박한 믿음으로 되
돌아간 것뿐이다. 우리는 모두 대상 자체 속으로 들어가서 우리 속
에서가 아니라 대상 속에서 그것을 지각한다고 믿는 것으로 시작했
다. 심리학자가 이처럼 단순하고 이처럼 실재에 근접한 생각을 무
시한다면, 그것은 지각의 미미한 부분인 두뇌 내부의 과정이 그에
게는 지각 전체의 등가물로 보이기 때문이다. 그 내적인 과정을 보
존하고 지각된 대상을 제거해 보라. 그에게는 대상의 상이 남는 것
으로 보인다. 그의 믿음은 어렵지 않게 설명된다. 즉, 환영이나 꿈과
같이 모든 점에서 외부 지각과 비슷한 상들이 나타나는 수많은 상
태들이 있기 때문이다. 그와 같은 경우 대상은 사라지지만 뇌는 존
속하기 때문에 거기서부터 두뇌의 현상이 상像의 생산에 충분하다

---

75 지각은 사물 속에서 이루어지는 것이지 우리 두뇌 속에서 이루어지는 것
이 아니다.

고 결론짓는다.[76] 그러나 그런 종류의 모든 심리적 상태에서는 기억이 제1의 역할을 맡는다는 것을 잊어서는 안 된다.[77] 그런데 우리는 나중에[78] 지각이 일단 우리가 의미하는 것처럼 받아들여진다면

42 기억은 나타나**야 한다는** 것과 그런 기억은 지각 자체와 마찬가지로 두뇌의 상태에 그 실재적이고도 완전한 조건을 가지지 않는다는 것을 보이려고 시도할 것이다. 그 두 가지 점[79]에 대한 고찰을 아직 착수하지 말고, 아주 단순한, 게다가 새로운 것도 아닌[80] 관찰을 제시

---

76 Riquier는 이것이 베르크손과 Taine의 근본적 차이라고 지적한다. Taine 는 신경계만 남고 지각된 세계 전체를 제거한다는 사고 실험을 하고 있는데, 그러면 신경계가 남는 한 환상과 같은 상도 남는다고 가정한다(*De l'intelligence I*, 229쪽 이하). 그러나 외부세계의 제거는 바로 신경계 자체의 제거를 동반하지 않을 수 없고, 상은 신경계에 저장되어 있지 않기 때문에 상도 존재할 수 없다(*Ech*, 320쪽 주36 참조). Riquier는 이후의 논의에서도 베르크손의 상대자를 주로 Taine로 보고 주석을 진행하는데, 우리는 반드시 Taine에 한정할 필요가 없다고 생각하지만, 그가 전형적인 한 예로서는 충분하기 때문에 그의 논의를 계속 인용할 것이다.

77 Riquier의 지적에 따르면 베르크손에게 기억은 실재로부터 나온 것이고 환상도 거기에 기반을 둔 것인데 비해, Taine에게 환상은 순수 심리학적 현상이며 감각은 강한 상태이고 관념은 약한 상태로서 감각과 관념은 정도의 차이밖에 없다(*Ech*, 320쪽, 주37 참조). 이것은 나중에 베르크손에 의해 비판될 것이다(제3장).

78 아래의 67쪽과 제2장을 보라.

79 바로 위에 나온 "지각이 일단 우리가 의미하는 것처럼 받아들여진다면 ① 기억은 나타나**야 한다는** 것과 ②그런 기억은 지각 자체와 마찬가지로 두뇌의 상태에 그 실재적이고도 완전한 조건을 가지지 않는다"는 것.

80 몰리뇌Molyneux의 실험. 아래의 242쪽을 보라.

하는 것으로 그치자. 많은 선천적 맹인은 시각 중추를 손상 받지 않은 채 가지고 있다. 그러나 그들은 시각적 상을 결코 형성한 적이 없이 살고 죽는다. 그러한 상은 따라서 외부 대상이 적어도 한 번은 역할을 했을 때에만 나타날 수 있다. 그것은 따라서 적어도 한 번은 표상 속에 실제로 들어갔어야 한다.[81] 그런데 우리가 지금 요구하는 것은 다른 것이 아니다. 우리가 여기서 다루는 것은 순수지각이지 기억으로 복잡해진 지각이 아니기 때문이다. 그렇다면 기억의 기여를 버리고 원상태(à l'état brut)의 지각을 생각해 보라. 대상 없이는 상도 결코 없다는 것을 분명 인정하지 않을 수 없을 것이다. 그러나 두뇌 내부적 과정에 그 원인인 외부 대상을 결합시키자마자, 어떻게 그 대상의 상이 대상과 함께 대상 속에서 주어지는지는 나는 매우 잘 이해할 수 있지만, 그것이 어떻게 두뇌의 운동으로부터 생기는지는 나는 전혀 알 수가 없다.

신경이나 중추의 병변이 신경 진동의 진로를 끊으면, 지각은 그만큼 감소한다. 거기에 놀라야 하는가? 신경체계의 역할은 그 진동을 이용하여 그것을 실재적 또는 잠재적으로 완수되는 실천적 행동 방식으로 전환시키는 것이다. 이런저런 이유로 자극이 더 이상 지나가지 않을 때, 상응하는 지각이 아직도 일어난다는 것은 이상할 것이다. 그 지각은 그때 우리의 몸을 더 이상 직접적으로 선택할 것을 요청하지 않는 공간의 점과 관계 맺게 할 것이기 때문이다. 동

---

81 실제로 표상 속으로 들어간다는 것은 실제로 표상이 되어 떠올라 봐야 한다는 것.

물의 시각신경을 잘라내 보라. 광점에서 출발한 진동은 더 이상 뇌
43 로, 그리고 거기서 [다시] 운동신경으로 전달되지 않는다. 시각신
경을 포괄하면서 외부대상을 동물의 운동기제에 연결하는 선은 단
절된다. 따라서 시각적 지각은 무기력해지며, 무의식은 바로 그런
무기력에서 성립한다.[82] 물질이 신경체계의 도움 없이, 즉 감각기관
들 없이 지각될 수 있다는 것은 이론적으로 생각할 수 없는 것은 아
니다. 그러나 그런 종류의 지각은 아무 소용이 없기 때문에, 실질적
으로 불가능하다. 그런 지각은 살아있는, 즉 행동하는 존재가 아니
라 유령에게나 적합할 것이다. 사람들은 살아있는 신체를 제국 속
의 제국으로 표상한다.[83] 즉, 지각을 만드는 것이 우선이고 그 다음
에야 운동을 창조하는 기능을 가진 별도의 존재로 신경체계를 표상
한다. 진실은 내 몸을 진동시키는 대상과 내가 영향을 미칠 수 있을
대상 사이에 낀 나의 신경체계는 운동을 전달하고 분배하고 억제
하는 단순한 전도체(conducteur)의 역할을 한다는 것이다. 그 전도
체는 주변에서 중심으로, 그리고 중심에서 주변으로 연결된 엄청난
수의 섬유들로 이루어져 있다. 주변에서 중심으로 가는 선이 존재
하는 그 만큼, 나의 의지를 요청하고 나[의 몸]을 움직이는 활동에

---

82 여기서 '무의식'은 단지 의식이 없다는 것. 시각적 지각이 없으므로 보이
    는 것에 대한 의식도 없다.

83 '제국 속의 제국'은 스피노자의 표현(『윤리학』, 3권 서문). 아래의 279쪽에
    도 다시 나온다. '제국 속의 제국'이란 자연 전체 속에 다시 자연 전체를
    만들어내는 우리 몸이 있는 것처럼 생각한다는 것이다. 그렇지가 않다.
    스피노자도 인간이 자연의 법칙을 따르지 않는 독립적인 존재로 생각해
    서는 안 된다는 뜻에서 '제국 속의 제국'이 아니라고 한다.

말하자면 요소요소마다 물음을 제기할 수 있는 공간의 점들이 존재
하는 것이다. 즉, 제기된 각 물음이 바로 사람들이 지각이라 부르는
것이다. 이처럼 지각은 이른바 감각 섬유 중 하나가 잘라질 때마다
그 요소들 중 하나만큼 감소된다. 왜냐하면 그때에는 외부대상의
어떤 부분이 행동을 요청할 수 없게 되기 때문이다. 그리고 안정된
습관이 형성될 때마다 또한 그만큼 감소한다. 왜냐하면 이번에는
완전히 준비된 대답이 물음을 불필요하게 만들기 때문이다. 이 경
우나 저 경우나 사라지는 것은 진동의 자기 자신에로의 분명한 반 44
사, 출발했던 상으로의 빛의 회귀, 또는 지각을 상으로부터 떨어지
게 하는 그 분화(dissociation), 그 **분별**(discernement)이다.[84] 그러므
로 지각의 세부는 이른바 감각 신경의 세부에 따라 정확히 주조되
나, 전체로서의 지각은 몸의 운동하려는 경향에 그 진정한 존재이
유를 가진다고 말할 수 있다.

 일반적으로 이 점에 관해 착각하게 하는 것은 우리의 운동이 그
것을 일으키는 자극에 대해 외관상 무관하게 보인다는 것이다. 한
대상의 존재가 청각으로 전해지건 시각이나 촉각에 의해 나에게 드
러나건, 그 대상으로 가서 그것을 변화시키기 위한 내 몸의 운동은
동일한 것으로 보인다. 나의 신체 운동 활동은 그때 별도의 존재,
그것을 일어나게 요청한 상의 종류가 무엇이건 동일한 행동에 대해
서는 항상 동일한 운동이 원하는 대로 나오는 일종의 저장고가 된

---

84 지각은 "진동의 자기 자신에로의 분명한 반사, 출발했던 상으로의 빛의
   회귀"인데, 그것은 물질 전체로서의 상(image)으로부터 떼 낸 부분, 즉
   "분화"나 "분별"된 부분이다.

다. 그러나 외적으로는 동일한 운동들의 성격은 그 운동들이 답한 인상이 시각적이냐, 촉각적이냐, 청각적이냐에 따라 내적으로는 변한다는 것이 진실이다. 나는 공간에서 무수한 대상들을 알아차린다. 그들 각각은 시각적 형태인 한에서 나의 활동을 요청한다. 내가 갑자기 시각을 잃는다[고 하자]. 틀림없이 나는 아직도 동일한 양과 동일한 질의 운동을 공간 속에 가지고 있다. 그러나 그 운동은 더 이상 시각적 인상에 따라 협응될 수는 없다. 이제부터 그것들은 가령 촉각의 인상을 따를 것이며, 아마도 뇌 속에 새로운 배열을 그릴 것이다. 피질 속의 운동 신경 요소들의 원형질의 팽창은 이번에는 훨씬 더 적은 수의 감각적(sensoriel)이라 불리는 신경 요소들과 관계 맺을 것이다. 나의 활동은 따라서 분명히 실제로 감소할 것인데, 내가 일으킬 수 있는 운동은 동일하지만 대상들은 그 기회를 더 적게 제공한다는 의미에서 그러하다. 다음으로 시각 전도傳導의 갑작스런 단절은 나의 활동의 모든 부분의 요청을 제거한다는 것을 본질적이고도 깊은 결과로 갖게 되었다. 그런데 그런 요청은 우리가 본 것처럼[85] 지각 자체이다. 여기서 지각을 우리의 신체 운동 활동에 제기된 일종의 문제로 보지 않고 고유한 의미에서의 감각적 진동으로부터 생기게 하는 사람들의 오류가 손에 잡히게 된다. 그들은 그런 신체 운동 활동을 지각과정으로부터 떼어내고, 그 활동이 지각의 소멸을 따르는 것으로 보이기 때문에 거기서부터 지각은 이른바 감각 신경 요소들 속에 위치한다고 결론짓는다.[86] 그러나

45

---

85 위의 16쪽 참조.

진실은 지각이 감각중추에도 운동중추에도 있지 않다는 것이다. 그
것은 그들의 관계의 복잡성의 정도를 나타내며 그것이 나타나는 그
곳에 존재한다.[87]

어린이를 연구한 심리학자들은 우리의 표상이 비개인적(im-
persnelle)인 것으로 시작한다는 것을 잘 안다. 그것이 우리의 몸을
중심으로 채택하고 **우리의** 표상이 되는 것은 조금씩, 그리고 수많
은 귀납을 통해서이다. 그러한 작업의 작동구조는 게다가 이해하
기 쉽다. 나의 몸이 공간 속에서 이동함에 따라 모든 다른 상들이
변한다. 반대로, 〔내 몸이라는〕 이 상은 변하지 않는 채 남는다. 따
라서 나는 그것을 중심으로 만들고 모든 다른 상들을 거기에 관계
시킬 수밖에 없다.[88] 외부세계라는 것에 대한 나의 믿음은 내가 내

---

86 지각과 신체 운동을 분리했는데 지각이 소멸하면 신체 운동도 소멸하므
로 지각은 신체 운동과 그것이 연결된 운동 신경 요소가 아닌 감각 신경
요소에 존재한다고 결론짓는다. 그러나 지각은 원래의 상과 감각신경과
운동신경의 불가분적, 통일적 과정이므로 지각과 신체 운동을 떼어놓을
수 없다. 극단적으로 말하자면 지각하면 운동한다, 즉 지각과 신체 운동
은 하나다.

87 지각은 상과 운동 주체의 관계의 복잡성을 그린다. 그 관계가 다양할수록
지각은 그만큼 복잡해진다. 그리고 지각이 그려진 그곳에 지각이 존재한
다. 감각신경에 있지 않다.

88 Riquier는 아동심리학이 19세기에 시작된 것임을 알리면서 이 부분의 논
의는 특히 W. Th. Preyer(1841~1897, 독일의 심리학자이자 생리학자)의 *Die
Seele des Kindes*(Lipzig, 1881~1882), *L'âme de l'enfant*(tr. H. de Varigny,
Paris, Alcan, 1887)에 힘입은 바 크다고 지적한다(*Ech*, 321, 주41 참조). 그
는 특히 어린이의 자아가 여러 시행착오를 거쳐 자기의 몸에 대한 이미지
가 완성될 때 형성된다고 한다.

밖으로 비연장적 감각들을 투사한다는 것으로부터 나온 것도 아니
요, 또 나올 수도 없다. 그런 감각이 어떻게 연장성을 획득할 것이
며, 나는 어디서 외부성이라는 관념을 끌어낼 수 있을 것인가? 그
러나 경험이 입증하듯이 상들의 총체가 먼저 주어진다는 데 동의
한다면, 내 몸이 어떻게 그 총체 속에서 특권적 지위를 차지하는 데
46 에 이를 수 있는지를 매우 잘 이해할 수 있다. 그리고 그때 또한 어
떻게 처음에는 내 몸과 다른 물체들의 구별에 불과한 내부와 외부
의 관념이 생기는지도 이해할 수 있다. [반면] 사람들이 일반적으
로 그렇게 하듯이 내 몸으로부터 출발해 보라. 내 몸의 표면에서 받
아들여지고 그 몸에 관계될 뿐인 인상들이 어떻게 나에 대해 독립
적 대상으로 구성되고 외부세계를 형성하러 오는지를 당신은 결코
내게 이해하게 할 수 없을 것이다. 반대로 상들 일반을 내게 주어보
라. 그 상들은 끊임없이 변하고 내 몸은 불변적이므로, 내 몸은 반
드시 마지막에는 스스로를 상들 가운데 구별되는 하나의 사물로 그
릴 것이다. 내부와 외부의 구별은 이처럼 부분과 전체의 구별로 귀
결될 것이다.[89] 우선 상들의 총체가 있고, 그 총체 속에 이해관계가
있는 상들이 반사되는 것으로 보이는 '행동의 중심들'이 있다. 지각

---

89 Riquier는 또 내부성과 외부성을 이렇게 전체와 부분의 문제로 해석하
  는 것은 Taine의 경험주의적, 연상론적 해석을 뒤집은 것이라 지적한다.
  Taine에게는 관념이 밖으로 투사되어 공간성을 획득하고 물체로 되는 관
  념과 덜 강하기 때문에 내부에 머무는 관념으로 나누어진다. 후자의 다발
  들이 내부성을 이룬다. 이 두 관념은 모두 환상적 경향을 가지지만 공간
  을 획득하려는 투쟁에서 강한 것만이 이겨서 물체를 형성한다. 그리하여
  우리의 몸은 그 안에서는 내부를 이루고 그 밖에서는 외부 물체를 이루는

이 생겨나고 행동이 준비되는 것은 바로 이렇게 되는 것이다. **내 몸**
은 그 지각들의 중심에 그려지는 것이고, **나의 인격**은 그 행동이 결
부되어야 할 존재이다. 어린이가 그렇게 하듯이, 직접적 경험과 상
식이 인도하듯이, 그와 같이 표상의 주변으로부터 중심으로 나아
간다면 사태는 밝혀진다. 〔그러나〕 이론가들과 같이 중심에서 주변
으로 나아간다면 반대로 모든 것은 불투명해진다. 그때 도대체 어
떻게 연장적 표면을 형성하기에 이르는지, 그런 다음 어떻게 우리
몸 밖으로 투사되는지를 이해할 수 없는 비연장적 감각에 의해 한
조각 한 조각 인위적으로 구성되는 외부세계라는 관념은 어디서
나오는가? 어째서 사람들은 모든 외관에도 불구하고 나의 의식적
자아에서 내 몸으로, 그리고 내 몸에서 다른 물체들로 나아가기를 47
원하는가? 사실 나는 물질계 일반 속에 단번에 자리 잡으며, 내 몸
이라 불릴 그 행동의 중심을 점진적으로 제한하고 그렇게 하여 그
것을 모든 다른 것들과 구별하는 것이 아닌가? 우리의 외부지각의
비연장적인 성격에 대한 그런 우선적 믿음 속에는 너무도 많은 착
각들이 결합되어 있으며, 순수하게 내적인 상태를 우리 밖으로 투
사한다는 생각 속에는 잘못 제기된 문제들에 대한 너무도 많은 절
름발이 답변들과 너무도 많은 오해가 발견될 것이기 때문에, 단번
에 모든 것을 밝히겠다고 주장할 수는 없을 것이다. 우리는 나눠지

테두리라는 것이다(Taine, *De l'intelligence II*, III권 제1장 "La connaissance de
l'esprit"). 베르크손은 Taine의 이러한 개념이 애매하며, 안과 밖이란 공간
적 구별이지 더 약한 상태가 내부성을 띠어야 할 이유가 어디 있냐고 반
박한다(*Ech*, 322쪽, 주43).

지 않은 연장성[90]과 동질적 공간의 형이상학적 혼동, '순수지각'과 기억의 심리학적 혼동[91]을 그런 착각들의 배후에서 더 분명하게 보여줌에 따라 조금씩 해명이 이루어지리라 희망한다. 그러나 〔거기에〕 더하여 그런 착각들은 실재적인 사실들에 결부되어 있으며, 지금 당장이라도 그것을 알림으로써 그에 대한 해석을 바로 잡을 수 있다.[92]

그중 첫 번째 사실은 우리의 감각기능(sens)이 교육을 필요로 한다는 것이다. 시각도 청각도 곧바로 인상들의 위치를 지정할 수가 없다. 일련의 갖다 맞추기(rapprochement)와 귀납이 필요하며, 그에 의해 우리는 조금씩 서로에 대한 인상들〔의 위치〕를 협응케 할(coordonnons) 수 있다. 거기서부터 사람들은 본질적으로 비연장적인 감각이라는 개념으로 비약하고, 그것이 병치되면 연장을 구

---

90 제4장 235쪽 이하에서 다루어질 연장과 펼쳐짐의 문제에서 구체적 연장성과 순수공간이 구별된다. 구체적 연장성은 실제 사물이 존재하는 연장성으로서 사물들처럼 끊어지지 않고 죽 이어진다. 그러므로 그것은 "나눠지지 않은 연장성"이다.

91 여기서 이야기하는 순수지각은 응축도 기억도 투여되지 않은 물질과 같은 상태의 지각이고, 그것은 기억과 완전히 구별되는 것인데도 사람들은 그것과 기억을 혼동하여 지각을 정신적인 것이라 생각한다. 이 문제에 대한 해결은 제2장과 제3장에서 다루어질 것이다.

92 위에서 지적된 두 문제(구체적 연장성과 동질적 공간의 혼동, 순수지각과 기억의 혼동)는 제2, 3, 4장에서 다루어질 것이지만 바로 이어지는 논의에서는 사실과 결부된 세 문제를 다룰 것이다. 그것은 감각의 교육(47~50쪽), 신경의 특수 에너지(50~52쪽), 정조, 특히 고통의 문제(52~63쪽)이다.

성할 수 있다고 한다. 그러나 우리가 자리 잡은 가정에서조차도 우리의 감각은 마찬가지로 교육이 필요할 것임을 누가 보지 못하는가? — 혹 사물에 일치하기 위해서가 아니라 감각들 서로 사이가 일치되기 위해서라도. 여기 모든 상의 한가운데에 내가 내 몸이라 부르고 그 잠재적 행동이 외관상 주변 상들의 자기 자신에 대한 반사로 번역되는 어떤 상이 있다. 내 몸에 가능한 행동의 종류가 있는 만큼, 다른 물체들에게도 상이한 반사체계가 있을 것이며, 그 체계들 각각은 내 감각들 중 하나에 대응할 것이다. 내 몸은 따라서 다른 상들을 그들에 대해 수행할 다양한 행위의 관점에서 분석하면서 48 반사할 어떤 상으로 처신한다. 그리고 그 결과, 동일한 대상에서 나의 다양한 감각에 의해 지각된 각 성질은 내 활동의 어떤 방향, 어떤 필요를 상징한다. 이제 한 물체에 대한 나의 다양한 감각의 모든 지각이 결합하면 그 물체의 완전한 상이 나올 것인가? 그것들은 총체에서 채집된 것이므로 아마 그렇지는 않을 것이다. 모든 물체의 모든 점에서의 모든 영향을 지각한다는 것은 물질적 대상의 상태로 내려가는 것일 것이다. 의식적으로 지각한다는 것은 선택한다는 것을 의미하고, 의식은 무엇보다도 먼저 그런 실질적인 식별(discernement)에서 성립한다. 따라서 나의 여러 감각들이 제공하는, 동일한 대상에 대한 다양한 지각들을 결합해도 그 대상의 완벽한 상이 재구성되지는 않을 것이다. 그 지각들은 말하자면 나의 필요의 그만큼의 공백 크기를 나타내는 간격에 의해 서로로부터 떨어진 채로 남을 것이다. 즉, 그런 간격을 메우기 위해 감각의 교육이 필요한 것이다. 그런 교육이 목적으로 하는 것은 나의 감각들 사이

를 조화시키고, 감각의 소여(donées)들 사이에 내 몸의 필요의 불
연속성 자체에 의해 단절된 연속성을 회복하고, 마지막으로 물질
적 대상 전체를 개략적으로 재구성하는 것이다. 우리의 가정 하에
서 감각의 교육의 필요성은 이와 같이 설명될 것이다. 이런 설명을
먼저 것과 비교해보자. 첫 번째 가정에서는 시각의 비연장적인 감
각들이 촉각과 다른 감각기능들의 비연장적 감각들과 합성되어 그
들의 종합에 의해 물질적 대상이라는 관념이 생긴다. 그러나 우선
49 어떻게 그 감각들이 펼쳐짐(extention)[93]을 획득할 것인지, 특히 권
리 상 연장성이 일단 획득되었다고 하더라도 사실에 있어 그들 중
어떤 것이 공간의 어떤 점과 더 연결되어 있음이 어떻게 설명될 것
인지를 알 수가 없다. 다음으로, 어떤 행운의 일치에 의해, 어떤 예
정조화의 덕택으로 그런 다른 종류의 감각들이 전체로서 협응하여,
이제는 고체화되고 안정된 대상, 나의 경험에도 모든 사람의 경험
에도 공통적이며, 다른 대상들에 대면해서는 자연법칙이라 불리는
불굴의 규칙에 종속하는 대상이 형성될지를 자문해 볼 수 있다. —
첫 번째 가정에서 물질적 대상은 우리가 감지하는 모든 것 중의 아
무것도 아니다. 즉, 한편으로는 감각적 성질들과 함께 의식적 원리
를 놓고, 다른 한편으로는 그것에 대해서는 아무것도 말할 수 없고,

---

93 'extention'은 앞으로 심신관계의 논의에서 매우 중요한 개념이다. 그것은
  연장성과 비연장성 사이의 중간 상태를 의미한다. 완전히 비연장적인 것
  은 아닌데 아직 연장성이라고 하기에는 부족한 어떤 중간 상태를 말한다.
  우리는 그 점에 유의하여 연장성도 확장성도 아닌 '펼쳐짐'이라 번역했
  다. 이 말의 불분명함에 주목하면서.

그것을 드러내는 모든 것을 미리 털어내 버렸기 때문에 부정에 의해 정의되는 물질을 놓을 것이다. 두 번째 가정에서는 물질에 대한 점점 더 깊어지는 인식이 가능하다. 그것에서 감지된 뭔가를 잘라내기는커녕, 우리는 반대로 우리는 모든 감각적 성질들을 접근시키고, 그 유사성을 재발견하고, 그들 사이에 우리의 필요가 단절시켰던 연속성을 회복시켜야 한다. 물질에 대한 우리의 지각은 그때 적어도 원리 상, 그리고 곧 살펴볼 것처럼[94] 정조와 특히 기억을 추출한다면, 더 이상 상대적이지도 주관적이지도 않다. 그것은 단지 우리 필요의 다수성에 의해 잘려진 것이다. — 첫 번째 가정에서 정신은 물질만큼이나 인식할 수 없는 것이다. 어디서 온지도 알 수 없지만 감각들을 불러일으키고, 왠지도 알 수 없지만 공간으로 그것들을 투사하여 거기서 그것들이 물체를 형성할 것이라는, 정의할 수 없는 능력이 정신에 부여되기 때문이다. 두 번째 가정에서 의식의 역할은 명료하게 정의된다. 의식은 가능적 행동을 의미한다. 그리고 정신에 의해 획득된 형태들, 즉 우리에게 정신의 본질을 가리는 형태들은 그 두 번째 원리의 빛 아래에서 배제되어야 할 것이다.[95]

50

---

94 아래의 54~59쪽, 65~67쪽을 보라.

95 여기는 상당히 어렵다. 그러나 문자 그대로 해석하자면 가능적 행동을 위해 그려진 사물의 형태들은 정신에 의해서 획득된 것인데, 그것은 물질로부터 획득된 것이므로 정신의 본질을 가리는 성격을 가졌고, 이제 사물의 형태가 주어진 물질에 대한 가능적 행동을 그린다는 원리에 따라 정신의 본질을 생각할 때에는 배제되어야 한다는 뜻으로 이해할 수 있다. 그렇게 이해하면 바로 다음에 나오듯이 정신과 물질을 구별하면서도 정신이 물질에 행동을 해야 한다는 점에서 서로 접근시킬 가능성도 보인다.

이처럼 우리의 가정에서는 정신과 물질을 더 명확하게 구별하고 그
들 사이의 접근을 수행할 가능성이 엿보인다. 그러나 이 첫 번째 점
을 놓아두고 두 번째 점으로 가보자.

　사람들이 인용하는 두 번째의 사실은 오랫동안 "신경의 특수 에
너지"라 불렸던 것에서 성립한다고 한다.[96] 외부의 충격이나 전기
의 흐름에 의한 시신경의 자극은 시각적 감각을 줄 것이며, 바로 그
동일한 전기적 흐름이 청신경이나 설-인후 신경에 적용되면 냄새
를 지각하거나 소리를 듣게 할 것임은 알려져 있다. 그런 매우 특별
한 사실로부터 사람들은 상이한 원인들이 동일한 신경에 작용하면
동일한 감각을 자극하고, 동일한 원인이 상이한 신경에 작용하면
상이한 감각들을 야기한다는 이 두 가지의 매우 일반적인 법칙으로
이행한다. 그리고 그 두 법칙 자체로부터 사람들은 우리의 감각이
단지 기호이며 각 감각의 역할은 공간에서 이루어지는 동질적이고

96　신경의 특수 에너지 이론을 처음으로 제창한 사람은 독일 생리학의 아
　　버지인 Johanes Peter Müller이다(*Physiologie comparée du sens de la vue*,
　　Leipzig, 1826, E. Littré 역, Paris, Baillère, 1851). 생명체는 외부세계에 직접
　　접근할 수 없고 감각신경의 상태를 의식할 수밖에 없기 때문에 각 자극
　　이 특수한 감각신경에 영향을 주는 것이 아니며, 따라서 감각 질은 자극
　　의 성질이 아니라 자극을 받아들이는 신경의 함수이다. 즉, 특수 신경에
　　작용하는 다른 자극은 그 신경의 특수 에너지의 표현인 단일한 유형의 감
　　각만을 낳는다. 역으로 동일한 자극도 다른 감각에 작용하면 다른 감각을
　　낳는다. 가령 천둥, 번개를 보고 들었을 때 번개는 빛이기 때문에 천둥은
　　소리이기 때문이 아니라 동일한 현상이 시각신경에는 번개를, 청각신경
　　에는 천둥을 듣게 한다는 것이다(*Ech*, 323쪽, 주47 참조).

도 기계적인 운동들을 자체의 고유한 언어로 번역하는 것이라고 추
론한다. 거기서부터 결국 우리의 지각을 구별되는 두 부분, 즉 공간
에서의 동질적인 운동과 의식에서의 비연장적인 감각으로 가르자
는 생각이 나오고, 그 두 부분은 이제 다시 합쳐질 수 없게 되어 버
린다. 그 두 법칙들의 해석이 일으키는 생리학적 문제들의 검토로
들어가는 것은 우리의 일이 아니다. 즉, 그 법칙들을 어떻게 이해하
건, 특수 에너지를 신경에 귀속시키건 중추에 관계시키건 해결할 51
수 없는 난관에 부딪힌다. 그러나 그 법칙들 자체가 점점 더 문제적
으로 보인다. 이미 로체가 그것들이 틀리지 않았을까 의심한 바 있
다. 그것을 확신하기 위해 그는 "음파가 눈에 빛의 감각을 주거나
빛의 진동이 귀에 소리를 듣게 하기"*4를 기다렸다. 진실은 인용된

....

*4　　Lotze, 『형이상학(*Métaphysique*)』, 526쪽 이하.[97]

97　Lotze, *Métaphysique*, traduction revue et autorisée par l'auteur, tr. par
　　Duval, Paris, Librairie de Firman-Didot, 1883, L. III. Psychologie, ch. 2.
　　Les perceptions et le cours des idées(지각들과 관념의 흐름), §256, 527
　　쪽 이하(쪽수에 약간의 착각이 있는 것 같다. §256을 526쪽으로 잘못 표기한
　　것으로 보인다). 원래 Lotze는 지각된 질의 주관성에 대해 아무런 의문도
　　품지 않은 사람이지만, §256 이하에서 특수에너지에 관해서는 이의를 제
　　기한다. 우선 소리의 파장이 눈의 인상에 영향을 준다거나 빛의 파장이
　　청각에 영향을 주는 예는 발견할 수 없다고 지적한다. 이 가설은 주로 눈
　　에 충격이나 압력을 가하거나 전기 충격을 주면 시각적 효과를 준다는 것
　　에 기초하고 있는 것 같은데 그것은 눈에 가해진 충격이 충분히 강하여
　　시각인상을 단지 깨운 것에 지나지 않는지를 결정하기 어렵다. 전기 충격
　　이 혀에 맛을 준다는 현상도 그 전기 충격이 화학적 변화를 일으켜 맛을

모든 사실이 단 하나의 전형으로 모이는 것으로 보인다는 것이다. 즉, 상이한 감각들을 일으킬 수 있는 단일한 자극물이나 하나의 동일한 감각을 낳을 수 있는 여러 자극물들은 전기적 흐름이거나 아니면 기관에 전기적 균형의 변화를 결정할 수 있는 기계적 원인이다. 그런데 전기적 자극은 상이한 종류의 감각에 객관적으로 대응하는 다양한 **구성 요소들**(composantes)을 포함하고 있지는 않은지, 그리고 각 감각의 역할은 단지 전체에서 자신이 관심 있는 요소를 뽑아내는 데 불과한 것은 아닌지에 의문을 가져 볼 수 있다. 그러면 분명 동일한 감각을 주는 것은 동일한 자극일 것이요, 다른 감각을 일으키는 것은 다른 자극들일 것이다. 더 정확히 말하자면, 가령 혀에 전기를 통하면 화학적 변화를 일으키지 않는다는 것을 인정하기는 어렵다. 그런데 그런 변화는 우리가 어쨌든 맛이라 부르는 것이다. 다른 한편, 물리학자가 전자기 교란에 의해 빛을 알아차릴 수 있었다면, 역으로 그가 여기서 전자기 교란이라 부르는 것은 빛의 성격을 가진 것이라고 말할 수 있고, 그 결과 시신경이 객관적으로 대전(帶電, électrisation)에서 지각하는 것은 분명 빛일 것이다. 52 어떤 의미에서도 특수 에너지의 이론은 귀를 제외하면 더 이상 견고하게 확립된 것으로 보이지 않았다. 또한 어디에서도 지각된 사물의 실재적인 존재가 더 개연적으로 된 곳은 없었다. 최근의 한 작

내게 한 것이라고 해야 하지 않는가. 결국 전기 충격 자체가 여러 효과를 일으킬 수 있는 가능성을 가진다는 것이다. 바로 다음에 베르크손도 이것을 이용하여 전기적 충격은 여러 효과를 일으킬 수 있는 자극이 아닌지를 물어야 한다고 말한다.

업에서[*5] 그것에 대한 깊이 있는 설명과 논의를 발견할 수 있을 것이므로 우리는 그 사실들에 대해 부언하지 않겠다. 여기서 말하는 감각들은 우리의 몸 밖에서 우리에 의해 지각된 상이 아니라 오히려 우리 몸 자체 속에 위치한 정조(affection)들이라는 것에 주목케 하는 것으로 만족하자. 그런데 우리가 곧 볼 것처럼[98], 우리 몸의 본성과 용도(destination)로부터 각각의 소위 감각적 요소들(éléments sensitifs)은 몸이 보통 지각하는 외부 대상들에 대해 자신의 고유한 실재적 행동 — 잠재적 행동과 같은 종류의 것이어야 하는 — 을 가진다

....

[*5] Schwarz, 『지각의 문제(*Das Wahrnehmungsproblem*)』, Leipzig, 1892, 313쪽 이하.[99]

———

98 아래의 55쪽 이하를 보라.

99 Schwarz, *Das Wahrnehmungsproblem*. Vom Stanpunkt des Phsikers, des Physiologen und des Philosophen, Leipzig, Verlag von Ducker & Humblot, 1892, Zweiter Teil: Das Wahrnehmungsproblem in der Physiologie, Dritter Abschnitt: Die unphysikalische Richtung in der Physiologie, §29 Lotze's Opposition gegen das Gezetz der specifischen Sinnesenergien(특수 감각 에너지 법칙에 대한 Lotze의 반대), 313쪽 이하. 이 책은 최근 Kissinger Legacy Reprints에서 나온 사진본으로 접근가능하다. 저자는 우리 의식과 독립적인 물질의 객관적 존재를 인정하는 실재론의 입장을 취하고 있다. 그러한 실재론은 물리학, 생리학, 심리학적 지가 설명으로는 논박되지 않는다고 생각한다. 물리학은 소리와 빛의 객관적 존재를 역학적 과정으로부터 도출한다고 주장하는데 소리와 빛은 역학적 과정만큼이나, 아니 그보다 더 객관적 존재를 가진다. 그런데 생리학은 Müller의 신경 특수 에너지 이론을 내세우면서 물리적 설명의 빈 곳을 채운다고 주장하는데(제2성질은 모두 감각기관이 있어야 하므로), 그들

는 결론이 나오며, 그 결과 왜 그처럼 각각의 감각적 신경들이 결정
된 방식의 감각에 따라 진동하는 것으로 보이는지를 이해할 수 있
을 것이다.[100] 그러나 이 점을 밝히기 위해서는 정조의 본성을 천착
하는 것이 적합하다. 바로 그것에 의해 우리가 검토하기를 원했던
세 번째이자 마지막 논점으로 인도되었다.

세 번째 논점은 알아차릴 수 없을 만큼의 정도차를 거쳐 공간을
차지하는 표상적 상태로부터 비연장적으로 보이는 정조적 상태로
이행한다는 것에서 나온다. 거기서부터 사람들은 모든 감각은 자연
적이고도 필연적으로 비연장적이며, 연장성은 감각에 더해지는 것
이고 지각의 과정은 내적 상태들의 외화(extériorisation)라고 결론
을 내린다. 심리학자는 사실 자신의 몸으로부터 출발하며, 그 몸의
주변에서 받아들인 인상들이 그에게 물질계 전체의 재구성에 충분
한 것으로 보이기 때문에 그는 우주를 우선 자신의 몸으로 환원한
다. 그러나 이러한 첫 번째 입장은 유지될 수가 없다. 그의 몸은 모
든 다른 물체들보다 더 많거나 더 적은 실재성을 가지지도, 가질 수

53

의 가설에 따르면 모든 자극은 결국 동일하므로 자극이 논리적 추상이라
는 이야기가 되는 바, 자극은 결코 논리적 추상이 아니며 실재하는 것이
다. 자극은 결코 의식으로 환원되지 않는다(*Ech*, 324~325쪽, 51쪽의 주1 참
조). §29는 위의 주97)에 나오는 Lotze의 주장내용을 인용하여 그를 자세
히 설명하면서 변론하고, 특수 자극 에너지 이론을 반박한다.
100 문장이 상당히 복잡하다. 요지는 결국 감각적 요소들은 몸의 본성과 용도
에 기인하는데, 그 감각적 요소에 의해 몸이 외부 대상에 대해 어떠한 행
동을 할 것인가가 결정되고, 그 결과 감각신경들은 감각내용에 따라 결정
되는 것으로 보인다는 말이다.

도 없다. 그러므로 더 멀리 나아가 원리의 적용을 끝까지 따라가서 우주를 생체의 표면으로 축소시킨 후 그 신체 자체를 종국에는 비연장적으로 가정할 중심으로 응축해야 한다. 그러면 사람들은 그 중심으로부터 비연장적인 감각들을 출발하게 할 것이며, 그것이 말하자면 부풀어서 펼쳐짐(extension)으로 불어날 것이며, 끝내는 우선 우리의 연장적인 신체와 다음으로 모든 다른 물질적 대상들을 제공할 것이다. 그러나 바로 연장적인 상과 비연장적인 관념 사이에, 다소간 모호하게 장소를 가지는 일련의 중간적 상태들, 즉 정조적 상태들이 있지 않다면, 그런 기이한 가정은 불가능할 것이다. 우리의 오성은 그것의 습관적인 착각에 굴복하여 한 사물은 연장적이거나 비연장적이라는 딜레마를 내놓는다. 정조적 상태들은 막연하게 연장적인 성격을 띠고 불완전하게 장소가 정해지므로 오성은 거기서부터 그 상태가 절대적으로 비연장적이라고 결론 내린다. 그러나 그렇게 되면 펼쳐짐의 연속적인 정도들과 연장성 자체는 비연장적인 상태들의 뭔지 모를 획득된 속성에 의해 설명되어지게 될 것이요, 지각의 역사는 내적이며 비연장적인 상태들이 펼쳐지고 밖으로 투사되는 역사가 될 것이다. 이러한 논의를 다른 형태로 나타내기를 원하는가? 우리 신체에 대한 그 대상의 작용의 증가에 의해 정조와 더 특수하게는 고통이 될 수 없는 지각은 거의 없다. 그리하여 침의 접촉으로부터 찌름으로 알아차리지 못하는 사이에 이행한다. 역으로 감소하는 고통은 점점 그 원인의 지각과 일치하며 말하자면 표상으로 외화한다. 그러므로 정조와 지각 사이에는 분명 본성의 차이가 아니라 정도의 차이가 있는 것으로 보인다. 그런데 정

54 조는 나의 개인적 생존과 내밀하게 연결되어 있다. 그도 그럴 것이 그것을 느끼는 주체와 떨어진 고통이 무엇이겠는가? 그러므로 지각에도 그러해야 할 것이요, 외부 지각은 무해하게 된 정조의 공간으로의 투사에 의해 이루어져야 할 것으로 보인다. 실재론자들과 관념론자들은 그런 방식으로 추론한다는 데에서 일치한다. 관념론자들은 물질계에서 주관적이며 비연장적인 상태들의 종합 이외의 다른 것은 보지 않는다. 실재론자들은 그런 종합 배후에 그것과 일치하는 독립적인 실재가 있다고 덧붙인다. 그러나 이쪽이든 저쪽이든 정조에서 표상으로의 점진적인 이행으로부터 물질계의 표상은 상대적·주관적이며, 말하자면 그것이 우리로부터 나왔지 우리가 그것으로부터 도출되어 나온 것은 아니라고 결론짓는다.

정확한 사실에 대한 이러한 문제 있는 해석을 비판하기 전에, 그것이 고통의 본성도 지각의 본성도 설명하기에 이르지 못하며, 심지어 명료히 하기에도 성공하지 못한다는 것을 보여주자. 본질적으로 나의 인격에 연결되어 있으며 내가 사라지면 그 또한 사라질 정조적 상태들이 강도의 감소의 효과만으로도 펼쳐짐(extention)을 획득하고, 공간에서 일정한 자리를 잡으며, 항상 자기 자신과도 다른 사람들의 경험과도 일치하는 안정된 경험을 구성하기에 이른다는 것을 우리에게 이해시키기에 이르기는 힘들 것이다. 무엇을 하건 감각에 이런 형태로든 저런 형태로든 우선 펼쳐짐을, 다음으로는 필요 없기를 원했던 독립성을 돌려주게 될 것이다. 그러나 다른 한편, 그런 가정 하에서 정조가 표상보다 더 분명해지는 일은 거의 없을 것이다. 왜냐하면 정조들이 강도가 감소되면 어떻게 표상이 되는지를 이해하지 못하면, 우선 지각으로 주어졌던 동일한 현상이 어떻게 강도의 증가에 의해 정조가 되는지도 또한 이해하지 못할 55 것이기 때문이다. 고통 속에는 뭔가 적극적이며 능동적인 것이 있는데, 그것은 어떤 철학자들처럼 고통이 막연한 표상에서 성립한다고 말함으로써 설명되지 않는다.[101] 그러나 거기에는 아직 주요한 난점이 있는 것이 아니다. 자극의 점진적인 증가가 끝내는 지각을 고통으로 바꾼다는 것은 거부할 수 없다. 그러나 그런 바뀜이 정확한 한 순간으로부터 그려진다는 것 또한 사실이다. 왜 다른 순간이 아니라 그 순간인가? 그리고 먼저는 내가 무관심한 구경꾼에 지나지 않았던 현상이 갑자기 나에게 목숨이 걸린 관심사사 되게 하는 특별한 이유는 어떤 것인가? 나는 따라서 이러한 가정 하에서는 왜 일정한 어떤 순간에 현상에서의 강도의 감소가, 펼쳐짐과 외양적인 독립의 권리를 부여하는지도, 강도의 증가가 다른 것이 아닌 어느 한 순간에 고통이라 불리는 적극적 행동의 원천인 그런 새로운 속성을 창조하는지도 파악하지 못한다.

이제 우리의 가정으로 되돌아가서 어떻게 정조가 일정한 한 순간에 상으로부터 **나와야 하는지**를 보여주자. 우리는 또한 어떻게 연장을 차지하고 있는 지각으로부터 비연장적이라 믿어지는 정조로 이행되는지를 이해할 것이다. 그러나 고통의 실재적 의미에 관해 몇 개의 예비적인 주의가 필수적이다.

---

101 데카르트가 처음으로 고통을 혼동된 표상으로 생각했다(*Meditations méta-phisiques*, VI, AT IX, 59~64쪽).

낯선 물체가 아메바의 위족 중의 하나를 건드릴 때, 그 위족은 움 츠린다. 원형질 덩어리의 각 부분은 따라서 동일하게 자극을 받고 그것에 대해 반응할 수 있다. 지각과 운동은 여기서 하나의 유일한 속성으로 혼용되며, 그 속성이 바로 수축성(contractilité)이다. 그러

56　나 유기체가 복잡해질수록 작업은 나누어지고, 기능은 분화되며, 이렇게 구성된 해부학적 요소들은 그들의 독립성을 잃는다.[102] 우 리와 같은 유기체에서의 이른바 감각섬유들은 오직 자극을 그 진동 이 운동적 요소로 전파될 중심지역으로 전달하는 역할만을 맡는다. 따라서 그것들은 개별적 행동을 포기하고 첨병의 자격으로 신체 전 체의 진전에 협력하는 것으로 보인다. 그러나 그렇다고 하여 유기 체 전체를 위협하는 동일한 파괴의 원인에 개별적으로 노출되어 있 지 않은 것도 아니다. 그리고 그 유기체는 위험을 피하거나 손실을 되돌리기 위해 움직일 수 있는 능력을 가지는 반면, 감각적 요소는 분업에 의해 피할 수 없게 된 상대적 부동성을 보존한다. 이렇게 하 여 고통이 탄생하는 것이며, 그것은 우리 생각에는 사태를 제자리 에 돌려놓기 위한 상처받은 요소의 노력 ─ 감각신경에 대한 일종의 운동적 경향 ─ 이외의 다른 것이 아니다. 따라서 모든 고통은 어떤 노력, 어떤 무기력한 노력에서 성립함에 틀림없다. 모든 고통은 **국 지적** 노력이며, 노력의 그런 고립 자체가 그 무기력의 원인이다. 왜 냐하면 유기체는 그 부분들과의 유대 때문에 전체의 결과 이외에

102　유기체가 여러 기능들로 분화함에 따라 각 부분은 그 독립성을 전체에게 로 양도하고 각 요소는 전체에 종속적으로 된다.

는 더 이상 적절하게 응하지 않기 때문이다. 또한 노력이 국지적이기 때문에 고통은 생명체가 겪는 위험과는 절대적으로 불균등하다. 즉, 위험은 치명적인데 고통은 가볍고, 고통은 감내할 수 없을 정도(치통과 같이)이나 위험은 사소한 것일 수 있다. 그러므로 고통이 개입하는 정확한 순간이 있고, 또 있어야 한다. 그것은 유기체의 관계된 부분이 자극을 받아들이는 대신에 거부할 때이다. 그리고 지각과 정조를 가르는 것은 정도의 차이뿐만 아니라 본성의 차이이다.

그것은 그렇다고 하고, 우리는 생명체를 주변 대상들이 그에게 미치는 작용이 그 대상들에 반사되는 일종의 중심으로 생각했다. 57 그런 반사에서 외부 지각이 성립한다. 그러나 그 중심은 수학적 점이 아니다. 그것은 자연의 모든 물체와 마찬가지로 그것을 해체하려고 위협하는 외부 원인들의 작용에 노출되어 있는 하나의 물체이다. 우리는 방금 그것이 그런 원인들의 영향에 저항한다는 것을 보았다. 그것은 작용을 밖으로 반사하는 데 그치지 않는다. 그것은 투쟁하며 그리하여 그런 작용의 무언가를 흡수한다. 거기에 정조의 원천이 있을 것이다. 따라서 지각이 신체의 반사력(pouvoir réflecteur)의 크기를 나타낸다면 정조는 그것의 흡수력(pouvoir absorbant)의 크기를 나타낸다고 비유적으로 말할 수 있을 것이다.

그러나 그것은 비유에 지나지 않는다. 사물을 더 자세히 보고 정조의 필요성은 지각 자체의 존재로부터 흘러나온다는 것을 분명히 이해해야 한다. 우리가 이해하는 대로의 지각은 사물에 대한 우리의 가능적 행동과 그에 따라 역으로 사물의 우리에 대한 가능적 행동의 크기를 나타낸다. 신체의 행동력(신경계통의 더 높은 복잡성에 의해 상징되는)이 클수록 지각이 포괄하는 장은 더 방대하다. 따라서 우리 신체와 지각된 대상을 가르는 거리는 진정으로 위험의 임박성이 더 큰지 작은지, 약속의 기한이 더 먼지 가까운지를 나타낸다. 그리고 따라서 우리의 신체와 구별되며 어떤 간격을 두고 우리 신체와 떨어져 있는 대상에 대한 우리의 지각은 오로지 어떤 잠재적인 행동만을 그릴 뿐이다. 그러나 그 대상과 우리 신체 사이의 거리가 점차 감소할수록, 다른 말로 하면 위험이 더 다급해지고 약속이 더 직접적이 될수록, 잠재적 행동은 실재 행동으로 변형되려는 경향을 가진다. 이제 한계에까지 가서 거리가 없어졌다고, 즉 지각 58 할 대상이 우리 신체와 일치한다고, 즉 우리 자신의 신체가 지각할 대상이라고 가정해 보자. 그때 그 매우 특수한 지각이 표현할 것은 더 이상 잠재적 행동이 아니라 실재 행동이다. 정조는 바로 거기서 성립한다. 따라서 우리 기분(sensation)[103]과 우리 지각의 관계는 우리 몸의 실재 행동과 가능적 혹은 잠재적 행동의 관계와 같다. 몸의 잠재적 행동은 다른 대상에 관계된 것이며 그 대상에 그려진다. 몸의 실재 행동은 몸 자신에 관계된 것이며 따라서 몸에 그려진다. 그러므로 마치 실재적인 행동과 잠재적인 행동이 그들의 적용점이나 원천점으로 진정으로 되돌아감으로써, 외부 상들이 우리 몸에 의해 그것을 둘러싸고 있는 공간으로 반사되고, 실재 행동은 몸에 의해

---

103 우리나라 사람들은 'sensation'을 일반적으로 '감각'으로 번역하고 주로 감각을 통해 들어온 표상적 내용으로 생각하지만, 사실은 그러한 표상적 내용과 함께 그것이 주는 느낌이나 기분도 의미한다. 여기서는 표상적 내용이라기보다는 느낌, 기분의 의미가 더 강하므로 그렇게 번역한다.

몸의 실체(substance) 내부에 멈추는 것처럼 모든 것이 진행될 것이다. 그리고 그렇기 때문에 외부와 내부의 공통한계인 몸의 표면이 동시에 지각되고 느껴질 수 있는 유일한 연장의 부분이 된다.

그것은 항상, 나의 지각은 내 몸의 밖에 있으며 나의 정조는 반대로 내 몸 속에 있다는 것과 마찬가지이다. 외부 대상들은 나에 의해 그것들이 있는 곳에서, 내 속이 아니라 그것들 속에서 지각되는 것과 같이 나의 정조적 상태들은 그것이 일어나는 곳에서, 즉 내 몸의 일정한 지점에서 느껴진다. 물질계라 불리는 상들의 체계를 생각해보라. 내 몸은 그 상들 가운데 하나이다. 그 상 주변에 표상, 즉 다른 것들에 대한 그것의 가능적(éventuelle) 영향이 배치된다. 몸이라는 상 속에서 정조, 즉 스스로에 대한 그것의 현재적인 노력이 일어난다. 분명 그러한 것이 결국 우리들 각자가 상과 기분 사이에 자연스럽고 자발적으로 확립하는 차이이다. 우리가 상이 우리 밖에 존재한다고 말할 때, 그것은 상이 우리 몸의 외부에 있다는 것을 의미한다. 우리가 기분(sensation)을 내적 상태라 말할 때, 우리는 그것이 우리 몸에서 일어난다는 것을 의미한다. 그리고 그렇기 때문에 우리의 몸을 제거하면 우리의 기분은 사라지지 않을 수 없는 반면, 지각된 상들의 총체는 우리 몸이 사라지더라도 존속한다는 것을 우리는 긍정하는 것이다.

그에 의해 우리의 순수지각론에 대한 첫 번째 수정의 필요성을 엿볼 수 있다. 우리의 지각이 있는 그대로 그 실체로부터 떨어져 나온 상들의 부분인 것처럼, 지각은 대상의 우리 몸에 대한, 또는 우리 몸의 대상에 대한 잠재적 행동을 나타내면서 대상 전체로부터 우리에게 관심이 가는 측면을 고립시키는 데 그치는 것처럼 우리는 추론했다. 그러나 우리의 몸은 수학적 점이 아니라는 것, 그것의 잠재적 행동은 실재 행동들로 복잡해지며 거기에 젖어 있다는 것, 다른 말로 하면 정조 없는 지각은 없다는 것을 고려해야 한다. 따라서 정조는 우리가 외부 물체들의 상에 섞어 넣는 우리 몸의 내적인 어떤 것이다. 그것은 상의 순수성을 회복하기 위해서는 우선적으로 뽑아내야 할 것이다. 그러나 본성의 차이, 즉 지각과 기분 사이의 기능의 차이 — 후자는 실재 행동을, 전자는 단지 가능적인 행동을 포함한다 — 에 눈감는 심리학자는 그것들 사이에 정도의 차이밖에는 발견할 수 없다. 기분(그것이 포함하는 모호한 노력 때문에)이 막연하게만 장소를 지정할 수 있다는 것을 이용하여 그는 곧바로 기분이 비연장적이라고 선언하고, 그때부터는 기분 일반을, 그것을 가지고 구성에 의해 외부 상들을 획득하는 단순한 요소로 만든다. 진실은 60 정조가 지각을 이루는 제1질료가 아니라는 것이다. 그것은 오히려 거기에 섞이는 불순물이다.

우리는 여기서 심리학자로 하여금 차례로 기분을 비연장적으로, 지각을 기분의 집합체로 생각하게 이끄는 오류를 그 원천에서 파악한다. 우리가 볼 것처럼[104] 그러한 오류는 도중에 공간의 역할과 연장성의 본성에 대한 잘못된 생각으로부터 빌려온 쟁점들에 의해 강화된다. 그러나 그에 더하여 그것은 잘못 해석된 사실들을 나름〔근거로〕가지고 있으며, 지금부터라도 그것을 검토하는 것이 적절하다.

---

104 아래의 235~245쪽을 보라.

우선, 정조적 기분을 몸의 한 장소에 위치시키는 것은 진정한 교육이 요구되는 것으로 보인다. 아이가 살갗의 찔린 정확한 지점을 손으로 만지기에 이르기 위해서는 어떤 시간이 걸린다. 사실은 논란의 여지가 없으나 거기서 결론 내릴 수 있는 모든 것은 찔림을 당한 피부의 고통스런 인상을 팔과 손의 운동 방향을 잡는 근육감의 인상에 협응시키기 위해서는 더듬기가 필요하다는 것이다. 우리의 내적인 정조는 외부 지각처럼 여러 종류로 나누어진다. 그러한 종류들은 지각의 종류와 마찬가지로 비연속적이며 교육이 메우는 간격들로 나누어져 있다. 거기서부터 각 종류의 정조에 대해 어떤 종류의 직접적인 장소 지정, 그것에 고유한 장소적인 색채가 없다는 것은 전혀 따라 나오지 않는다. 더 멀리 나아가자. 정조가 그런 장소적인 색채를 즉각 가지지 않는다면 영원히 가질 수 없을 것이다. 왜냐하면 교육이 할 수 있는 모든 것은 현재의 정조적 기분에 시각이나 촉각의 어떤 가능적 지각의 관념을 결합하는 것일 것이고, 그 결과 정해진 정조는 마찬가지로 정해진 시지각이나 촉지각의 상을 환기시킬 것이기 때문이다. 따라서 그런 정조 자체에는 그것을 동일한 종류의 다른 정조들과 구별하고 다른 모든 것보다는 시각이나 61 촉각의 어떤 가능한 소여에 접합시키는 것을 허용해 줄 무엇인가가 분명 있어야 한다. 그러나 그것은 바로 정조가 처음부터 어떤 연장적(extensive)인 결정을 소유하고 있다고 말하는 것이나 마찬가지가 아닌가?

사람들은 아직도 잘못된 위치지정, 즉 신체를 절단당한 사람들의 환상(게다가 새로운 검토에 회부할 여지가 있을 것이다)을 끌어댄다.[105] 거기서 일단 받은 교육은 존속하며 기억의 소여들은 실제 삶에서는 더 유용하기 때문에 직접적 의식의 소여를 이동시킨다는 것이외의 무엇을 결론지을 것인가? 행동을 위하여 우리의 정조적 경험을 시각, 촉각, 근육감의 가능적 소여로 번역하는 것은 우리에게 필수적이다. 그런 번역이 일단 확립되면 원본은 퇴색한다. 그러나 원본이 먼저 놓여 있지 않았고 정조적 기분이 처음부터 오직 자신의 힘으로, 그리고 자신의 방식으로 위치를 점하지 않았다면 번역은 결코 이루어질 수 없었을 것이다.

그러나 심리학자는 상식의 그런 관념을 받아들이는 데 매우 큰 어려움을 겪는다. 그의 생각으로는 사물이 지각하는 것이 아니라면 지각이 지각된 사물 속에 있을 수가 없는 것과 마찬가지로, 신경이 느끼는 것이 아니라면 기분이 신경 속에 있을 수는 없다는 것이다. 그런데 신경은 명백히 느끼지 않는다. 그러므로 기분을 상식이 위치시키는 곳에서 잡아서 그것을 거기서 추출하여 그것이 신경보다는 더 의존하는 것으로 보이는 뇌에다 접근시킨다. 그리고 그렇

---

105 Riquier에 따르면 환상지의 문제는 데카르트서부터 유명했고(*Meditation* VI, AT IX, 94~95쪽), Taine에서는 외적 지각의 환상성에 대한 논점으로 이용되었다(*De l'intelligence* I, IV권, 제1장 249, 296 이하; II, II권, 제2장 129쪽, *Ech*, 325쪽, 주54 참조). 베르크손은 다른 곳에서는 더 이상 이 문제를 논의하지 않는다. 여기서는 환상지의 현상이 기억에 의해 생기는 것이고 그 것이 직접적 지각을 이동시킨다는 것만을 말하고 있다. 주지하는 바와 같이 Merleau-Ponty는 환상지를 실존의 도식으로 설명한 것으로 유명한데 (*Phénoménolgie de la perception*, 90쪽 이하), 실존의 도식이라는 것도 결국 기억이 없으면 나올 수 없는 것이다.

게 하여 논리적으로 그것을 뇌에다 놓기에 이를 것이다. 그러나 곧
바로 알아차리게 되는 것은 기분이 일어나는 것으로 보이는 지점
에 있지 않다면 다른 곳에는 더더욱 있을 수 없을 것이라는 점이다.
그것이 신경에 없다면 뇌에도 없을 것이다. 왜냐하면 중심에서 주
변으로의 그것의 투사를 설명하기 위하여 다소간 활동적인 의식에   62
귀속시켜야 할 어떤 힘이 필요하기 때문이다. 그러므로 더 멀리 나
아가서 기분들을 뇌의 중심으로 수렴시킨 후 동시에 뇌의 밖과 공
간의 밖으로 밀어내야 할 것이다. 그때 절대적으로 비연장적인 기
분과 다른 한편 투사되러 올 기분과는 무관한 빈 공간이 표상될 것
이다. 그리고는 비연장적인 기분이 어떻게 연장성을 획득하며, 거
기에 자리 잡기 위해 공간의 다른 모든 점보다 더 선호하여 하필 어
느 특정한 점을 선택하는지를 우리에게 이해시키기 위하여 온갖 종
류의 노력으로 힘을 소진할 것이다. 그러나 그런 이론은 단지 어떻
게 비연장적인 것이 연장으로 되게 하는가만 명확히 보여줄 수 없
는 것이 아니다. 정조, 펼쳐짐, 표상도 마찬가지로 설명 불가능한 것
으로 만든다. 그것은 정조적 상태들을 그만큼의 절대로 놓아야 할
것이며, 그것들에 대해서는 왜 의식의 이런저런 순간에 나타나거나
사라지는지를 이해할 수 없을 것이다. 정조에서 표상으로의 이행도
마찬가지로 뚫고 들어갈 수 없는 신비에 싸인 채 남을 것이다. 반복
하거니와[106] 단순하고 비연장적인 내적 상태에서 그것들이 공간의
이러저러한 정해진 질서를 선호하여 채택하는 이유를 결코 발견할

---

106 바로 위 60쪽을 보라.

수 없을 것이기 때문이다. 그리고 마지막으로 표상 자체가 절대로 놓여야 할 것이다. 즉, 그 원천도 그 목적도 이해되지 않는 것이다.

반대로 표상 자체에서, 즉 지각된 상들의 총체에서 출발하면 사태는 밝혀진다. 순수한 상태의, 내 기억으로부터 고립된 나의 지각은 내 몸에서 다른 물체들로 가지 않는다. 그것은 우선 물체들의 총체 속에 있다가 점차로 제한되어 내 몸을 중심으로 채택한다. 그렇게 되는 것은 바로 행동을 수행하고 정조를 느낀다는 이 몸이 가진 이중의 능력의 경험에 의해서, 한마디로 모든 상 중에 특권을 가진 어떤 상의 감각-운동 능력의 경험에 의해서다. 왜냐하면 한편으로 그 상은 다른 상들이 자신의 주변에 그 행동을 받을 수 있는 순서 자체에 따라 늘어서는 방식으로 항상 표상의 중심을 차지하고, 다른 한편 나는 그것을 다른 상들처럼 단지 표면의 막만을 아는 것이 아니라 내가 정조적이라 부르는 기분에 의해 그 내부, 그 안을 지각하기 때문이다. 따라서 상들의 총체 속에는 우대 받은 상이 있어서 단지 표면에서만이 아니라 깊은 곳에서 지각되며 행동의 원천인 동시에 정조의 본거지가 된다. 내가 내 세계의 중심이며 내 인격의 물리적 기지로 채택하는 것은 그런 특별한 상이다.[107]

---

107 Riquier는 이것이 Th. Ribot의 표현이라 지적한다(*Ech*, 325~326쪽 참조). 그는 "Conditions organiques de la personnalité(인격의 유기체적 조건)"(*Revue philosophique de la France et de l'étranger*, 1883, 619쪽 이하; *Les maladie de la personalité*, 제1장 "Les trouble de la personnalité"에 재수록)이라는 논문을 발표했다. 스스로와 동일한 단순한 자아를 가정하는 형이상학적 심리학 대신에 그는 어떻게 자아가 생기고 어떤 하급의 형태로부터 그것이 나오는지를 설명해야 한다고 주장한다. 그는 인격의 요소를 생명

더 멀리 가서 인격과 그것이 정착하는 상들의 정확한 관계를 확립하기 전에 우리가 '순수지각'에 대해 방금 소묘한 이론을 일반적 심리학의 분석과 대비시키면서 간략히 요약해 보자.

설명을 단순화하기 위해 우리가 예로서 선택했던 시각으로 되돌아가려고 한다. 사람들은 일반적으로 망막의 원추체와 간상체에 의해 받아들여진 인상에 대응하는 요소가 되는 감각을 놓는다. 그 감각과 함께 시지각을 재구성할 것이다. 그러나 우선 하나의 망막이 있는 것이 아니라 둘이 있다. 따라서 어떻게 구별되는 것으로 가정된 두 감각이 우리가 공간의 지점이라 부르는 것에 대응하는 하나의 유일한 지각으로 혼용되는지를 설명해야 할 것이다.

이 문제가 해결되었다고 가정하자. 지금 말하는 감각은 비연장적이다. 그것이 어떻게 외연을 받아들이는가? 연장성에서 감각을 받아들일 준비가 완전히 된 틀을 보건, 함께 혼용되지 않고 의식에서 64 공존하는 감각의 동시성만의 효과를 보건, 이 경우건 저 경우건 연장성과 함께 설명되지 않을 뭔가 새로운 것을 도입한 것일 것이며, 감각에 연장성과 재결합하는 과정과 각 요소가 되는 감각의 공간의 일정한 지점의 선택은 설명되지 않은 채로 남을 것이다.

그런 난점은 지나치자. 여기 구성된 시각적 연장이 있다고 하자.

의 가장 기초적인 현상에서 찾고, 거기에 감정적·지적인 기초를 마련한다. 나의 신체는 유기체적 감각에 의해 주관적으로 알려진다. 신선한 공기는 호흡감각을 통해 몸에 좋은 느낌을 주고, 영양이 좋으면 영양관계에 대한 느낌을, 근육상태와 관련해서는 활동력이 좋다는 느낌을 준다. 거기서 최초의 인격의 느낌이 형성된다.

이번에는 그것이 어떻게 촉각적 연장과 재결합할 것인가? 내 시각이 공간에서 보는 모든 것을 나의 촉각은 입증한다. 대상은 바로 시각과 촉각의 협력에 의해 구성되며 지각에서의 두 감각의 일치는 지각된 대상이 그것들의 공동 작품이라는 사실에 의해 설명된다고 말할 것인가? 그러나 여기서 요소가 되는 시감각과 촉감각은 완전히 상이한 두 종류에 속하므로 질의 관점에서는 아무런 공통적인 것도 인정할 수 없을 것이다. 따라서 시각적 연장과 촉각적 연장 사이의 일치는 시감각의 **질서**와 촉감각의 질서와의 평행론에 의해서밖에는 설명될 수 없을 것이다. 따라서 우리는 시감각 이외에도, 촉감각 이외에도, 그들에게 공통적인, 따라서 서로에 대해 독립적이어야 하는 어떤 질서를 가정할 수밖에 없게 되었다. 더 멀리 나아가자. 그 질서는 모든 사람에게 마찬가지로 보이므로 우리의 개인적인 지각과는 독립적이며, 결과가 원인에 연계되어 있고 현상들은 법칙에 따르는 물질계를 구성한다. 따라서 우리는 결국 객관적이며 우리와 독립적인 질서의 가정, 즉 감각과는 구별되는 물질계라는 가정으로 이끌리게 된다.

65   우리는 나아감에 따라 제거할 수 없는 소여들의 수를 배가해 왔고 우리가 출발했던 단순한 가정을 부풀렸다. 그러나 우리는 거기서 뭔가를 얻었는가? 우리가 도달하는 물질이 감각들 사이의 경이로운 일치를 이해하게 하는 데 필수적임에도 불구하고, 우리는 그것에 대해 아무것도 모른다. 물질은 단지 그 일치를 설명하면 되는데, 그런 물질에 대해 우리는 모든 지각된 질과 모든 감각을 부정해야 하기 때문이다. 따라서 그것은 우리가 아는 아무것도, 우리가 상

상하는 아무것도 아니며, 그런 것이 될 수도 없다. 그것은 신비한 존재의 상태에 머문다.

그러나 우리 자신의 본성, 우리 인격의 역할과 목적 또한 그만큼 큰 신비에 둘러싸인 채 남아 있다. 왜냐하면 비연장적이면서 공간 속에 펼쳐질 그런 요소가 되는 감각들은 어디서 나왔고, 어떻게 탄생했으며, 어디에 소용이 되어야 하는가? 그것들을 원천도 목적도 이해할 수 없는 그만큼의 절대로 놓아야 한다. 우리들 각자 속에서 정신과 육체를 구별해야 한다고 가정할 때 육체에 대해서도 정신에 대해서도 그들 사이에 유지되고 있는 관계에 대해서도 아무것도 알 수가 없다.

이제 우리의 가정은 어디에서 성립하고 정확히 어떤 점에서 다른 것과 구별되는가? 그것이 다른 것이 아닌 그것이어야 할 어떠한 이유도 없기 때문에 아무것도 말할 수 없는 **정조**(affection)에서 출발하는 대신 우리는 **행동**(action)에서 출발한다. 즉, 우리가 가진, 사물 속에다 변화를 수행하는 능력, 유기체의 모든 능력이 수렴하는 것으로 보이며 의식에 의해 입증되는 능력에서 출발한다. 따라서 우리는 단번에 연장된 상들의 총체 속에 자리 잡고 그런 물질계 속에서 바로 생명에 특징적인 비결정성의 중심들을 본다. 그 중심들로 66 부터 행동이 방사放射되기 위해서는 다른 상들의 운동과 영향이 한편으로는 받아들여지고 다른 한편으로는 이용되어야 한다. 살아있는 물질은 가장 단순한 형태에서, 그리고 동질적 상태에서도 양분을 취하고 치료하는 동시에 이미 그런 기능을 수행한다. 그런 방식의 진보는 두 범주의 기관들 사이의 그 이중적 작업을 나누는 데서 성립한다. 그중 첫 번째의 것은 영양 기관으로 불리며 두 번째 범주를 유지하는 것이 그 목적이다. 두 번째 범주는 **행동하기**(agir) 위해 만들어졌다. 그 기관들이 취하는 단순한 전형은 두 극단 — 하나는 외부 인상들을 받아들이고 하나는 운동을 수행하는 — 사이에 걸린 신경 요소들의 사슬이다. 그리하여 시지각의 예로 돌아간다면 원추체와 간상체의 역할은 단지 진동을 받아들이는 것이고 그 진동이 다음으로 완성되거나 나타나려고 하는 운동들로 만들어질 것이다. 어떠한 지각도 거기서부터 나올 수는 없으며, 신경 계통의 어느 곳에서도 의식적 중심은 없을 것이다. 그러나 지각은 신경 요소들의 사슬을 그것을 유지하는 기관과 생명 일반과 함께 생기게 했던 것과 동일한 원인으로부터 탄생할 것이다. 그것은 생명체의 행동력, 즉 받아들여진 진동에 따를 운동이나 행동의 비결정성을 표현하며 그 크기를 나타낸다. 그런 비결정성은 우리가 보여주었던 것처럼[108] 우리 몸을 둘러싸고 있는 상들의 스스로의 반사 또는 오히려 분화(division)에 의해 번역될 것이다. 그리고 운동을 받아들이고 멈추게 하고 전달하는 신경 요소들의 사슬은 바로 그런 비결정성의 본거지이자 그 역량을 측정케 하는 것이기 때문에 우리의 지각은 그 신경 요소들 자체의 모든 세부를 따를 것이며 모든 변양을 표현할 것이다. 따라서 순수한 상태에서의 우리의 지각은 진정으로 사물의 부분일 것이다. 그리고 고유한 의미에서의 기분은 의식의 심부에서 자발적으로 솟아나서 약화되면서 공간에 펼쳐지기는커녕, 그것에

67

---

108 위의 34~35쪽을 보라.

영향을 미치는 상들의 한가운데에서 우리들 각자가 자신의 몸이라 부르는 특별한 상이 겪는 필요한 변화들과 일치한다.[109]

그러한 것이 우리가 외부 지각에 대해 예고했던 이론을 단순화, 도식화한 것이다. 그것은 **순수지각**(perception pure)의 이론일 것이다. 그것을 결정적이라 간주한다면 지각에서 우리 의식의 역할은, 우리보다는 사물의 부분일 순간적 시각들[110]의 부단한 연쇄를 기억이라는 연속적인 실로 연결하는 것에 그칠 것이다. 우리의 의식이 외부 지각에서 특히 그런 역할을 한다는 것은 게다가 생명체의 정의 자체[111]에서 선험적으로 연역될 수 있을 것이다. 왜냐하면 생명체가 자극을 받아들여서 예견되지 않은 반응으로 만들어내는 것을 목적으로 한다면 반응의 선택 또한 우연적으로 수행되어서는 안 되기 때문이다. 그런 선택은 의심의 여지없이 과거 경험으로부터 영감을 받으며, 반응은 유사한 상황이 뒤에 남겨둘 수 있었던 기억에 호소하지 않고는 이루어지지 않는다. 따라서 수행해야 할 행위의 비결정성은 순전한 변덕과 혼동되지 않기 위해 지각된 상들의 보

---

109 원문 47쪽부터 지금까지의 논의는 모두 비연장적 감각을 외부로 투사한다는 이론에 대한 사실적 반박을 다룬 부분이다. 감각을 외부로 투사한다는 이론은 감각의 교육, 신경의 특수에너지 이론, 정조를 자신에게 유리한 증거로 들고 있지만 사실은 그렇지 않고 오히려 반박하는 증거가 된다는 것이다.

110 "우리보다는 사물의 부분일 순간적 시각들"은 순수지각.

111 "생명체의 정의 자체"란 바로 다음에 나오는 "자극을 받아들여서 예견되지 않은 반응으로 만들어내는 것"이다.

존을 요청한다. 미래에 대해 영향을 미치려면 과거에 대한 동일한 양[112]의 일치하는 조망(perspective)이 있어야 하고, 우리의 활동을 앞으로 미는 힘은 그 뒤로 기억들이 밀려들어갈 빈자리를 만들며, 기억은 이처럼 우리 의지의 비결정성의 인식의 영역에서의 반향[113]이라고 말할 수 있을 것이다. ― 그러나 기억의 작용은 이 피상적인 고찰이 짐작케 하는 것보다는 훨씬 더 멀고 깊이 펼쳐져 있다. 지각에 기억을 원상 복귀시키고 그에 의해 우리의 결론이 가질 수 있는 지나친 면을 수정하며 그리하여 더 큰 정확성을 가지고 의식[114]과 사물, 몸과 정신 사이의 접촉점을 결정할 순간이 왔다.

우선 기억, 즉 과거 상들의 존속을 놓으면 그 상들은 끊임없이 우리의 현재 지각에 섞일 것이며 심지어는 그것을 대체할 것이라고 말하자. 왜냐하면 그것들은 유용해지기 위해서만 보존되기 때문이다. 즉, 현재의 경험을 획득된 경험으로 풍부히 하면서 그것을 끊임없이 보완하며, 획득된 경험은 끊임없이 부풀어 가기 때문에 종내에는 현재 경험을 덮고 잠기게 할 것이다. 말하자면 순간적인 실재 직관[115]의 바닥은 그 위에서 외부세계에 대한 우리의 지각이 피

112 과거의 일치하는 조망이 미래에 영향을 미치려면 적어도 미래에 대한 조망과 동일한 양이나 또는 그보다 큰 조망이 필요하므로 적어도 "동일한 양"의 조망이 있어야 한다.

113 기억이 있다는 것은 "우리 의지의 비결정성"이 있기 때문에 그것을 뒷받침해 주기 위해서이고, 그렇기 때문에 기억은 "우리 의지의 비결정성"의 반향이며, 여기서는 특히 기억이 인식적 역할을 하고 있으므로 "인식의 영역에서의 반향"이라 한 것이다.

114 (Ⅲ)에서는 "science"라 되어 있는데 이는 "conscience"(Ⅰ)의 잘못이다.

어나는 것이지만 우리 기억이 거기에 덧붙이는 모든 것과 비교하면 보잘것없다는 것은 논란의 여지가 없다. 이전의 유사한 직관의 기억은 우리의 기억 속에서 일련의 후속 사건들에 연결되어 있고, 그에 따라 우리의 결정을 더 잘 밝혀줄 수 있어서 직관 자체보다 유용하다는 바로 그 이유 때문에 그것은 실재 직관을 이동시키며,[116] 나중에 증명할 것이지만,[117] 그때 실재 직관의 역할은 기억을 불러오고 그것에 몸체를 제공하여 작동하는 것으로, 그리고 그에 의해 현재적인 것으로 만드는 것에 불과할 것이다. 따라서 우리가 지각된 대상과 지각의 일치는 사실상이라기보다는 권리 상 존재한다고 말한 것은 옳았다. 지각한다는 것은 이제 기억하는 기회에 지나지 않는 것으로 끝난다는 것, 우리는 실질적으로 유용성의 정도에 따라 실재성의 정도를 측정한다는 것, 결국은 실재 자체와 일치하는 그런 직접적 직관을 실재의 단순한 기호로 세우는 데[118] 모든 이득이 69 있다는 것을 고려해야 한다. 그러나 우리는 여기서 지각을 비연장적이며 우리 자신의 바탕에서 이끌어내어서 공간에 펼쳐 놓는 감각의 외적 투사로 보는 사람들의 오류를 발견한다. 그들은 우리의 완전한 지각이 우리에게 개인적으로 속하는 상들과 외화된(즉, 간략히

---

115 "순간적인 실재 직관"은 순수지각.

116 경험된, 획득된 기억이 직관 쪽으로 이동되면 반대로 실재 직관은 기억 쪽으로 이동된다.

117 아래의 제3장 147~151쪽을 보라.

118 직접적 직관은 기억이 들어가지 않은 현재의 순간적 직관으로서, 궁극적으로는 그것이야말로 실재와 일치함에도 불구하고 기억의 중요성 때문에 그것을 단지 실재의 기호로만 생각한다는 것.

말해 다시 기억된) 상들로 가득 차 있다는 것을 보여주는 데 어려움을 겪지 않는다.[119] 그들은 단지 지각이 지각된 대상과 일치하는 비개인적인 바탕이 남아 있다는 것과 그 바탕은 외부 자체라는 것을 잊고 있다.

중심적인 오류, 심리학에서 형이상학으로 올라가면서 종내에는 우리에게 신체의 인식과 함께 정신의 인식도 가려 버리는 오류는 순수지각과 기억 사이에 본성의 차이 대신에 강도의 차이만을 보는 데에서 성립하는 오류이다.[120] 우리의 지각은 아닌 게 아니라 기억에 젖어 있고, 역으로 기억은 우리가 나중에 보여줄 것처럼[121] 그것이 삽입되는 어떤 지각의 몸체를 빌림으로써만 다시 현재가 된다. 따라서 지각과 기억이라는 그 두 행위는 항상 상호 침투하며, 삼투압의 현상에 의해 그들 실질적 내용(substance)의 뭔가를 항상 교환한다. 심리학자의 역할은 그것들을 분리하여 각각에게 그 자연적 순수성을 되돌려주는 일일 것이다. 심리학이, 그리고 아마도 형이상학도 또한 제기하는 많은 수의 난점들이 그와 같이 밝혀질 것이다. 그러나 전혀 아니다. 사람들은 순수지각과 순수기억이 다른 분량으로 합성된 그런 혼합된 상태들이 단순한 상태이기를 원한다.

---

119 지각이 기억된 상들로 가득 차 있으므로 그것이 곧 비연장적이며 우리 내부에서 나와서 밖으로 외화된다고 생각하는 데 어려움을 겪지 않는다는 것. 기억된 상은 모두 "우리에게 개인적으로 속하는" 상들이다.

120 이 오류는 제3장에서 중심적으로 고찰할 것이다. 특히 148쪽 이하를 보라.

121 아래의 제3장 147~151쪽을 보라.

그에 의해 순수기억도 순수지각도 알지 못하고, 그 속에 그 두 측면 중 어느 하나가 지배적이냐에 따라 때로는 기억, 때로는 지각이라 불릴 오직 한 종류의 현상밖에는 더 이상 알지 못하며, 따라서 지각 과 기억 사이에 더 이상 본성이 아니라 정도의 차이밖에 발견하지 못하는 처지에 스스로 처하게 된다. 그런 오류의 첫 번째 결과는 자세히 보게 될 터이지만[122] 기억의 이론을 속속들이 망가뜨린다. 왜냐하면 기억을 더 약한 지각으로 만듦으로써 사람들은 과거와 현재를 가르는 본질적인 차이를 무시하고 재인의 현상과 더 일반적으로는 무의식의 기제를 이해하기를 포기한다. 그러나 역으로, 그리고 기억을 더 약한 지각으로 만들었기 때문에 지각에서 더 강한 기억밖에는 더 이상 볼 수 없을 것이다. 사람들은 마치 지각이 기억과 같은 방식으로 내적인 상태로서, 우리 인격의 단순한 변화로서 주어진 것처럼 추론할 것이다. 지각의 원천적이고도 근본적인 행위, 순수지각을 이루며 그에 의해 우리가 단번에 사물들 속에 자리 잡는 그 행위는 무시될 것이다. 그리고 동일한 오류가 심리학에서는 기억의 기제를 설명할 수 없는 완전한 무능으로 나타나며, 형이상학에서는 물질의 관념론적 사고와 실재론적 사고를 깊이 적실 것이다.

아닌 게 아니라 실재론에게 자연 현상들의 불변하는 질서는 우리 지각과 구별되는 원인 속에 머문다. 그 원인이 알 수 없는 것으로 남아야 하건, 형이상학적 구성의 노력(항상 다소는 자의적인)에 의해 그것에 도달할 수 있건 그러하다. 반대로 관념론자에게는 그 지각

---

122 아래의 제3장 150~152쪽을 보라.

이 실재의 전체이며, 자연 현상들의 불변하는 질서는 우리가 실재 지속의 옆에 가능적 지각을 표현하는 상징에 불과하다.[123] 그러나 실재론이건 관념론이건 지각은 '참된 환영', 즉 자신 밖으로 투사된 71 주체의 상태이며[124] 두 이론이 다른 것은 단지 한쪽에서는 그 상태가 실재를 구성하는 반면 다른 쪽에서는 그것이 실재와 다시 결합한다는 것이다.[125]

그러나 그런 착각은 인식론 일반으로 연장되는 다른 착각을 또한 감추고 있다. 우리가 말하기를[126] 물질계를 구성하는 것은 대상들, 또는 선호한다면 상들이며, 그 모든 부분은 운동에 의해 서로에 대해 작용·반작용한다고 했다. 그리고 우리의 순수지각을 구성하는 것은 그 상들의 한가운데에서 발생 중의(naissante) 우리의 행동이 그려지는 것이다. 따라서 우리 지각의 **현재성**(actualité)은 그 **활동성** (activité)에서, 지각을 따르는 운동에서 성립하는 것이지, 그것의 더 큰 강도에서 성립하는 것이 아니다. 과거는 관념에 불과하며, 현재는 관념-운동적(idéo-moteur)[127]이다. 그러나 그것을 사람들은 고

---

123 Riquier에 따르면 "가능적 지각"은 J. S. Mill의 이론이다(*Ech*, 326쪽 주63 참조).

124 Riquier에 따르면 '참된 환영'은 Taine(*De l'intelligence*, I권 제1장 "환상에 대하여", 12~13쪽)의 표현이다(*Ech*, 326쪽 주64 참조). 그러나 Taine는 실재론자라 할 수 있다.

125 주체의 상태가 실재를 구성한다는 것이 관념론, 실재와 재결합한다는 것이 실재론이다. Riquier는 실재론자인 Taine가 관념론자인 Mill과 Bain의 영향을 받았다고 한다(*Ech*, 327쪽 주65).

126 위의 11쪽 이하를 보라.

집스럽게 보지 않으려 한다. 지각을 일종의 명상으로 간주하기 때문이며, 그것에 항상 순전히 사변적 목적을 귀속시키기 때문이고, 지각이 정체불명의 이해관계를 떠난 인식을 겨냥하기를 원하기 때문이다. 그것을 행동으로부터 고립시키고, 그리하여 그것의 실재와의 결속을 절단함으로써 그것을 설명 불가능한 동시에 불필요한 것으로 만드는 것이 아니라는 듯이! 그러나 이제부터 지각과 기억 사이의 모든 차이는 붕괴되어 버린다. 과거는 본질적으로 **더 이상 작용하지 않는 것**(ce qui n'agit plus)이며 과거의 그런 성격을 무시함으로써 그것을 현재, 즉 **작용하는 것**(l'agissant)과 실제로 구별할 수가 없게 되기 때문이다. 따라서 지각과 기억 사이에는 단순한 정도의 차이밖에는 존속할 수 없을 것이며, 이쪽이든 저쪽이든 주체는 자기 자신으로부터 나올 수가 없을 것이다. 반대로 지각의 진정한 성격을 회복시켜 보자. 순수지각에서 그 깊은 뿌리에 의해 실재로 뛰어드는, 발생 중의 행동들의 체계를 보여주자. 그런 지각은 기억과 근본적으로 구별될 것이다. 사물의 실재성은 더 이상 구성되거나 재구성되는 것이 아니라 만져지고, 침투되고, 살아질 것이다. 그리고 실재론과 관념론 사이에 걸린 문제는 형이상학적 토론들로 영속되는 대신에 직관[128]에 의해 결판이 나야 할 것이다. 72

---

127 "관념-운동적"이라는 말은 관념이 현재화하여 운동을 일으킨다는 뜻이다.

128 이때 직관은 사물의 실재성을 그 자체로서 긍정하는 직관이다. 플라톤에서는 모순율과 같은 최고의 원리와 형상이 직관의 대상이지만 베르크손에서는 운동과 실재성이 직관된다. 물론 이 직관은 사물의 내부로 들어가는 나중의 방법론으로서의 직관과 다르지만 그 단초는 엿볼 수 있다.

그러나 그에 의해 또한 우리는 실재론과 관념론 사이에 취해야 할 입장을 명확히 알아차릴 수 있다. 그것들은 모두 물질에서 정신에 의해 수행된 구성이나 재구성밖에는 볼 수 없는 처지가 되어버렸다. 왜냐하면 우리 지각의 주관성은 특히 우리 기억이 기여한 것에서 성립한다는 우리가 놓은 원리를 끝까지 따르면서, 우리는 물질의 감각적 질 자체는, 우리 의식을 특징짓는 지속의 특수한 리듬을 그것으로부터 제거할 수 있다면[129], 밖으로부터가 아니라 **그 자체에서**(en soi), 안으로부터 알려진다고 말할 것이기 때문이다. 우리의 지각은 사실 아무리 빠르다고 가정하더라도 어떤 두께의 지속을 차지하며, 그 결과 우리의 연속적 지각들은 우리가 지금까지 가정했던 것처럼 사물의 실재 순간들이 아니라 우리 의식의 순간들이다. 우리가 말했듯이,[130] 외부 지각에서 의식의 이론적 역할은 실재의 순간적 시각들을 기억의 연속적인 실로 서로 연결하는 일일 것이다. 그러나 사실 우리에게는 결코 순간이 없다. 우리가 그 이름으로 부르는 것 속에는 이미 우리 기억, 따라서 우리 의식의 작업이 들어가 있으며, 그 작업은 무한히 나누어질 수 있는 시간 중에 원하는 만큼의 수의 순간들을, 상대적으로 단순한 직관 속에서 파악

---

129 이때 "우리 의식을 특징짓는 지속의 특수한 리듬"은 우리 삶의 일정한 긴장, 즉 응축의 정도를 의미하고 그에 따라 그런 리듬을 제거하면 물질을 그 자체로 알 수가 있고 더구나 지각된 한에서 우리 안에서도 알 수 있을 것이다. 그러나 사실로서는 이미 우리의 특수한 리듬에 따라 응축된, 즉 기억된 상을 알 수 있을 뿐이지만 관념적으로만 생각한다면 실재의 순간적 시각들의 연속을 볼 가능성은 열려 있다. 그것이 물질의 본 모습이다.

130 위의 67쪽을 보라.

할 수 있는 방식으로 서로 속으로 연장한다. 그런데 최고로 엄격한 실재론이 생각할 수 있는 대로의 물질과 우리가 그것에 대해 가지는 지각 사이의 차이는 정확히 어디에 있는가? 우리의 지각은 우주에 대해 일련의 그림과 같지만 불연속적인 장면들을 우리에게 제공 73 한다. 우리의 현재 지각으로부터 우리는 그 후의 지각을 연역할 수가 없을 것이다. 감각질의 총체 속에는 그것이 변형되어갈 새로운 질을 예견하게 하는 것은 아무것도 없기 때문이다. 반대로 실재론이 보통 놓는 것과 같은 물질은 수학적 연역을 통해 한 순간에서 다음 순간으로 이행할 수 있는 방식으로 진행한다. 그런 물질과 그런 지각 사이에 과학적 실재론은 접촉점을 찾을 수 없을 것이라는 것은 사실이다.[131] 왜냐하면 실재론은 그런 물질을 공간에서의 동질적 변화로 펼치는 반면 지각은 의식 속에서의 비연장적인 감각으로 압축시키기 때문이다. 그러나 우리의 가정이 근거가 있다면 어떻게

---

131 순수 순간적 물질, 또는 지각은 수학적으로 연역될 수 있는 방식으로 반복하지만, 실재 지각은 그것이 응축된 것으로서 질적으로 완전히 다른 것, 즉 서로 연역될 수 없는 것이므로 그 둘 사이의 접촉점을 찾을 수 없는 것은 사실이다. 그러나 그 응축이 기억이고 응축 이전이 물질이라면 양자가 어떤 방식으로든 만나는 것이 사실이고 만나는 곳은 공간·비공간의 대립에서가 아니라 응축과 비응축의 시간적 관계에서다. 이것이 이 문단 마지막의 강조된 문장, 즉 주관과 객관의 구별과 결합의 문제는 공간이 아니라 시간과의 관계에서 다루어져야 한다는 문장의 의미이다. 둘이 만난다고 하나가 되는 것이 아니다. 방향이 다른 것이다. 둘이 하나라면 만나느냐 아니냐가 문제될 여지가 없이 그냥 하나일 것이다. 둘이 다르기 때문에 그 다른 것이 어떻게 만나느냐가 문제되는 것이다.

지각과 물질이 구별되고 어떻게 일치하는지를 쉽게 이해할 수 있다. 우주에 대한 우리의 연속적인 지각의 질적 이질성은 그 지각들 각각이 그 자체 어떤 두께의 지속에 펼쳐져 있다는 것, 기억은 거기서 비록 연속적이지만 모두 한꺼번에 우리에게 나타나는 거대한 수의 진동을 응축한다는 것에 기인한다. 지각에서 물질로, 주체에서 객체로 가기 위해서는 관념상으로 시간의 그런 나누어지지 않은 두께를 나누어서 거기서 원하는 수만큼의 순간들을 구별하며, 한마디로 모든 기억을 제거하는 것으로 충분할 것이다. 그때 물질은 우리의 연장적 감각이 더 큰 수의 순간들로 나누어짐에 따라 점점 더 동질적으로 되며, 실재론이 말하는 동질적 진동의 체계로 무한히 향할 것이다. 그러나 물론 결코 그것과 완전히 일치하지는 않을 것이다. 한쪽으로는 감지되지 않는 운동과 함께 공간을 놓고 다른 쪽으로는 비연장적 감각과 함께 의식을 놓을 필요는 전혀 없을 것이다.[132] 반대로 주체와 객체가 우선 결합하는 것은 연장적 지각이며, 지각의 주관적 측면은 기억이 행하는 응축에서 성립하고 물질의 객관적 실재성은 그 지각이 내적으로 해체되는 많은 수의 연속적인 진동과 하나가 될 것이다. 원컨대 그러한 것이 적어도 본 작업의 마

74

---

132 물질의 진동은 "동질적 진동"으로 무한히 다가가지만 그런 완전한 공간과는 결코 일치하지는 않으므로 "동질적 진동"의 "감지되지 않는 운동"과 함께 완전 동질적인 공간을 놓을 필요가 없고, 감각도 완전히 비연장적이 아니며 의식도 완전히 비연장적인 감각을 의식하는 것이 아니다. 둘은 방향의 차이는 있지만 모두 어중간한 상태이다. 그러므로 만날 수 있는 여지가 있는 것이다. 이 문단에서의 논의는 제4장의 마지막(246쪽 이하)에 나오는 이 책의 결론부분을 미리 이야기하고 있는 것이다.

지막 부분에서 도출될 결론이다. **주관과 객관, 그들의 구별과 결합에 관계된 문제는 공간보다는 시간과의 관계 하에서 제기되어야 한다.**

그러나 '순수지각'과 '순수기억'의 구별은 또한 다른 목적을 겨냥하고 있다. 순수지각이 물질의 본성에 관한 단서들을 제공하면서 실재론과 관념론 사이에서 입장을 취하도록 해 준다면, 순수기억은 나름대로 정신이라 불리는 것에 대한 전망을 엶으로써 유물론과 정신론이라는 다른 두 이론 사이를 판가름해야 할 것이다. 심지어는 문제의 이런 측면이야말로 곧 이어질 두 장에서 우선적으로 다루어야 할 것이다. 우리의 가정이 포함하는 말하자면 경험적인 입증〔이 가능한 것〕은 그 쪽을 통해서이기 때문이다.

그도 그럴 것이 순수지각에 관한 우리의 결론들을 요약해서 말하면 **물질 속에는 현재 주어진 것과는 뭔가 다른 것이 아니라 뭔가 더한 것이 있다는 것**이기 때문이다. 아닌 게 아니라 의식적 지각은 의식적인 한, 물질 속에서 우리의 다양한 필요에 관계된 것의 분리, 또는 '분별(discernement)'에서 성립하니까 물질의 전체에 도달하지는 않는다. 그러나 순수지각과 물질은 부분과 전체의 관계에 있으므로 물질의 지각과 물질 자체 사이에는 본성이 아니라 정도의 차이밖에 없다. 그것은 물질이 우리가 거기서 알아차릴 수 있는 것과는 다른 종류의 힘을 쓸 수가 없다는 것을 의미한다. 그것은 신비한 능력(vertu)을 가지고 있지 않으며 그것을 감추고 있을 수도 없다. 잘 정의된 예, 게다가 가장 우리의 관심을 끄는 예를 취하자면, 우리는 신경체계, 즉 색깔, 저항, 응집력 등의 어떤 질을 나타내는 물질적 덩어리[133]는, 아마도 우리가 알아차리지 못한 물리적 속성을 가질지는 모르지만 (하여간) 오직 물리적 속성만을 가질 뿐이라고 말할 것이다. 그리고 이제부터 그것은 운동을 받아들이고 금지하고 전달하는 것 이외의 역할은 가질 수가 없다.

그런데 모든 유물론의 본질은 그 반대를 주장하는 것이다. 물질적 요소들의 작용만으로도 의식을 그 모든 기능과 함께 탄생시킨다고 주장하기 때문이다. 그에 의해 그것은 이미 물질의 지각된 질들 자체, 즉 감각적인, 따라서 감각된 질들을 지각행위에서 두뇌현상들의 발자국을 따를 그만큼의 인광들로 생각하도록 인도된다. 물질이 요소가 되는 의식의 사실들을 창조할 수 있다면 가장 높은 지적인 사실들도 또한 잘 만들 수 있을 것이라는 것이다. 따라서 감각질들의 완벽한 상대성을 인정하는 것이 유물론의 본질이며,[134] 데모크리토스가 정확한 공식을 제공한 그 주장이 유물론과 마찬가지로 오래되게 된 것은 이유가 없는 것이 아니다.[135]

---

133 신경체계는 물질적 덩어리이며, 그 자체 물질적 성질을 가진다. 그 이상도 이하도 아니다.

134 감각 질은 물질의 질로서 절대적으로 존재하는 것이 아니라 물질이 만들어낼 수 있는 것이므로 물질에 상대적이다.

135 데모크리토스는 감각 질들은 원자들의 모임에서 나오며(DK68A135, DK67A29 등), 영혼도 가장 잘 움직이는 원자, 즉 둥글고 매끈한 원자들로 구성되어 있다(*De anima*, I, 2, 405a11)고 생각했다(*Extraits de Lucrèce*, Delagrave, 1955, xii~xiii쪽). 그러므로 그런 원자들에 감각 질들이 상대적이라는 정식은 데모크리토스로부터 나온 것이며, 그것이 곧 유물론이라 할 수 있으므로 데모크리토스의 원자론은 유물론과 나이가 같다고 할 수 있다.

그러나 기이하게도 눈이 멀어서 정신론도 그 길에서 항상 유물론을 따랐다. 물질에서 떼어 낸 모든 것으로 정신을 풍부하게 한다고 믿으면서 정신론은 우리 지각에서 그만큼의 주관적 외양일, 물질이 띠게 되는 질들을 물질로부터 박탈하는(dépouiller)[136] 데 결코 주저하지 않았다. 너무 자주 그처럼 물질을 신비한 존재로 만들었고, 그것에 대해 우리는 헛된 외관밖에는 더 이상 알 수 없다는 바로 그 이유 때문에 그것은 다른 것들과 마찬가지로 사유의 현상도 만들 수 있게 될지도 모른다.[137] 76

진실은 유물론을 논박할 하나의, 그리고 오직 하나의 수단만이 있을 것이라는 점이다. 그것은 즉 물질이 절대적으로 그것이 그러해 보이는 것과 같음을 확립하는 점일 것이다.[138] 그에 의해 물질로부터 모든 잠재성, 모든 숨겨진 능력이 제거될 것이고, 정신의 현상은 독립적인 실재성을 갖게 될 것이다. 그러나 그것을 위해서는 물질에 유물론자들과 정신론자들이 일치하여 떼어 내려는 그 질들 — 정신론자들은 정신의 표상으로 만들려 하고, 유물론자들은 연장성의 우

---

136 "dépouiller"는 본래 짐승의 가죽을 벗겨낸다는 뜻이지만 그렇게 번역할 경우 마치 물질에 실재하는 질을 떼어 낸다는 뜻으로 이해하기 쉬우므로 "박탈한다"고 번역했다. 정신론은 우리의 주관적 표상을 물질로 투사한다고 생각하지 거기서 떼어 낸다고 생각하지는 않는다.

137 정신론은 본래 물질에서 질들마저도 박탈하는 이론이지만 그렇게 된 물질은 알 수 없는 신비로운 존재가 되므로 사유현상도 만들어낼 수 있는 존재가 되어버릴지도 모른다는 것.

138 우리에게 그렇게 보이는 물질의 모습이 물질의 본모습이다. 즉, 우리가 보는 물질이 곧 물질의 진정한 모습이다.

연적 덮개로만 보려 했던 ─ 을 물질에 남겨두어야 할 것이다.

그러한 것이 바로 물질에 대한 상식의 입장이며 그것이 상식이 정신을 믿는 이유이다. 우리에게 철학은 여기서 상식의 태도를 채택해야 하는 것으로 보였다. 다만 한 가지 점[139]만은 수정해야 하지만. 실질적으로는 지각과 분리할 수 없는 기억은 현재에 과거를 끼워 넣고, 또한 지속의 여러 순간들을 하나의 직관 속에서 응축하며, 그리하여 그런 이중적인 작업에 의해 권리 상으로는 물질을 그 자체 속에서 지각함에도 불구하고 사실 상으로는 우리 속에서 지각하는 원인이 된다.[140]

거기서부터 기억의 문제의 핵심적 중요성이 나온다. 기억이 특히 지각에 주관적 성격을 전한다면, 물질의 철학이 우선적으로 겨냥해야 할 것은 우리가 말한 것처럼[141] 기억이 기여한 것을 제거하는 것이다. 우리는 이제 덧붙일 것이다. 순수지각은 우리에게 물질의 전체, 또는 적어도 본질적인 것을 제공하며, 나머지는 기억으로부터 와서 물질에 첨가되니까, 기억은 원리상 물질과는 절대적으로 독립적인 힘이어야 한다고. 따라서 정신이 하나의 실재라면, 우리가 그것을 경험적으로 접촉해야 하는 것은 여기, 즉 기억의 현상에서이

139 곧 이어 나오지만 지각에는 기억이 들어간다는 점. 기억은 응축으로서의 기억과 과거로서의 기억이 둘 다 들어간다.

140 지각은 순수지각에 응축기억과 과거기억이 보태져서 이루어지므로 "권리 상으로는 물질을 그 자체 속에서 지각함에도 불구하고 사실상으로는 우리 속에서 지각하는 것"이 된다.

141 위의 73쪽을 보라.

다. 그리고 이제부터 순수기억을 뇌의 작용으로부터 이끌어내려는
모든 시도는 분석해 보면 근본적인 착각을 노정해야 할 것이다.[142]

같은 이야기를 좀 더 분명한 형태로 해보자. 우리는 물질이 어떠
한 인식불가능하거나 숨겨진 능력도 가지고 있지 않으며, 그것이
가진 본질적인 면에서는 순수지각과 일치한다고 주장한다. 거기
서부터 우리는 일반적으로는 생명체, 특수하게는 신경체계가 자극
의 형태로 받아들여져서 반사 행동이나 의지적 행동의 형태로 전
달되는 운동에게는 지나가는 장소에 불과하다고 결론 내린다.[143]
그것은 뇌수질에 표상을 낳는 속성을 부여해 봐야 헛되다는 것을
의미한다. 그런데 우리가 가장 손에 잡히는 형태로 정신을 파악한
다고 주장하는 기억의 현상들은 바로 피상적 심리학이 가장 기꺼
이 오직 두뇌의 활동만으로도 나오게 할 현상들이다. 그것들이 의
식과 물질의 접촉점에 있고 유물론의 적대자 자신들도 뇌를 기억
의 용기容器로 취급하는 데 어떤 불편함도 느끼지 않는다는 바로
그 이유 때문이다. 그러나 뇌의 과정은 기억의 매우 작은 부분에 대
응할 뿐이고,[144] 기억의 원인이라기보다는 결과이며,[145] 물질은 다

---

142 기억은 물질현상과는 완전히 다른 독립적인 존재이므로 뇌라는 물질로부
터 기억을 끌어낼 수가 없다. 그러므로 그런 시도는 근본적인 착각을 드
러내야 한다.

143 신경체계는 구심운동에서 원심운동으로 운동이 지나가는 통로에 불과하
지 거기에서 표상이 만들어지는 것이 아니다.

144 수많은 기억들 중에, 그리고 기억들을 통해 운동으로 표출되는 아주 작은
부분만이 뇌의 과정에 대응한다.

145 기억이 현재화할 때, 그 결과로 뇌에서의 변화가 이루어진다.

른 데서와 같이 여기서도 **행동**(action)의 수단(véhicule)이지 **인식**
(connaissance)의 기체(substrat)가 아니라는 것이 실증적으로 확
립될 수 있다면, 우리가 주장하는 이론은 가장 불리하다고 판단된
예[146]에서 증명된 셈일 것이며, 정신을 독립적 실재로 세워야 할 필
요성은 무게를 가지게 될 것이다. 그러나 그것 자체에 의해 정신이
라 불리는 것의 본성과 정신과 물질이 서로에 대해 작용할 가능성
이 아마 부분적으로라도 밝혀질 것이다. 왜냐하면 그런 종류의 증
78 명은 순전히 부정적일 수만은 없기 때문이다. 기억은 무엇이 아닌
가를 보여주었다면, 우리는 그것이 무엇인지를 찾아야 할 것이다.
행동을 준비하는 유일한 기능을 몸에 부여했다면, 우리는 기억은
왜 몸과 유대된 것으로 보이는지, 신체적 손상은 어떻게 기억에 영
향을 미치는지, 그리고 어떤 의미에서 그것이 뇌수질의 상태를 본
뜨는지를 분명 탐구해야 할 것이다.[147] 게다가 그런 탐구가 기억의
심리학적 기제와 거기에 붙어 있는 다양한 정신의 작용들을 알려주
는 데 이르지 않는다는 것은 불가능하다. 그리고 역으로 순수 심리
학의 문제들이 우리의 가정으로부터 어떤 빛을 얻는 것으로 보인다
면, 우리의 가정 자체도 거기서 확실성과 견고성에서 얻는 바가 있
을 것이다.

  그러나 어떻게 기억의 문제가 우리의 눈에는 특권적인 문제인지
를 확립하기 위해 우리는 그 동일한 생각을 또한 세 번째 형태로 표

---

146 뇌의 과정이 기억, 즉 표상을 낳는다는 예.
147 이것은 모두 제2장 117쪽 이하에서 다루어질 문제이다.

현해야 한다.[148] 우리의 순수지각 분석에서 나오는 것은 이를테면 분기되는 두 결론이다. 그중 하나는 심리-생리학의 방향으로, 다른 하나는 형이상학의 방향으로 심리학을 넘어서며 따라서 그중 어느 하나도 직접적인 입증을 포함하지 않았다. 첫 번째의 것은 지각에서의 뇌의 역할에 관한 것이었다. 즉, 뇌는 행동의 도구이지 표상의 도구가 아니라는 것이다. 우리가 사실에다 그 주장의 직접적인 확인을 구할 수 없었던 것은, 순수지각이 정의에 의해 우리 기관과 신경중추를 작동시키는 현재 대상에 관계되는 것이며, 따라서 **마치** 우리의 지각이 뇌의 상태에서 나오고 그 다음에는 그것과 절대적으로 다른 대상 위에 투사되는 것**처럼** 항상 모든 것이 진행되기 때문이다. 다른 말로 하면, 외부 지각의 경우는 우리가 논박한 주장이나 우리가 그것과 대체시킨 주장이나 정확히 동일한 결과로 인도되어 그 결과 그것들 중 어느 한쪽의 편을 들어 더 높은 가지성(intelligibilité)을 내세울 수는 있지만 경험의 권위에 호소할 수는 없다. 반대로, 기억의 경험적 연구는 그것들을 판가름할 수 있고 또 해야 한다. 순수기억은 가정에 의해 부재하는 대상의 표상이기 때문이다. 지각이 필요충분조건을 가지는 것은 뇌의 어떤 활동에서라면, 그 동일한 뇌의 활동이 대상의 부재에서 다소간 완전하게 반복

79

---

148 곧이어 논의되는 첫 번째(뇌는 표상의 도구가 아니라 행동의 도구라는 입장)와 두 번째(지각과 기억은 정도의 차이가 아니라 본성의 차이가 난다) 형태와 다른 세 번째 형태, 즉 기억을 신체적으로 설명하는 것, 즉 기억에 대한 신체의 역할과 정신의 작업을 살핌으로써 정신과 물질의 관계를 살피는 작업을 하는 것을 말한다.

되면서 지각을 재생하는 데 충분할 것이다. 따라서 기억은 뇌에 의해 온전히 설명될 수 있을 것이다. 반대로 뇌의 기제가 뇌를 어떤 방식으로 조건 짓기는 하지만 그 존속을 보장하는 데 전혀 충분하지 않으며, 기억된 지각에서 그것은 우리의 표상보다는 행동에 관계된 것임을 우리가 발견한다면, 거기서부터 그것이 지각 자체에서와 유사한 역할을 하며 그 기능은 단지 현재 대상에 대한 효과적인 행위를 보장하는 것이라고 추론할 수 있을 것이다. 그렇게 하여 우리의 첫 번째 결론은 입증된 것이 될 것이다.[149] — 그렇다면 이제 오히려 형이상학적인 성격의 두 번째 결론이 남을 것이다. 그것은 우리가 순수지각에서 진실로 우리 밖에 위치하며, 우리는 그때 직접적 직관 속에서 대상의 실재성과 접촉한다는 것이다. 여기서도 또한 경험적 입증은 불가능했다. 대상의 실재성이 직관적으로 지각되건 이성적으로 구성되건 실질적 결과는 절대적으로 동일할 것이기 때문이다. 그러나 여기서도 또한 기억의 연구는 두 가정 사이를 판가름 낼 수 있을 것이다. 왜냐하면 두 번째 가정에서는 지각과 기억 사이에는 양자가 모두 자기 충족적인 표상의 현상일 것이기 때문에 강도의 차이 또는 더 일반적으로 정도의 차이밖에 없어야 할 것이기 때문이다. 반대로, 기억과 지각 사이에는 단순한 정도의 차이가 아니라 근본적인 본상의 차이가 있다는 것을 우리가 발견한다면, 지각에 기억 속에는 어떤 정도로도 존재하지 않는 뭔가를, 즉

80

---

149 이상 첫 번째의 문제, 즉 뇌가 표상의 도구가 아니라 행동의 도구라는 문제는 제2장에서 취급될 것이다.

직관적으로 파악되는 실재를 개입시키는 가정 쪽에 유리하게 추정
이 이루어질 것이다. 따라서 입증 불가능해 보이고 그중 두 번째의
것은 형이상학적인 성격에 가까워서 무한히 심리학을 넘어서는 그
런 두 가정을 심리학적 입증으로 인도해 주는 것이 틀림없다는 점
에서 기억의 문제는 진실로 특권적인 문제이다.[150]

따라서 우리가 따라야 할 족적은 완전히 그려졌다. 우리는 정상
심리학과 이상 심리학에서 빌려온 다양한 종류의 자료들을 훑어보
는 것으로 시작하려 한다. 거기서부터 기억의 신체적 설명을 끌어
낼 자격이 있다고 스스로 믿을 수 있을 것이다. 그러한 검토는 무용
해지지 않으려면 반드시 세밀해지지 않을 수 없을 것이다. 우리는
사실의 윤곽선을 가능한 한 자세히 살핌으로써 기억의 작용에서 신
체의 역할이 어디서 시작하고 어디서 끝나는지를 탐구해야 할 것이
다.[151] 그리고 이 연구에서 우리 가정의 확증을 발견하는 경우 우리
는 주저하지 않고 더 멀리 나아가 정신의 기초적 작업을 그 자체로
서 살피고,[152] 그리하여 정신과 물질의 관계에 대해 소묘한 이론을
보완할 것이다.[153]

---

150 두 번째 형이상학적 문제는 지각과 기억이 단지 정도의 차이만 나는지,
　　본성의 차이가 있는지의 문제이고, 이것은 제3장에서 다루어질 것이다.
151 이 문단의 여기까지는 모두 제2장의 작업을 말한다.
152 제3장의 작업을 말한다.
153 제4장의 작업을 말한다.

제2장
상들의 재인에 대하여
기억과 뇌

기억의 이론에 대한 우리의 원리들로부터 나올 결과를 즉시 진술하자. 몸은 그것에 작용하는 대상들과 그것이 영향을 주는 대상들 사이에 놓여 운동을 받아들이고, 그것을 정지시키지 않을 때에는 어떤 운동기제 — 행동이 반사적이면 결정된, 의지적이면 선택된 — 에 전달하는 전도체에 불과하다고 우리는 말했다. 그러므로 마치 어떤 독립적인 기억이 상들이 생길 때마다 시간을 따라 그것들을 주워모으는 것처럼, 그리고 우리의 몸은 그것을 둘러싸고 있는 것과 함께 그 상들 중의 어느 하나에 불과한 것처럼, 모든 것이 진행되는 것은 틀림없으며, 〔이때 몸이라는〕 그 상은 생성 일반 속에서 순간적인 절단(coupe)[154]을 수행하면서 우리가 계속해서 가지게 되는

---

154 플럭스인 생성 일반 속에서 우리 몸은 잠재적 행동이 이루어지도록 매순간 그 플럭스를 자른다.

상이다. 그 절단에서 우리 몸은 중심을 차지한다. 몸을 둘러싸고 있는 사물들은 몸에 작용하며, 몸은 그것들에 반작용한다. 그 반작용은 경험이 그 실체(substance) 내부에[155] 만든 장치의 수와 본성에 따라 더하거나 덜한 복잡성을 가지며, 더하거나 덜한 다양성을 가진다. 따라서 몸이 과거의 행동을 저장할 수 있는 것은 운동 장치의 형태로, 그리고 오직 그것의 형태로만이다. 거기서부터 고유한 의미에서의 과거 상들은 다르게 보존되며[156] 따라서 우리는 다음과 같이 첫 번째 가정을 정식화定式化해야 한다는 결과가 나올 것이다.

I. 과거는 두 가지 구별되는 형태로, 즉 1) 신체 운동기제 속에, 그리고 2) 개별적 기억들 속에 살아남는다.[157]

그러나 그렇다면 기억의 실용적인, 따라서 일상적인 작업, 즉 현재 행동을 위한 과거 경험의 사용, 결국 재인(reconnaissance)도 두 가지 방식으로 이루어져야 한다. 때로는 그것이 행동 자체에서, 그리고 주변 상황에 적합한 기제의 자동적인 작동에 의해 이루어지고, 때로는 현재의 상황에 가장 잘 삽입될 수 있는 표상들을 과거 속으로 찾으러 가서 그것들을 현재로 향하게 하는 정신의 작업을 포함할 것이다. 거기서부터 우리의 두 번째 명제가 나온다.

II. 현재 대상의 재인은 대상으로부터 나올 때는 운동에 의해, 주체

---

155 '경험'은 진화의 전 역사를 말하며, 그것이 '실체 내부에', 즉 몸이라는 존재 안에, 즉 몸속에 여러 장치를 만든다.

156 "다르게 보존"된다는 것은 신체의 운동장치의 수와 본성에 따라 보존된다는 것.

157 전자는 습관-기억이며, 후자는 개별적 상기억이다.

로부터 나올 때는 표상에 의해 이루어진다.

그 표상들이 어떻게 보존되고 신체 운동기제와는 어떤 관계를 유지하는지를 아는 마지막 문제가 제기되는 것은 사실이다. 그 문제는 다음 장에서 무의식을 다루고[158] 과거와 현재의 구별이 결국 어디에서 성립하는지를 보여준 다음에나 천착될 것이다.[159] 그러나 지금부터라도 몸을 미래와 과거 사이의 움직이는 한계[160]로, 우리의 과거가 우리의 미래로 끊임없이 밀어 넣는 어떤 움직이는 첨단[161]으로 말할 수 있다. 유일한 한 순간에서 생각한 내 몸은 그것에 영향을 주는 대상과 그것이 작용하는 대상 사이에 낀 전도체에 불과하지만, 반대로 흐르는 시간 속에 다시 위치시키면 그것은 항상 과거가 **행동**으로 와서 기한이 다하는 정확한 그 점에 위치한다. 그리고 따라서 내가 뇌의 장치라 부르는 특별한 상들은 과거의 내 표상의 연쇄를 매 순간 **종결시킨다**. 그 상들은 그 표상이 현재로 내보내는 마지막 연장이며, 실재, 즉 행동과의 결속점이기 때문이다. 그런 결속을 끊어 보라. 과거 상은 파괴되지 않을지 모르지만, 실재에 대해 행동할 모든 수단, 따라서 우리가 보여줄 것처럼[162] 실현될 모든 수단이 제거된다. 그런 의미에서, 그리고 오직 그런 의미에서만, 뇌의 손상은 기억의 어떤 것을 파괴할 수 있을 것이다. 거기서부터

83

---

158 아래 제 Ⅲ장의 무의식 부분(157~163쪽) 참조.

159 아래의 제 Ⅲ장 165~173쪽 참조.

160 몸이 있는 곳이 바로 "과거와 미래 사이의 한계", 즉 현재이다.

161 169쪽의 뒤집힌 원뿔 그림을 참조하라.

162 아래의 128~146쪽을 보라.

우리의 세 번째이자 마지막 명제가 나온다.

Ⅲ. **시간을 따라 배열된 기억들에서 그것의 공간에서의 발생 중인 행동, 또는 가능적인 행동을 그리는 운동으로, 감지할 수 없는 정도 차에 의해 이행된다. 뇌의 손상은 그런 운동들에는 도달할 수는 있지만 그런 기억들에는 도달할 수 없다.**

경험이 그 세 명제를 입증하는지를 아는 일이 남았다.[163]

Ⅰ. **기억의 두 형태** ― 나는 한 단원을 공부한다. 그것을 암기하기 위해 우선 각 연을 또박또박 끊어서 읽는다. 그리고 그것을 몇 차례 반복한다. 각각의 새로운 독서에서 진전이 이루어진다. 단어들은 점점 더 잘 이어지고, 마지막에는 전체가 유기적으로 조직된다. 바로 그 순간 나는 그 단원을 외워서 알게 된다. 사람들은 그것이 암기되었다고, 내 기억에 새겨졌다고 말한다.

나는 이제 어떻게 그 단원이 습득되었는지를 살펴보고 내가 차례로 지나간 문장들을 떠올린다. 그때 각각의 연속적 독서는 그 고유한 개별성을 가지고 정신에 되살아난다. 나는 그것에 동반되며 아직도 그 틀을 이루고 있는 주변 상황과 함께 그것을 다시 본다. 그것은 시간 속에서 차지했던 위치 자체에 의해 앞선 것과도 뒤따르는 것과도 구별된다. 한마디로 각각의 독서는 내 역사의 정해진 한 사건으로서 내 앞을 지나간다. 사람들은 그 상이 기억이며 내 기억

84

---

163 이상의 세 명제는 앞으로 이 장에서 나올 전체 내용의 요약이다. 각각 Ⅰ, Ⅱ, Ⅲ절을 요약한 것이다.

에 새겨져 있다고 또한 말할 것이다. 두 경우[164] 모두 (기억이라는) 같은 단어를 사용한다. 분명 같은 사물에 관한 것인가?

학습의 기억은 외워서 습득된 것인 한 **모두** 습관의 성격을 가진다. 습관과 마찬가지로 그것은 동일한 노력의 반복에 의해 습득된다. 습관과 마찬가지로 그것은 전체 행동을 우선 해체하고 다음으로 재구성하는 것을 요구했다. 마지막으로 신체의 모든 습관적 훈련과 마찬가지로, 최초의 추진력이 전체를 흔드는 기제 속에, 동일한 순서로 이어지며 동일한 시간을 점하는 자동적 운동의 닫힌 체계 속에[165] 축적되었다.

반대로, 한 특수한 독서의 기억, 가령 두 번째나 세 번째의 독서는 습관의 성격을 **전혀** 가지지 **않는다.** 그것의 상은 반드시 처음부터 기억에 새겨지는데, 다른 독서는 정의 자체에 의해 다른 기억을 이루기 때문이다. 그것은 내 생애의 한 사건과 같다. 그것은 날짜를 지니며 따라서 반복될 수 없음을 본질로 가진다. 이후의 독서들이 거기에 덧붙일 모든 것은 그 본래의 본성을 변하게 할 뿐일 것이다. 그리고 그 상을 환기하기 위한 나의 노력이 그것을 더 자주 반복할수록 점점 더 쉬워진다면, 자체로서 생각된 그 상 자체는 필연적으

---

164 단어를 외우게 되는 것과 각각의 독서의 두 경우.

165 새로운 신체적 습관을 들이거나 새로운 내용을 학습하거나 모두 1) 그 습관의 기제 속으로 우선 들어간 후 2) 거기서 같은 행동을 같은 신체나 기억의 부분에 대해 반복한다. 전자가 "최초의 추진력이 전체를 흔드는 기제" 속으로 들어가는 것이며, 후자가 "동일한 순서로 이어지며 동일한 시간을 점하는 자동적 운동의 닫힌 체계" 속에서 이루어지는 것이다.

로 우선 그것이 언제나 그러할 것으로 남는다.[166]

　독서와 학습의 그 두 기억이 단지 더함과 덜함의 차이밖에 나지 않으며, 각 독서에 의해 연속적으로 전개되는 상들은 서로를 덮고, 일단 습득된 학습은 다른 모든 것의 포개짐에서 결과한 복합 상에 불과하다고 말할 것인가? 각각의 연속적인 독서는 배움이 더 잘 이해되었다는 점에서 이전의 것과 다르다는 것은 논박할 여지가 없다. 그러나 점점 더 잘 습득되는 학습으로서가 아니라 항상 다시 시작되는 독서로서 생각된 각 독서는 절대적으로 자기 충족적이고 그것이 일어난 그대로 존속하며, 모든 부대적인 지각들과 함께 내 역사의 없앨 수 없는 한 순간을 이룬다는 것 또한 확실하다. 심지어는 더 멀리 나아가 의식은 그 두 종류의 기억들 사이에 깊은 차이, 즉 본성의 차이를 드러낸다고도 말할 수 있다. 일정한 한 독서의 기억은 하나의 표상이며, 오직 표상일 뿐이다. 그것은 내가 원하는 대로 늘이거나 줄일 수 있는 정신의 직관에서 유지된다. 나는 그것에 자의적인 지속을 부여한다. 그것을 그림에서처럼 단번에 포괄하는 것을 방해할 것은 아무것도 없다. 반대로, 습득된 학습의 기억은 내가 그 학습을 내적으로 반복하는 데 그칠 때라도 분명히 정해진 어떤 시간을, 모든 필요한 분절의 운동을 상상 속에서라도 하나하나 전개하기 위해 필요한 것과 동일한 시간을 요구한다. 그것은 따라서 더 이상 표상이 아니라 행동이다. 그리고 사실 일단 습득된 학습

---

166 한 개별적 기억은 내가 더 자주 그것을 떠올릴수록 더 쉽게 기억되지만, 그 특수한 개별적 기억 자체는 항상 최초의 기억으로서 "언제나 그것일 것"으로 남는다.

은 그 원천[167]을 배반하고 그것을 과거 속에 분류할 어떠한 표지도 자신 속에 지니고 있지 않다. 그것은 걷거나 쓰는 습관과 마찬가지의 자격으로 나의 현재의 부분이다. 그것은 표상된다기보다는 살아지고 '행해진다'. — 내가 그것을 습득하는 데 소용되었던 연속적인 독서를 그만큼의 표상으로서 동시에 상기하는 것이 마음에 들지 않으면, 나는 그것이 생득적이라고 생각할 수도 있을 것이다. 따라서 그런 〔개별적〕 표상은 독립적인 것이며, 그 표상들이 습득되고 암송된 학습에 선행되는 것이기에 일단 학습이 일단 이루어지고 나면 그것들은 또한 필요 없는 것이 될 수가 있다.

    이 근본적인 구별을 끝까지 밀고 나가면 이론적으로 독립적인 두 기억을 생각할 수 있을 것이다. 첫 번째 기억은 우리의 일상적 삶의 모든 사건을 그것이 진행해감에 따라 기억상(image-souvenir)[168]의 형태로 녹화할 것이다. 그 어떠한 세부도 무시하지 않을 것이며, 각 사실과 각 움직임에 그 위치와 날짜를 남길 것이다. 유용성이나 실용적 적용에 대한 속셈 없이 단지 자연적 필연성의 결과로 과거를 축적할 것이다. 그것에 의해 이미 경험된 지각의 지능적(intelligente)인, 또는 오히려 지성적(intellectuelle)인 재인[169]이 가

---

167 즉, 개별적, 특수한 과거에서 습득되었다는 사실.
168 불어에서 '-'으로 연결된 두 명사는 후자로서의 전자를 의미한다. 가령 'image-souvenir'는 기억으로서의 상, 즉 기억상을 의미한다. 일반적으로 대부분의 번역은 불어 식을 따라서 '기억-상'으로 하지만 우리말의 '-' 쓰임과는 다르고 그것을 생략해도 의미는 별로 차이가 없으므로 그냥 '기억상'으로 번역한다.

능하게 될 것이다. 어떤 상을 찾기 위해 우리 과거의 삶의 경사를
거슬러 올라갈 때마다 우리는 그리로 피난처를 찾아갈 것이다. 그
러나 모든 지각은 발생 중의 행동으로 연장되며 상들이 일단 지각
된 후 그런 기억으로 고정되고 일렬로 배열함에 따라, 그것을 계속
하던 운동들은 유기체를 변화시키고 신체에 새로운 행동의 성향
(disposition)을 창조한다.[170] 이처럼 신체에 놓이는 전혀 다른 종류
의 경험이 형성된다. 그것은 외부 자극에 대한 점점 더 다양하고 더
다수의 반응을 가진, 끊임없이 증가하는 수의 개입이 가능하도록
완전히 준비된 대응을 갖춘, 완전히 축조된 일련의 장치들이다. 우
리는 그 장치들이 작동되는 순간 그것들을 의식하며, 현재에 축적
된 그 모든 과거 노력들의 의식 또한 분명 기억이지만 첫 번째 것과
는 심히 다르며, 항상 행동을 향해 긴장되어 있고, 현재에 앉아 미
래만을 바라보는 기억이다. 그것은 과거로부터 축적된 노력을 나타
내는, 지적으로 협응된(coordonnés) 운동들만을 취하며, 그런 과거

169 재인한다는 것 자체가 지능을 가진 존재에게 가능한 것이지만, 그것이 과
거의, 특히 먼 과거의 사실의 회상을 필요로 하는 것이라면 어느덧 지성
적인 작업이 된다. 바로 다음 문단에 나오는 것처럼 과거를 상으로 상기
하는 것 자체가 "현재 행동으로부터 초연할 수 있어야 하며, 무용한 것에
가치를 둘 줄 알아야 하고, 꿈꾸기를 원할 수 있어야 한다." 그것이 지능
적이며, 지성적이라는 것의 의미이다. 지능적이라는 것이 사물을 유용하
게 다룰 줄 아는 능력에 관계되는 것이라면, 지성적이라는 것은 지능을
넘어 더 깊이 생각할 수 있는 것을 말한다.
170 이 문장은 '그러나'라는 접속사가 가리키듯이 개별 기억에서 습관기억으
로의 이행을 기술한 것이다.

의 노력을, 그것을 불러내는 기억상에서가 아니라 현재 운동이 이 87
루어지는 엄격한 질서와 체계적 성격에서 재발견한다. 사실을 말하
자면 그것은 더 이상 우리의 과거를 표상하는 것이 아니라 실연實演
한다(joue). 그리고 그것이 아직도 기억이라는 이름을 가질 자격이
있다면, 그것은 더 이상 과거의 상들을 보존하기 때문이 아니라 현
재 순간까지 그것의 유용한 결과를 연장하고 있기 때문이다.

　하나는 **상상하고** 다른 하나는 **반복하는** 그 두 기억 중에 두 번째
것은 첫 번째 것을 보충할 수 있으며 심지어는 자주 그것에 대해 착
각을 준다. 개가 즐겁게 짖고 달라붙으며 주인을 맞을 때 의심할 여
지없이 그것은 주인을 알아 본 것이다. 그러나 그런 재인은 과거 상
의 환기와 그 상을 현재 지각에 접근시키는 것(rapprochement)을
내포하는가? 그것은 오히려 몸에 의해 채택된 어떤 특별한 태도, 즉
주인과의 친밀한 관계가 점차적으로 구성했으며 이제는 주인을 보
기만 해도 기계적으로 일어나는 태도에 대해 그 동물이 가지는 의
식에서 성립하는 것이 아닌가? 너무 멀리 나가지 말자! 동물 자체
에게도 아마 과거의 희미한 상이 현재 지각을 넘칠 수도 있을 것이
다. 사람들은 심지어 그것의 과거 전체가 잠재적으로 그 의식 속
에 그려져 있다고 생각할 것이다. 그러나 그런 과거는 그것을 호리
고 있는 현재로부터 그것을 떼어 낼 만큼 충분히 흥미를 끌지는 못
하며, 그것의 재인은 사유된 것이라기보다는 구현된 것임에 틀림이
없다. 과거를 상의 형태로 상기하기 위해서는 현재 행동으로부터
초연할 수 있어야 하며, 무용한 것에 가치를 둘 줄 알아야 하고, 꿈
꾸기를 원할 수 있어야 한다. 아마도 오직 인간만이 그런 종류의 노

력을 할 수 있을 것이다. 게다가 그와 같이 우리가 거슬러 올라가는
과거는 미끄러우며 항상 우리를 벗어나려 한다. 마치 그런 회고적
88 기억이 다른 종류의 기억, 그 앞으로 나아가는 운동이 우리를 행동
하고 살도록 해주는, 더 자연스러운 기억에 의해 방해받기라도 하
는 것처럼.

심리학자들이 기억을 잡혀진 주름처럼, 반복되면서 점점 더 깊
이 새겨지는 인상처럼 말할 때[171], 그들은 우리 기억의 방대한 대다
수가 우리 삶의 사건들과 세부들에 관계된 것이며 그 본질은 날짜
를 가지며 따라서 결코 다시 일어나지 않는다는 것을 잊고 있다. 반
복에 의해 의지적으로 얻어지는 기억은 드물고 예외적이다. 반대로
그 종류에서 유일한 사실과 상들의 기록은 지속의 매 순간 계속된
다. 그러나 **학습된** 기억은 가장 유용하기 때문에 사람들은 그것에
더 주목한다. 그리고 동일한 노력의 반복에 의한 그런 기억의 획득
은 습관의 이미 알려진 과정을 닮았기 때문에, 사람들은 그런 종류
의 기억을 앞면에 내세우고 모범이 되는 기억으로 세우며, 자발적
인 기억에서는 동일한 현상이 다만 발생 중의 상태에 있다는 것밖
에, 암기된 학습의 출발밖에는 보지 않기를 더 좋아한다. 그러나 반

---

171 습관을 종이나 천에 잡힌 주름처럼 생각하는 것은 데카르트 이래의 전통
  적인 생각이다(*Lettre au père Meland du 2 Mai 1644*, AT IV, 114쪽). 또 감각
  을 밀랍에 새겨진 인상으로 생각하는 것은 아리스토텔레스 이래의 전통
  이다(*De anima*, II, 12, 424a). 정신의 내용을 주름이나 밀랍과 같은 물질적
  현상에 비유하는 것은 전통적 인식론을 그르쳤다는 것이 박홍규의 평가
  이다(『베르그송의 창조적 진화 강독』, 전집5, 「강독8」, 164~5쪽).

복에 의해 구성되어야 할 것과 본질상 반복될 수 없는 것 사이의 차이를 어떻게 인정하지 않을 것인가? 자발적 기억은 즉각적으로 완전하며, 시간은 그것의 성질을 변하게 하지 않고는 그 상에 아무것도 덧붙일 수 없을 것이다. 그것은 기억에게 그 위치와 날짜를 보존해 줄 것이다. 반대로 학습된 기억은 학습이 더 잘 성취될수록 시간을 떠날 것이다. 그것은 점점 더 비개인적인 것이 될 것이며, 점점 더 우리의 과거의 삶과는 낯선 것이 될 것이다. 따라서 반복의 결과는 첫 번째 기억을 두 번째 기억으로 만드는 것이 전혀 아니다.[172] 그것의 역할은 단지 첫 번째 기억이 계속되는 운동들을 점점 더 많이 이용하여 그것들을 서로 유기적으로 조직하고 하나의 기제를 만들어냄으로써 몸의 습관을 창조하는 것이다. 게다가 그런 습관이 기억인 것은 오직 내가 그것을 습득했다고 기억하기 때문에만 그러하며, 내가 그것을 습득했다고 기억하는 것은 오직 내가 자발적 기억, 즉 사건에 날짜를 부여하고 한 번밖에는 기록하지 않는 기억에 호소하기 때문이다. 우리가 방금 구별한 두 기억 중에 첫 번째의 것이 분명 탁월한 의미에서의 기억으로 보인다. 심리학자들이 보통 연구하는 두 번째의 것은 기억 자체라기보다는 **기억에 의해 밝혀진 습관**이다.

　암기된 학습의 예가 상당히 인위적인 것은 사실이다. 그러나 우리의 삶은 우리 앞에 다소간 빈번히 지나가는 한정된 수의 대상들 가운데서 흘러간다. 그것들 각각은 지각되는 동시에 우리에게 적

89

------

172 첫 번째 기억은 자발적 기억, 두 번째 기억은 습관 기억.

어도 발생 중의 운동들을 야기하며, 그에 의해 우리는 거기에 적응한다. 그 운동들은 반복되면서 어떤 기제를 창조하고, 습관의 상태로 이행하며, 사물의 지각에 자동적으로 따르는 태도를 우리에게서 결정한다. 우리가 말했듯[173], 우리의 신경체계는 거의 다른 용도를 목적으로 한 것은 아닐 것이다. 구심신경은 자극을 뇌로 가져오고, 자극은 자신의 길을 지능적으로 선택한 다음,[174] 반복에 의해 창조된 운동기제로 전달한다. 그리하여 적합한 반응이 일어나며, 그것이 환경과의 균형, 한마디로 생명의 일반적 목적인 적응이다. 그리고 사는 데 만족할 생명체는 다른 것은 필요 없을 것이다. 그러나 운동 습관의 형태로 과거의 기록에 도달하는 그런 지각과 적응의

90 과정이 계속되는 동시에, 의식은 우리가 볼 것처럼[175] 그것이 차례로 지나간 상황들의 상을 잡아서 그것들이 이어진 순서에 따라 줄을 세운다. 그런 기억상은 무엇에 소용될 것인가? 기억 속에 보존되고 의식에서 재생되면서 꿈을 현실에 섞음으로써 삶의 실용적 성격을 변질시키지 않을 것인가? 우리의 현재 의식, 즉, 바로 우리 신경체계가 상황에 정확히 적응하는지를 반영하는 의식이 과거 상들 중에 현재 지각과 조율되어 그것과 함께 **유용한** 전체를 형성할 수 없는 모든 것을 제거하지 않는다면, 아마도 그러할 것이다. 기껏해야

---

173 위의 제1장 27~28쪽을 보라.
174 자극 자체가 길을 선택했다기보다는 주체에 의해 선택된 것이지만 자극의 입장에서 표현하면 그렇다는 이야기이다. 지능적으로 선택했다는 것은 자극이 필요한 장치에 연결되는 방식을 말하는 것이다.
175 아래의 147~167쪽을 보라.

현재 상황과 관계가 없는 어떤 막연한 기억들이 방대한 어두운 지역으로 사라져갈 덜 밝은 가장자리를 그 주위에 그리면서 유용하게 결합된 상들을 넘칠 것이다. 그러나 외부 자극과 운동 반응 사이에 뇌에 의해 유지되는 균형을 방해하는 사고事故가 일어나게 된다. 중심을 지나면서 주변에서 주변으로 가는 실의 긴장을 잠시 놓아 보라. 즉시 어두워진 상들이 완전한 빛 아래로 밀려들 것이다. 이 마지막 조건이 아닌 게 아니라 꿈을 꾸는 잠에서 이루어진다. 우리가 구별했던 두 기억 중에 활동적이고 운동적인 두 번째의 것은 따라서 끊임없이 첫 번째의 것을 금지하거나 또는 적어도 그것으로부터 현재 상황을 유용하게 밝히거나 보완할 수 있는 것만을 받아들여야 할 것이다. 그리하여 관념 연상의 법칙이 연역된다.[176] — 그러나 그것이 현재 지각과의 연합에 의해 제공할 수 있는 쓰임과는 독립적으로 자발적 기억에 의해 축적된 상들은 아직 다른 용도를 가지고 있다. 아닌 게 아니라 그것들은 꿈의 상이다. 아마도 그것들은 우리 의지와는 관계없이 나타났다 사라질 것이다. 그리고 바로 그렇기 때문에 한 사물을 실제로 **알기**[177] 위해, 그것을 우리 뜻대로 하기

---

176 관념연상에 관해서는 아래의 181~192쪽을 보라. 관념의 연상은 우리의 모든 기억 중에 현재행동에 관계되는 것만이 회상되는 데서 성립한다. 그것이 불필요한 기억을 "금지하거나 또는 현재 상황을 유용하게 밝히거나 보완할 수 있는 것만을 받아들이는" 것을 가능케 한다. 그러나 한편 관념 연상의 추동력 자체는 기억들의 밀려듦이다. 기억이 밀려들어야 연상이 되건 안 되건 할 터이니까.

177 "알다"가 이탤릭체로 된 것은 명상적 의미에서의 순수 지식이 아니라 실용적 유용성을 가진다는 의미에서의 앎이기 때문이다.

91 위해 그것을 암기해야 한다. 즉, 그것을 보완할 수 있는 운동기제로 자발적 상을 대체해야 한다. 그러나 상 자체를 한정된 시간 동안 우리 의식의 시선 아래에 잡아 둘 수 있게 하는 독자적인 어떤 노력[178]이 있다. 그리고 그런 능력 덕분에 부대적 운동을 습관으로 조직하기 위해 동일한 상황의 우발적 반복을 우연으로부터 기다려야 할 필요는 없다. 우리는 달아나는 상을 대체하는 안정된 기제를 구성하기 위해 달아나는 상을 사용한다. — 따라서 우리의 두 독립된 기억의 구별이 근거가 없거나, 그것이 사실에 대응한다면 신경체계의 감각-운동 균형이 혼란되는 대부분의 경우에는 자발적 기억의 고양을, 정상적인 상태에서는 반대로, 현재 균형을 유용하게 굳힐 수 없는 모든 자발적 기억의 금지를, 마지막으로 습관으로서의 기억(souvenir-habitude)을 형성하는 작업의 경우에는 상기억(souvenir-image)[179]의 잠재적(latente) 개입을 인정해야 할 것이다. 사실은 가정을 확인하는가?

당분간은 첫 번째 점에 대해서도 두 번째 점에 대해서도[180] 고집

---

178 아래의 주181) 참조. 과거 상 전제가 현재로 밀려들려는 경향을 가지는데, 이것이 "상 자체를 한정된 시간 동안 우리 의식의 시선 아래에 잡아 둘 수 있게 하는 독자적인 어떤 노력"을 낳는 것으로 보인다.

179 위의 주168)에서 나온 기억상과 마찬가지로, 기억의 두 종류 중에서 습관으로서의 기억이 아닌 개별적 기억이다. 기억으로서의 상이냐 상으로서의 기억이냐, 즉 상과 기억 중에 어느 것에 주안점을 두었느냐에 따라 다를 뿐 습관기억과 대립된다는 점에서는 마찬가지이다.

180 첫 번째 점은 신경체계의 감각-운동 균형이 혼란되는 경우 자발적 기억이 고양된다는 것이며, 두 번째 점은 정상적인 경우 현재 균형을 유용하

하지 않겠다. 우리가 기억의 혼란과 관념연상법칙을 연구할 때 그
것들을 완전한 빛 아래 드러내기를 희망한다.[181] 학습된 사물에 관
해서는 두 기억이 여기서 어떻게 나란히 진행하여 상호 버팀목
(appui)이 되는지를 보여주는 것으로 만족하자. 운동적 기억으로
몸에 밴 학습이 자동적으로 반복된다는 것은 일상적 경험이 보여
주는 것이다. 그러나 병리적 경우들에 대해 관찰해 보면 여기서 자

게 굳힐 수 없는 모든 자발적 기억이 금지된다는 것이다. 저자는 곧 세 번
째 요점, 즉 습관으로서의 기억을 형성하는 작업의 경우 상기억이 잠재적
으로 개입한다는 것만을 취급한다.

181 첫 번째 점(자발적 기억의 고양)에 관해서는 194~196쪽을 보라. 감각-운
동 균형이 혼란될 때는 삶에의 주의가 느슨해질 때이고 그때 자발적 기
억이 마치 꿈이나 정신병에서처럼 고양된다. 베르크손은 그 양 현상을 다
삶에의 주의가 느슨해진 데에 기인한다고 설명한다. 그러나 이것은 바로
앞쪽 주178)에서 말한 "상 자체를 한정된 시간 동안 우리 의식의 시선 아
래에 잡아 둘 수 있게 하는 독자적인 어떤 노력"과는 달라 보인다. 후자는
분명 어떤 노력이고, 전자의 현상들은 어떤 노력도 필요 없기 때문이다.
그러나 "기억의 혼란과 관념연상법칙을 연구할 때"와 연관된 "감각-운동
균형이 혼란될 때"에 대한 구절은 이곳밖에 없다. 그런데 103~104쪽의
논의가 여기에서의 "독자적 노력"과 관련이 있어 보인다. 과거상의 총체
가 현재에 남아 있으면서 현재 행동과 관련 있는 상은 현재로 밀려드는데
이때 원래는 의식되지 않은 채 행동으로 연결되어야 하지만 사실 상은 의
식화될 수도 있다는 것이다. 그러니까 "운동은 상에 의한 재인을 한편으
로는 방해하며 다른 한편으로는 유리하게 한다."는 것이다. 한편 두 번째
점(감각-운동 기능에 한정되고 관념연상에 국한된 삶)에 관해서는 186~188
쪽 참조. 심리적 삶이 감각-운동 기능에만 한정된 행동의 국면과 꿈의 국
면의 대립을 대비해 보면서 행동의 국면에서는 감각-운동 기능에 한정되
고 관념 연상에만 국한된다.

동성이 우리가 생각하는 것보다 훨씬 더 멀리 퍼져 있다는 것이 확

립된다. 정신 나간 사람들(déments)은 그들이 이해하지 못하는 일

92 련의 물음에 대해 조리 있는 대답을 한다는 것이 관찰되었다. 즉,

그들에게 언어는 반사적 방식으로 작동했다.[6] 자발적으로 한 단

어를 발음하기도 불가능한 실어증 환자들은 노래를 부르면 멜로

디의 가사를 틀리지 않고 기억해낸다.[7] 기도, 수의 연쇄, 요일이나

....

[6] Robertson, 「반사적 언사(Reflex Speech)」(*Journal of mental Science*, 1888, 4
월). Ch. Féré, 「반사적 언어(Le langage réflexe)」(*Revue philosophique*, 1896,
1월) 참조.[182]

[7] Oppenheim, 『실어증 환자에서의 음악적 표현운동의 관계에 관하여
(Über das Verhalten der musikalischen Ausdrucksbewegungen bei
Aphatischen)』(*Charité Annalen*, XIII, 1888, 348쪽 이하).[183]

———

182 Robertson의 논문은 스펜서의 심리학 원리를 따르면서 반사적 행동의 진
화를 고찰한다. 지적으로 보이는 많은 행동들이 자동적으로 이루어진다
는 것을 보여준다. "어떻게 지내세요? 잘 지내요. 고마워요." 형태의 반사
적 언사는 그것을 적합하게 사용할 능력을 잃은 미친 환자들에게도 잊히
지 않고 남는다. 즉, 지적 능력을 잃은 자들도 반사적 행동을 할 수 있음을
보여준다(*Ech*의 330~331쪽, 92쪽 주석의 주석 1). Féré의 짧은 논문은 반사
적 언어의 더 넓은 경우들을 보여준다. 가령 한 환자는 우연히 들은 한 단
어로부터 어느 산문의 한 쪽 전체를 읊을 수 있었다는 것을 보여준다.

183 오펜하임은 베르니케와 함께 해부학적 접근으로 신경을 연구한 새 세대
의 대표자이다. 그는 고유한 언어상실증 대신에 음악적 언어상실증에 흥
미를 가졌다. 음악적 표현은 오른손잡이에게는 좌뇌의 기능이다. 언어 중
추와 가깝지만 그것과 구별된다. 언어기억 상실은 노래를 방해하지만 반
대로 노래는 언어기억 중추를 활성화할 수 있다. 기도, 수의 연쇄, 요일
이나 달 이름들의 연쇄도 마찬가지로 언어기억 중추를 활성화한다(*Ech*,
331~332쪽, 92쪽 주석의 주석 3).

달 이름들의 연쇄도 암기해낸다.[*8] 그러므로 극도의 복잡성을 가졌으며 지성을 흉내 낼 만큼 충분히 미묘한 기제도 일단 구성되면 저절로 작동될 수 있으며, 따라서 보통은 오직 의지의 최초의 추진력(impulsion)만에도[184] 복종할 수 있다. 그러나 우리가 그것을 구성하는 동안에는 무슨 일이 일어나는가? 가령 우리가 한 단원을 습득하려고 연습할 때, 우리가 운동에 의해 재구성하려고 하는 시각적이거나 청각적인 상이 보이지는 않지만 현재적으로 이미 우리의 정신 속에 존재하지 않는가? 첫 번째 암송에서부터 마치 의식의 어두운 심연으로부터 일종의 경고를 받는 것처럼 우리는 어떤 막연히 불편하다는 느낌에서 방금 저지른 이런저런 잘못을 알아차린다.[*9] 그때 당신이 느끼는 것에 관해 집중해 보라. 완전한 상이 거기에 있지

[*8] 위의 논문, 365쪽.

[*9] 그런 오류의 느낌에 관해서는 Müller와 Schumann의 논문 「기억의 연구에 대한 실험적 기여(Experimentalle Beiträge zur Untersuchung des Gedächtnisses)」 (*Zeitschr. f. Psych. u. Phys. der Sinnesorgane*, 1893, 12월, 305쪽)를 보라.[185]

---

184 즉, 의지가 처음에 조금이라도 원하기만 하면 곧 작동된다.

185 이 논문은 기억실험의 개념적 문제와 방법론상의 규범을 정한다. Hermann Ebbinghaus(1850~1909)의 방법을 발전시킨 이 연구는 일정한 속도로 도는 수평의 실린더에 쓰인 12음절의 말을 기억하는 실험에서 한 번의 실수도 없이 암기했을 때 외운 것으로 간주한다. 논문은 암기의 시간, 속도의 효과, 말의 기억에 관한 다른 수정의 결과, 일정한 횟수를 되풀이했을 때 음절 사이의 관계 등이 기록되어 있다. "잘못의 느낌"은 이미 암기한 단어를 다른 속도로 다시 암기할 때 발생한다(*Ech*, 332쪽, 92쪽 주석의 주석 4).

만 달아나기 쉽다는 것을 느낄 것이다. 그것은 당신의 신체 운동적 활동이 그 실루엣을 고정하려는 바로 그 순간에 사라져버리는 진짜 유령인 것이다. 전혀 다른 목적에서 시도된 최근의 실험*10 도중에 실험 대상들은 바로 그런 종류의 느낌을 느낀다고 선언했다. 몇 초 동안 그들 눈앞에 일련의 문자들이 나타나게 하고 그것들을 기억하라고 요구했다. 그러나 적합한 분절 운동에 의해 지각된 문자들에 강조점을 두는 것을 방해하려고 상을 보는 동안 어떤 음절을 끊임없이 반복할 것을 요구했다. 거기서부터 한 특수한 심리적 상태가 결과했다. 대상들은 시각 상을 완벽히 소유했다고 느꼈지만 "그러나 원하는 순간 그중 아무리 적은 부분이라도 재생할 수가 없었다. 그들에게 놀랍게도 [문자들의] 줄 [전체]가 사라졌다." 그들 중 한 명의 말에 따르면 "그 현상의 근저에는 **총체의 표상**(représentation d'ensemble), 즉 전체를 포괄하고 그 부분들이 뭐라 규정할 수 없는 방식으로 느껴지는 통일성을 가진 일종의 복합 관념이 있었다."*11

......

*10 W. G. Smith, 「주의와 기억의 관계(The relation of attention to memory)」 (*Mind*, 1894, 1월).[186]

*11 "According to one observer, the basis was a *Gesammtvorstellung*, a sort of all embracing complex idea in which the parts have an indefinitely felt unity."(Smith, 인용된 논문, 73쪽).

———

186 인용년도가 잘못되었다. 1894년이 아니라 1895년도이다. 기억과 다른 요소의 관계에 대한 실험들은 이미 앞의 논문들에서 다루어진 반면 이 논문은 특히 주의와 기억의 관계를 다룬다. 네 개의 문자가 세 줄로 배열된 그림을 주고 그것을 외우는 동시에 어떤 음절을 정기적으로 반복하게 하거나 숫자를 더하게 한다. 그런데 시각적 이미지를 완전히 외웠다고 생각되

는 것이다.

아마 획득된 기억 뒤에 숨어 있을지 모르는 그런 자발적인 기억이 갑작스런 섬광처럼 드러날 수 있다. 그러나 그것은 의지적 기억이 조금이라도 움직이기만 하면 도망가 버린다.[187] 실험대상이 상을 잡고 있다고 믿었던 글자들의 연쇄가 사라지는 것을 본다면, 그것은 특히 그것들의 반복을 시작하는 동안이다. "그런 노력은 나머지 상을 의식으로부터 밀어내는 것으로 보인다."[*12] 이제 기억술의

[*12] 그것은 독일 저자들이 난독증(dyslexie)이라 부른 병에서 일어나는 것과 같은 종류의 무엇이 아닐까? 환자는 한 구절의 첫 단어들을 정확히 읽은 다음, 마치 분절의 운동이 기억을 금지한 것처럼 계속할 수가 없어서 갑

는 순간 그것을 말하라면 시각적 이미지가 사라져 버린다. 전체의 시각적 이미지가 "총체적 표상"으로서 '잠재적'으로 존재하기는 하는데 정작 외우려면, 즉 음절의 운동으로 전화하려는 순간 사라진다는 것이다.

[187] 이 단락에서 이야기하려는 것은 위 단락의 마지막에 지적된 것처럼 "습관으로서의 기억을 형성하는 작업에 상기억이 잠재적으로 개입"한다는 것이다. 그러므로 우선 습관적 기억이 이미 형성되어 있는 경우는 병 등의 이유로 개별적 상기억이 불가능함에도 불구하고 습관적 기억의 자동적 작동이 가능한 경우가 있음을 지적한 후, 습관적 기억을 형성하고 있는 도중에는 어떤 일이 일어나는가를 보여주고 있다. 그때에도 상기억은 엄연히 배후에서 작동되고 있으나, 매우 달아나기가 쉽고 "신체 운동적 활동이 그 실루엣을 고정하려는 바로 그 순간에 사라져버리는 진짜 유령" 같다는 것이다. 그 증거로 든 것이 W. G. Smith의 실험인데, 앞에 놓인 문자들을 외우라고, 즉 습득하라고 한 후 신체 운동을 방해했더니 근저에 분명 어떤 상("총체의 표상")이 있는데 정작 외우려고 하면 그 줄 전체가 사라져 버린다는 것이다. 즉, 시각 상을 완벽히 소유했다고 느꼈지만 원하는 순간, 즉 신체 운동적 활동으로 잡으려는 순간 사라져버린다는 것이다.

자기 멈춘다. 난독증의 문제에 관해서는 Berlin, 『특별한 종류의 언어맹
(난독증)(*Eine besondere Art der Wortblindheit(Dyslexie)*)』, Wiesbaden, 1887
과 Sommer, 『기능적 교란으로서의 난독증(Die Dyslexie als fonktionelle
Störung, *Arch. f. Psyatrie*, 1893)』을 보라. 우리는 또한 환자가 다른 사람
의 말은 이해하지만 자신의 말은 이해하지 못하는 언어농의 그토록 독
특한 경우도 그 현상에 접근시킬 것이다(Bateman, 『실어증에 관하여(On
Aphasia)』, 200쪽; Bernard, 『실어증에 관하여(De l'aphasie)』, Paris, 1889,
143과 144쪽; Broadbent, 『언어의 독특한 손상의 경우(A case of peculiar
affection of speech)』, Brain, 1878~9, 484쪽 이하 등에 인용된 예를 보
라).[188]

---

[188] Rudolf Berlin은 쓰기(agraphie)와 읽기(alexie)에 관련된 병증을
Kussmaul 이후 유행이던 언어맹(cécité verbale)이라는 말 대신에 난독증
(dyslexie)이라 불렀다. 그는 눈도 언어도 지적 능력도 문제가 없는 환자에
게서 그 병을 관찰했다. 그것은 일종의 실어증으로서 말하자면 불완전하
고 고립된 언어맹이다. 주요 증상은 네다섯 단어 이상은 연속적으로 읽을
수가 없어서 갑자기 읽기를 멈춘 후 다시 시작할 수 없는 것이다. Berlin
은 그 병을 좌두엽의 손상에 기인한 것이라 생각한 반면, Robert Sommer
는 어떠한 해부학적 손상에 관련시키는 것을 의심했다(*Ech*, 333~334, 93
쪽 주석의 주석 2). 베르크손은 난독증을 "마치 분절의 운동이 기억을 금지
한 것처럼 계속할 수가 없어서 갑자기 멈추"는 현상으로 해석한다. 한편,
Bateman, *On Aphasia, or Loss of speech, and the localisation of the faculty
of articulate language*, London, J. Churchill & son, 1870(최근에는 Ulan
Press의 사진판)은 한 환자가 맥주 집에 들러 주문을 하려다가 갑자기 말
을 할 수 없었던 경우를 이야기한다. 그는 다른 사람이 하는 말은 정확히
이해하고 언급하는 사물을 정확히 집는 데 반해, 자신이 말한 물건을 집
으려 할 때는 틀렸다. Désiré Bernard는 "어떻게 지내느냐?"고 쓴 문장을
보고 자기 이름을 가리키는(즉 전혀 읽지 못하는) 환자를 언어맹이라 규정
하고 그것을 해부학적으로 제일 측두엽 1/3과 그에 이어지는 부분의 손
상에 연결시킨다. Broadbent는 자기 생각을 표현할 말을 떠올릴 수 없고,

상상적 방법을 분석해 보라. 이 기술의 목적은 바로 감춰지는 자발   94
적 기억을 전면으로 가져와서 그것을 활동적 기억처럼 우리 마음대
로 할 수 있게 하는 것임을 발견할 것이다. 그를 위해 우선 운동하
거나 신체 운동적인 기억의 모든 작동성(velléité)을 억제한다. 한 저
자*¹³가 말하기를 심적 영상(photographie mentale)의 능력은 의식
보다는 하부의식(subconscience)에 속하며, 의식의 부름에 복종하
기는 어렵다고 했다. 그것을 연습하기 위해서는 가령 여러 점들의
집합들을 세려고 생각지도 말고 단번에 잡아서 유지하는 데 익숙해
져야 할 것이다.*¹⁴ 그 방법을 훈련하는 데 이르기 위해서는 말하자

---

*13 Mortimer Granville, 『기억의 방법들(Ways of remembering)』(Lancet, 1879.
     9. 27, 458쪽).[189]
*14 Kay, 『기억과 그 향상법(Memory and how to improve it)』, New York,
     1888.[190]

자기가 보는 대상의 이름을 떠올릴 수 없으며, 자기가 한 말을 글로 쓸 수
가 없고, 본 것을 이해할 수는 있는데 그것을 말할 수는 없는 독특한 환자
에 대해 보고하고 그것을 신경망의 여러 중심 기능들의 연결망에서의 혼
란으로 설명한다. 베르크손은 자신의 말을 이해하지 못하는 독특한 언어
맹을 난독증과 같이 "마치 분절의 운동이 기억을 금지한 것처럼 계속할
수가 없"는 경우에 접근시킨다.
189 Granville(1833~1900)은 지적인 작업에는 놀랄 만하게 잘 적응하지만 그
    능력을 직접 사용하는 데에는 곤란을 겪는 사람들에 관심을 가졌다. 그들
    은 쉽게 배우지만 쉽게 잊어버린다. 그것은 그들이 순간적 사진과 같은
    방식으로 배우지만 그 능력을 의지의 요구에 따라 사용할 수는 없기 때문
    이다. 그런 능력은 말하자면 무의식의 행위자가 발동된 것인데 암기술에
    사용하면 높은 정도로 발전된다(Ech, 334-5, 94쪽 주석의 주석 1).

면 그 기억의 순간성을 모방해야 한다. 그래도 그것이 나타나는 데는 변덕스럽고, 그것이 가져온 기억은 꿈과 같은 뭔가를 가지고 있기 때문에 그것이 정신의 삶에 더 규칙적으로 침입하게 될 때 지적인 균형이 깊은 혼란을 받지 않는 경우는 드물다.

---

190 이 책은 David Kay, *Memory: What it is and how to improve it*, New York, Appleto& co., 1888이다. 최근에는 Ulan Press의 사진판으로 접할 수 있다. 베르크손이 이야기하는 것은 특히 마지막 9장의 "Memory: how to improve it" 부분(289쪽 이하)인데, 그렇기 때문에 Kay의 책을 "Memory: How to improve it"이라고 인용한 것 같다. Kay는 기억을 장소적 기억, 합리적 기억, 표상적 또는 상상적 기억 등 세 가지로 나눈다. 장소적 (local) 기억은 감각에 주어지는 대상의 장소에 의존하는 기억으로서 장소와 결합된 것은 기억하기가 쉽다. 합리적 기억은 기억되어야 할 것과의 내용적, 논리적 유사성에 의존하는 것으로서 획득하기에 시간이 걸린다. 이상의 두 기억은 연상을 이용한 기억인데 효용이 의심스러운 반면, 가장 일반적이고 효과 있는 기억은 표상적 또는 상상적 기억이다. 이것은 기억될 내용을 시각, 청각, 운동감 등의 감각적 상을 동원하여 기억하는 것이다. 이 기억은 가능한 한 실제 지각과 가깝게 원래 형태로 기억하려 시도하며, 분명하고 구별되며 마음대로 불러일으킬 수 있는 상으로 파악하는 기억력을 키운다. 여기서 베르크손이 드는 예는 Kay가 인용한 프랑스 마술사(Conjurer)인 Houdin의 예로서, 그는 자신의 아들에게 장난감 가게를 몇 초 동안 둘러보게 하고는 바로 나와서 본 것을 모두 다 적게 했다(Kay, 앞의 책, 308쪽 이하). 그는 서른 개 정도를 적었으나 아들은 마흔 개 정도를 적었고 모두 맞았다. 또 도미노 패를 보여주면서 세지 말고 패를 본 다음 나중에 그것을 더한 값을 말하게 했다. 그 숫자를 매일 늘려 감으로써 나중에는 12패의 숫자를 단번에 기억하여 더할 수 있게 되었다. 이렇게 직관적 순간 기억력을 향상시킴으로써 위의 주186)의 W. G. Smith가 '총체적 표상'이라 부르던 것을 훈련시키기에 이르렀다.

그런 기억이 무엇이며, 어디서부터 파생되는지, 그리고 어떻게 진행되는지는 다음 장에서 볼 것이다.[191] 잠정적으로는 도식적 사고로도 충분할 것이다. 따라서 앞에서 이야기된 것을 요약하여 과거는 우리가 예측했듯이[192] 분명 두 극단적 형태로 축적되는 것으로 보인다고 말하자. 한편으로는 그것을 사용하는 신체 운동적 기제이며, 다른 한편으로는 모든 사건을 그 윤곽과 색채와 시간에서의 위치와 더불어 그리는 개인적인 기억상이다. 그 두 기억 중에 첫 번째는 진실로 자연의 방향으로 향해 있으며, 두 번째는 그 자체로서 놓아두면 오히려 반대 방향으로 갈 것이다.[193] 노력에 의해 정복된 첫 번째의 것은 우리 의지에 달려 있는 것으로 남으며, 두 번째의 것은 완전히 자발적이어서 보존되는 데 충실한 만큼이나 재생되는 데 변덕을 부린다. 두 번째 것이 첫 번째 것에 해줄 수 있는 규칙적이면서도 확실한 봉사는, 그 선택을 밝혀 주기 위해 현재 상황과 유사한 상황들 중에 앞서거나 뒤따르는 것의 상을 보여주는 것이다. 거기서 관념의 연상이 성립한다. 다시 보는 기억이 규칙적으로 반복하는 기억에 복종하는 다른 경우는 전혀 없다. 다른 곳에서는 어디에서나 우리는 상이 다시 나타나리라고 기대할 수 없음을 느끼기 때문에 필요에 따라 그 상을 새로 그릴 수 있게 해주는 장치[194]

95

---

191 아래의 제3장 147~152쪽을 보라.

192 위의 86쪽을 보라.

193 신체적 기억이 자연적이라는 것은 행동으로 향해 있으므로 유기체가 형성된 의도와 같은 방향이기 때문이며, 자발적 기억은 과거로 향하기 때문에 그 반대 방향이다.

를 구성하는 것을 선호한다.[195] 이러한 것이 각각을 순수한 상태에서 생각했을 때의 기억의 두 극단적 형태이다.

즉시 다음과 같이 말하자. 즉, 기억의 진정한 본성이 무시되었던 것은 중간적인, 그리고 말하자면 불순한 형태들에 만족했기 때문이다.* 우선 기억상과 운동이라는 두 요소를 분리하고 다음으로 어떤 작업의 연쇄에 의해 그들의 원래의 순수함의 어떤 것을 버림으로써 서로 속으로 흘러들어가기에 이르렀는지를 탐구하는 대신에 사람들은 그것들의 유착의 결과로 나온 혼합된 현상만을 생각한다. 그런 현상은 혼합된 것이기 때문에 한편으로는 운동적 습관의 측면을 나타내고, 다른 한편으로는 다소간 의식적으로 위치가 정해진 상의 측면을 나타낸다. 그러나 사람들은 그것이 단순한 현상이기를 원한다. 따라서 운동적 습관의 기지(base)로 역할을 하는, 수질이건 연수건 뇌의 기제가 동시에 의식적 상의 기체(substrat)라 가정해야 한다. 거기서부터 뇌 속에 축적되는 기억이라는 이상한 가설이 나

---

194 "그 상을 새로 그릴 수 있게 해주는 장치"란 관념 연상에 의해서가 아니라 그때그때 다르게 나타나는 여러 기억에 기초한 상을 새로 만들 수 있는 장치, 즉 자유로운 연상을 할 수 있는 장치를 말한다.

195 여기서부터 다음 문단 *까지 (A)에는 다음과 같이 되어 있다. "우리는 기억의 그 두 극단적 형태를 충분히 구별했다. 이제 그 둘을 서로를 향해 나아가게 하고 그들의 결합으로부터 태어나게 할 중간 형태들을 보자. II. 재인 일반에 대하여. 즉시 다음과 같이 말하자. 기억의 문제를 풀 수 없는 난점으로 복잡하게 한 것은 기억의 그 중간적인 형태에 만족했기 때문이다. 우선 기억상과……." 그러니까 책에서는 이 단락이 끝난 후에 시작되는 II 절이 논문에서는 여기서부터 시작된 것이다.

오게 된다. 뇌가 진정한 기적에 의해 의식적이 되고 신비한 과정을 통해 우리를 과거로 다시 데려간다는 것이다. 몇몇 사람들은 그 작업의 의식적인 측면에 애착을 가지고 거기서 부대 현상과는 다른 것을 보고자 하는 것은 사실이다. 그러나 그들은 기억상의 형태로 연속적인 반복을 유지하고 줄 세우는 기억을 떼어 놓는 것으로 출발하지 않았기 때문에, 그것을 연습이 완성시키는 습관과 혼동했기 때문에, 반복의 결과는 반복되면서 단순히 보강될 유일하고도 동일한 개별적 현상에 관계된다고 믿게 되었다. 그리고 그 현상은 운동적 습관에 지나지 않으며 뇌든 다른 것이든 한 기제에 대응하는 것으로 끝나는 것이 눈에 보이기 때문에, 그런 종류의 기제가 처음부터 상의 밑바닥에 있으며[196] 뇌는 표상의 기관이라고 좋든 싫든 가

96

---

196 여기서부터 다음 단락의 세째 줄 *까지 (A)에는 다음과 같이 되어 있다. "상의 밑바닥에 있다. 그것들은 이처럼 우리가 풀릴 수 없을 것으로 간주하여 피하기를 희망하는 형이상학적 어려움에 떨어진다. 그러나 당분간은 문제가 거기에 있지 않다. 이미 순수 심리학적인 질서의 난점들을 멀리하기 위해 기억의 두 가지 형태의 분리를 끊임없이 생각해야 한다. 그것이 탁월한 의미에서의 구체적 기억의 현상, 즉 재인의 행위를 위해 우리가 곧 보여주려던 것이다. 재인을 생각하는 두 가지 방식이 있다. '기시'의 느낌이 재인하는 상태의 단순하고, 환원불가능하며, 정의할 수 없는 질에 기인하든가 아니면 연상의 결과이다. 즉시 설명하려는 시도조차 하지 않고 현상을 긍정하는 것과 마찬가지인 첫 번째 가설을 버리자. 모든 재인은 현재지각과 과거 상의 연상에 기인한다는 것이 남는다. 그러나 여기서 인접성에 의한 연상을 끌어들이느냐 유사성에 의한 연상을 끌어들이느냐에 따라 두 가지 해석이 나타난다. 왜냐하면 전자에 따르면 현재지각을 재인한다는 것은 ㅡ" 그러니까 제Ⅱ절이 아까 앞에서 시작되었으므로(주195) 참조) 여기서는 제Ⅱ절 제목이 사라지고 연이어 서술되고 있다.

정하게 되었다. 우리는 그 중간적 상태들을 살펴보고 그들 각각에 **발생 중의 행동**(action naissante)의 부분, 즉 뇌의 부분과 독립적 기억의 부분, 즉 기억상의 부분을 나누려고 한다. 그런 상태들은 어떠한 것인가? 어떤 측면에서는 신체 운동적이어서 우리의 가정에 따르면 현재 지각을 연장해야 하나, 다른 한편 상으로서 과거 지각을 재생한다. 그런데 우리가 현재에서 과거를 다시 파악하는 구체적 행위는 **재인**(reconnaissance)이다. 따라서 우리가 연구해야 하는 것은 재인이다.

II. **재인 일반에 대하여: 기억상과 운동** — '기시(déjà vu)'[197]의 느낌을 설명하는 두 습관적 방식이 있다. 어떤 사람들에 따르면 현재 지각을 재인한다는 것은* 그것을 사유에 의해 이전의 환경 속에 집어넣는 데서 성립한다고 한다. 나는 한 사람을 처음으로 만난다. 나는 그를 단지 지각할 뿐이다. 그를 다시 만나면 그를 재인하는데, 원래 97 지각의 부대 상황이 정신에 되살아나면서 현재 상의 주변에 현재 지각된 틀이 아닌 틀을 그린다. 따라서 재인한다는 것은 현재의 지각에 그것과 인접한 옛날에 주어진 상들을 결합하는 것이라는 것이다.*[15] 그러나 올바르게 관찰된 것처럼,*[16] 갱신된 지각은 원시 지각

---

197 베르크손에게 '기시'감은 두 가지 다른 의미를 가진다. 첫째는 심리학에서 주로 말하는 것처럼 단순한 재인이나 과거에서의 위치지정이라는 의미이다. 둘째는 *ES*, 110쪽에서처럼 어느 순간 특별히 느껴지는, 같은 장면을 그전에 이미 같은 것을 본 듯한 느낌을 말한다. 여기서는 첫 번째 의미에서의 기시감을 말하고 있다.

이 우선 그것과 닮은 현재 상태에 의해 우선 환기되지 않고는 원시 지각의 부대상황을 암시할 수 없다. 최초의 지각 A가 있다고 하자. 부대상황 B, C, D는 인접성에 의해 결합된 채로 남는다. 내가 갱신

....

*15 경험에 근거를 둔 그런 주장의 체계적인 보고는 Lehmann의 논문 「재인에 대하여(Über Wiedererkennen)」(Wundt의 *Philos. Studien*, V권 96쪽 이하와 VII권 169쪽 이하)를 보라.[198]

*16 Pillon, 「추상적이고 일반적인 관념의 형성(La formation des idées abstraites et générales)」(*Crit. Philos.*, 1885, I권, 208쪽 이하). — Ward, 「동화와 연상(Assimilation et Association) (*Mind*, 1893, 7월과 1894, 10월)」 참조.[199]

---

198 덴마크의 심리학자인 Lehmann(1853~1921)은 연상론을 실험적으로 증명하려 했다. 그는 인접성에 의한 연상과 유사성에 의한 연상을 구별하고 전자만으로도 설명에 충분하다고 주장했다. 유사성은 연상의 원인이 될 수 없다는 것이다. 재인은 한 감각에 연결된 결정(이름과 같이)에 기인하며 그 감각이 다시 나타나면 다시 일어날 수 있다고 설명했다. 한 감각은 이름과 연결시키면 더 쉽게 재인된다는 것을 시각, 청각, 후각에 대한 실험으로 증명했다. 가령 색맹이 아닌 교양 있는 사람도 근사적이라도 어떤 이름이 없으면 색의 뉘앙스를 알 수가 없다(*Edh*, 337쪽, 97쪽 주석의 주석 1).

199 Pillon은 다음에 나올 주201)의 Brochard와 Rabier가 유사성의 한가운데에 인접성이 있다는 것으로부터 인접성밖에 없는 것으로 너무 성급하게 결론 내렸다고 비판한다. 유사성에 의한 연상이 인접성의 부분이 있는 것은 사실이지만 그것과 구별되고 없앨 수 없는 실재적인 유사성의 요소를 포함하는지를 아는 것이 문제라는 것이다(*Edh*, 338쪽, 97쪽 주석의 주석 3). 한편 Ward는 연상이 유사성에 근거한다고 주장한다. 아무리 인접한 것이라 하더라도 모두 다른 것이므로 유사성이 없으면 연상될 수 없다는 것이다. Brochard와 Rabier는 과거와 현재 중에 양쪽 모두에 동일한 공통 요소가 다른 인접한 요소를 끌어들인다고 하지만 베르크손의 지적대

된 동일한 지각을 A'이라 부른다면, B, C, D 항이 연결된 것은 A'가
아니라 A이므로 B, C, D 항을 환기하기 위해서는 유사성에 의한 연
상이 우선 A를 나타나게 해야 한다. A'가 A와 동일하다고 주장해야
소용없을 것이다. 두 항은 비록 유사하지만 수적으로는 구별되며,
적어도 A'는 지각이지만 A는 이제 기억에 불과하다는 단순한 사실
에 의해서라도 다르다. 우리가 예고했던 두 해석 중에 첫 번째의 것
은 이처럼 두 번째의 것에 융합되기 이르며[200] 이제 이 후자를 살펴
보자.

　사람들은 이번에는 현재 지각이 항상 기억의 바닥에서 그것과 닮
은 이전 지각의 기억을 찾으러 간다는 것을 가정한다. '기시'의 느
낌은 지각과 기억 사이의 병치나 융합(fusion)에서 온다는 것이다.
아닌 게 아니라 깊이 있는 관찰이 가능하게 된 것처럼[*17] 유사성은

....

*17　Brochard, 「유사성의 법칙(La loi de similarité)」, Revue philosophique,
　　1880, IX권, 258쪽. E. Rabier는 자신의 『철학강의 I. 심리학(Leçon de
　　philosophie, t. I, Psychologie)』, 187~192쪽에서 그런 의견에 동조한다.[201]

————

　　로 그 둘은 분명히 다른 것이므로 유사성이 둘을 결합해야 한다는 것이
　　다. 즉, 인접성의 법칙 자체가 그것을 가능케 하는 유사성을 전제로 한다
　　는 것이다.
200　두 해석은 인접성이 우선이라는 Lehmann과 유사성이 먼저라는 Pillon의
　　해석을 말하며, 베르크손은 이 중에서 Pillon의 편에 서서 인접성은 유사
　　성으로 융합된다고 말하는 것이다.
201　Brochard는 「관념연상에서 유사성의 법칙(De la loi de similarité dans les
　　associations des idées)」, Revue philosophique, 1880, IX권, 258쪽에서 연
　　상론자들(Mill, Bain)은 대체로 유사성과 인접성을 연상의 법칙이라 생각

정신이 접근시키며 따라서 그것이 이미 소유하고 있는 항들 사이에 98
정신에 의해 확립된 관계이며, 그 결과 유사성의 지각은 연상의 원
인이라기보다는 오히려 그것의 결과이다.[202] 그러나 정신에 의해서
파악되고 드러나게 된 요소의 공통성에서 성립하는 그런 지각되고
결정된 유사성 옆에 막연하며 말하자면 객관적이고 상들 자체의 표
면에 퍼져 있으며 서로 당기는 물리적 원인처럼 작용할 수 있을 유
사성이 있다.[*18] 한 대상은 자주 이전 상과의 동일화에 성공하지 못

....

*18 Pillon, 인용된 논문, 207쪽. — James Sully, 『인간의 마음(*The human
    mind*)』, London, 1892, t. I, 331쪽 참조.[203]

———

했는데, 유사성은 연상의 원인이 될 수 없다고 주장했다. 왜냐하면 유사
성이 성립하려면 먼저 두 항이 있고 그 둘 사이를 비교해야 하는데, 그렇
게 되면 유사성은 연상의 원인이 아니라 결과라고 할 수밖에 없기 때문이
다. 즉, 이미 유사성을 말할 두 항이 연상의 결과로 떠올라 있어야 비로소
유사성을 말할 수 있다는 것이다. Rabier는 『철학강의 I. 심리학(*Leçon de
philosophie, t. I, Psychologie*)』, 1884, Hachette, 187~192쪽에서 Brochard
에 동조하여 관념연상이 유사성이 아니라 미리 존재하는 인접성에서 성
립하며 그 원인은 습관이라고 주장한다.

202 그러니까 여기서 베르크손은 Brochard의 주장대로 유사성이 연상의 원
인이라기보다는 결과라는 것을 일단 받아들인다. 그러나 바로 다음에 나
오는 설명처럼 "막연하며 말하자면 객관적이고 상들 자체의 표면에 퍼져
있으며 서로 당기는 물리적 원인처럼 작용할 수 있을 유사성이 있다."는
것이다. 그것은 완전한 유사성 이전에 막연히 끌어당기는 어떤 원인에 해
당하는 유사성에 의해 연상을 설명하는 중간적 입장이다.

203 위의 주199)에서와 같이 인접성이 성립하기 전에 유사성이 먼저 있어야
한다는 것이 Pillon의 생각인데, 이것을 조금 더 자세히 설명하자면 연상

하고도 재인된다고 끌어댈 것인가?[204] 사람들은 〔그들이〕 일치한
다고 말하는 뇌의 흔적이나 연습이 용이하게 만든다고 말하는 뇌
의 운동,[*19] 또는 기억이 놓여 있는 세포와 통하는 지각의 세포라는

....

*19 Höffding, 「재인, 연상, 심리적 활동에 관하여(Über Wiedererkennen,
   Assoziation und psychische Aktivität)」(Vierteljahrsschrift f. wissenschafliche
   Philosophie, 1889, 433쪽).[205]

   은 1) 유사성에 의한 연상, 2) 인접성에 의한 연상, 3) 유사성 관계의 지각
   이라는 세 단계를 거치는 바, 1)은 3)과 다른 것으로서 2)를 조건 짓고 나
   오게 하는 의식 이전의 유사성이다(Ech, 340쪽, 98쪽 주석에 대한 주석 1).
   Sully는 이에 동조하면서 막연하지만 객관적으로 존재하는 의식 이전의
   유사성, 즉 그가 부른 대로 "유사한 것들의 끌림(attraction of similars)"이
   관념연상을 설명한다고 주장한다. 베르크손은 결국 이 의식 이전의 유사
   성에 의해 연상을 설명한다.
204 (A)에는 여기에 이어서 다음 문장이 삽입되어 있다. "사람들은 상은 있지
   만 '잠재적 상태로' 있다고 대답할 것이다. 그 상에 대해 그리고 그 상의
   현재 지각과의 융합에 대해 무분별한 호기심을 표하면 사람들은 〔그들
   이〕 일치한다고 말하는……."
205 Höffding은 심리적 활동과 물리적 활동은 본질적 차이가 없고 결국은 동
   일한 활동이라 주장한다. 두뇌 활동은 의식에서 일어나는 것의 외적, 감
   각적 표현에 불과하다. 그리하여 모든 관념이 두뇌에서의 흔적을 가진다
   고 한다. 그 흔적이 반복과 습관에 의해 어느 관념이 더 쉽게 환기될 수
   있는 길을 만들어 준다는 것이다. 이것이 베르크손이 말하는 "연습이 용
   이하게 만든다고 말하는 뇌의 운동"이다. 정확히 뭔지도 모르면서 한 대
   상을 재인하는 것을 직접적 재인, 또는 인지성질(Bekanntheitsqualität)이
   라 하는데, 그것이 연상 이전에 존재해서 과거 이미지의 개입 없이 직접
   적으로 대상의 질을 구별하게 한다. 그러므로 연상에는 두 표상이 함께
   있는 것이 아니라 한 대상의 표상에 붙어 있는 인지성질이 있다는 것이

편리한 가설로 도망칠 것이다.*[20] 사실을 말하자면 그런 종류의 생
리학적 가설로 모든 재인의 이론들이 와서 이럭저럭 길을 잃게 된
다. 그런 가설들은 모든 재인을 지각과 기억 사이를 접근시키는 데
서 나오게 하려고 한다. 그러나 다른 한편 기억은 매우 자주 지각이
일단 재인된 다음에야 나타난다는 것을 증언해 주는 경험이 있다.
따라서 운동들 사이의 합성이나 세포들 사이의 연결의 형태로 우선
표상들 사이의 연상으로 예고했던 것을 뇌로 내던지고, 관념을 축
적한다고들 하는 뇌라는 우리 의견으로는 매우 불분명한 가설에 의
해 재인의 사실 — 우리로서는 매우 분명한 — 을 설명할 수밖에 없게
된다.[206]

....

*20 Munk, 『대뇌피질의 기능에 대하여(*Über die Functionen der Grosshirnrinde*)』,
     1881, 108쪽 이하.[207]

―――――

    다. 재인에서 표상과 질의 융합은 무의식적이며, 생리적 조건, 즉 반복에
    서 성립한 신경 습관에 의해서만 설명될 수 있다는 주장이다(*Ech*, 340쪽,
    98쪽 주석에 대한 주석 2 참조).

206 여기까지 논의가 조금 복잡하지만 정리하자면, 연상이 어떻게 일어나느
    냐에 대해 인접성이 먼저라는 주장(Lehmann)과 유사성이 먼저라는 주장
    (Pillon, Ward)을 대비시킨 다음 원시지각이 그것과 닮은 현재 상태에 의해
    우선 환기되지 않고는 연상이 불가능하므로 인접성을 유사성으로 환원시
    킨 후, 그러나 유사성은 결국 두 상을 비교해야 하는데 둘이 이미 접근되
    지 않았다면 유사성도 나올 수 없으므로 유사성은 연상의 원인이 아니라
    결과가 아니냐는 주장(Brochard, Rabier)에 대해 의식 이전의 어떤 막연한
    유사성의 끌림 같은 것이 있다는 것으로 결론짓는다. 그런데 이 중간 상
    태를 이해하지 못한 사람은 뇌의 운동이나 기억세포와 지각세포가 통한
    다는 가설로 도망간다. 그런 이론들은 모두 재인을 지각과 기억을 접근시

그러나 실제로는 지각과 기억의 연합이 재인의 과정을 설명하기
99 에는 완전히 불충분하다. 왜냐하면 재인이 그렇게 이루어진다면 이
전 상들이 사라질 때 그것도 없어질 것이며, 그 상들이 보존될 때는
항상 일어날 것이기 때문이다. 따라서 정신맹, 즉 지각된 대상을 알
아볼 수 없는 것은 시각적 기억의 금지 없이는 일어나지 않을 것이
며, 특히 시각적 기억의 금지는 변함없이 정신맹을 결과로 가질 것
이다. 그런데 경험은 그 두 결과의 어떤 것도 입증하지 않는다. 빌
브란트(Wilbrand)에 의해 연구된 경우[*21]의 환자는 눈을 감고 그녀

....

[*21] 『두뇌현상으로서의 정신맹(*Die Seelenblindheit als Herderscheinung*)』,
  Wiesbaden, 1889, 56쪽.[208]

키는 데서 나오게 하려는 이론들로서 기억은 지각 이후에 나온다는 사실
과 어긋난다고 지적하는 것으로 끝을 맺는다.
207 Munk는 뇌의 국지성 이론을 생리학의 근본 요청으로 놓고, 두뇌피질에
시각중추, 청각중추, 후각중추, 감각중추 등 네 개의 큰 중추를 구별한다.
그 각각의 중추가 뇌의 각 해당 부분에 위치한다는 것이다. 그리하여 시
각중추의 어느 지점의 세포를 뽑아내면 정신맹에 걸려서 보기는 보지만
무엇인지 알아보지 못한다. 그것은 해당 부분의 기억세포가 제거됨으로
써 없어졌으므로 기억되지 않기 때문이라는 것이다. 이것이 베르크손이
말하는 지각의 세포가 "기억이 놓여 있는 세포"와 통해야 한다는 것이다.
그래서 모두 처음부터 다시 배워야 3 내지 5주 후에 시각감각이 완전히
회복된다. 그동안 없어졌던 기억이 처음 사라진 지점 주변에 다시 생김으
로써 회복이 가능하게 된다는 것이다(*Edh*, 341쪽, 98쪽 주석에 대한 주석 3).
208 Wilbrand의 *Die Seelenblindheit als Herderscheinung und ihre Beziehung
zur homonymen Hermianopsie, zur Alexie und Agraphie*(두뇌현상으로서
의 정신맹과 그것의, 유사한 반맹증半盲症과 실독증, 그리고 실서증과의 관계),

가 살던 도시를 묘사하고 상상 속에서 거기를 산책할 수도 있었다. [그러나] 일단 거리에 나서면 모든 것은 새롭게 보이고 아무것도 알아볼 수 없으며 방향을 잡을 수 없었다. 동일한 종류의 사실들이 뮐러(Müller)*22와 리싸우어(Lissauer)*23에 의해 관찰되었다. 환자들

....

*22 「정신맹의 인식에 관한 기고(Ein Beitrag zur Kenntniss der Seelenblidheit)」 (*Arch. f. Psychiatrie*, XXIV권, 1892).[209]

*23 「정신맹의 한 경우(Ein Falle von Seelenblindheit)」(*Arch. f. Psychiatrie*, 1889).[210]

Wiesbaden, bergman, 1887, 56쪽은 정신맹이 기억 속에서의 시각적 이 미지의 상실을 유발하지 않음을 이야기한다. 한 환자는 함부르크의 길들 을 시각적으로 표상하고 눈을 감고 마음속에서 그곳을 산책할 수도 있으 나 실제로 거기에 데려다 놓으면 어디로 갈지를 몰라 헤맨다(*Ech*, 342쪽, 99쪽 주석에 대한 주석 1 참조).

209 Müller의 "Ein Beitrag zur Kenntniss der Seelenblidheit"(*Archiv. für Psychiatrie*, XXIV권, 1892)는 우리가 접근할 수 없었다. *Ech*도 베르크손이 그가 제공하고 있는 해부학적 설명을 무시했고, 그것은 국지성 이론을 반 반하기 위해서라는 것 이외에는 별다른 정보를 제공하지 않는다.

210 Lissauer의 "Ein Falle von Seelenblindheit nebst einem Beitrage zur Theorie derselben(정신맹의 한 경우와 그 이론을 위한 기여)"(*Archiv für Psychiatrie*, XXI권, 1889), 106쪽은 80세의 노인이 비계에 머리를 부딪친 후 방에서 나올 수 없는 환자를 보고하고 있다. 그는 길을 알아볼 수 없고 듣거나 만져보면 아는 대부분의 대상들을 눈으로 보고는 알아볼 수가 없 다. 그는 시각적 상을 잃어버리지는 않았는데, 어떤 물건이 어떻게 생긴 것인지는 묘사도 할 수 있고 그 크기도 말할 수 있으나 실제로 물건을 제 시하면 뭔지 몰라 봤고 물건의 이름을 말하라고 해도 엉뚱한 대답을 했다 (*Ech*, 342쪽, 99쪽 주석에 대한 주석 1 참조).

은 불러주는 대상을 내적으로 볼 수 있고 그것을 매우 잘 묘사할 수 있으나 그 대상을 눈앞에 제시하면 알아볼 수가 없다. 따라서 시각 적 기억이 의식적으로 보존될 때조차도 유사한 지각의 재인에는 불충분하다. 그러나 역으로 샤르꼬(Charcot)*24에 의해 연구되었으며 시각상의 완전한 소멸의 고전이 된 경우에서 지각의 재인이 전체적으로 소멸되지는 않았다. 그 경우의 보고를 자세히 읽어 보면 그것을 어렵지 않게 납득할 것이다. 환자는 아닌 게 아니라 태어난 도시의 길들의 이름도 모르고 찾아갈 수도 없다는 점에서 그 길들을 더 이상 알아보지 못했다. 그러나 그는 그것이 길이고 집을 보고 있다는 것을 알았다. 그는 더 이상 자신의 아내와 아이들을 알아보지 못

100

....

*24 정신적 시각의 급작스럽게 고립된 제거의 경우(*Progrès médical*, 1883. 7. 21)가 Bernard에 의해 보고됨.[211]

————

211 Bernard는 Charcot의 한 환자에 대한 강연을 보고한다. 강렬한 어떤 감정을 겪은 후 환자는 평소에는 청각적 기억보다 월등했던 형태와 색깔에 대한 시각적 기억을 잃었고, 이를 보충하기 위해 청각적 기억을 발전시켜야 했다. 그가 살던 도시에 간 그는 거리와 집들을 처음 보는 것처럼 낯설어했다. 색깔에 대해서도 마찬가지여서 그의 아내의 검은 머리색을 봤지만 그것을 기억해낼 수가 없었다. 갑자기 모든 기억이 사라져 아내도 아이들도 매일 사용하던 물건들의 형태도 기억할 수가 없었다. Charcot는 이것을 다른 기억과 고립된 특별한 기억의 상실의 경우로 보려고 한 데 비해, 베르크손은 기억은 사라졌으나 그것은 길이고 집이라는 것은 알았다는 것으로 보아 완전한 정신맹은 아니라는 것, 즉 어떤 재인은 불가능하나 재인 자체가 되지 않는 것은 아니라는 것이다. 다시 말해 기억은 사라졌지만 기억 없이 "신체 혼자만이라도 가능한 재인"이 있다는 것을 주장한다(*Ech*, 343쪽, 99쪽 주석의 주석 2 참조).

했다. 그러나 그들을 보면서 그들이 여자이고 아이들이라는 것을 말할 수 있었다. 말의 엄밀한 의미에서 정신맹이 있었다면 그 모든 것은 가능하지 않았을 것이다. 소멸된 것은 따라서 어떤 종류의 재인이고 그것은 우리가 분석해야 할 것이나, 재인의 능력 일반은 아니다. 모든 재인이 항상 이전의 상의 개입을 포함하지는 않으며 지각을 그것과 동일화하는 데 성공하지 않고도 그런 상들에 또한 잘 호소할 수 있다고 결론 내리자. 그렇다면 재인이란 결국 무엇이며 어떻게 그것을 정의할 것인가?[212]

우선 한계선 상에서는 **순간에서의** 재인, 즉 어떠한 드러나는 기억이 개입하지 않고 신체 혼자만이라도 가능한 재인이 있다. 그것은

---

212 여기서부터 다음 문단 *까지 (A)의 237쪽에서는 다음과 같이 되어 있다. "**III. 재인과 부주의.** 한편으로는 국지화된 상들과 다른 한편으로 운동 습관들이 자기 자신의 점점 더 크지 않은 부분을 포기하면서 다양하게 접근될 수 있기 때문에 재인은 단일하고 단순한 사실일 필요가 없다. 또는 오히려 그 이름하에 많은 종을 포함하는 유를 가리킨다. 그러나 그 종들은 모두 병존하는 운동들의 두 반대되는 방향에 대응하는 두 유형으로 환원된다고 우리는 믿는다. 왜냐하면 때로는 우리의 운동은 거기서 유용한 효과를 끌어내기 위해 지각을 운동으로 연장하고 그리하여 지각된 대상으로부터 우리를 **멀게 하기도** 하고, 때로는 반대로 그 윤곽을 강조하기 위해 대상으로 **데려가기도 하기** 때문이다. 첫 번째의 경우는 (적어도 지각된 대상과의 관계에서) 방심(distraction)이 있고, 다른 경우는 주의가 있다. 우리가 방금 말한 것처럼 주의는 어떤 종류의 재인이다. 그러나 **방심**에 의해서도 또한 재인할 수도 있고, 그런 재인을 우리는 우선 다룰 것이다. 가령 나는 어떤 도시를 최초로 산책한다……" 여기서 책에서는 나오지 않는 제III절이 논문에서는 따로 구분이 되어 "재인과 부주의"라는 제목을 달고 시작되고 있다.

표상에서가 아니라 행동에서 성립한다.* 가령 나는 어떤 도시를 최
초로 산책한다. 길의 각 모퉁이에서 나는 어디로 갈지를 몰라 망설
인다. 나는 불확실성 속에 있으며 그 말의 의미는 내 신체에 선택지
가 제기되며, 나의 운동은 그 전체에서 불연속적이며, 어느 한 태도
다음에 올 태도를 예고하거나 준비하는 것은 아무것도 없다는 것
이다. 그 후 그 도시에서 오랫동안 머문 다음에는 내가 지나가는 대
상에 대한 분명한 지각을 갖지 않고도 기계적으로 거기를 돌아다
닐 것이다. 그런데 하나는 지각이 그것을 따르는 정해진 운동을 아
직 조직화하지 않았고 다른 하나는 수반되는 운동이 나의 지각을
무용하게 만들 정도로 조직화된 두 극단적인 조건들 사이에 중간적
인 상태가 있는데, 그때에는 대상이 지각되지만 야기되는 운동들은
그들 사이에 서로 연결되어 연속적이며 서로를 불러낸다.[213] 내 지
101 각만을 구별하는 상태에서 시작하여 나의 자동성 이외에는 더 이상
거의 의식하지 못하는 상태로 끝을 맺는다. 그 사이에는 혼합된 상
태, 즉 발생 중의 자동성에 의해 두드러지게 되는(souligné) 지각이
자리 잡았다. 그런데 나중의 지각들이 첫 번째 지각과 다른 것은 그
것들이 신체를 적합한 기계적 반응으로 향하게 하는 데서라면, 다

---

213 그 운동들이 "그들 사이에 서로 연결되어 연속적이며 서로를 불러낸다."
는 것은 연결되기는 하지만 완전히 자동적으로 나오는 것이 아니라 하나
가 나오고 나서 그것이 다음 것을 불러낸다는 것이다. 즉, 연결되기는 하
지만 완전히 연결되지는 못한 중간 상태를 말하는 것이다. 그러니까 서로
를 "불러낸다"고 했을 때 이 "불러낸다"는 말에 강조점을 두고 이해해야
지 연속적·자동적으로 나온다고 생각해서는 문맥에 맞지 않은 해석이 되
어버린다.

른 한편 그런 갱신된 지각들이 정신에는 친숙하거나 재인된 지각을 특징짓는 그런 독자적인 측면과 함께 나타난다면,[214] 잘 조절된 운동적 수반의 의식, 조직화된 신체 운동적 반응의 의식이 여기서 친숙감의 바탕이라고 추정해야 하지 않는가? 따라서 재인의 바탕에는 분명 신체 운동적 질서의 현상이 있을 것이다. 일상적인 대상을 재인한다는 것은 특히 그것을 사용할 줄 안다는 데서 성립한다. 그 것은 너무도 진실이어서 처음의 관찰자들은 우리가 정신맹이라 부르는 재인의 병에 **실행증**(apraxie)이라는 이름을 부여했다.*[25] 그러

---

*25 Kussmaul, 『언어의 혼란들(Les troubles de la parole)』, Paris, 1884, 233쪽. ─ Allen Starr, 「실행증과 실어증(Apraxia and Aphasia)」(*Medical Record*, 1888. 10. 27). ─ Laquer, 「감각적 실어증의 위치지정에 대하여(Zur Localisation der sensorischen Aphasie)」(*Neurolog. Centralblatt*, 1888. 6.15)과 Dodds, 「몇몇 시각의 중심 손상에 대하여(On some central affections of vision)」(*Brain*, 1885) 참조.[215]

---

214 앞의 경우는 지각이 반복되면서 신체의 기계적 반응으로 향한다는 것을 이야기하는 반면 뒤의 것은 반복되는 지각이 친숙함과 같이 나타난다는 것을 이야기한다. 비슷한 말 같아 보이고 실제로도 같은 현상에 관한 말이지만, 논의의 중점이 반복의 효과의 방향에 있느냐 반복의 심리적 결과에 있느냐에 따라 다르다.

215 Kussmaul의 책(1877)은 Rueff에 의해 번역되었다(*Les troubles de la parole*, Paris, Baillière, 1884). 그는 233쪽에서 실어증과 함께 발생하는 실행증 (apraxie)을 보고한다. 돈을 셀 줄 모르고 수프를 먹기 위해 포크를 쓰는 환자에 대한 보고이다. 그 환자는 기호(돈)의 이해만이 아니라 사물의 사용법을 이해하지 못한다는 것이다. 실어증은 기호에 대한 이해가 불가능한 경우이지만 지능을 가지고 있는 상태인데 반해 실행증은 전혀 그

나 사용할 줄 안다는 것은 이미 거기에 적합한 운동을 소묘하는 것
이며, 독일 사람들이 '운동 충동(Bewegungsantriebe)'이라 불렀던
것[216]의 효과에 의해 어떤 태도를 취하거나 또는 적어도 그리로 향
하는 것이다. 대상을 사용하는 습관은 따라서 신체 운동과 지각을
함께 조직화하는 것으로 끝나며, 반사의 방식으로 지각을 따를 그
런 발생 중의 운동들에 대한 의식은 여기서도 또한 재인의 밑바닥
에 있을 것이다.[217]

───────

렇지 않다고 하여 둘을 구별한다. Riquier에 따르면 실행증이라는 말은
Steinhal(1871)과 Gogol(1973)에 의해 먼저 만들어졌다고 한다(*Ech*, 345
쪽, 101쪽 주석에 대한 주석 1 참조). A. Starr(1854~1932)는 물건의 사용법
의 상실에만 실행증이라는 말을 쓰자고 했고, L. Laquer는 씻기 위해 비누
와 수세미 대신에 빗을 사용하고 솔의 손잡이 나무 부분으로 구두를 닦는
실행증 환자를 보고한다. Kussmaul과 다르게 실행증에도 지능이 완전히
사라지는 것은 아니라고 주장했다(*Ech*, 345쪽, 101쪽 주석에 대한 주석 2 참
조). Dodds는 실행증의 여러 형태를 언급하면서 한 대상을 보면 그것의
형태, 맛, 냄새 등이 연상되어야 하는데 그것이 파괴되었기 때문에 그 사
용법에 대해서도 모른다는 것이다. 일상적인 사물을 봐도 공허하게 바라
보면서 그 용도를 모르는 경우에 대해 보고한다.

216 가령 위의 주215)에 나오는 Kussmaul은 위의 책 XXI장, 150 이하에서 의
지는 감각-운동적 행동인데, 그 '운동충동'을 전두엽 피질 지역을 통해 내
보낸다고 한다.

217 (A)에는 뒤이어 다음의 문장들이 삽입되어 있다. "가령 당신의 직업으로
인해 자주 보게 되는 사람들 앞에서 당신에게 일어나는 일을 분석해 보
라. 말들이 기계적으로 입술로 나온다. 역시 기계적으로 당신은 어떤 태
도를 취한다. 우리는 우리의 성격이 확정된 것이 아니며 우리가 대하는
사람에 따라 다른 반응을 보인다고 말할 수 있었다. 인상이 새로울 때 그
반응이 불확실하고 산만하고 불연속적이고, 반대로 사람이 알려지기만

신체 운동으로 연장되지 않는 지각은 없다. 리보(Ribot)*26와 모 102
즐리(Maudsley)*27는 오래 전부터 그 점에 주의를 이끌었다. 감각의
교육은 바로 감각적 인상과 그것을 사용하는 운동 사이에 확립된
연결의 총체에서 성립한다. 인상이 반복됨에 따라 연결은 공고해진

....
*26 「운동과 그것의 심리학적 중요성(Les mouvements et leur importance
　　 psychologique)」(*Revue philosophique*, 1879, Ⅷ권, 371쪽 이하). ―『주의의
　　 심리학(*Psychologie de l'attention*)』, Paris, 1889, 75쪽(Félix Alcan) 참조.[218]
*27 『정신의 생리학(*Physiologie de l'esprit*)』, Paris, 1879, 207쪽 이하.[219]

―――――

　　 하면 정해지고 조직화된다면, 우리의 재인의 감정은 우선 우리 몸의 태
　　 도에서 굳어진 것과 우선 일치해야 하지 않는가? 신체 운동으로 연장되
　　 지……."

218 Ribot는 "Les mouvements et leur importance psychologique"(*Revue
　　 philosophique*, 1879, Ⅷ권, 371쪽 이하)에서 모든 심리현상이 감각-운동
　　 적인데 지금까지는 운동 요소에 대한 연구가 거의 없었음을 지적하고 운
　　 동 요소의 중요성을 강조한다. 또 *Psychologie de l'attention*, Paris, 1889,
　　 Félix Alcan, 75쪽에서는 "운동 없이 지각 없다."는 모토를 중심으로 지각
　　 에서의 운동의 필수불가결성을 주장한다. 가령 아무 눈동자의 움직임 없
　　 이 한 사물만 보고 있으면 곧 시각은 흐려지고 사라지며, 손을 책상 위에
　　 놓고 가만히 있으면 더 이상 접촉이 느껴지지 않는다고 한다.

219 Maudsley, *Physiologie de l'esprit*, A. Herzen 역, C. Reinwald, Paris, 1879,
　　 207쪽 이하도 Ribot와 같이 지각에는 운동이 필수적임을 밝히고 있다. 대
　　 상이 감각을 일으키면 그것의 직접적 결과는 단순한 운동을 일으키고 그
　　 것은 근육감을 자극한다. 그 근육감이 사지의 운동을 일으킨다. 한 대상
　　 을 만지면 그 대상과 우리 신체의 위치가 변하고 그것이 새로운 촉각의
　　 변화를 가져와서 근육감의 새로운 변화가 촉발된다. 연상이든, 종합이든
　　 그런 촉각과 근육의 인상이 지각을 일으킨다.

다. 그 작업의 기제는 더구나 아무것도 신비로운 것이 없다. 우리의
신경체계는 명백히 중심을 매개로 감각적 자극에 연결된 신체 운동
장치의 구성을 위해 배열되어 있으며, 신경 요소들의 불연속성, 아
마도 다양하게 접근될 수 있는 끝가지들의 다수성은 대응하는 인상
과 운동 사이에 가능한 연결의 수를 무한하게 만든다. 그러나 구축
중인 기제는 구축된 기제와 동일한 형태로 의식에 나타날 수 없을
것이다. 뭔가가 유기체 속에 공고히 된 운동의 체계들을 깊이 구별
하며 분명하게 나타낸다. 우리가 생각하기에 그것은 특히 그 순서
를 변경하기의 어려움이다. 그것은 또한 앞선 운동 속에 뒤따르는
운동의 선형성(先形成, pré-formation), 가령 배운 선율의 각 음이 다
음 음의 실연을 감시하기 위해 다음 음으로 기울어져 있을 때 일어
나는 것처럼*28 부분이 잠재적으로 전체를 포함하게 하는 선형성이

....

*28 그의 『심리학』(Paris, 1893, t. I, 242쪽)의 가장 기발한 장에서 푸이예(A.
    Fouillée)는 친숙감은 대부분 놀람을 구성하는 내적 충격(choc)의 감소로
    이루어진다고 말했다.[220]

---

220 Fouillée, *La psychologie des idées-force*(F. Alcan, Paris, 1893), 1권, 242쪽은
    제3장 "기억의 재인. 식욕과 운동과 그것의 관계"에서 "재인은 어떻게 일
    어나는가"라는 절인데, 재인은 친숙감을 전제한다고 한다. 개가 주인의
    얼굴을 알아보는 것은 순수 정신의 작업으로 이루어지는 것이 아니라, 저
    항과 노력의 감소에 따른 표상의 용이성으로 환원되는 친숙함 때문이라
    는 것이다. 그런 감소가 내적인 충격, 즉 급작스러운 변이, 즉 놀라움의 감
    정을 제거한다. 그러면 우리의 행동은 완전히 이루어진 저변 위로 흐르는
    것을 느낀다. 우리의 사유는 그것을 받아들일 준비가 되어 있는 틀을 발
    견하고 새로운 현재 상은 우리가 느끼는 일종의 공허를 채운다. 그런 느
    낌이 바로 기대이다. 결국 친숙함은 습관에서 오는 것으로서 행동이 흘러

다. 따라서 모든 평상적 지각이 조직된 신체 운동적인 동반자를 가진다면, 평상적 재인의 느낌은 그런 조직화의 의식에 그 뿌리를 가진다. 그것은 우리가 일반적으로 재인을 생각하기에 앞서 그것을 실행한다는 것을 의미한다. 우리의 일상적 삶은 그 존재만으로도 우리에게 어떤 역할을 하도록 하는 대상들 사이에서 전개된다. 그것들의 친숙성의 측면은 거기에서 성립한다. 신체 운동적 경향은 따라서 이미 재인의 느낌을 주기에 충분할 것이다. 그러나 지체하지 말고 말해야 할 것은 거기에 매우 자주 다른 것이 결합된다는 것이다. 103

왜냐하면 운동 장치는 몸이 점점 잘 분석하는 지각의 영향 아래 축조되는 반면, 이전의 심리적 삶은 〔이미〕 거기에 있기 때문이다. 그것은 우리가 증명을 시도할 것처럼[221] 시간 속에 위치하는 사건들의 모든 세부와 함께 살아남는다. 그런 기억은 현 순간의 실용적이고 유용한 의식에 의해, 즉 지각과 행동 사이에 걸쳐져 있는 신경계의 감각-운동적 균형에 의해 끊임없이 금지되어, 현재 인상과 부대 운동 사이의 틈에 자신의 상을 지나가게 하기 위해 단지 그 틈이 선언되기를 기다린다. 일반적으로 우리 과거의 흐름을 거슬러 올라가서 현재에 관계될 것이며 위치가 정해져 있고, 개인적이며, 알려진 기억상을 발견하기 위해서는 우리의 지각이 우리를 쏠리게 하는 행동으로부터 벗어나려는 노력이 필요하다. 지각은 우리를 미래로 밀 것이며 우리는 과거로 후퇴해야 한다. 그 경우 운동은 오

갈 길이 뚫리고, 그래서 다음의 행동이 기대된다는 것이다. 그것이 바로 선형성이다.

221 아래의 147~167쪽을 보라.

히려 상을 멀리 할 것이다. 그러나 어떤 쪽에서는 그것을 준비하는
데 기여한다. 왜냐하면 우리의 과거 상들의 총체가 우리에게 현재
로 남는다면, 현재 지각과 유사한 표상은 가능한 모든 표상 사이에
서 **선택되어**야 하기 때문이다. 완성되거나 단순히 발생 중의 운동
은 그런 선택을 준비하거나 또는 적어도 우리가 주우러 갈, 상의 장
(champs)을 한계 지운다. 우리는 우리의 신경계의 구성에 의해 현
104 재의 인상이 적합한 운동으로 연장되는 존재이다. 이전 상들이 그
만큼 잘 그런 운동으로 연장될 수 있다면, 그것들은 그 기회를 이용
하여 현재 지각으로 미끄러져 들어가 자신이 채택되게 한다. 그때
그것들은 권리 상 현재 상태에 의해 덮여 있어야 할 것으로 보임에
도 불구하고, 사실 상으로는 우리의 의식에 나타난다. 따라서 기계
적 재인을 야기하는 운동은 상에 의한 재인을 한편으로는 방해하며
다른 한편으로는 유리하게 한다. 원리 상, 현재는 과거를 이동시킨
다. 그러나 다른 한편, 이전 상들의 제거는 현재 태도에 의한 금지
에 기인한다는 바로 그 이유 때문에, 그 형태가 그런 태도로 들어갈
수 있을 상들은 다른 것보다는 더 작은 장애물을 만날 것이며, 이제
부터 그것들 중 어느 하나가 장애물을 건널 수 있다면, 그것을 건너
는 것은 현재 지각과 닮은 상이다.

우리의 분석이 정확하다면 재인의 병은 심대하게 다른 두 형태로
손상을 입힐 것이며, 두 종류의 정신맹이 확인될 것이다. 왜냐하면
때로는 이전의 상들이 더 이상 환기될 수 없게 될 것이며, 때로는
단지 지각과 습관적 부대 운동 사이의 연결이 단절될 것이기 때문
이다. 지각은 마치 새것인 양 막연한 운동을 일으키므로. 사실은 그

런 가정을 입증하는가?

첫 번째 점에 관해서는 반론이 있을 수 없다. 정신맹에서의 시각적 기억의 외견상의 소멸은 너무도 일반적 사실이어서 얼마간은 그 병을 정의하는 데 사용될 수 있었을 정도이다. 〔그러나〕 우리는 어느 정도까지, 그리고 어떤 의미에서 기억이 실제로 사라질 수 있는지를 자문自問해 봐야 할 것이다. 당분간 우리의 관심을 끄는 것은 시각적 기억이 실질적으로 소멸되지 않았는데도 재인이 더 이상 일어나지 않는 경우들이 나타난다는 것이다. 그렇다면 우리가 주장하는 것처럼 단순한 신체 운동적 습관의 혼란이나 또는 적어도 그것들을 감각적 지각에 통합시키는 연결의 중단에 관한 것인가? 어떠한 관찰자도 그런 종류의 문제를 제기하지 않았기 때문에, 여기저기서 우리에게 의미 있는 것으로 보이는 몇몇 사실들을 그것들의 묘사에서 뽑아내지 않았다면 거기에 대답하는 데 매우 큰 어려움에 처했을 것이다.

그런 사실들 중 첫 번째는 방향감각(sens de l'orientation)의 상실이다. 정신맹을 다룬 모든 저자들은 그 특이한 병에 괄목했다. 리싸우어의 환자는 자신의 집에서 어디로 향할 능력을 완전히 상실했다.*29 뮐러는, 맹인들은 길을 찾는 법을 매우 빨리 습득하는 반면,

105

*29 인용된 논문, *Arch. f. Psychiatrie*, 1889~90, 224쪽. Wilbrand, 인용된 작품, 140쪽과 Bernhardt, 「두뇌 발병의 특이한 경우(Eigenthümlicher Fall von Hirnerkrankung)」(*Berliner klinische Wochenschrift*, 1877, 581쪽) 참조.222

222 위의 주210)와 208)에서처럼 Lissauer의 환자는 방향을 잡을 수 없었기 때문에 집 밖으로 나갈 수 없었고, Wilbrand의 책에서는 생각으로는 함부

정신맹에 걸린 환자는 심지어 여러 달의 훈련 뒤에도 자신의 방 안
에서마저 어디로 향할 줄을 모른다는 사실을 강조한다.[*30] 그러나
방향을 잡는 능력이 몸의 운동을 시각적 인상에 조율시키고 지각을
기계적으로 유용한 반응으로 연장하는 능력과 다른 것인가?

　보다 더 특징적인 두 번째 사실이 있다. 그 환자들이 그림을 그리
는 방식을 말하는 것이다. 그림을 그리는 두 가지 방식을 생각할 수
있다. 첫 번째는 종이 위에 더듬더듬 어떤 수의 점을 찍고 상이 대
상과 닮았는지를 매 순간 확인하면서 그 점들을 연결하는 데서 성
립할 것이다. 그것은 '점에 의해' 그리는 것이라 불릴 것이다. 그러
나 우리가 습관적으로 사용하는 방식은 완전히 다르다. 우리는 모
델을 바라보거나 생각한 후 '연속된 선으로' 그린다. 가장 상용적
인 윤곽의 **조직**(organisation)을 즉각 알아내는 습관, 즉 단 한 선으
로 그 도식[223]을 그려내는 신체 운동적 경향에 의해서가 아니라면
그와 같은 능력을 어떻게 설명할 것인가? 그러나 바로 그런 종류의

[*30] 인용된 논문, *Arch. f. Psychiatrie*, XXIV권, 898쪽.[224]

　　르크의 거리들에 대해서 말할 수 있고 거기서 길을 따라 움직일 수 있는
　　환자가 정작 거기에 데려다 놓으면 어딘지를 모르고 다닐 수도 없는 경우
　　를 말하고 있으며, Bernhart의 경우는 왼쪽 반신마비 후의 가벼운 정향장
　　애 환자를 이야기하고 있다(*Ech*, 348쪽, 105쪽 주의 1 참조).

223　여기서 운동 도식(schème moteur)이 처음으로 나타난다(*Ech*, 348쪽, 주20
　　참조).

224　위의 주209)에서처럼 Müller의 논문은 우리가 접근할 수 없었다. *Ech*도
　　별다른 정보를 제공하지 않는다.

습관이나 일치가 어떤 형태의 정신맹으로 해체된다면, 환자는 아
마 아직도 선의 요소들을 그릴 수 있고 그것들을 그럭저럭 서로 맞
출 것이나, 그는 손에 더 이상 윤곽의 운동을 가지고 있지 않기 때
문에 더 이상 연속된 한 선으로 그릴 수는 없을 것이다. 그런데 경
험이 입증하는 것은 바로 그것이다. 리싸우어의 관찰은 이미 그 점
에서 교훈적이다.[*31] 그의 환자는 단순한 대상을 그리는 데 가장 큰
어려움을 겪었으며, 그것을 기억으로 그리기를 원하면 그것의 떨어
진 부분들을 여기저기서 취해서 그렸으며 그것들을 서로 연결하지
못했다. 그러나 완전한 정신맹의 경우는 드물다. 훨씬 더 많은 수가
언어맹의 경우였는데,[225] 그것은 즉 알파벳의 글자에 한정된 시각
적 재인의 상실이다. 그런데 흔히 관찰되는 사실은 환자의 무기력
은 그런 경우 그가 글자들을 베끼려 시도할 때 글자의 **운동**이라 부
를 수 있는 것을 파악하지 못하는 무기력이라는 점이다. 그는 그림
을 아무 점에서나 시작하여 끊임없이 모델과 일치하는지를 확인한
다. 그리고 그것은 그가 불러주거나 자발적으로 쓰는 능력은 자주

----

*31 인용된 논문, *Arch. f. Psychiatrie*, 1889~90, 233쪽.[226]

----

225 언어맹은 정신맹의 일종이다. 그려진 신호나 특히 쓰인 단어를 기억하지
　　못한다. 환자는 뭔가 쓰여 있다는 것은 보지만 그 의미를 이해하지는 못
　　한다(*Ech*, 348쪽, 주21 참조).

226 Lissauer의 환자는 그리고 있는 중의 선을 알아보지 못한다. 구두를 그리
　　려는 환자는 간신히 한 부분(가령 뒤꿈치)을 완성한 후 그것을 알아보지
　　못하고, 따라서 종이의 다른 곳 여기저기에 그린 다른 부분의 어디에다
　　연결해야 할지를 모른다(*Ech*, 348쪽, 106쪽 주의 주1 참조).

온전히 보존하고 있는 만큼 더 주목할 만하다. 여기서 소멸된 것은
107 따라서 분명 지각된 대상의 분절(articulation)을 알아내는 습관, 즉
그 도식을 그리려는 신체 운동적 경향에 의해 시각적 지각을 보충
하는 습관이다. 거기서부터 우리가 예고했던 것처럼[227] 재인의 원
초적 조건은 거기에 있다고 결론내릴 수 있다.[228]

그러나 우리는 이제 특히 운동에 의해 이루어지는 자동적 재인
으로부터 상기억(souvenir-image)의 규칙적인 개입을 요청하는 재
인으로 이행해야 한다. 첫 번째는 방심에 의한 재인(reconnaissance
par distraction)[229]이며, 두 번째의 것은 곧 볼 것과 같이 주의하는 재
인(reconnaissance attentive)이다.

---

227 101쪽 참조.

228 (A)에는 여기서부터 11째줄 아래 *까지 다음으로 대체되어 있다. "유용
한 것으로 향해 있는 재인, 즉 대상의 기능과 따라서 그것이 속한 **유**를 운
동에 의해 정의하는 재인은 그러므로 시초의 사실이다. 그런 재인은 보완
되면서 과거의 상들과 함께 현재 지각의 정체를 밝히며, 대상의 유보다는
개체성에 접착되고 그리하여 우리 역사의 정해진 국면과의 연결을 회복한
다. 그러나 그것은 우연적으로만 보완된다. 왜냐하면 병존하는 운동이 더
유용할수록 대상의 **본성**을 천착하는 데에 사용될 그런, 말하자면 비개인
적인 지각으로부터 더욱 우리를 떼어 놓기 때문이다. 그때 기억의 바닥으
로부터 솟아나는 상들은 빈번히 매우 먼 상들이고, 그것들은 그들의 과거
로부터 감정적인 색조에 이르기까지 모든 세부를 간직한다. 그러나 운동
이 그 실용적인 목적을 포기하고……." 여기서 가장 눈에 띄는 것은 재인
의 분류를 시도하지 않았다는 것이다. 즉, 책에는 새롭게 재인을 분류하
고 있는 것이다. 결국 책의 내용이 베르크손의 생각이라 해야 할 것이다.

229 "방심에 의한 재인"은 이후 별다른 설명이 없는데, 우선은 위의 주212)에
나오는 설명을 참조해야 할 것으로 보인다. 주212)에 따르면 "방심에 의

그것 역시 운동으로부터 시작한다. 그러나 자동적 재인에서 우리의 운동은 지각을 연장하여 거기서 유용한 결과를 이끌어 내며 그처럼 지각된 대상으로부터 우리를 **멀어지게 하는** 데 비해, 여기서는 반대로 운동이 우리를 대상으로 **데려가서** 그 윤곽을 강조한다. 거기서부터 상기억이 하는 부차적인 것이 아닌 비중 있는 역할이 나온다. 왜인가? 운동이 그 실용적인 목적을 포기하고* 움직이는 활동이 지각을 유용한 반응으로 이어가는 대신에 길을 거슬러 올라가

한 재인"은 그 말의 표면적인 의미와 다르게 진짜 방심한 것이 아니라, 지각이 곧 행동으로 이어지면서 우리의 주의가, 즉 재인이 대상으로부터 멀어지게 되는 현상을 가리킨다. 처음 간 도시에서 우리는 어디로 갈지 망설이지만 익숙해진 다음에는 거의 거리를 보지도 않고 자동적으로 어디로 움직일지를 안다. 이 "보지도 않고" 이루어지는 재인이 방심에 의한 재인이라고 설명되어 있다. 그런데 이러한 재인은 바로 다음에 이어지는 설명에 따르면 다름 아닌 자동적 재인이다. 그렇다면 어찌할 것인가? 우리는 조심스럽게 논문과 책 사이에 베르크손의 생각의 변화가 있었던 것은 아닐까 짐작해 본다. 논문에서는 "방심에 의한 재인"을 자동적 재인과 동일한 것으로 생각했다가(주212)의 제목도 "Ⅲ. 재인과 부주의"이다), 책에서는 그 둘을 구별하는 것으로 생각이 바뀐 것이 아닐까 한다. 지금 바로 이 문단에서 자동적 재인과 상이 개입하는 재인을 구별하고 후자는 다시 "방심에 의한 재인"과 "주의하는 재인"으로 구별하고 있기 때문이다. 그렇다면 책에서와 같이 자동적 재인과 구별되는 "방심에 의한 재인"은 무엇으로 볼 것인가? 아마도 위의 90쪽의 "중심을 지나면서 주변에서 주변으로 가는 실의 긴장을 잠시 놓아 보라."고 했을 때의 재인이 아닌가한다. 그것은 꿈이나 정신병적인 상황에서 일어나는 재인 현상이다. 그것은 "방심에 의한 재인"이라는 이름과도 맞아 떨어진다. 그러나 이것이 사실이라면 앞서 설명한 "보지도 않고" 이루어지는 재인과는 달라져버린다. 문제다. 역시 아무래도 책을 따라야 할 것이다.

서 그것의 두드러진 윤곽을 그린다고 가정해 보자. 그때 현재 지각과 유사한 상들, 즉 그 운동이 이미 형태를 던져준 상들이 더 이상 우연적으로가 아니라 규칙적으로 와서 그 주형으로 흘러들어갈 것이다. 그런 흘러듦을 쉽게 하기 위해 사실 많은 세부를 포기한다는 것을 논외로 하면.

III. 기억에서 운동으로의 점진적 이행. 재인과 주의. — 우리는 여기서 논의의 본질적 요점에 닿는다. 재인이 주의를 동반하는 경우, 즉 상기억이 규칙적으로 현재 지각과 재결합하는 경우, 지각이 기계적으로 기억의 나타남을 결정하는가, 아니면 기억이 자발적으로 지각 앞에 나서는가?

이 물음에 대해 어떤 대답을 할 것인지에 뇌와 기억 사이에 확립할 관계의 본성이 달려 있다. 왜인가? 모든 지각에는 신경에 의해 지각 중추에 전달되는 진동이 있다. 그 운동이 다른 피질 중추들로 전파되어 실재적 효과로서 거기서 상들을 솟아나게 한다면, 부득이 하나마 기억이 뇌의 함수에 불과하다고 주장할 수도 있을 것이다. 그러나 여기서도 다른 곳에서와 마찬가지로 운동은 운동을 일으킬 뿐이요, 지각적 진동의 역할은 단지 기억이 와서 삽입될 어떤 태도를 몸에 새길 뿐임이 확립된다면, 모든 물질적 진동의 결과는 그런 신체 운동적 적응의 작업에서 소진되었기 때문에 기억은 다른 데서 찾아야 할 것이다. 첫 번째 가정에서 두뇌 손상에 의해 야기된 기억의 장애들은, 기억이 손상을 일으킨 지역을 점하고 있었고 그 지역과 함께 사라졌다는 데서 올 것이다. 두 번째 가정에서는 반대로 그 손상들은 우리의 가능적이거나 발생 중의 행동에 관련되지만 오직 우리의 행동에만 관련될 뿐일 것이다. 손상은 때로는 몸이 대상과 대면하여 상의 환기에 적합한 태도를 취하는 것을 방해하거나, 때로는 기억이 그것의 현재 실재와 결부되는 것을 단절할 것이다. 즉, 기억 실현의 마지막 국면을 제거함으로써, 즉 행동의 국면을 제거함으로써 그에 의해 또한 기억이 현재화되는 것을 방해할 것이다. 그러나 이 경우든 저 경우든 뇌의 손상은 기억을 진정으로 파괴하지는 않을 것이다.

이 두 번째 가정이 우리의 가정이다. 그러나 그것을 입증하려고 꾀하기 전에 우리가 지각, 주의, 기억의 관계 일반을 어떻게 생각하는지를 간략히 말하자. 기억이 어떻게 점점 태도나 운동으로 삽입되러 올 수 있는지를 보여주기 위해 우리는 다음 장의 결론을 약간 미리 앞 당겨 생각해야 할 것이다. 109

주의란 무엇인가?[230] 한편으로, 주의의 본질적 결과는 지각을 더 강하게 만들고 그 세부를 드러내 주는 것이다. 그 내용에서 생각했을 때 주의는 따라서 지적 상태의 어떤 부풀어남으로 환원될 것이다.*[32] 그러나 다른 한편, 의식은 그런 강도의 증가와 외부 자극의

---

230 (A)에서는 III절 처음부터 여기까지가 생략되고 II절 끝을 이어 다음과 같이 제목이 붙어 있다. "그 새로운 상태를 주의라 부르자. 그것은 재인의 두 번째 종류를 특징 짓는다. Ⅳ. 재인과 주의. 주의의 문제가 일으키는 난점들의 검토에 들어가지 않고 그것이 무엇에 관한 것인지만 간략히 보여주자. 한편으로……." (A)에서는 II절 끝에 주212)과 같이 "Ⅲ. 재인과 부주의" 절에 삽입되어 있다.

더 높은 힘에 기인한 증가 사이에서 환원 불가능한 형태(forme)의
차이를 확인한다. 왜냐하면 그런 증가는 안으로부터 오고 지성에
의해 채택된 어떤 **태도**를 증언하는 것으로 보이기 때문이다. 그러
나 바로 여기서 불분명함이 시작된다. 지적 태도라는 관념은 분명
한 관념이 아니기 때문이다. 지각을 분명한 지성의 시선 아래로 가
져오기 위해 사람들은 '정신의 집중'[*33]이나 '통각적(aperceptif)'[*34]

[*32] Marillier, 「주의의 기제에 관한 고찰(Remarques sur le mécanisme de
l'attention)」(*Revue philosophique*, 1889, XXVII권). — Ward, 브리타니카 백
과사전(*Encyclop. Britannica*)의 「심리학」 항목과 Bradley, 「주의의 특별한
활동이 있는가(Is there a special activity of Attention)?」(*Mind*, 1886, XI권,
305쪽) 참조.[231]

[*33] Hamilton, 『형이상학 강독(*Lectures on metaphysics*)』, I권, 247쪽[232]

[*34] Wundt, 『생리학적 심리학(Psychologie physiologique)』, II권, 231쪽 이하
(Félix Alcan)[233]

---

231 Marillier는 주의를 한 표상의 다른 표상에 대한 일시적 우위라 정의하며,
그 우위는 여러 표상들 간의 상대적 강도에 의해서만 결정된다 한다. 이
때 그 상대적 강도의 우위를 지적 상태의 어떤 부풀어남으로 볼 수 있다.
Ward(1843~1925)는 더 나아가 우리가 생각하는 표상의 강도나 생생함은
그것이 얼마나 구별되고 얼마나 완전한지에 따라 결정된다고 주장한다.
그런 성격은 표상의 양보다는 질에 기인하며, 우리가 파악하는 관계의 많
고 적음에 따라 결정된다고 한다(*Ech*, 349~350쪽 주1, 2 참조). Bradley는
주의의 특수한 기능이 있는지를 묻고 그것이 어떤 고유한 요소임을 부인
한다. 모든 형태의 주의는 의식에서의 지배로 번역된다. 주의는 한 감각
이 다른 감각들을 의식에서 몰아내는 것을 뜻한다.

232 Hamilton, *Lectures on metaphysics and logic* vol.I, Edimbourg & London,
W. Blackwood, 1877, 247쪽의 원문에는 '정신의 집중'이라는 말은 없고

노력을 이야기할 것이다. 어떤 사람들은 그런 생각을 구체화하여 두뇌 에너지의 특별한 긴장*35이나 또는 심지어 수용된 자극에 와

*35 Maudsley, 『정신의 생리학(*Physiologie de l'esprit*)』, 300쪽 이하.—Bastien, 「주의에서의 신경의 과정(Les processus nerveux dans l'attention)」(*Revue philosophique*, XXXIII권, 360쪽 이하) 참조.[234]

그냥 '집중'이라거나 '의식을 집중한다'는 말만 있다. 해밀턴에 따르면 주의는 바로 집중이며 의지의 작용 없이도 의식이 존재하는 한 항상 작동한다. 보려면 동공의 어떤 긴장이 필요한 것처럼, 의식에도 긴장이 필요하다. 의식하기 위해서는 식별(discrimination)이 조건이며, 식별은 주의의 행위 없이는 불가능하다.

233 Wundt, *Eléments de psychologie physiologique* t. II, Paris, Alcan, 1886, 231쪽 이하는 지각은 내적 시선의 장으로 들어오는 것인데 비해 주의는 내적 시선점(point de regard interne)에 들어오는 것이다. 그 내적 시선점이 통각이다. 내적 시선점은 내적 시선의 장의 여러 부분을 향할 수 있고, 동시에 더 확대되거나 더 좁혀질 수 있다. 그렇기 때문에 그 명확성은 증가하거나 감소할 수 있다. 엄밀히 말하자면 그것은 점이라기보다는 어떤 범위를 가지는 것인데, 그것이 더 분명해지기 위해서는 하나의 표상으로 국한되어야 한다. 시선점이 더 좁고 더 분명해지면 나머지는 더 큰 어두움 속으로 들어간다.

234 Maudsley, *Physiologie de l'esprit*, A. Herzen 역, Paris, Reinwald, 1870, 300쪽 이하는 주의가 어느 관념작용의 궤적을 자극하고, 그 자극의 에너지를 운동적 흥분에 기인한 새로운 자극에 의해 증가시키며, 다른 것보다 더 강한 지각 중추의 반응에 의해서 관념의 운동적 요소에 대해 새로운 에너지를 증가시키는 것을 전제로 한다고 한다. 그리하여 휴식 때보다 일할 때 더 뇌에서의 피의 순환이 활동적이 된다. 주의는 에너지의 발산에 의해 의식에 나타날 때까지 관념작용의 신경 흐름을 자극하고 활동적으로 유지하는 것이다. 마지막에는 주의란 에너지 전환의 순간적 정지, 특별한 긴장의 유지라고 한다. Bastien, "Les processus nerveux dans

서 보태지는 에너지의 중심적 소모[*36]를 가정할 것이다. 그러나 이처럼 심리학적으로 확인된 사실을 우리에게는 더욱더 불분명해 보이는 생리학적 언어로 번역하는 데 그치거나 항상 비유로 되돌아오거나이다.[235]

　점차적으로 정신보다는 몸의 일반적 적응에 의해 주의를 정의하고 의식의 그런 태도에서 무엇보다도 먼저 태도의 의식을 보기에 이를 것이다. 그러한 것이 리보가 이 논의에서 취하는 입장이며[*37]

．．．．．．．．．．．．．

[*36]　W. James, 『심리학의 원리(*Principles of psychology*)』, I부, 441쪽[236]

[*37]　『주의의 심리학(*Psychologie de l'attention*)』, Paris, 1889 (Félix Alcan).[237]

───────

　l'attention et la volition"(*Revue philosophique*, XXXIII권), 360쪽 이하는 Maudsley의 위에 인용된 부분을 인용하면서 그의 설명이 비록 불완전하지만 좋은 설명 방식이라고 한다.

235　심리적 언어를 생리적 언어가 비유적으로 모방하는 것이지 그 역은 아니라는 것은 여러 번 되풀이되는 주제이다(*Ech*, 349쪽, 주23 참조).

236　James, *Principles of psychologie*, I부 441쪽은 지금 입수할 수 있는 책과 쪽수가 다르기 때문에 정확한 장소를 알 수가 없는데 대체적으로 위치를 추정해 보면 아마도 XI장 '주의' 부분인 것 같다. 우리말로는 정양은 역 『심리학의 원리1』, 아카넷, 2005으로 번역되어 있다. 거기에 '주의' 부분을 다 읽어봐도 "수용된 자극에 와서 보태지는 에너지의 중심적 소모"를 직접 이야기하는 부분은 없고, 다만 787쪽의 논의가 이와 가장 유사한 것 같다. 거기에 주의는 한편으로는 대상이 외부로부터 뇌세포를 흥분시키고 한편으로는 정신적 힘이 내부로부터 뇌세포를 자극할 것이라는 구절이 있다. 이 내부의 영향이 주의 조절이다. 뇌세포가 충분한 에너지를 얻기 위해서는 이 두 요소가 협동하는 것이 요구된다는 것이다.

237　Ribot, *Psychologie de l'attention*, Paris, Félix Alcan, 1889는 주의에 대해 경험론적 태도를 취한다. 주의는 항상 신체 운동의 자발적 또는 인위적

공격받기는 하지만*38 리보가 묘사한 운동에서 그 현상의 부정적인

....

*38 Marillier, 인용된 논문. J. Sully, 「주의의 정신-물리학적 과정(The psycho-
physical process in attention)」(*Brain*, 1890, 154쪽).238

──────

(의지적)인 적응을 동반하는 지적 상태이다. 주의의 기제는 신체 운동적
기제이다. 항상 근육에 대하여, 그리고 근육에 의하여 작용한다. 이마의
근육의 작동이나 눈썹이 내려가는 것은 정신의 상태를 유지하거나 강화
하는 목적이다. 주의는 항상 정조적 상태를 원인으로 가진다. 주의에는
자발적 주의와 인위적 또는 의지적 주의라는 두 형태가 있다. 자발적 주
의의 기제는 항상 운동 활동적 기제이며, 의지적 주의는 정지적 기제이
다. 주의는 원인이라기보다는 결과이며 심리-생리학적 복합체에 부대적
요소로만 들어간다. 의지적 주의는 자발적 주의에 접목되고 거기서 그 존
재조건을 찾아야 한다고 생각했다.

238 Marillier의 논문은 처음부터 Ribot에 반대하기 위한 것이라는 의도를 밝
히고 있다. 그의 주장은 Ribot에 반하여 주의는 두 종류가 있는 것이 아
니며, 주의의 기제는 본질적으로 신체 운동적 기제가 아니고, 운동의 적
응은 자주 결여되며, 정조적 상태는 주의의 산출에 종속적 역할밖에 할
수 없고, 주의는 항상 정지작용의 결과라는 것을 주장한다. Sully, "The
psycho-physical process in attention"(*Brain*, 1890, 3), 154쪽 이하는 주
의가 신체 운동적 현상인지에 대해 의문을 제기한다. 1) 그런 가설이 주
의에 대해 우리가 주관적으로 알고 있는 것과 일치하는지에 대해서는, 안
개 낀 런던 거리를 한 문제를 생각하며 걷던 그가 시선은 거리를 비추던
등불에 꽂혀 있었지만 그런 신체 근육운동에도 불구하고 그의 생각은 아
까 생각하던 문제에 주의를 집중하고 있었다는 개인적 경험을 이야기하
면서 근육운동이 주의의 현상을 다 설명하는 것은 아니라고 한다. 2) 또
그 가설이 주의의 알려진 효과와 일치하는지에 대해서는 어떤 문제에 생
각을 집중한다고 하여 꼭 그것에 관계된 근육만 긴장하는 것이 아니라 그
주변의 근육도 긴장되는 경우가 관찰되며, 또 가령 색깔에 관해 주의할
때 그 색깔에 관한 근육이 어떤 것인지 확인하기가 곤란하다는 것을 끌어

조건밖에 보지 않기만 한다면[239] 그 힘을 온전히 보존하고 있는 것
으로 보인다. 그도 그럴 것이, 의지적 주의의 부대 운동이 특히 정
지의 운동이라 가정한다면, 거기에 대응하는 정신의 작업, 즉 동일
한 기관이 동일한 주변 사물들 속에서 동일한 대상을 지각하면서
거기서 증가하는 수의 사물을 발견하는 신비로운 작업을 설명해야
할 일은 남을 것이기 때문이다. 그러나 더 멀리 나아가 금지 현상
은 의지적 주의의 신체 운동을 위한 준비에 불과하다고 주장할 수
있다. 그도 그럴 것이 우리가 이미 예감하게 했듯이[240] 주의는 현재
지각의 유용한 효과를 계속하기를 단념한 정신이 뒤로 되돌아간다
는 것을 내포한다고 가정해 보자. 우선 운동의 금지, 즉 정지의 행
동이 있을 것이다. 그러나 그런 일반적 태도에 매우 빨리 더 미묘한
운동이 접합되러 올 것이다. 그중 어떤 것들은 주목되고 묘사되었
으며,*[39] 그 역할은 감지된 대상의 윤곽을 다시 지나가는 것이다. 그

....

*39 N. Lange, "감각적 주의의 이론에 관한 기고(Beitr. zur Theorie der
    sinnlichen Aufmerksamkeit)"(Wundt의 Philos. Studien, Ⅶ권, 390~422쪽).[241]

————

들인다. 이 모든 논의는 결국 근육운동이 긴장과 관계없는 것은 아니지만
근육운동만으로는 주의를 설명할 수 없다는 것을 주장하기 위한 것이다.

239 몸의 운동이 주의의 필요충분조건은 아니지만 필요조건인 것만 본다면.
    여기서 "부정적인 조건"이란 그것 없이는 주의가 일어나지 않는 조건, 즉
    "sine qua non"이다.

240 위의 86쪽, 103쪽을 보라.

241 Lange에게 능동적 주의는 한 무리의 표상을 다른 무리에 의해 강화하는
    가능성이다. 그것은 처음에는 주의의 진동에 관계되고 실재 지각을 수반
    하는 상의 진동에 의한 주관적 변이로 설명된다. 주의의 강화는 한 인상

운동들과 함께 주의의 더 이상 단순히 부정적이 아니라 적극적인 작업이 시작된다. 그것은 기억에 의해 계속된다.

왜냐하면 외부 지각이 우리에게 그 큰 윤곽을 그리는 운동들을 야기한다면, 우리의 기억은 수용된 지각으로, 그것과 닮고 우리의 ¹¹¹ 운동이 이미 소묘를 한 이전 상들을 향하게 하기 때문이다. 기억은 그처럼 현재 지각을 다시 창조하거나 또는 오히려 그 지각에 자기 자신의 상이나 동일한 종류의 어떤 기억상을 되돌려 보냄으로써 그것에 덧댄다. 기억되거나 환기된 상이 지각된 상의 모든 세부를 덮기에 이르지 못하면 알려진 다른 세부들이 알려지지 않은 세부로 와서 투사될 때까지 기억의 더 깊고 더 먼 지역으로 호출이 걸린다. 그리고 그 작업은 끝없이 계속될 수 있다. 기억은 지각을 강화하고 풍부하게 하며 지각은 나름대로 점점 더 발전되어 증가하는 수의 보충적 기억을 자신에게로 끌어들인다. 따라서 때로는 주변 전체로 분산되고 때로는 오직 한 점으로 집중되는 정체 모를 고정 양의 빛을 마음대로 처분할 수 있는 정신에 대해서는 더 이상 생각하지 말

에 이전 인상이 덧붙여지는 것으로부터 온다. 다음에는 의지의 작용이 어떻게 의지적 운동에 접합함으로써 표상에 영향을 미칠 수 있는지가 결정된다. 이를 위해 근육작용이 동반되는 주의의 경우 또는 운동이 수행되어야 하는 반성의 대상의 경우를 묘사한다. 어떤 색깔의 원을 상상하려 할 때 우리는 눈으로 원을 그리고 다음에 색깔을 상상한다. 또는 눈을 감고 길쭉한 물건, 가령 연필을 생각할 때 우리는 우선 눈으로 가벼운 운동을 수행하고 마치 연필을 잡는 것처럼 약하게 손이 흥분하는 느낌을 느낄 것이다. 이것이 "접합되려" 오는 "미묘한 운동"이다(*Ech*, 354쪽, 110쪽 주석의 주석 4).

자. 상 대 상으로 말하자면[한 상, 한 상씩], 우리는 중요한 정보를 받고 그 정확성을 확보하기 위해 그것을 발신처로 한 단어, 한 단어씩 재발송하는 전신국 직원의 주의의 기초적인 작업에 비교하는 것을 선호할 것이다.

그러나 전보를 재발송하기 위해서는 장치를 다룰 줄 알아야 한다. 그리고 마찬가지로 그것으로부터 받은 상을 지각으로 반사하기 위해서는 그것을 재생산, 즉 종합의 노력에 의해 재구성할 수 있어야 한다. 사람들은 주의가 분석의 능력이라 말했으며[242] 그들은 옳았으나 그런 종류의 분석이 어떻게 가능한지도, 어떤 과정을 통해 지각에서 우선 드러나지 않는 것을 거기서 발견하기에 이르는지도 충분히 설명하지 못했다. 진실은 그런 분석은 일련의 종합의 시도에 의해, 또는 마찬가지이지만 그만큼의 가설에 의해 이루어진다는 것이다. 우리의 기억은 그것이 새로운 지각의 방향으로 던지는 여러 유사한 상들을 차례로 선택한다. 그러나 그런 선택은 우연적으로 이루어지지는 않는다. 가설들을 암시하는 것, 멀리서 선택을 주관하는 것은 지각과 환기된 상들에 공통적인 틀로 사용되며 지각이

112

---

242 위에 인용된 대부분의 저자에게 주의는 분석의 도구이다. 왜냐하면 그것은 지각된 대상이 더 분명하도록, 즉 다른 것과 분명히 다르고 더 명확하도록, 즉 구별되는 요소들로 더 풍부하도록 하기 때문이다. 그러나 그런 분명함과 명확성이 어디서 성립하는지를 말해야 했으나 의식의 강도가 더 크다는 것 이외에는 아무 말도 않는다. 베르크손에게 분석은 지각과 기억의 종합의 결과에 불과하다. 그런 종합 덕분에 감각의 강도가 더 커진 것으로 보일 뿐이다. 그것은 실제로 강도가 커진 것이 아니라 기억의 풍부함에 의해 그렇게 느껴질 뿐이다(*Ech*, 354쪽. 주25).

그리로 이어지는 모방의 운동들이다.

그러나 그때 구별되는 지각의 기제를 일반적으로 하는 것과는 다르게 표상해야 할 것이다. 지각은 단지 정신에 의해 받아들여지거나 심지어 그것에 의해 정제된 인상에서 성립하는 것이 아니다. 기껏해야 받아들여지자마자 흩어지는 지각, 우리가 유용한 행동으로 분산하는 지각에서나 그러하다. 그러나 모든 주의하는 지각은 진실로 말의 어원적 의미에서 반사(réflexion),[243] 즉 능동적으로 창조되고 대상과 같거나 유사하며 그 윤곽으로 와서 주형처럼 녹아드는 상의 외적 투사를 가정한다. 한 대상을 고정한 다음 갑자기 시선을 돌리면 거기에 뒤따르는 상을 갖게 된다.[244] 그 상은 이미 그 대상을 봤을 때 일어났다고 가정해야 되지 않는가? 최근 원심 지각 섬유의 발견에 의해 사태는 규칙적으로 그와 같이 일어나며[245] 인상을 중추로 나르는 구심적 과정 옆에 역으로 상을 주변으로 가져가는 다른 과정이 있다고 생각하는 데로 기우는 것으로 보인다. 여기서는 대상 자체에 대해 사진 찍은 상과 지각에 직접적으로 뒤따르

---

243 반성(réflexion)의 어원은 reflectere, 뒤로 돌아가다, 뒤로 구부리다, 즉 반사이다. 상을 외부대상으로 되돌려 투사한다는 의미이다.

244 이것은 우리가 보통 "잔상"이라 부르는 현상을 말하는 것이다. 이것을 Bain과 Sully는 "after-image", Ward는 "recurrent image"라 불렀다. Wundt는 어떤 상을 오랫동안 보다가 흰 종이로 옮겨가면 같은 형태의 보색의 잔상이 남는다는 것을 강조했다(Ech, 3545쪽, 주26).

245 Vulpain과 Bert의 생리학적 실험은 감각 신경의 자극의 전파는 구심적인 것과 원심적인 것의 두 방향으로 동시에 이루어진다는 것을 증명했다. 그들은 원심적 감각신경섬유의 존재도 인정했다(Ech, 355쪽, 주27).

며 그것의 메아리에 지나지 않는 기억에 관한 것임은 사실이다. 그
러나 대상과 동일한 그 상들 뒤에 기억 속에 축적되어 있으며 대상
과는 단지 유사성만 가질 뿐인 다른 것들, 결국 다소간 먼 친족관계
만을 가질 뿐인 다른 것들이 있다. 그것들은 모두 지각을 맞으러 나
가며 지각의 실체(substance)의 양분을 섭취하여 그것과 함께 외화
되기에 충분한 힘과 생명을 얻는다. 뮌스터베르크(Müsterberg)*⁴⁰
와 퀼페(Külpe)*⁴¹의 실험은 이 마지막 요점에 어떠한 의문도 남기

*40 『실험 심리학 기고(Beitr. zur experimentellen Psychologie)』, 4책, 15쪽 이
하.246

*41 『심리학 개요(Grundriss der Psychologie)』, Leipzig, 1893, 185쪽.247

---

246 Müsterberg, *Beiträge zur experimentellen Psychologie*, 4책, Fribourg,
1892, chap. I "Studien zur Associationlehre", 1~39쪽. 피험자들에게 여
러 대상을 제시하는데 그 이전에 그 대상들 중 하나(병)와 관련된 어떤 단
어들(가령 포도주)을 소리치게 하여 피험자에게 영향을 준다. 그러면 1/3
은 다른 것 이전에 관련된 대상을 지각하며, 어떤 이들은 소리친 단어가
그들 선택의 원인이었음을 말한다. 그 다음 실험은 더 실상을 드러내 준
다. 피험자들에게 신문에서 오려낸 단어들을 보여주는데 그 이전에 단어
들과 관련된 단어들이나 때로는 잘못 읽었을 때 관련된 단어들을 소리치
게 한다. 100 중의 8~10은 보여준 단어들에 주관적으로 개입시킨 단어들
을 실제로 읽었다고 믿었다. 가령 Arbeit(일)라는 단어를 소리치게 하면
Beschränkung(한계) 대신에 Beschäftigung(고용)을 읽었다고 한다. 이것
은 기억이 지각에 영향을 미친다는 것을 의미한다(*Ech*, 355~6쪽, 113쪽 주
석의 주석 1).

247 Külpe, *Grundriss der Psychologie auf experimentaller Grundlage
dargestellt*(실험적 근거에서 해명된 심리학 개요) Leipzig, Engelmann1893,
I, chap. IV "Reproduktion und Association", §28 "Die Eigenschaften

지 않는다. 우리의 현재 지각을 해석할 수 있는 모든 기억상은 너무
도 잘 그리로 미끄러져 들어가 우리는 무엇이 지각이고 무엇이 기
억인지를 더 이상 구별할 수가 없다. 그러나 그 점에 대해서는 독
서의 기제에 관한 골트샤이더(Goldscheider)와 뮐러(Müller)의 실
험보다 더 흥미로운 것은 없다.[*42] 한 유명한 작업에서 우리는 단어

....

[*42] 「독서의 생리학과 병리학을 위하여(Zur Physiologie und Pathologie des
Lesens)」(*Zeitschr. f. klinische Medicin*, 1893). McKeen Cattell, 「문자기호
인식의 시간에 관하여(Über die Zeit der Erkennung von Schriftzeichen)」
(*Philos. Studien*, 1885~86) 참조.[248]

────

der central errekten Empfindungen(중심적으로 흥분된 감각의 특성)",
184~190쪽. 관념의 중심적 기원이 있다. 중심적 기원을 둔 감각의 발현
은 주의, 피로, 훈련, 쾌·불쾌의 감정 등 일반적 조건과 표상의 동기와 같
은 특수한 조건, 그리고 재생의 원천, 즉 주변 원천의 감각에 달려 있다.
드문 경우 중심 원천의 감각은 주변감각과 혼동된다(*Ech*, 356쪽, 113쪽 주
석의 주석 2). 이것이 베르크손이 말하는 "지각을 맞으러 나가며 지각의
실체의 양분을 섭취하여 그것과 함께 외화 되기에 충분한 힘과 생명을 얻
는" 기억이다.

[248] Goldscheider(와 Müller), "Zur Physiologie und Pathologie des Lesens",
Zeitschr. f. klinische Medicin, Berlin, t. XXIII, 1893, 131~167쪽. 이 논문
은 *ES*의 「꿈(rêve)」이라는 논문에 베르크손이 직접 상세하게 설명하고 있
다(98쪽). 실험자는 "출입엄금(Entré strictement interdit)"이나 "제4판의 서
문(Préface à la quatrième édition)" 등과 같은 상용구를 쓰되 잘못된 철자
나 빠진 글자가 있도록 해서 보여준다. 좀 어둡게 조명을 한 다음 물론 피
험자가 모르는 내용을 매우 짧은 시간 보여준다. 미리 한 글자를 읽는 시
간을 실험적으로 결정한 다음 그 철자를 한 글자씩 다 읽을 수 없는 시간
동안(30자라면 7~8자만 읽을 수 있는 시간) 보여준다. 그런데도 피험자들

를 한 글자 한 글자씩 읽는다고 주장한 그라쉬(Grashey)*⁴³에 대항

....

*43 「실어증과 그것의 지각과의 관계에 관하여(Über Aphasie und ihre Beziehungen zur Wahrnehmung)」(*Arch. f. Psychiatrie*, 1885, XVI권).²⁴⁹

은 쉽게 상용구를 읽을 수 있었다. 더구나 잘못된 철자나 빠진 글자도 있었던 것으로 생각한다. 그것은 그의 지각에 기억이 개입했다는 것을 의미한다. 기억을 밖으로 투사하여 읽었다는 것이다. 그러니까 읽는다는 것은 일종의 추측적인 작업으로서 실재 지각에서 그 내용의 시작만을 보고 나머지는 기억으로 보완해 넣는다는 것이다. 또 McKeen Cattell, "Über die Zeit der Erkennung und Benennung von Schriftzeichen)"(*Philosophischen Studien*, t. II, Leipzig, Engelmann, 1885~86), 635~650쪽은 실린더 위에 글자들을 써놓고 앞을 막으로 가리는데, 그 막에는 한 글자, 두 글자, 세 글자, 네 글자를 한꺼번에 볼 수 있게 크기가 다른 틈을 내놓는다. 이 실험은 한꺼번에 볼 수 있는 글자 숫자가 많을수록 각 글자를 인지하고 큰 소리로 말할 시간이 짧아졌다는 것을 보여준다. 실험은 우리는 너무나 읽는데 익숙해져서 몇 글자의 지각과 완전한 단어의 연상이 자동적으로 이루어진다는 것을 보여준다.

249 Grashy, "Über Aphasie und ihre Beziehungen zur Wahrnehmung"(*Archiv für Psychiatrie und Nervenkrankheiten*, t. XVI, Berlin, 1885), 654~680쪽. 659쪽에서 Voit씨는 두개골을 다친 후, 보여주는 물건의 이름을 말할 수 없었지만 이름을 불러주는 대상은 매우 잘 가리킬 수 있었다. 이 현상을 설명하기 위해 Grashy는 제시된 물건에 의해 상기되는 단어의 연속적으로 나타나는 다른 글자들을 서로 결합할 수가 없을 정도로 기억이 약화되었다고 하였다. 그리하여 그는 한 단어가 정신에 나타날 때 그것을 구성하는 글자들이 한 자씩 상기된다고 가정했다. Riquier는 바로 이 점을 베르크손이 인정할 수 없을 것이라 하면서 만약 그렇다면 첫 글자는 상기되었어야 하는데 그렇지 않았기 때문이라고 한다. Grashey는 잎으로도 자주 언급되므로(133, 138쪽) 좀 더 자세히 볼 필요가 있는데, 위의 Voit씨는 손끝이

하여, 그 실험가들은 숙독은 진정 점치는 것과 같은 작업으로서 우리의 정신은 여기저기서 몇몇 특징적인 윤곽을 모으고 모든 간격을 상기억들로 메우며 그것들은 종이 위에 투사되어 실제 인쇄된 글자를 대체하여 우리에게 그것의 환상을 준다는 것을 확립했다. 그러므로 우리는 끊임없이 창조하고 재구성한다. 우리의 분명한 지각은 진실로 닫힌 원에 비견될 수 있으며, 그 원 속에서 지각상(image-perception)은 정신으로 향하고 기억상은 공간으로 던져져서 서로가 서로의 뒤를 좇아 달린다.

이 마지막 요점을 좀 더 살펴보자. 사람들은 기꺼이 주의하는 지각을 유일한 선을 따라 진행하는 일련의 과정으로 표상한다. 그리하여 대상은 감각을 자극하고, 감각은 자신 앞에 관념들을 나타나게 하며, 각 관념은 지적 덩어리의 더 후퇴한 지점들을 점점 더 가깝게 진동시킨다[250]는 것이다. 따라서 거기에는 정신이 대상으로 | 114

나, 발끝, 혀끝으로 쓰거나 쓰려는 행동의 소묘를 할 경우에는 대상의 이름을 찾아낼 수 있었다. 그러나 손과 발을 고정시키거나 혀를 잡아 빼면 대상의 이름을 찾아낼 수 없었고, 그 단어를 구성하는 글자를 알아내지도 못했다. 단어의 청각적 상도, 시각적 상도 없었기 때문이다. Voit씨는 또 대상을 표상할 수 있었으나 그 물리적 질을 표상할 수는 없었다. 가령 피를 표상할 수는 있지만 그것이 붉은 색인지 혹은 다른 색인지를 말할 수 없었다. 말을 거리에서 본 것은 기억하지만 말의 다리가 몇 개인지는 말할 수 없었다(*Ech*, 357~8쪽, 113쪽 주석의 주석 5).

250 "지적 덩어리의 더 후퇴한 지점들"이란 현재로부터 멀어진 과거의 기억들의 덩어리의 어떤 지점들을 말한다. 현재 지각으로부터 점점 더 먼 기억들로 찾아가서 그 기억들이 환기되면 그것들이 "점점 더 가깝게 진동"하게 된다는 말이다.

부터 점점 더 멀어져서 더 이상 되돌아오지 않게 되는 직선상의 진행이 있을 것이다.[251] 우리는 반대로 반성된 지각은 하나의 **회로**(circuit)라고 주장하며, 거기서는 지각된 대상 자체를 포함한 모든 요소는 전기 회로에서와 마찬가지로 상호 긴장의 상태에서 유지되고 있는 결과, 대상으로부터 출발한 어떠한 진동도 정신의 깊은 곳에서 중도에 멈출 수가 없다. 즉, 그것은 항상 대상 자체로 되돌아와야 한다. 여기서 단지 말의 문제라 보지 않기를 바란다. 지적 작업에 대한 근본적으로 상이한 두 사고방식에 관한 문제이다. 첫 번째에 따르면, 사태는 기계적으로, 완전히 우연적인 일련의 연속적인 첨가에 의해 진행된다. 가령 주의하는 지각의 각 순간에 새로운 요소들은 정신의 더 깊은 지역으로부터 나와 일반적 교란을 만들지 않고, 즉 체계의 전환을 요구하지 않고 이전의 요소들과 결합할 수 있을 것이다. 두 번째 방식에서는 반대로 주의의 행위는 정신과 대상 사이에 너무나(도 강한) 유대를 내포하고 그것은 너무도 잘 닫혀 있는 회로이기 때문에 첫 번째 회로를 포함하며 감지된 대상 이외에는 그들 사이에 아무런 공통점이 없는 그만큼의 새로운 회로들을 조각마다 모조리 다 만들지 않고는 더 높은 집중의 상태로 이행할 수 없을 정도이다.[252] 우리가 나중에 자세히 연구할[253] 그 상이한

---

251 가정법이다. "되돌아오지 않게 된"다는 말은 진실로 되돌아오지 않는 것이 아니라 직선적인 어떤 운동으로 생각하면 되돌아오지 않게 된다는 의미이다. 그것은 사실이 아니다.

252 다음의 〈그림 1〉에서처럼 하나의 새로운 원은 중심이 되는 대상 이외에는 다른 원과 서로 공통점이 없는 원이고 그 새로운 회로 전체를 만들어

기억의 원들 중에 가장 좁은 A는 직접적 지각과 가장 가깝다. 그것은 대상 원 자체와 그것을 덮으러 되돌아오는 뒤이은(consécutive) 상만을 포함한다. 그 뒤에 점점 더 넓어지는 원 B, C, D는 점증하는 노력의 지적 확장에 대응한다. 우리가 볼 것처럼,[254] 기억은 항상 현존하니까 기억의 전체가 그 회로들 각각으로 들어온다. 그러나 그 탄성 때문에 무한히 확장될 수 있는 기억은 증가하는 수의 암시된 사물들을 — 때로는 대상 자체의 세부들을, 때로는 그것을 밝히는 데 기여할 수 있는 부수적인 세부들을 — 대상에 대해 반사한다. 그러므로 우리는 감지한 대상을 독립적인 전체의 방식으로 재구성한 후, 그것과 함께 그것과 체계를 형성하는 점점 더 먼 조건들을 재구성한다. 대상 뒤에 위치해 있으며 대상 자체와 함께 잠재적으로 주어지는 그런 증가하는 깊이의 원인들을 B', C', D'라 부르자. 주의의 진전은 그 결과로 감지된 대상뿐만 아니라 그것이 결부될 수 있는 점점 더 방대한 체계들까지도 새로 만든다는 것을 본다. 그 결과 원 B, C, D가 기억의 더 높은 확장을 나타냄에 따라 B', C', D'에서 도달된 그것들의 반사는 실재의 더 깊은 층을 나타낸다.

115

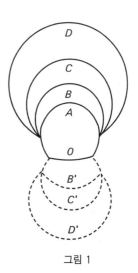

그림 1

야 새로운 주의의 집중이 된다.

253 아래의 제3장 187~188쪽을 보라.

254 아래의 제3장 184쪽을 보라.

따라서 동일한 심리적 삶이 기억의 연속된 층에서 무한 차례로 반복되었을 것이고, 동일한 정신의 행위가 수많은 상이한 높이에서 실연될 수 있을 것이다. 주의의 노력에서 정신은 항상 그 전체가 주어지나, 자신의 진전(évolution)을 이루기 위해 선택한 수준에 따라

116 단순화되거나 복잡화한다. 보통은 현재의 지각이 우리 정신의 방향을 결정한다. 그러나 우리의 정신이 채택하는 긴장의 정도에 따라, 그것이 위치하는 높이에 따라, 지각은 우리 속에서 다소간 큰 수의 상기억을 전개한다.

다른 말로 하면 결국 정확히 위치가 정해지고 그 연쇄가 우리의 과거 삶의 흐름을 그릴 개인적 기억들이 통합되어 우리 기억의 가장 넓은 마지막 외피를 구성한다. 그것들은 본질적으로 달아나는 성질이어서 우연적으로만 구체화된다. 우리의 신체적 태도가 우연히도 정확히 정해져서 그것들을 끌어들이건, 그런 태도의 비결정성 자체가 그것들의 변덕스러운 현상에 자유로운 공간을 남겨놓건. 그러나 그런 극단의 외피는 내부의 동심원들로 좁혀지고 반복되며, 그 원들은 더 좁기 때문에 동일한 기억이 감소되고, 본래의 개인적인 형태로부터 점점 더 멀어지며, 그 상투성에서 점점 더 현재 지각에 적용되어 개인을 포괄하는 종의 방식으로 그것을 결정하는 것을 견딘다. 이렇게 감소된 기억이 현재 지각의 틀에 너무도 잘 끼어 들어가서 어디서 지각이 끝나고 어디서 기억이 시작되는지를 말할 수 없을 순간이 온다. 정확히 바로 그 순간, 기억은 그 표상을 변덕스레 나타나게 하거나 사라지게 하는 대신 신체 운동의 세부에 조정된다.

그러나 그 기억들이 운동에, 그리고 그에 의해 외부 지각에 더 접근함에 따라,[255] 기억의 작업은 더 높은 실용적인 중요성을 획득한다. 그 모든 세부와 함께 정조적인 색채에 이르기까지 있는 그대로 재생되는 과거의 상들은 몽상이나 꿈의 상들이다. 우리가 행동한다고 부르는 것은 바로 그런 기억이 점점 더 응축되거나 또는 오히려 날이 세워져서 그것이 뚫고 들어갈 경험에 칼의 날만이 보이기에 이르는 것이다.[256] 결국, 여기서 기억의 신체 운동적 요소를 밝혀내지 못했기 때문에 기억의 환기에 있는 자동적인 면을 때로는 무시하고 때로는 과장한 것이다. 우리의 생각으로는 우리의 지각이 자동적으로 모방의 운동으로 해체되는 바로 그 순간 우리의 활동성에 호출 신호가 떨어진다. 그때 우리에게 어떤 소묘가 제공되며, 우리는 거기에 다소간 먼 기억들을 투사하면서 그 세부와 색채를 재창

117

---

255 여기에서부터 다음 문장 처음까지 (A)에는 다음과 같은 구절이 삽입되어 있다. "그것에 제공되는 정신의 작업은 더욱 강조된 활동을 증언한다. 지각에 대해 생각도 없이 나타나는 개인적이고도 위치가 잘 정해진 상들은 고정되지 않은 상들이다. 변덕에 따라 지나가거나 남는다. 외부대상의 앞으로 나아가는 상들은 반대로 이미 그것들의 틀을 형성하는 지각의 규칙성과 안정성의 성격을 띤다. 그것은 기억의 작업에서 기억이 그 한계인 지각으로 향함에 따라 우리의 수동성은 감소되면서, 활동성은 증가되면서 진행한다는 것을 말한다. 그리고 사실상 활동성을 어떻게 달리 정의할 것인가? 그 모든 세부와 함께……."

256 (A)에는 여기에서부터 다음 문장 끝까지 다음과 같이 되어 있다. "진실을 말하자면 여기서 기억의 운동적 요소와 자동적 요소를 구별하지 않았기 때문에 기억의 작업에서의 활동적인 것을 때로는 무시하거나 때로는 과장했다. 우리의 생각으로는……."

조한다. 그러나 사람들이 보통 사태를 생각하는 것은 전혀 이러한 방식이 아니다. 때로는 정신에 절대적 자치성을 부여하고 현존하거나 부재하는 대상에 원하는 대로 작업할 수 있는 능력을 준다. 그리고 그때에는 조금의 감각-운동적 균형의 혼란에라도 따를 수 있는 주의와 기억의 깊은 병증들을 더 이상 이해하지 못한다. 때로는 반대로 현재 지각의 기계적 결과만큼의 상상적(imaginatifs)인 과정을 만든다. 필연적이고 획일적인 진전에 의해 대상은 감각들을, 감각은 거기에 걸려 있는 관념들을 나타나게 하기를 원한다. 그때, 처음에는 기계적이었던 현상이 도중에 본성을 바꿀 이유가 없으므로 지적 상태들이 저장되고 잠들고 깰 수 있는 뇌라는 가설에 도달한다. 이 경우든 저 경우든 사람들은 몸의 진정한 기능을 무시한 것이며, 한 장치[257]의 개입이 어디에서 필요한지를 이해할 수 없었으므로 일단 거기에 호소했을 때 어디서 멈춰야 하는지도 또한 알지 못한다.

그러나 그런 일반성에서 나올 때가 되었다.[258] 뇌의 위치지정 (localisation cérébrale)이라는 알려진 사실들에 의해 우리의 가정이 118 입증되는지 약화되는지를 살펴봐야 한다. 피질의 국부적 손상에 대

---

257 여기에서의 '장치'는 완전히 자율성을 가진 정신이나 모든 기억이 저장되는 뇌라는 가상적인 장치들을 의미한다.

258 (A)의 첫 번째 발표분은 여기에서 다음과 같은 말과 함께 끝난다. "우리는 이제 사실의 세부로 들어가서, 재인의 도식적 운동이 실제로 수행된 운동과 어디서 다른지를 모색하고, 어떻게 상들이 거기로 들어가는지를 보여야 한다. (계속) H. Bergson." 두 번째 논문은 한 문단 건너 뛰고 그 다음 문단 *에서 시작한다.

응하는 상상적 기억의 혼란은 시각적 혹은 청각적 재인(정신맹이나 정신농)이건 말의 재인(언어맹, 언어농 등)이건 항상 재인의 병이다. 따라서 우리는 그와 같은 병들을 살펴봐야 한다.

그러나 우리의 가정이 근거가 있다면 그런 재인의 손상은 전혀 기억이 손상된 지역을 점유하고 있다는 것으로부터 오지는 않을 것이다. 그것은 두 가지 원인에 기인해야 할 것이다. 즉, 때로는 우리 몸이 더 이상 밖으로부터 오는 자극 앞에서 자동적으로 정확한 태도 — 그것을 매개로 기억들의 선택이 이루어질 — 를 취할 수 없다는 것에, 때로는 기억들이 몸에서 더 이상 적용점, 즉 행동으로 연장될 수단을 찾을 수 없다는 데에 기인한다. 첫 번째 경우 손상은 수용된 진동을 자동적으로 실행된 운동으로 계속하는 기제에 관계될 것이다. 즉, 주의는 더 이상 대상에 의해 고정될 수 없을 것이다. 두 번째의 경우 손상은 피질의 특수한 중추들에 관계될 것이며 그 것들은 필요한 감각적 선행자를 제공하면서 의지적 운동을 준비하며 옳든 그르든 상상적 중추라 불린다. 즉, 주의는 더 이상 주체에 의해 고정될 수 없을 것이다. 그러나 이 경우든 저 경우든 손상될 것은 현재 운동이거나 준비되기를 멈출 것은 다가올 운동일 것이다. 즉, 기억의 파괴는 있지 않았다 할 것이다.

그런데 병리학은 그런 예견을 확인해 준다. 정신맹과 정신농, 언어맹과 언어농의 절대적으로 구별되는 두 종류가 있음을 드러내 준다. 첫 번째 종류에서는 시각적이거나 청각적인 기억들이 아직도 119 환기되지만 더 이상 대응하는 지각에 적용될 수 없다. 두 번째 종류에서는 기억의 환기 자체가 방해된다. 우리가 말한 것처럼[259] 손상

은 분명 첫 번째 경우 자동적 주의의 감각-운동적 기제에, 두 번째
경우 의지적 주의의 상상적 기제에 관계되는가?* 우리의 가정을 입
증하기 위해 명확한 한 예에 국한해서 살펴봐야 한다. 아닌 게 아니
라 일반적으로는 사물의, 특수하게는 말의 시각적 재인은 우선 준-
자동적인 운동 과정을, 다음에는 대응하는 태도에 삽입되는 기억의
능동적 투사를 내포한다. 그러나 우리는 청각의 인상에, 그리고 더
특수하게는 분절된 언어의 듣기에 집중하는 것을 선호한다. 그 예
가 모든 것 중의 가장 포괄적이기 때문이다. 왜냐하면 말을 듣는 것
은 우선 그 소리를 알아차리는 것이고, 다음으로 그 의미를 발견하
는 것이며, 마지막으로 그 해석을 다소간 멀리 밀고 나아가는 것이
기 때문이다. 간단히 말해 그것은 모든 정도의 주의를 통과하고 기
억의 여러 연속적인 능력을 사용하는 것이다. 게다가 언어의 청각
적 기억의 병증들보다 더 빈번하고 더 잘 연구된 병증은 없다. 마지
막으로 단어의 음향적 상의 소멸은 두뇌 피질의 어떤 정해진 부위
의 중대한 손상 없이는 일어나지 않는다. 따라서 논란 없는 위치지
정의 예가 우리에게 제공될 참이며 그 위에서 우리는 뇌가 실제로
기억을 축적할 수 있는지를 스스로 물어볼 수 있을 것이다. 따라서
우리는 말의 청각적 재인에서 1) 자동적 감각-운동 과정과 2) 상기
억의 능동적이고 말하자면 이심적인(excentrique)[260] 투사를 보여

---

259 위의 118쪽을 보라.

260 '이심적'이라는 것은 두 원의 중심이 다른 것을 말한다. 위 115쪽의 그림
　　에서 보는 바와 같이 지각 대상에 투사되는 기억은 대상과 중심이 다른
　　곳, 즉 우리 내부로부터 나간다.

주어야 한다.

1) 나는 모르는 언어로 두 사람이 대화하는 것을 듣는다. 그것으 120
로 내가 그들을 이해하기에 충분한가? 나에게 도달하는 진동은 그
들의 귀를 때리는 진동과 동일하다. 그러나 나는 모든 소리가 비슷
한 혼동된 소음을 지각할 뿐이다. 나는 아무것도 구별하지 못하며
아무것도 반복할 수 없을 것이다. 그 동일한 소리의 덩어리에서 두
대화자는 반대로 서로 거의 닮지 않은 자음, 모음, 음절, 그리고 마
지막으로는 구별되는 단어들을 분별해 낸다. 그들과 나 사이에 차
이는 어디에 있는가?

문제는 어떻게 기억에 불과한 한 언어의 인식이 현재 지각의 물
질성을 변경시킬 수 있고 동일한 물리적 조건 하에서 다른 사람들
은 못 듣는 것을 어떤 이들은 실제로 들을 수 있게 하는지를 아는
것이다. 사람들은 사실 단어의 청각적 〔개별〕기억들(souvenirs)은
〔전체〕기억(mémoire) 속에 축적되어 여기서 음성적 인상의 부름에
응답하고 그 효과를 강화하러 온다고 가정한다. 그러나 내가 듣는
대화가 나에게는 소음에 불과하다면, 원하는 만큼 소리가 강해진
다고 가정할 수 있다. 즉, 소음이 강해진다고 하여 더 분명해지지는
않을 것이다. 단어의 기억이 들은 단어에 의해 환기되기 위해서는
적어도 귀가 그 단어를 들어야 한다. 지각된 소리가 이미 음절과 단
어로서 분리, 구별, 지각되지 않았다면 어떻게 기억에 말을 걸 것이
며, 어떻게 청각적 상들의 저장고에서 자신에게 놓여야 할 상을 선
택할 것인가?

이러한 난점은 충분히 감각적 실어증의 이론가들의 눈에 띄지 않은 것으로 보인다. 왜냐하면 언어농에서 환자는 자신의 모국어에 대해 우리가 모르는 언어를 들을 때 우리 자신이 처하는 것과 동일한 상황에 처하기 때문이다. 그는 일반적으로 청각은 손상되지 않은 채로 보존했으나, 그가 듣는 말에 대해서는 아무것도 이해하지 못하고 자주 그것을 분별하는 데조차 이르지 못하기 때문이다. 사람들은 피질에서 단어의 청각적 기억이 파괴되었다거나 때로는 초피질적(trans-corticale)이거나, 때로는 피질하적(sous-corticale)인 손상이 청각적 기억이 관념을 불러내거나 지각이 기억과 결합하는 것을 방해한다고 말함으로써 그런 상태를 충분히 설명했다고 믿는다. 그러나 적어도 이 마지막 경우에 심리학적 문제는 건드려지지도 않은 채 남는다. 즉, 손상이 소멸시킨 의식적 과정은 어떤 것이며, 귀에는 우선 음성적 연속체로 주어진 단어나 음절의 분별은 일반적으로 어떤 매개를 통해 수행되는가?

우리가 실제로 한쪽으로는 청각적 인상들과, 다른 쪽으로는 청각적 기억들과만 관계하고 있다면 난점은 극복 불가능할 것이다. 청각적 인상이 들리는 소절에 리듬을 붙이고 그 주요 분절을 알 수 있어서 발생 중의 운동들을 조직한다면 사정은 같지 않을 것이다. 그때 내적으로 부수하는(d'accopagnement intérieur) 그런 자동적인 운동은 우선은 혼동되고 잘 협응되지 않지만 반복되면서 점점 더 잘 드러날 것이다. 그것은 듣는 사람이 그 대강과 주요 방향에서 말하는 사람의 운동 자체를 재발견할 단순화된 도식을 그리는 것으로 마칠 것이다. 우리가 청취된 말의 **운동 도식**(schème moteur)이라

부를 것이 이처럼 우리의 의식 속에서 나타나기 시작한 근육 감각
의 형태로 전개될 것이다. 그렇다면 새로운 언어의 요소들에 귀를
형성하는 것은 가공이 들어가지 않은 원래의 소리를 변경하거나 거
기에 기억을 덧붙이는 것에서 성립하지는 않을 것이다. 그것은 목
소리의 근육들의 운동적 성향을 귀의 인상에 협응시키는 것일 것이
며, 신체 운동적 수반(l'accompagnement)을 완벽하게 하는 것일 것
이다.

  체조를 배우기 위해 우리는 운동을 그 전체에서, 우리 눈이 밖에 122
서 보여주는 대로, 우리가 그렇게 수행되는 것으로 보았다고 생각
하는 대로 모방하는 것에서 시작한다. 그것에 대한 우리의 지각은
혼란스러웠다. 그것을 반복하려고 시도되는 운동도 혼란스러울 것
이다. 그러나 우리의 시각적 지각은 **연속된** 전체의 지각인 반면, 우
리가 그 상을 재구성하려고 시도하는 운동은 다수의 근육적인 응축
과 긴장으로 복합되어 있으며, 우리가 그것에 대해 가지는 의식은
그 자체 분절의 다양한 실행(jeu)에서 오는 다수의 감각이다. 상을
모방하는 혼동된 운동은 따라서 이미 그것의 잠재적 해체이며, 자
신 속에 말하자면 분석되어야 할 무언가를 가지고 있다. 반복과 연
습으로부터 나올 진전은 단지 먼저 감싸여 있던 것을 드러내어 각
각의 요소가 되는 운동들에 다른 것들과의 **유대성**(solidarité) — 이
것 없이 그것들은 무용해질 것이다 — 을 보존하면서도 정확성을
확보해 주는 **자치성**(autonomie)을 주는 데서 성립할 것이다. 습관
은 반복에 의해 획득된다고 말하는 것은 옳다. 그러나 반복된 노력
이 항상 같은 것만 재생할 뿐이라면 무슨 쓸모가 있을 것인가? 반

복의 진정한 효과는 우선 **해체하고**(décomposer), 다음으로 **재구성하며**(recomposer), 그리하여 몸의 지성에 말을 거는 것이다. 그것은 각각의 새로운 시도마다 말려들어간(enveloppés) 운동을 펼쳐낸다(développe). 매번 감지하지 못하고 지나간 새로운 세부로 몸의 주의를 불러들인다. 반복은 몸이 나누고 분류하게 하며, 몸에게 본질적인 것을 강조한다. 전체 운동에서 그 내적 구조를 표시하는 선들을 하나하나 재발견한다. 그런 의미에서 몸이 이해하자마자 운동은 습득된다.

이와 같이 하여 청취된 말의 운동적 수반이 음성적 덩어리의 연속성을 깰 것이다. 그러한 수반이 어디에서 성립하는지를 아는 것만 남는다. 그것은 내적으로 재생된 말 자체인가? 그러나 그렇다면 아이는 자신의 귀가 구별하는 모든 단어를 반복할 수 있을 것이며, 우리들 자신도 외국어를 이해할 수만 있으면 정확한 억양으로 발음할 수 있을 것이다. 사태는 이처럼 단순히 진행되는 것과는 거리가 멀다. 나는 한 멜로디를 파악하고 그 그림을 따르며 심지어 기억 속에 그것을 고정시킬 수도 있으나 그것을 부를 수는 없다. 나는 독일어를 하는 영국인에게서 그 어조와 억양의 특수성을 쉽게 알아차릴 수 있다 — 따라서 나는 그를 내적으로 교정한다. — 거기서부터 내가 말할 때는 독일어 구절에 정확한 어조와 억양을 줄 것이라는 결론은 따라 나오지 않는다. 게다가 임상적 사실은 여기서 일상적 관찰을 확인해 주러 온다. 말할 수 없게 되더라도 말을 따라가고 이해할 수 있다. 운동적 실어증은 언어농을 야기하지 않는다.[261]

그것은 우리가 들은 말에 리듬을 부여하는 도식은 단지 그것의 두드러진 윤곽만을 표시하기 때문이다. 그것과 말 자체의 관계는 소묘와 완성된 그림의 관계와 같다. 왜냐하면 어려운 운동을 이해하는 것과 그것을 실행할 수 있는 것은 다르기 때문이다.[262] 그것을 이해하기 위해서는 그것과 가능한 다른 운동을 구별하기에 충분할 정도로만 본질적인 것을 깨닫는 것으로 충분하다. 그러나 그것을 실행할 수 있기 위해서는 거기에 더하여 몸으로 하여금 그것을 이해하게 해야 한다. 그런데 몸의 논리는 생략(les sous-entendus)을 인정하지 않는다. 요구된 운동을 구성하는 모든 부분이 하나씩 적시되고 전체가 함께 재구성되기를 요구한다. 여기서는 어떠한 세부도 무시하지 않는 **완전한** 분석과 아무것도 축약하지 않는 **현실적** (actuelle)[263] 종합이 필요하게 된다. 나타나기 시작한 몇몇 근육 감각들로 구성된 상상적 도식은 소묘에 지나지 않았다. 실제로 그리 124 고 완전히 체험된 근육 감각은 그것에 색채와 생명을 준다.

그런 종류의 수반이 어떻게 일어날 수 있으며 실제로 항상 일어나는지를 아는 일이 남는다. 한 단어의 실제 발음은 분절을 위해 혀

---

261 운동적 실어증은 말을 하는 운동이 불가능하여 일어나는 표현적 실어증이며, 언어농은 소리를 듣긴 듣는데 이해하지 못하는 것이다. 따라서 그 것은 수용적 실어증이다. 그러므로 당연히 운동적 실어증이 언어농을 야기하지 않는다. 둘은 완전히 다른 것이기 때문이다.

262 위의 주261)에서와 같이 운동적 실어증과 언어농이 다른 것처럼 들어서 이해할 줄 아는 것과 말을 할 줄 아는 것은 다르다.

263 여기서 '현실적'이라는 것은 위에서 이야기된 바와 같이 축약된 것이 하나도 없고 하나하나 모두 구체적이고 실재적으로 이루어졌다는 것을 말한다.

와 입술, 발성을 위해 후두, 호흡공기의 흐름을 일으키기 위해 흉곽 근육의 동시적인 개입을 요청한다는 것을 우리는 안다. 따라서 발음된 각 음절에 골수와 연수 중추 속에 축조된 기제들 총체의 작동이 대응한다. 그런 기제들은 정신-운동(psycho-motrice) 영역[264]의 추상 세포들의 축삭돌기(cylindro-axiles)의 연장에 의해 피질의 상위 중추에 연결된다. 의지의 충동력이 나아가는 것은 그런 길을 따라서이다. 그러므로 분절하고 싶은 소리가 이 소리인지 다른 소리인지에 따라 우리는 행동하라는 명령을 이러저러한 운동기제에 전달한다. 그러나 분절과 발성의 여러 가능한 운동들에 대응하는 완전히 축조된 기제들이 무엇이든 의지적인 말하기(parole volontaire)에서 그것들을 작동시키는 원인들과 관계를 맺고 있다면, 그 동일한 기제들이 말의 청각적 지각과 소통함을 의심할 수 없게 하는 사실들이 있다. 임상의들에 의해 묘사된 실어증의 무수한 다양성 중에 그런 종류의 관계를 내포하는 것으로 보이는 우선 두 가지(리히트하임(Lichtheim)의 네 번째와 여섯 번째 형태)[265]가 알려져 있다. 그

---

264 "정신-운동영역"이란 정신에서 운동으로 연결되는 뇌의 영역을 말한다. 그 길을 따라 "의지의 충동력이 나아"간다.

265 Lichtheim 실어증의 네 번째 형태는 운동중추(브로카 영역)와 관념중추 사이의 단절(다음 주266의 〈그림 a〉의 왼쪽 그림에서 BM선의 단절:4)에 기인한 것이다. 그것은 의지적으로 말하기와 쓰기가 불가능하나 하는 말이나 쓰인 말을 이해하는 능력은 보존되었다. 여섯 번째 형태는 청각중추(베르니케 영역)와 관념중추의 단절(주266)의 〈그림 a〉의 왼쪽 그림에서 AB선의 단절:6)에 기인한 것이다. 이것은 쓰인 말이나 말하는 말의 이해 능력은 상실되나 의지적으로 쓰거나 말하는 능력, 단어를 따라 하고, 높

리하여 리히트하임 자신에 의해 관찰된 한 경우에서 환자는 추락의 결과로 단어들의 분절의 기억과 따라서 자발적으로 말하는 능력을 상실했다. 그러나 그는 사람들이 그에게 말해준 것은 매우 큰 정확성을 가지고 반복했다.*44 다른 한편 자발적 말하기는 손상되 125

*44 Lichtheim, "실어증에 관하여(On aphasia)"(*Brain*, 1885, 1월, 447쪽).266

은 소리로 읽고, 불러주는 것을 받아쓸 수 있는 능력은 보존되었다. 이것은 관념중추의 개입 없이 AM선을 따라서도 쓰기와 말하기가 이루어진다는 것을 의미한다. 이 네 번째와 여섯 번째의 실어증은 청각중추와 운동중추가 관념중추와의 연결이 끊어진 것이므로(주266)의 왼쪽 그림에서 4와 6의 단절) 청각중추와 운동중추는 연결되어 있는 상태이고(주266)의 왼쪽 그림에서 MA), 따라서 본문에 나온 바와 같이 운동기제들의 청각적 지각과의 소통을 말해준다.

266

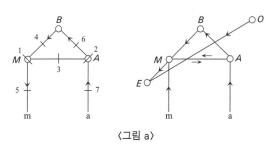

〈그림 a〉

독일 생리학자이자 의사인 Lichtheim은 "On aphasia"(Brain, 1885, 1월)에서 신경중추의 연결에 따라 실어증을 체계적으로 분류하는데, 위의 두 그림〈그림 a〉에 기초하여 여덟 종류로 나누어진다. 이 중 A는 청각중추(centre auditif), M은 운동중추(centre moteur), B는 개념중추(Begriffcenter), O는 시각중추, E는 쓰기에 관여하는 기관중추이다. m은 운동, a는 청각자료를 나타낸다. 여기에서 어느 중추나 그 연결 통로가 손상되었느냐에 따라 여러 유형의 실어증이 나오며, 그 유형은 왼쪽 그림의 숫자로 표시되어 있다. 가령 제1유형의 경우는 운동중추 자체(M)가 손상

지 않았지만 언어농은 절대적인 경우들에서 환자는 더 이상 사람
들이 그에게 말하는 것은 아무것도 이해하지 못하지만 다른 사람
의 말을 반복하는 능력은 아직 완전히 보존될 수 있었다.*45 베스쳔
(Bastian)과 함께 그런 현상들은 음향적 인상이 단어의 분절적이거
나 청각적 기억을 마비로부터 깨우는 데에 머물기 때문에 단지 그
런 기억의 게으름을 증언할 뿐이라 할 것인가?*46 이런 가설에 우리

....

*45 같은 곳, 454쪽.267
*46 Bastian, "실어증의 다양한 종류들에 대하여(On different kinds of
Aphasia)"(*British Medical Journal*, 1887, 10~11월, 935쪽).268

───────

되었기 때문에 언어표현이 불가능하므로 일반적으로 브로카 유형의 실
어증의 증세를 보인다. 의지적으로 말하기(BMm), 들은 말을 그대로 따
라 하기(aAMm), 큰소리로 읽기(OABMm), 쓰기(BME), 받아쓰기(aAME)
의 능력이 상실되었다. 반면 들은 말의 이해(aAB), 읽고 이해하기(OAB),
베껴 쓰기(OE)의 능력은 보존되었다. 또 위 주265)에 나온 제4유형의 경
우는 운동중추와 개념중추의 통로가 막힌 것으로, 제1유형과 비슷한 증
세를 보이지만, 따라 말하기(aAMm), 받아쓰기(aAME), 큰소리로 읽기
(OABMm)의 능력은 보존되었다는 점이 다르다. 이 구절에서 말하는 것은
이 제4유형에 관한 것이다.
267 여기서 말하는 것은 Lichtheim의 실어증 유형 중 제6유형에 관한 것이다.
제6유형은 AB 통로가 손상된 것으로, 하는 말이나 쓴 것의 이해 능력이
손상되었다. 반면 자발적으로 말하기(BMm)와 쓰기(BME), 따라 말하기
(aAMm), 큰소리로 읽기(OABMm), 받아쓰기(aAME), 베껴 쓰기(OE)의 능
력은 보존되었다.
268 Bastian, "On different kinds of Aphasia with special reference to their
classification and ultimate pathology"(*British Medical Journal*, London,
1887, vol. II, 931~936쪽, 10. 23; 985~990쪽, 11. 5). Bastien은 언어농을 처

는 한 자리를 내줄 것이지만[269] 그러나 그것은 이미 오래 전부터 롬
베르크(Romberg)[*47], 봐쟁(Voisin)[*48], 윈슬로우(Winslow)[*49]에 의해

....

[*47] Romberg, 『신경질환 편람(*Lehrbuch der Nervenkrankheiten*)』, 1853, II권.[270]
[*48] Bateman, 『실어증에 관하여(*On aphasia*)』, London, 1890, 70쪽에 인용
       됨. — Marcé, "병리학적 생리학의 몇 가지 관찰에 관한 소논문(Mémoire
       sur quelques observations de physiologie pathologique)"(*Mém. de la Soc. de
       Biologie*, 2e série, III권, 102쪽) 참조.[271]
[*49] Winslow, 『불분명한 뇌의 병들에 관하여(*On obscure diseases of the Brain*)』,
       London, 1861, 505쪽.[272]

———

음으로 보고한 사람이다. 이 논문에서 그는 각 지각중추가 세 가지 방식
으로 작동될 수 있다고 이야기한다. 1) 외적 인상에 의해, 2) 연상에 의해,
즉 지각이나 사유 과정 중의 다른 중추로부터 오는 충동에 의해, 3) 과거
인상의 의지적 환기에 의해 중추의 흥분성, 즉 구성 조직요소의 분자적
활동성은 나이, 건강 상태, 상이한 병적 조건 등에 의해 달라질 수 있다.
본문에서 언급된 경우 단어의 분절적, 청각적 기억은 연상이나 청각 인상
에 의해 활성화될 수 있지만 의지에 의해서는 될 수 없는 경우를 말하는
것인데, 그 이유는 방금 말한 것처럼 활동성이 낮아져서 의지적 기억으로
부터의 환기가 어렵기 때문이라 설명한다.
269 운동 도식은 의지적인 기재(Bastien)도 순수 자동적인 기재(Arnaud,
    Spämer)도 아니요, 의지적인 주의의 서곡이자 이미 의식적인 반-자동적
    기재이다(*Ech*, 365쪽, 주39 참조).
270 Romberg, *Lehrbuch der Nervenkrankheiten*, Berlin, 1853, t. II, 656쪽에
    의해 반향언어증(Echosprache)이 처음으로 보고되었는데, 그는 그 현상
    에서 혀나 목젖 등 발음기관의 어떠한 기능손상도 발견할 수 없었다고 한
    다(*Ech*, 363-4 125쪽 주석의 주석 3).
271 Voisin의 반향언어증 환자는 Bateman, *On aphasia*, London, 1890, 70
    쪽에 인용되었는데, 아무것도 이해하지 못하면서 그에게 하는 모든

언급되었으며, 쿠스마울(Kussmaul)이 아마도 약간의 과장과 함께 청각적 반사라 규정했던[*50] 반향언어증(écholalie)[273]이라는 너무도

*50 Kussmaul, 『언어의 손상들(Les troubles de la parole)』, Paris, 1884, 69쪽 이하.[274]

말을 반복했다. 또 Marcé, "Mémoire sur quelques observations de physiologie pathologique tendant à démontrer l'existence d'un principe coordinateur de l'écriture et ses rapports avec le principe coordinateur de la parole(쓰기를 조율하는 원리의 존재와 그것의 말을 조율하는 원리와의 관계를 증명하려 시도하는 병리학적 생리학에 관한 소논문)"(Mém. de la Soc. de Biologie, 2e série, III권, 102쪽은 이해하지 못하고 단어를 반복하면서 반복한 후에도 이해하지 못하는 환자를 보고한다. 그는 불시에 "모자"라고 말하면 그 말을 반복하면서 쓰기까지 하면서도 무엇에 관한 이야기인지를 모른다(Ech, 363-4 125쪽 주석의 주석 3).

272 Winslow, On obscure diseases of the Brain, and diorders of mind, London, 1861, chap. XXV. "병리학의 진단, 치료와 예방의 일반 원칙", 505쪽은 뇌출혈을 겪은 65세의 남자의 실독증의 경우를 보고하는데, 그는 읽는 능력을 망각하고 심지어 한 글자와 다른 글자를 구별할 수도 없었다. 그런데 한 명사나 문장을 불러주면 즉시 그것을 정확하게 쓸 수 있었다. 그런데도 그는 읽을 수가 없었고, 그가 쓴 것을 알아볼 수도 없었다. 이런저런 글자가 어떠한지나, 글자가 어떻게 구성되었는지를 물으면 반성이나 판단 없이 기계적으로 쓰기가 이루어졌다고 말한다. 이 경우 어떤 수단을 사용하더라도 그의 정신에서 글자에 대한 인식을 가지고 있다고 말할 수가 없었다(Ech, 363-4 125쪽 주석의 주석 3). 그러니까 그는 말한 것을 따라 쓰기는 하는데 글자는 모른다고 할 수밖에 없고, 이것은 반향언어증과 유사한 현상이라 할 수 있다.

273 남의 말을 그대로 따라 하는 병.

274 Kussmaul, Les troubles de la parole, Paris, 1884, 69쪽 이하, 특히 70쪽에서 반향언어증이란 말을 배우는 앵무새나 아이들이 가지고 있는 모방 본

특이한 현상은 고려하지 않은 것으로 보인다. 여기서 환자는 마치 청 감각이 저절로 분절 운동으로 전환되는 것처럼 들은 말을 기계적으로, 그리고 아마도 무의식적으로 반복한다. 거기서부터 출발하여 누군가는 단어들의 청각 중추(centre acoustique)를 말하기의 분절 중추에 연결시킬 특별한 기제를 가정했다.*51 진실은 그 두 가정

---

*51 Arnaud, 「언어농의 임상적 연구에 대한 기여(Contribution à l'étude clinique de la surdité verbale)」(*Arch. de Neurologie*, 1886, 192쪽). — Spämer, 「상징해독불능증에 대하여(Ueber Asymbolie)」(*Arch. f. Psychiatrie*, t. VI, 507쪽과 524쪽).275

능에 의해서 말하는 것이며, 그것은 "청각의 반사(réflection de l'ouïe)"라 규정한다.

275 Arnaud, "Contribution à l'étude clinique de la surdité verbale"(*Arch. de Neurologie*, 1886), 192쪽은 반향언어증을 정신적 언어농(surdité verbale mentale)이라 한다. 그러면서 이런 현상은 청각기억이 놓여 있는 청각중추(mp)와 언어표현중추(io)가 구별되기 때문에 청각중추에서 직접 오성(IV)으로의 통로가 차단되었더라도 청각중추에서 언어표현중추로의 통로($bmpiod$)는 열려 있기 때문이라는 것이다. 여기서의 "언어표현중추"가 곧 베르크손이 말하는 "말하기의 분절중추"이므로 "청각중추를 말하기의 분절중추에 연결시킬 특별한 기제"라 말하는 것이다. 다음으로 우리는 Spämer, "Ueber Aphasie und Asymbolie, nebst Versuch einer Theorie der Sprachbildung(실어증과 기호해독 불능증에 대하여, 언어형성이론의 탐색과 더불어)", *Archiv für Psychiatrie und Nervenfrankheiten*, t. VI, Berlin, 1876, 507쪽과 524쪽을 구할 수 없었다. Riquier에 따르면 그가 Arnaud와 상당히 유사한 설명을 제안한다고 한다(어떻게 그런지는 밝히지 않는다). Spämer는 상징해독 불능증을 Wernicke가 정의한 대로 대상이나 행동의 개념에 관한 이미지의 상실에 의해 대상이나 행동의 의미를 모르는 것에

의 중간인 것 같다.[276] 그 다양한 현상들에는 절대적으로 기계적인
행동보다는 더한 것이, 그러나 의지적 기억으로의 호소보다는 덜한
것이 있다. 그것은 단어의 청각적 인상이 분절의 운동으로 연장되
려는 **경향**, 확실히 우리 의지의 습관적인 통제를 벗어나지는 않으
나, 아마도 초보적인 분별조차 내포하고 있으며, 정상적인 상태에
서는 들은 말의 두드러진 특징의 내적인 반복으로 번역되는 경향을
보여준다. 그런데 우리의 운동 도식은 다른 것이 아니다.

126

이 가정을 천착해 보면 거기서 아마도 언어농의 어떤 형태들에
대해 방금[277] 물은 심리학적 설명을 발견할 것이다. 청각적 기억이
온전히 존속하는 언어농의 몇몇 경우들이 알려져 있다. 환자는 단
어의 청각적 기억도 청각도 손상되지 않은 채 보존했으나 그가 듣
는 단어들은 전혀 알아듣지 못한다.[*52] 사람들은 여기에 음향적 인

----

*52 특히 P. Sérieux, "순수 언어농의 한 경우에 대하여(Sur un cas de surdité
    verbale pure)"(*Revue de médecine*, 1893, 733쪽 이하); Lichtheim, 인용된

국한시킨다. 그것은 모든 상징(단어, 수, 주문, 종교적 상징)에 대한 인식의
장애에 적용되지만 대상의 인식에 관한 것은 아니라고 한다(*Ech*, 365쪽,
125쪽 주석의 주석 5). 이 설명만으로는 그가 어떻게 청각중추와 분절중추
를 연결시킬 특별한 기제에 대해 말했는지가 불분명하다.

276 기억의 의지적 환기가 불가능해진다는 Bastian과 청각중추와 분절중추가
    연결되어 기계적으로 반복된다는 반향언어증 현상의 중간, 즉 다음에 나
    오는 운동 도식을 통해 말하기가 이루어진다. 그것은 "단어의 청각적 인
    상이 분절의 운동으로 연장되려는 경향이다", "들은 말의 두드러진 특징
    의 내적인 반복으로 번역되는 경향"이다.

277 위의 121쪽을 보라.

상이 단어의 청각적 상들을 그 것들이 놓일 피질 중추로 찾으러 가
는 것을 방해할 피질하의 손상을 가정한다. 그러나 우선 문제는 바
로 뇌가 상들을 축적할 수 있는지를 아는 것이다. 그리고 다음으로
지각이 전달되는 길에서의 손상의 확인 자체가 그 현상의 심리학

논문, 461쪽; Arnaud, "언어농 연구에 대한 기여(Contrib. à l'étude de la
surdité verbale, 두 번째 논문)", *Arch. de Neurologie*, 1886, 366쪽을 보라.[278]

---

278 P. Sérieux, "Sur un cas de surdité verbale pure"(*Revue de médecine*, Paris,
Alcan, 1893, 733쪽 이하)는 순수 언어농에 걸린 51세의 여성 Désirée
Bar…의 경우를 보고한다. 그녀는 언어맹이나 운동적 실어증, 실필증의
증상은 전혀 보이지 않고 다른 실어증 증상과의 섞임이 전혀 없는 순수
언어농의 경우이다. 오직 하는 말을 이해하지 못하기만 한다. "당신이 하
는 말을 분명 들어요. 나는 귀머거리가 아니에요. 그렇지만 아무것도 이
해하지 못하겠어요." 하고 말한다. 단어의 시각적 이미지의 기억이나 시
각적 이미지 전체는 그대로이다(읽기, 쓰기 가능). 특히 기억과 지성은 충
분히 보존되어 그녀가 걸린 병이 순수 감각적 기원을 가진 것이라고 말
한다. 그래서 Sérieux는 언어청각중추는 온전하고, 다만 그리로 가는 전
달섬유가 손상된 것이라 결론짓는다. 언어의 청각적 기억과 청각중추는
온전하므로 이것은 베르크손이 곧 운동 도식이라 부른 것이 손상된 것이
라 할 수 있다. 운동 도식이 없이는 기억과 들린 소리가 연결될 수가 없
다(*Ech*, 365~366쪽, 126쪽 주석의 주석 1). Lichtheim, 인용된 논문, 461쪽
은 위에 언급된 Sérieux의 환자를 Lichtheim의 제7형 실어증(위의 주30 참
조)이라 한다. 이 경우는 aA의 통로가 손상된 경우로 소리는 듣는데 그 소
리가 청각중추로 연결되지 않는 것이다. Arnaud의 인용된 논문의 두 번
째 논문, 366쪽은 위의 현상을 "원초적 언어농(surdité verbale brute)"이
라 부르고 청각중추와 청각기억은 손상되지 않았고, 다만 청각으로부터
청각중추로 가는 전달섬유에 손상이 있는 것으로 해석한다. 그것은 위의
Lichtheim의 해석과 거의 같다.

적 해석을 찾지 않아도 되게 해주지는 않는다. 왜냐하면 가정에 의해 청각적 기억은 의식에 환기될 수 있기 때문이다. 가정에 의해 또한 청각적 인상은 의식에 도달한다.[279] 따라서 의식 자체에는 어떤 공백, 연속성의 해소, 지각과 기억의 결합에 대립되는 무언가가 있어야 한다.[280] 그런데 가공이 가해지지 않은 청각적 지각은 진정으로 음성적 연속체의 지각이며, 습관에 의해 확립된 감각-운동적 연결은 정상적 상태에서는 그것을 해체하는 것을 역할로 가진다는 점을 주목하면 사실은 밝혀질 것이다. 그런 의식적 기제의 손상은 해체가 이루어지는 것을 방해함으로써 대응하는 지각 위에 놓이려는 기억의 도약을 정지시킬 것이다. 따라서 손상이 관계할 수 있는 것은 '운동 도식'이다. 음성적 기억을 보존하는 언어농의 게다가 상당히 드문 경우들을 검토해 보라. 그 점에 대해 어떤 특징적인 세부들을 알아차릴 것이라 믿는다. 아들러(Adler)는 언어농에서 주목할 만한 사실로서 청각은 매우 정치한 섬세함을 보존했음에도 불구하고 심지어 강한 것이라도 소음에 더 이상 반응하지 않는다는 것을 지목한다.*[53] 다른 말로 하면 그들에게 소리는 그 신체 운동적 반향을

127

....
*53 Adler, 「감각적 실어증의 드문 형태들의 인식에 대한 기여(Beitrag zur Kenntniss der seltneren Formen von sensorischer Aphasie)」(*Neurol. Centrablatt*, 1891, 296~297쪽).[281]

———
279 처음부터 문제는 청지각과 청각기억의 연결이기 때문에 청각기억이 의식에 환기되어 의식된다는 것은 기정사실로서 이미 전제되어 있다.
280 이것은 운동 도식을 일컫는 것으로 운동 도식에 의해 소리의 덩어리가 분석되어 각 음소로 해체되므로 "어떤 공백, 연속성의 해소, 지각과 기억의

더 이상 찾지 못한다. 일시적인 언어농에 걸린 샤르꼬의 한 환자는 패종시계의 종소리를 분명히 들었으나 울린 소리를 셀 수는 없을 것이라고 말한다.*54 따라서 그는 아마도 그것들을 분리하고 구별할 수가 없었다. 또 다른 환자는 대화의 말을 지각하지만 혼동된 소음으로 지각한다고 선언한다.*55 끝으로, 들은 말을 이해할 수 없었

*54 Bernard, 『실어증에 대하여(De l'aphasie)』, Paris, 1889, 143쪽.282

*55 Ballet, 『내적 언어(Le langage intérieur)』, Paris, 1888, 85쪽(Félix Alcan).283

결합에 대립되는 무언가" 있어야 한다는 것이다. 이러한 해체가 있은 다음에야 그것과 청각기억의 결합이 문제될 수 있다.

281 Adler, "Beitrag zur Kenntniss der seltneren Formen von sensorischer Aphasie"(Neurologisches Centrablatt, Leipzig, t. X, 1891, 296~297쪽)은 피질하적(sous-cotical)이며 초피질적(transcortical)인 감각적 실어증에 걸린 경우를 관찰한다. 언어농에 걸린 환자에 대한 보고에서 환자는 등 뒤에서 하는 말과 소음에 전혀 주의를 하지 않아서 진짜 귀머거리 같았다고 한다. 그러나 그의 말에 따르면 소리를 들었으나 아무것도 이해할 수 없었다고 말한다(Ech, 366~67쪽, 127쪽 주석의 주석 1).

282 Bernard, De l'aphasie et de ses diverses formes,, Progrès médical, Paris, 1885, 156쪽. 쪽수가 143쪽이 아니라 156쪽이다(1889년 판과 달라서 그런지는 불명). 거기에는 Charcot의 Hug.라는 환자가 일시적인 언어농에 걸렸는데 그는 패종시계의 종소리는 무슨 소린지 들어서 아는데, 몇 번 울렸는지 셀 수는 없었다고 보고되어 있다. 베르크손은 그것은 그가 "아마도 그것들을 분리하고 구별할 수가 없었"기 때문이라고 설명하지만 종소리라는 것은 아는 것으로 보아 완전히 분리하지 못한 것은 아니고 숫자를 세기 위한 분리만 못 한 것이다.

283 Ballet, Le langage intérieur et les diverses formes de l'aphasie, Paris, Félix Alcan, 1888, 85쪽의 환자는 말하는 것을 듣기는 듣지만 여러 군종이 웅성거리는 것처럼 혼동된 소곤거림만 들린다고 말한다.

던 환자는 단어를 여러 번 반복해주고 특히 한 음절씩 끊어서 발음
하면 이해를 회복한다.[56] 음향 기억을 보존하고 있는 단어농의 절

---

[56] Arnaud가 *Archives de neurologie*, 1886, 366쪽 이하(「언어농 연구에 대한
임상적 기여(Contrib. clinique à l'étude de la surdité verbale), 두 번째 논문」)
에서 인용한 세 경우를 보라. — Schmidt, "Gehörs-und Sprachstörung in
Folge von Apoplexie"(*Allg. Zeitschr. f. Psychiatrie*, 1871, XXVII권, 304쪽)의
경우 참조.[284]

---

284 Arnaud의 두 번째 논문은 언어농의 세 경우를 보고하는데, 첫 번째 환자
F.는 55세의 교육을 잘 받지 못한 농부였는데, 여러 해 동안 말을 못 알아
들어 주위에서 귀머거리로 취급당하며 살았으나 어떤 소리를 들으면 무
슨 소린지를 알 수 있었다. 그런데 Arnaud가 약간 높은 소리로 음절 하
나하나를 분명히 구별하여 말하니 너무도 잘 알아들었고 그 말을 반복할
수도 있었다. 두 번째의 경우는 62세의 남자로 예전에 포도경작을 했으
나 지금은 그만둔 활기찬 사람이었다. 높은 소리로 말할 때에는 잘 못 알
아들었으나 Arnaud가 낮은 목소리로 음절을 하나하나 분리하여 천천히
말하자 완전히 이해하고 대답을 정확히 했다. 여러 소음들을 듣고 알아
낼 수 있어서 음악을 듣고 이해했으며, 가구 옮기는 소리, 동전 떨어뜨리
는 소리, 괘종시계 소리를 알아들었다. 다만 손목시계의 째깍거리는 소리
는 아무리 가까이 대도 알아듣지 못했다. 언어 기억상실은 없어서, 쓴 말
이나 말의 분절은 정상적이었다. 세 번째 경우는 42세의 석공으로서 결
혼을 한 세 아이의 아버지였다. 10년 전부터 아무리 크게 말해도 못 알아
듣는 증상이 점점 심해졌다. 그는 매우 지적인 사람으로 그의 아내의 안
색과 행동을 보고 말하기도 전에 무슨 말을 하려는 것인지를 짐작해 내
었다. 그는 쓰고 계산할 수 있었다. 그런데 소리를 높여 말해도 무슨 말인
지 못 알아듣고 두 번째 환자처럼 여러 소음은 구별해 내었으나 손목시
계의 소리는 못 알아보고 심지어 못 듣는 것 같기도 했다. 그러나 낮은 소
리로 음절 하나하나씩 분명히 분절하여 천천히 말하면 정확히 대답하고

대적으로 분명한 여러 경우에서 확인되는 이 마지막 사실[285]이 특 128
별히 의미 있지 않은가?

스트리커(Stricker)[*57]의 오류는 들은 말이 완전히 내적으로 반복

....

[*57] Stricker, 『언어와 음악에 대하여(*Du langage et de la musique*)』, Paris, 1885.[286]

───────

말을 반복할 수도 있었다. 이 세 경우는 모두 본문에 나오는 것처럼 말을 끊어서 분절해 들려주면 이해를 회복한 환자들이다. 또 *Ech*는 Schmidt 의 논문을 언급하는데, 그의 "Gehörs- und Sprachstörung in Folge von Apoplexie"(*Allg. Zeitschr. f. Psychiatrie*, 1871, XXVII권), 304쪽은 25세의 N. 부인의 경우를 보고한다. 분만한 지 열흘 후 분만에 너무 힘을 많이 써서 말은 알아들을 수가 없었다. 그러나 작은 소리는 들을 수 있었다. 그런데 한 글자씩 끊어서 말하면서 반복하면 이해할 수가 있었다. 한 음절의 말도 그냥 말하면 못 알아듣지만 한 글자씩 분명하게 강조하면 반복할 수 있었고, 여러 음절의 말은 한 음절씩 끊어서 말한 다음 다시 붙여서 말하면 알아들었다. 병이 나은 다음 그녀의 증언에 따르면 말을 듣기는 하는데 단어가 혼동된 소음처럼 들렸다고 한다(*Ech*, 368쪽, 127쪽 주석의 주석 3).

285 마지막 사실이란 "들은 말을 이해할 수 없었던 환자는 단어를 여러 번 반복해주고 특히 한 음절씩 끊어서 발음하면 이해를 회복한다."는 것으로 청각기억은 사라지지 않은 채로 이미 있었고, 다만 운동 도식에 의한 분절이 이루어지느냐 아니냐만 문제이기 때문에 여러 번 반복해서 분절해주면 이해를 회복한다. 즉, 청지각과 청각기억의 결합이 이루어진다는 것이다.

286 Stricker, 『언어와 음악에 대하여(*Du langage et de la musique*)』, tr. par F, Schwiedland, Paris, Alcan, 1885. Stricker는 단어(또는 음악)의 내적 분절은 끊임없이 청각적 이미지의 표상을 동반한다는 것을 주장한다. 즉, 우리는 우리의 생각을 내적으로 이해하는 것이 아니라, 말해야 한다고 생각하기 때문에 내적 언어에서 운동적 이미지(image motrice)의 역할이 주도

된다고 믿은 것이었다.

그의 주장은 언어농을 유발한 단 한 경우의 운동적 실어증도 알려지지 않았다는 단순한 사실에 의해 이미 논박된 셈일 것이다.[287] 그러나 모든 사실은 소리를 분절하고 그 도식을 확립하는 운동적 경향의 존재를 증명하는 데로 모인다. 그런 자동적 경향은 게다가 위에서 말한 것처럼[288] 어떤 기초적인 지적 작업 없이는 진행되지 않는다. 그렇지 않다면 어떻게 상이한 음색으로 상이한 높이에서 발음되는 유사한 말들을 모두 함께 동일한 것으로 파악하고 따라서 동일한 도식을 통해 따라갈 수 있겠는가? 반복과 재인의 그런 내적

적이라는 것이다. 즉, 우리는 운동 표상에 의해 청각적 표상을 떠올림으로써 생각한다는 것이다. 베르크손은 운동적 이미지의 중요성은 인정하지만 그것의 중요성을 지나치게 강조해서 완전한 하나의 이미지가 형성된다고 생각하면 안 된다는 것이다. Stricker가 옳다면 운동적 실어증은 곧 단어농을 유발해야 하는데(말을 할 수 없으니 듣지도 못해야 한다), 그런 경우가 발견되지 않는다는 것이다. 베르크손이 주장하는 것은 내적 언어에서 완전히 분절된 청각적 이미지가 동원되는 것이 아니라, "소리를 분절하고 그 도식을 확립하는 운동적 경향의 존재"만, 즉 운동 도식만 파악되면 가능하다는 것이다. 그런 도식은, 즉 "반복과 재인의 그런 내적인 운동"은 "의지적 주의의 서곡"이다. 그것은 "의지와 자동성 사이의 경계"가 된다.

287 Stricker의 주장대로 들은 말이 완전히 내적으로 반복된다면, 언어농(듣고 이해하지를 못한다)에 걸렸을 때는 말이 내적으로 완전히 반복되지 못할 것이고, 그렇다면 반드시 말을 못 하는 운동적(표현적) 실어증이 동반되어야 하는데 그런 경우는 관찰되지 않는다는 것이다. 그렇다면 Stricker의 주장은 잘못임이 드러난다.

288 위의 125~126쪽을 보라.

인 운동은 의지적 주의의 서곡과 같은 것이다. 그것은 의지와 자동성 사이의 경계를 나타낸다. 그것들에 의해 우리가 예감하게 했던 것처럼[289] 지적 재인의 특징적 형상들이 준비되고 결정된다. 그러나 자신을 완전히 의식하기에 이른 그런 완전한 재인이란 무엇인가?

2) 우리는 이 연구의 두 번째 부분에 도달했다. 즉, 운동에서 기억으로 옮겨간다. 우리가 말했듯[290] 주의하는 재인은 진정한 **회로**이며, 그 속에서 외부 대상은 대칭적 위치에 있는 우리 기억(mémoire)이 점점 더 높은 긴장을 채택하여 대상에 기억들(souvenirs)을 투사함에 따라 자신의 점점 더 깊은 부분을 우리에게 넘겨준다. 우리가 다루는 특수한 경우에서 대상은 대화상대자이며 그의 관념들은 그의 의식에서 청각적 표상으로 피어나서 다음으로는 발화된 말들로 구체화된다. 따라서 우리가 옳다면 **듣는 사람은 단번에 대응하는 관념들 속에 위치하여** 그것들을 청각적 표상으로 전개시켜야 할 것이며, 그 표상은 그 자체 운동 도식으로 끼어 들어가 가공되지 않은 지각된 소리들을 덮는다. 계산을 따라가는 것은 그것을 그 자신이 다시 해보는 것이다. 마찬가지로 다른 사람의 말을 이해하는 것은 귀가 지각하는 소리의 연속체를 지적으로, 즉 관념으로부터 출발하여 재구성하는 데서 성립한다. 그리고 더 일반적으로 주의를 하는 것, 지성과 함께 재인하는 것, 해석하는 것은 정신이 자신의 수준을 고정한 후, 즉 자신 속에서 가공되지 않은 지각과 관계하여 다소간

129

289 위의 113쪽을 보라.
290 위의 114쪽을 보라.

에 가까운 그것의 원인의 대칭점을 선택한 후, 그 지각을 덮으려는 기억들을 그 지각으로 흘러들어가게 하는 오직 하나의 동일한 작업과 혼동될 것이다.

서둘러 말해야 할 것은 사람들이 보통 사태를 생각하는 것은 전혀 이러한 방식이 아니라는 것이다. 우리의 연상주의적 습관이 거기에 있으며, 그에 따라 우리는 소리가 인접성에 의해 청각적 기억을 불러오고, 청각적 기억이 관념을 불러온다고 표상한다. 다음으로는 기억의 소멸을 일으키는 것으로 보이는 뇌의 손상이 있다. 더 특수하게 우리가 다루는 경우에서는 피질적 언어농의 특징적인 손상을 내세울 수 있을 것이다. 그러므로 심리적 관찰과 임상적 사실이 일치하는 것으로 보인다. 가령 세포의 물리-화학적 변경의 형태로 피질에서 잠자고 있는 청각적 표상이 있다는 것이다. 즉, 밖으로부터 오는 진동이 그것을 깨우고, 두뇌 내적인 과정을 통해, 아마도 130 보충적 표상을 찾으러 가는 초-피질적(trans-corticaux) 운동에 의해 그 표상이 관념을 불러일으킨다는 것이다.

그러나 그런 종류의 가설의 기이한 결과를 반성해 보기 바란다. 한 단어의 청각적 상은 결정적으로 정지된 윤곽을 가진 대상이 아니다. 다른 목소리나 동일한 목소리가 다른 높이로 발음한 동일한 단어는 다른 소리를 내기 때문이다. 따라서 한 단어의 청각적 기억은 소리의 높이나 목소리의 음색이 있는 만큼 있게 될 것이다. 그 모든 상이 뇌에 축적되거나 뇌가 선택한다면 그것이 선호하는 것은 어떤 것이겠는가? 어쨌든 그중의 어느 하나를 선택할 이유가 있다고 인정해 보자. 새로운 사람에 의해 발음된 그 동일한 단어가 어떻게 그것과 다른 기억과 결합하러 갈 것인가?[291] 그 기억은 가정에 의해 타성적이며 수동적이고 따라서 외적 차이 아래에서 내적 유사성을 파악하는 것이 불가능하다는 것에 주목하자. 사람들은 단어의 청각적 상에 대해 마치 그것이 어떤 하나의 존재자나 유(genre)인 것처럼 말한다. 그런 유는 의심의 여지없이 복잡한 소리들의 유사성을 도식화하는 능동적 기억에게는 존재한다. 그러나 지각된 소리의 물질성만을 보존하고 그것밖에는 보존할 수 없는 뇌에게는 동일한 단어에 대해 수천수만의 구별되는 상들이 있을 것이다. 새로운 목소리에 의해 발음되면 새로운 상을 구성할 것이며, 그것은 다른 것들에 단순히 부가되는 데 지나지 않을 것이다.

그러나 마찬가지로 황당한 것이 또 있다. 한 단어가 개별성을 가지는 것은 오직 우리의 선생님들이 우리에게 그것을 추상화하는 법을 가르쳐 준 때부터이다. 우리가 우선 말하기를 배우는 것은 단어가 아니라 문장이다. 한 단어는 항상 그것과 동반되는 것들과 접합되어 있으며, 그것이 전체의 부분으로 속하는 문장의 보조步調와 운동에 따라 다른 모습을 띤다. 한 선율적 주제의 각 음이 막연하게나마 주제 전체를 반영하는 것과 같다. 따라서 어떤 두뇌-내적인 장치에 의해 그려져 있으며 지나는 길에 음성적 인상들을 기다리는 본이 되는 청각적 기억이 있다고 인정해 보자. 그러면 그 인상들은 131

---

291 상이한 목소리와 상이한 높이로 발음된 수많은 소리의 기억 중 어느 하나를 찾아갈 가능성이 있다고 하더라도 또 다른 목소리로 발음된 어떤 단어가 왜 그 하나의 단어(가정 상 다른 목소리로 발음된 단어)를 찾아가야 하는가?

재인되지 않은 채로 지나갈 것이다. 왜냐하면 건조하고 타성적이며 고립된 상과 유기적으로 문장과 조직될 단어의 살아 있는 실재 사이의 공통적인 척도는 어디에 있으며, 접촉점은 어디일 것인가? 나는 위에서 본 것처럼[292] 그런 문장의 주요 분절들을 강조하고 그리하여 그 운동을 채택하는 데서 성립할 자동적 재인의 시작을 매우 잘 이해한다. 그러나 모든 사람이 동일한 목소리로 동일한 높이로 틀에 박힌 동일한 문장을 말한다고 가정하지 않는 한, 나는 어떻게 들은 단어들이 두뇌 피질 속의 그것들의 상과 결합하러 갈 것인지를 이해할 수 없다.

이제 진실로 피질의 세포 속에 저장된 기억이 있다면, 가령 감각적 실어증에서 어떤 특정한 단어들은 상실되어 회복할 수 없을 것이고 다른 단어들은 온전히 보존된다는 것을 확인할 것이다. (그러나) 사실은 일이 그렇게 진행되지는 않는다. 때로는 정신적 청각의 능력이 단순히 소멸되어버려서 사라지는 것은 기억 전체이거나, 때로는 그런 기능의 일반적 약화를 보게 되거나이다. 그러나 보통 감소되는 것은 기능이지 기억의 수가 아니다. 환자는 더 이상 음향적 기억을 재포착할 능력이 없으며, 단어의 상 위에 내려앉지를 못하고 그 주변을 도는 것처럼 보인다. 빈번히 그에게 한 단어를 재발견하게 하기 위해서는 그를 그 길 위에 올려놓는 것으로 충분하다. 첫 번째 음절을 지시하거나[*58] 또는 단지 용기를 북돋워주는 것[*59]만으로도 어떤 감정은 동일한 효과를 일으킬 수 있을 것이다.[*60] 그러

132

---

292 위의 120~128쪽을 보라.

*58 Bernard, 인용된 책, 172쪽과 179쪽. Babilée,『알코올중독에서의 기억의 병증들(Les troubles de la mémoire dans l'acoolisme)』, Paris, 1886 (의학박사논문), 44쪽 참조.[293]

*59 Rieger,『두뇌손상에 따르는 지성장해의 기술(Beschreibung der Intelligenzstörungen in Folge einer Hirnverletzung)』, Würzburg, 1889, 35쪽.[294]

*60 Wernicke,『실어증적 징후복합(Der aphasische Syptomencomplex)』, Breslau, 1874, 309쪽. — Valentin,「외상에 기인한 실어증의 한 경우에 대하여(Sur un cas d'aphasie d'origine traumatique)」(Rev. médicale de l'Est, 1880, 171쪽) 참조.[295]

---

293 Bernard, 인용된 책, 186쪽(172쪽과 179쪽이 아니다)에는 Lucas-Championière 씨에 의해 관찰된 여자 환자는 자기 이름의 첫 부분을 말해줘야 나머지 부분을 간신히 완성했다는 보고가 있다. 이 환자는 표현성 실어증 환자이다. Babilée, Les troubles de la mémoire dans l'acoolisme, 의학박사학위논문, Paris, 1886, 44쪽은 Ech에 따르면 대사를 잊어서 중간 중간 옆에서 일러줘야 하는 배우의 입장에 처한 환자들에 대한 여러 경우를 보고한다. 그 경우들은 분절에 필요한 운동의 기억상실을 보이는 표현성 실어증의 경우들이다(Ech, 370쪽, 131쪽 주석의 주석 2).

294 Rieger, Beschreibung der Intelligenzstörungen in Folge einer Hirnverletzung, Würzburg, 1889, 35쪽은 두뇌 내벽의 골절로 인해 왼쪽 눈이 안 보이고 왼쪽 귀가 안 들리게 된 32세의 건축가의 경우를 관찰한다. 오른쪽 귀와 눈은 정상이지만 대상을 즉시 알아보지 못했다. 필요한 단어를 찾는 데 어려움을 겪었지만 그를 부추기면 다시 찾았다. 저자는 거기서 언어기능의 지체를 보았다. 게다가 환자는 새로운 인상을 기억할 수 없었고, 해준 말을 몇 초 후에는 반복할 수 없었으며, 방금 느낀 고통도 기억할 수 없었다. 그러나 단어를 찾기 어렵다는 것은 잊기 쉽다는 것을 설명하지 않는다. 저자는 그것의 설명을 위해 각 감각중추에 유사한 손상을 가정하는 Grashey의 가설을 인정하지 않는다(Ech, 371쪽, 132쪽 주석의 주석1). 베르크손이 다음에 주장하듯이 감소된 것은 기능이지 기억의 수가

나 기억에서 지워진 것은 분명히 일정한 표상의 집단인 것처럼 보이는 경우들이 나타난다. 우리는 많은 수의 그런 사실들을 재검토했으며, 그것들을 절대적으로 나누어지는 두 범주로 구분할 수 있는 것으로 보였다. 첫 번째 범주에서 기억의 상실은 일반적으로 급작스러운 것이고, 두 번째에서는 점진적인 것이다. 첫 번째에서는 〔전체〕 기억에서 떨어져 나온 〔개별〕 기억들은 무엇이든 다 해당하며, 임의적으로, 그리고 심지어는 **변덕스럽게** 선택된 것들이다. 즉,

---

아니다. 단어를 찾기 어렵다는 것과 잊기 쉽다는 것은 독립적 현상이다.

295 Wernicke, *Der aphasische Syptomencomplex*, Breslau, 1874, 309쪽은 감각 실어증에 걸린 59세의 Suzane Adam에 대해 보고한다. 그녀는 1874년 갑자기 처음에는 정신이상 같은 증상을 보여 병원에 입원한다. 사람들이 하는 말을 이해하지 못하고 오류로 가득 찬 그녀의 대답은 물음과 상관없는 것이었다. 그럼에도 불구하고 Wernike는 그녀의 상태에 부합하는 어떤 깊은 심리적 손상을 짚어낼 수가 없었다. 매우 자주 어떤 감정에 사로잡히면 다시 정확하게 말하고 그녀에게 제시하는 모든 대상의 정확한 이름을 대었다. 가령 그녀를 방문한 아들을 의사에게 소개하면서 "잘생긴 내 아들 리차드를 보세요. 잘생긴 녀석 아니에요?"라고 정상적으로 말했다. Wernike가 말하는 표현적 운동은 인간의 감정 상태에 대해 알려준다. 그는 감정 상태가 유기적 감각의 의식이며 표현적 운동은 반드시 감정에 연결되어 있다고 생각했다. Valentin, "Sur un cas d'aphasie d'origine traumatique"(*Rev. médicale de l'Est*, t. XII, 1880), 171쪽은 Camille Lemoine이라는 환자가 머리의 왼쪽 측면, 즉 거의 브로카 영역에 해당하는 부위를 쇠스랑으로 맞았다. 그의 운동적 실어증은 일시적이었다. 그러나 "예"와 "아니오" 이외에는 말하는 능력을 잃어버린 그는 가족 간의 논의에 의해 촉발된 감정의 지배하에 명령을 내리는 아내를 강력하게 향하면서 "뭐? 당신이 뭐라고 말했다고?"라고 완벽하게 발음했다(Ech, 371~372쪽, 132쪽 주석의 주석 2, 3).

어떤 단어들이나 어떤 수들, 심지어 자주 습득한 언어의 모든 단어
일 수 있다. 두 번째에서는 단어들이 사라지는 것은 방법적이고도
문법적인 순서, 리보의 법칙이 가리키는 순서 자체를 따른다. 우선
고유 명사가 사라지고 다음으로 보통 명사, 마지막으로 동사가 사
라진다.*61 이것들은 외적인 차이이다. 이제 우리가 생각하기에 내
적인 차이를 보라. 거의 모두가 강한 충격에 뒤따라오는 첫 번째 종
류의 기억 상실에서 우리는 외관상 소멸된 것으로 보이는 기억이
실제로는 현존하며, 단지 현존할 뿐만 아니라 작용하고 있다고 믿
는 쪽으로 기운다. 자주 윈슬로우(Winslow)에게서 빌려오는 예로
서*62 F 자를, 그리고 오직 F 자만을 잊어버린 환자의 예를 들자면,

*61　Ribot, 『기억의 병들(*Les maladies de la mémoire*)』, Paris, 1881, 131쪽 이하
　　(Félix Alcan).296
*62　Winslow, 『뇌의 불분명한 병들에 대하여(*On obscure Diseases of the Brain*)』,
　　London, 1861.297

296　Ribot, *Les maladies de la mémoire*, Paris, Félix Alcan, 1881, 131쪽 이하는
　　소위 "퇴행의 법칙(loi de regression)"이라는 것이 설명되어 있다. 언어 기
　　억이 고유명사, 일반명사, 형용사와 동사의 순서로 사라진다는 법칙을 말
　　한다. Ribot는 특수한 것에서 일반적인 것으로 기억의 상실이 진행되며,
　　질의 개념이 가장 안정적이라고 말한다. Ribot는 형용사와 동사 중 어떤
　　것이 나중에 사라지는가에 대해서는 정확히 언급을 하지 않으나 질이 가
　　장 안정적이라 한 것으로 보아 형용사가 가장 나중에 사라진 것으로 본
　　것이다. 그에 비해 베르크손은 본문에서처럼 동사가 가장 나중에 사라진
　　다고 본다. 다음에 나오는 설명과 같이 그것이 우리 행동과의 연관이 더
　　깊기 때문이다.
297　Winslow, *On obscure Diseases of the Brain, and disorders of the mind*,

우리는 일정한 문자를 만나는 곳에서는 어디든지 그것을 없앨 수
133 있는지, 따라서 그것이 속한, 말해지거나 쓰인 단어로부터 떼어 낼
수 있는지, 우선 암묵적으로 그것을 알아차리지 못했는지 하는 의
문이 든다. 동일한 저자에 의해 인용된 다른 경우에서*63 환자는 그
가 습득한 언어들과 그가 쓴 시들 또한 잊어버렸다. 다시 시를 쓰
려고 하자 거의 동일한 시를 다시 썼다. 게다가 그와 같은 경우 자
주 사라진 기억들의 총체적인 회복을 보게 된다. 그런 종류의 문제
에 지나치게 엄격히 입장을 밝히고 싶지는 않지만, 우리는 그런 현
상들과 피에르 쟈네(Pierre Janet) 씨가 묘사한 인격의 분리 사이의
유사성을 발견하지 않을 수가 없다.*64 그것들 중의 어떤 것은 최면

---

*63 같은 곳, 372쪽.298

*64 Pierre Janet, 『히스테리의 정신적 상태(Etat mental des hystériques)』,
Paris, 1894, Ⅱ, 263쪽 이하. ― 같은 저자, 『심리적 자동성(L'automatisme
psychologique)』, Paris, 1889 참조.299

London, 1861, chap. X "Stage of abberation", 258쪽. 심한 열병에 걸린
후 매우 교육 수준이 높은 한 환자가 F자에 대한 인식을 완전히 잃어버렸
다. 이 예는 매우 모호하여 분절에 관한 것인지 쓰인 기호에 관한 것인지
도 알 수 없고, 나중에 회복되었는지도 알 수 없다. Ribot는 이 예를 인용
하며 각 단어 내지 각 문자의 기억은 신경요소들의 정해진 결합에 근거
를 둔다는 자신의 주장을 뒷받침하는 것으로 해석한다(Les maladies de la
mémoire, 32쪽). Winslow는 또한 두개골의 구멍을 뚫는 수술을 받은 후 두
뇌의 어떤 부분을 상실한 군인의 경우도 보고한다. 얼마 후 그는 5와 7이
라는 숫자만을 잃어버렸다. 얼마 후 두 숫자에 대한 기억을 다시 회복했
다(Ech, 373쪽, 132쪽 주석에 대한 주석 5).

술사가 유발하는 "부정적 환각"과 "지표를 가진 암시"[300]와 놀랄 만
큼 닮았다.*[65] — 두 번째 종류의 실어증,[301] 즉 진정한 실어증은 전

....

*65 Sommer에 의해 새롭게 연구되고 그가 실어증 이론의 현 상태에서는 설
명 불가능하다고 선언한 Grashey의 경우를 보라. 그 예에서 환자가 수
행한 운동은 독립적 기억에 전해진 신호로 보인다(Sommer, 「말의 심리학
에 관하여(Zur Psychologie der Sprache)」, *Zeitschr. f. Psychol. u. Physiologie
der Sinnesorgane*, II권, 1891, 143쪽 이하. — 좀머의 독일 정신과 의사 협
회에서의 발표, *Arch. de Neurologie*, XXIV권, 1892 참조).[302]

----

298 Winslow의 책을 입수할 수 없었던 우리는 구체적으로 이 예가 어떤 것인
지를 알 수 없다. *Ech*도 아무런 단서를 제공하지 않는다.

299 Pierre Janet, *Etat mental des hystériques* II, Paris, 1894, II. Les accidents
mentaux, Conclusion §2. "Le dédoublement de la personalité", 263쪽
이하. 몽유병이나 발작(attaque)의 경우는 깨어 있을 때 병적인 상태를 전
혀 기억하지 못하는데, 그것을 인격의 이중화(분리)와 동일한 현상으로
봐야 한다는 것이다. 베르크손은 이때 기억이 완전히 없어지는 것이 아니
라 배후에서 활동하는 것으로 봐야 한다고 주장한다. 또 *L'automatisme
psychologique*, VIII. "Les diverses existences psychologiques successives
— Les changements de personnalité dans le somnabulismes artificiels",
125쪽 이하도 또한 몽유병의 상태가 독자적인 고유한 특성을 보이지 않
고 인격의 이중화와 동일한 현상이라 주장한다. 그 상태는 무감각이나 마
비, 위축, 지적 약화 등을 전혀 보이지 않는다는 것이다.

300 부정적 환각은 어떤 대상이나 사람을 의식에서 제거하는 것이다. 이것은
Benrheim에 의해 창안된 "최면 후 암시(suggestion post-hynotique)"를
통해 이루어진다. 최면을 건 후 어떤 물체나 사람이 보이지 않는다고 암
시를 준다. 그러면 최면에서 깨어난 후 그 대상이나 인물을 보지 못하게
된다. 그것을 "부정적 환각"이라 한다. 그런데 그것이 보이지 않으려면 그
물체를 인지해야 한다. 여러 카드를 섞어놓고 한 카드를 못 보게 된다고

혀 다르다. 그것은 우리가 곧 증명하려고 시도할 것처럼[303] 위치가
잘 정해진 기능, 즉 단어들의 기억을 현재화하는 능력의 점진적 감

암시하는 경우 그 카드만 못 보는 것으로 보아 그것을 인지했다고 할 수
밖에 없다. 더구나 그 카드에 특별한 표시를 하면 더 쉽게 못 보았다. 그것
을 "지표를 가진 암시"라 한다(*Ech*, 373쪽 주47 참조).

301 기억의 상실이 점진적인 경우.

302 Sommer, "Zur Psychologie der Sprache", *Zeitschr. f. Psychol. u.
   Physiologie der Sinnesorgane*, II권, 1891, 143쪽 이하는 위의 주249)에서
   언급된 Grashey의 5년 전 논문에 등장한 Voit 씨의 경우를 다시 연구한다.
   Voit에게 대상을 0.06초 동안만 보여주면 단어의 첫 번째 부분만을 말하
   고 쓸 수 있을 뿐이었다. 여러 세부의 관찰을 통해 Sommer는 다음과 같
   은 결론을 내린다. 1) 대상의 표상과 필기로 기록하는 것 사이에 청각 상
   은 존재하지 않는다. 2) 그의 읽기도 쓰기도 한 자씩 떼어서 이루어지지
   않는다. 3) 그는 상응하는 글자도 소리도 표상하지 않고 쓴다. 비슷한 종
   류의 대상들을 제시하면 각각의 대상의 이름은 발견할 수 없지만 그것들
   을 포괄하는 유에 해당하는 단어는 쓸 수가 있었다. 어떤 의지적 운동을
   방해하면(가령 혀를 빼다거나) 단어를 인위적으로 잊게 할 수가 있었다. 그
   는 쓰기의 운동을 통해서만 이름을 기억할 수 있었다. 거기서부터 기억
   이 의지적 운동에 의해 일깨워지고 운동의 제거는 기억 상실을 일으키는
   지 아닌지에 대한 문제가 나온다. 베르크손은 이처럼 Voit 씨가, Grashey
   가 생각한 것처럼 진정한 실어증에 걸렸다고 인정하지 않은 것으로 보인
   다. 즉, 환자는 기억에 호소하는 신호들에게와 같이 수행하는 운동에 의
   존할 수가 있었다는 것이다. 기억은 거기에 현존하고 있으나 그 기억이
   두뇌 장치가 확보해야 하는 상황에 적응할 수가 없어서 주변을 도는 것과
   같다(*Ech*, 374쪽, 133쪽 주석의 주석 2). 독일 정신과 의사 협회에서의 발표
   (*Arch. de Neurologie*, XXIV권, 1892)는 언어장애를 다양한 도식에 따라 설명
   하는 것은 거의 불가능하다는 생각을 위의 논문의 내용에 따라 발표하고
   그에 대해 토의한 것을 보고하고 있다.

303 아래의 134쪽, 143쪽을 보라.

가? 언어적 상들이 진실로 피질의 세포에 저장되어 있다면 그 방법
은 거의 보이지 않을 것이다. 그도 그럴 것이 병이 그 세포들을 항
상 동일한 순서로 손상시킨다는 것이 이상하지 않을까?[66] 그러나
우리와 같이 기억들은 현재화되기 위하여 운동적 보조물(adjuvant)
을 필요로 하며, 환기되기 위해서는 그 자체 신체적 태도 속으로 삽   134
입되는 일종의 정신적 태도를 요청한다는 것을 받아들이면 사실은
밝혀질 것이다. 그렇다면 그 본질이 **모방할 수 있는 행동들**을 표현
하는 것인 동사들은 바로 언어의 기능이 우리를 벗어나려 할 때 신
체적 노력이 재파악하게 해주는 단어들이다. 반대로 고유명사는 모
든 단어 중에 우리 몸이 소묘할 수 있는 비인격적 행동과는 가장 먼
것들이기 때문에 기능의 약화가 우선 도달할 단어들이다. 실어증
환자는 규칙적으로 그가 찾는 체언을 되찾을 수 없게 되는데, 다른
체언들[67]과 때로는 그 자체의 맞지 않는 체언들이 들어갈 적합한

----

*66 Wundt, 『생리학적 심리학(*Psychologie physiologique*)』, I권, 239쪽.[304]
*67 Bernard, 『실어증에 관하여(*De l'aphasie*)』, Paris, 1889, 171쪽과 174쪽.[305]

----

304 Wundt, *Elément de psychologie physiologique*, I권, Paris, Alcan, V장
     "Fonction physiologique des parties centrales", 6절 "Fonction des
     hémisphère du cerveau", 239쪽은 Ribot에 대한 언급 없이 그의 법칙을
     이야기하면서 만약 뇌의 특정 부위에 특정 기억이 저장되어 있다면 고유
     명사, 일반 명사, 다른 더 일반적인 단어들 순으로 뇌의 각 층에 저장되어
     있다는 말이 되는데, 그렇다면 뇌의 손상이 항상 뇌의 각 층의 차례대로
     이루어진다는 이야기가 아닌가? 그러나 그것은 말이 안 된다고 정확히
     말한다. 그는 더군다나 손상은 기억의 특정 내용이 아니라 기능을 손상시
     킨다고 지적한다.

풀어 말하기(périphrase)로 대체할 것이라는 독특한 사실에 주목하자. 정확한 단어를 생각할 수 없어서 대응하는 행동을 생각했고 그런 태도는 운동의 일반방향을 결정했고 거기서 문장이 나왔다. 그와 같이 하여 우리도 잊은 이름의 첫 글자를 기억한 후 첫 글자를 발음해 봄으로써 이름을 되찾기에 이른다.*[68] — 따라서 두 번째 종

....

*[68] Graves는 모든 이름을 잊었으나 그 첫 글자는 기억하여 그것을 통해 이름을 되찾은 환자의 경우를 인용한다 (Bernard, 『실어증에 관하여(De l'aphasie)』, 179쪽에 인용됨)[306]

———

305 Bernard, *De l'aphasie et sesdiverses formes*, Paris, Progrès médical, 1889의 제7장은 "Aphémie"라는 제목 하에 여러 실어증 환자의 예를 인용하고 있는데, 그는 "aphémie"라는 용어가 "aphasie"보다 더 먼저 쓰였고, 말 자체를 못 하는 것이 아니라 말하는 분절 능력이 상실된 것뿐이기 때문에 그것이 더 적합하다고 주장한다. 186쪽 이하에(171쪽과 174쪽이 아니다)에 Cuvier라는 환자가 체언의 기억만 사라져서 그 말을 찾지 못해 문장으로 풀어서 말했다는 보고가 나온다. 또 Perrier 신부는 체언을 찾지 못해 모자를 찾으면서 "머리에 쓰는 것 줘!"라고 말했다. 또 어떤 환자는 가위 대신에 "자르는 것", 창 대신에 "그것을 통해 보는 것"이나 "날씨가 좋다는 것을 보는 것"이라 말했다. Sainty라는 환자는 지갑을 보여주면서 뭐냐고 물으면 "단어를 말할 수는 없지만 돈을 넣는 것"이라 말했다 등등.

306 Bernard의 위의 책 194쪽에는 Graves가 보고한 Winklow 백작의 소작인에 대한 이야기가 나오는데, 그는 체언이나 모든 단어의 첫 글자만 기억하고 나머지는 잊어버렸다. 그래서 작은 손 사전에 가장 일반적으로 쓰이는 말들이나 부모와 친구, 가족들의 이름을 써서 다녔다. 대화를 할 때는 사전에서 눈을 떼지 않고 말을 했고 그렇게 대화를 마쳤다. 그것을 닫은 상태에서는 아무 말도 못 하였다. 이 이야기는 물론 실어증에 걸린 사람에 관한 이야기이지만 일반적으로 정상적인 사람에게도 자주 일어나는 일이므로 이것을 이야기하는 것이다.

류의 사실들에서는 기능이 그 전체에서 손상되었으며, 첫 번째 종류의 사실들에서는 망각은 외관상 더 분명함에도 불구하고 실재로는 결코 결정적이지 않음에 틀림없다. 이 경우든 저 경우든 두뇌 물질의 정해진 세포에 국한되어 있으며 그 세포들이 파괴되면 소멸될 기억들은 찾을 수 없다.

그러나 우리의 의식에게 물어보자. 우리가 다른 사람의 말을 이해하려는 마음으로 들을 때 무슨 일이 일어나는지를 물어 보자. 수동적인 우리가 인상들이 그 상들을 찾으러 가는 것을 기다리는가? 135 마치 우리의 지적 작업의 음조를 조절하는 것으로부터 시작하듯이, 우리는 오히려 대화상대자에 따라 달라지고, 그가 하는 말, 그가 표현하는 생각의 종류, 특히 그의 문장의 일반적 운동에 따라 달라지는 어떤 성향 속에 자리 잡지 않는가? 운동 도식은 그 어조를 강조하고 그의 생각의 굴곡을 굽이굽이 따르면서 우리의 생각에 그 길을 보여준다. 그것은 빈 용기이며 그것의 형태에 의해 그리로 몰려 들어가는 유체 덩어리가 향하는 형태를 결정한다.

그러나 모든 경우에서 우리로 하여금 **진행**(progrès)보다는 **사물** (choses)을 생각하게 하는 이길 수 없는 경향 때문에 사람들은 해석의 기제를 이와 같이 이해하기를 망설일 것이다. 우리가 말한 바,[307] 우리는 관념으로부터 출발하여 그것을 청각적 상기억으로 전개시키며, 상기억은 들린 소리를 덮기 위해 운동 도식으로 삽입될 수 있다. 거기에는 관념의 성운이 구별되는 청각적 상들로 응축되는 연

---

307 위의 129쪽을 보라.

속적 진행이 있으며, 그 상들은 아직도 유동적이어서 결국은 곧 물질적으로 지각된 소리와의 유착(coalescence) 속에서 응고된다. 관념이 끝나는지 기억상이 끝나는지, 기억상이 시작되는지 감각이 시작되는지를 어느 순간도 정확히 말할 수 없다. 그리고 사실상, 덩어리로 지각된 소리의 혼동과 재기억된 청각적 상이 거기에 덧붙이는 명료함 사이의 재기억된 상들 자체의 불연속성과 그 상들이 구별되는 단어들로 분열시키고 굴절시키는 원래 관념의 연속성 사이의 구분선은 어디인가? 그러나 과학적 사유는 그런 변화의 부단한 연쇄를 분석하고 상징적 형상화(figuration)의 저항할 수 없는 필요에 굴복하여 그런 진전의 주요 국면들을 완성된 사물로 정지시키고 응고시킨다. 그것은 가공되지 않은 들은 소리를 분리되고 완전한 단어로 확립하고, 다음으로 재기억된 청각적 상들을 그것들이 전개하는 관념이라는 독립적 존재로 세운다. 가공되지 않은 지각, 청각적 상, 관념이라는 그 세 항은 이처럼 곧 각각이 자기 충족적일 구별되는 전체를 형성한다. 그리고 순수 경험에 만족하자면 청각적 기억은 관념에 그 접합을 빚고 있고 가공되지 않은 소리는 다시 기억에 의해서만 보충될 수 있으므로 반드시 관념으로부터 출발했어야 할 것인데도, 가공되지 않은 소리를 자의적으로 보충하고 기억들 총체를 또한 자의적으로 접합시켰을 때 사물의 자연적 질서를 뒤집고 지각에서 기억으로, 또 기억에서 관념으로 간다고 인정하는 데에 아무런 지장을 느끼지 않는다. 그러나 이런 형태로든 저런 형태로든, 이때건 저때건 세 항의 단절된 연속성을 분명 회복해야 할 것이다. 따라서 사람들은 그 세 항이 연수와 피질의 구별되는 부분에 머물고 있지만 그들 사이에 소통을 유지하고 지각은 청각적 기억을 깨우고 그 기억은 다시 관념을 깨운다고 가정할 것이다. 발전의 주요 국면들을 독립적 항들로 응고시켰으므로 이제 발전 자체를 소통의 선이나 충동력의 운동으로 구체화한다. 그러나 이처럼 진정한, 따라서 필연적인 순서를 바꾸고 연쇄의 각 항에 그것 다음에 실현되는 요소들을 도입한 것은 탈이 나지 않을 수 없다. 나누어지지 않은 진행의 연속성을 구별되고 독립적인 항으로 응고시킨 것 또한 탈이 나지 않을 수 없다. 그런 표상 방식은 그것을 발명하는 데 이용된 사실들에만 엄격히 한정되는 한 아마도 충분할 것이다. 그러나 각각의 새로운 사실은 형태를 복잡하게 하고 운동을 따라 새로운 역(station)을 끼워 넣게 만들 것이다. 그런 병치된 역들(station)이 운동 자체를 재구성하는 데는 결코 이르지 못하면서.   137

그 점에 관해 감각적 실어증의 '도식'의 역사보다 더 교훈적인 것은 없다. 샤르꼬,*69 브로드벤트(Boadbent),*70 쿠스마울,*71 리히트

*69 Bernard, 『실어증에 관하여(De l'aphasie)』, 37쪽.308
*70 Broadbent, 「독특한 언어 병증의 한 경우(A case of peculiar affection of speech)」(Brain, 1879, 494쪽).309
*71 Kussmaul, 『언어의 병증들(Les trouble de la parole)』, Paris, 1884, 234쪽.310

308 Bernard의 인용된 책 36쪽에는 Charcot가 실어증이 해부학적으로 Broca 영역(좌반구 하측 전두엽)의 손상 때문이 아니라고 했다는 이야기가 나오고, 37쪽에는 Broca에 대한 Bouillaud의 찬양이 언급될 뿐이다. 그러나 43쪽 이하에 Charcot의 도식에 대한 설명이 나오는데, 그는 "공통 청각중추(CAC=Centre auditif commun)", "단어청각중추(CAM=Centre auditif des mots)", "관념중추(IC=Centre d'Idéation)", "언어분절중추

하임*[72]의 작업들이 두드러지는 첫 번째 시기는 초피질적 길을 통

....

*[72] Lichtheim, 「실어증에 대하여(On aphasia)」(*Brain*, 1885). 그러나 최초로 감각적 실어증을 체계적으로 연구한 베르니케Wernicke에게는 개념 중추가 필요치 않았다는 것을 주목해야 한다(『실어증적 증후복합(*Der aphasische Symptomencomplex*)』, Breslu, 1874).[311]

────────

(CLA=Centre du langage articulé)", "공통시각중추(CVC=Centre visuel commun)", "단어시각중추(CVM=Centre visuel des mots)", "언어필기중추(CLE=Centre du langage écrit)" 등을 나누었다.

309 Broadbent, "A case of peculiar affection of speech"(*Brain*, 1879), 494쪽 이하는 "명명중추(Naming center)"와 "관념중추(Idea center)"를 같은 것이라 놓고 그것과 "문장중추(Propositioning center)"를 구별한다. 그 양자가 "말하기 중추(Speech center)"라면, 그것은 또한 "감각중추(sensory center)"와 구별된다.

310 Kussmaul, *Les trouble de la parole*, Rueff 역, Paris, Ballière, 1884, XXVIII장 "Dessin schématique des centres et voies conductrices de la parole", 234쪽은 "지적중추(Centre de l'intelligence)"가 중간에 있고, 주변 바깥쪽에 "시각중추"와 "청각중추"가 있고, 안쪽에 "시각운동중추"와 "청각운동중추"가 있어서 그 네 중추는 모두 "지성중추"와 연결되어 있는 그림을 그리고 그 그림을 중심으로 실어증을 설명한다.

311 Lichtheim, "On aphasia"(*Brain*, 1885)는 위의 주266)에 나오는 바와 같이 논문 전체에서 여러 중추를 상정한다. 대표적으로 "청각중추(centre auditif, A), "운동중추(centre moteur, M)", "개념중추(Begriffcenter, B)", "시각중추(O)", "쓰기기관중추(E)" 등을 구별했다. Wernike는 폴란드 출신으로 독일로 이주한 정신과 의사이자 신경학자였는데, 그가 26세일 때 *Der aphasische Symptomencomplex*를 출판했다. 그는 베르크손의 설명과 약간 달리 명명을 하지 않았지만 감각중추와 언어의 운동중추에 해당하는 것의 존재를 암시함으로써 장래의 여러 중추에 대한 도식의 근원이 되었다. 게다가 그는 중추의 손상에 기인한 것은 아니지만 그 연결노선에

해 다양한 언어 중추에 연결되는 '관념화 중추(centre idéationnel)'의 가설에 만족한다. 그러나 그런 관념의 중추는 곧바로 분석에 의해 해체된다. 왜냐하면 뇌의 생리학이 감각과 운동의 위치는 점점 더 잘 정해지게 되었지만 관념은 결코 그렇지 못한 반면, 감각적 실어증의 다양성은 임상의들로 하여금 지적 중추를 점증하는 수의 가상적(imaginatifs) 중추들로, 즉 시각적 표상의 중추, 촉각적 표상의 중추, 청각적 표상의 중추 등등으로 분열시키게 했으며 — 그보다 더한 것은 종종 그것들을 소통하게 할 길을 하나는 올라가고 하나는 내려가는 두 개의 상이한 길로 쪼개게 했다.*73 그러한 것이 이

---

*73 Bastian, 「다양한 종류의 실어증에 대하여(On different kind of aphasia)」
(*British Medical Journal*, 1887). — Bernheim, 「사물의 정신맹에 대하여(De la cécité psychique des choses)」(*Revue de médecine*, 1885)에 의한 **광학적 실어증**(aphasie optique)의 설명(단지 가능적인 것으로만 명시된) 참조.[312]

기인한 실어증인 전도실어증의 존재를 제안했다. 그가 학파를 형성한 것은 아니지만 그의 생각을 출발점으로 하여 바로 여기서 언급된 여러 학자들의 도식이 나오게 되었다(*Ech*, 377쪽, 137쪽 주석의 주석 2).

312 Bastian, "On different kind of aphasia, with special reference to their classification and ultimate pathology"(*British Medical Journal*, 1887. 10. 29.과 11. 2.)은 "청각언어중추(auditory word center)", "시각언어중추(visual word center)", "혀운동언어중추(glosso-kinaesthic word center)", "손운동언어중추(cheiro-kinaestic word center)"를 나누고 마지막 둘 사이를 제외한 모든 중추가 서로 접합되며 그 접합부는 모두 양방향으로의 소통이 이루어진다. 이것이 베르크손이 이야기하는 "그것들을 소통하게 할 길을 하나는 올라가고 하나는 내려가는 두 개의 상이한 길로 쪼개"는 것이다. Bernheim, "Contribution à l'étude de l'aphasie. De la cécité psychique des choses"(*Revue de médecine*, 1885)는 구할 수가 없

후 시기의 도식, 즉 비스만(Wysman),[74] 묄리(Moeli),[75] 프로이트
(Freud)[76] [313]등등의 도식의 특징적인 윤곽이었다. 그러므로 이론

....
[74] Wysman, "실어증, 그리고 그와 유사한 상태들(Aphasie und verwandte
Zusände, *Deutsches Archiv für klinische Medicin*, 1890)". — 게다가
Skwortoff, "단어맹에 대하여(De la cécité des mots)"(*Th. de méd.*, 1881, 제
1 도판)의 도식이 가리키는 것처럼 Magnan은 이미 그 길로 들어섰다.

[75] Moeli, "시각을 통한 대상들의 지각에서의 실어증에 대하여(Über Aphasie
bei Wahrnehmung der Gegenstände durch das Gesicht)"(*Berliner klinische
Wochenschrift*, 1890. 4월 28일자).

[76] Freud, 『실어증의 이해를 위하여(*Zur Auffassung der Aphasien*)』, Leipzig,
1891.

―――――

어서 Riquier의 도움을 받을 수밖에 없다. 그에 의하면 Bernheim은 언어
맹에 걸린 63세의 B. Nicolas를 연구했다. 그는 쓰인 말의 의미를 이해할
수 없었으나 시각적 기억중추가 단지 약화된 것이라 할 수밖에 없는 것이
청각적 기억에 의해 다시 살아날 수 있었기 때문이다. Bernheim은 이것
을 시각기억(MV)과 청각기억(MA) 중추의 접합부의 손상으로 설명된다고
해석하고, "MA와 MV 사이에 두 길이 있어서 MV에서 MA로 가는 신경은
손상되고, MA에서 MV로 가는 신경은 온전하다고 하지 않는 한" 그 손상
은 단지 약화로 봐야 한다고 주장했다. 베르크손은 그 두 길을 나누어 본
것에 주의를 한 것으로 보이는데, Bernheim은 사실 그것이 아니라 접합
부의 약화로 봐야 한다고 결론 내렸다(*Ech*, 377~8쪽, 137쪽 주석의 주석 3).
Riquier는 "광학적 실어증"에 대해서는 특별히 언급하지 않는데, 위의 환
자가 글자뿐만 아니라 사물을 보고도 그것이 무엇인지(무엇에 쓰는 물건인
지)를 알지 못했다. 그는 물건이 친숙한 것이며 무엇인지를 안다고 말까
지 하는데 정작 말하라면 말하지 못한다. 이것을 광학적 실어증이라 부른
것이 아닌가 한다.

[313] 여기에 언급된 논문과 저술들은 우리가 입수할 수 없었고 *Ech*에도 별 다
른 정보가 없어서 애석하지만 설명 없이 지나갈 수밖에 없다.

은 점점 더 복잡해졌으나 실재의 복잡성을 틀어막기에는 이르지는 138
못했다. 오히려 더하여 도식들이 더 복잡해짐에 따라 그것들은 손
상의 가능성을 생각하고 가정하게 했다. 손상은 아마도 더 다양해
지기 위해 그만큼 더 특별하고 단순해야 했다. 도식의 복잡화는 바
로 사람들이 우선 혼동했던 중추들의 구분에 기인한 것이기 때문이
다. 그런데 경험은 여기서 그 이론을 정당화하는 것과는 거리가 멀
었다. 경험은 거의 항상 이론이 떼어 놓았던 여러 단순한 심리적 손
상들이 부분적으로 그리고 다양하게 결합되어 있는 것을 보여주었
기 때문이다. 실어증 이론의 복잡화가 이처럼 스스로 파괴된다면,
현재의 병리학이 점점 더 도식에 회의적이 되어 오직 순전히 사실
의 묘사로 되돌아오는 것을 보고 놀라야 할까?*77

*77 Sommer, 정신과 의사들의 회의에서의 발표(Arch. de Neurologie, XXIV권,
1892).314

314 Archive de Neurologie, XXIV권, 1892, 118~20쪽은 실어증을 장소가 지
정된 도식으로 설명하는 것이 불가능하다는 Sommer 발표의 요약과 이
에 대한 Grashey, Wernike의 논평이 실려 있다. 그 결론 부분 중 중요한
것만 살펴보면 다음과 같다. "1) 언어중추에 대한 현재의 도식은 지금까
지 나타난 언어 병증에 대한 설명에 불충분하다. 2) 관찰 자료가 풍부해
질수록 중추, 그리고 연결하는 섬유의 수도 많아졌다. 3) 언어병증에 관
한 논문은 주로 그것을 묘사하는 데 그쳐야지 설명하려 시도해서는 안 된
다. 4) 심리-해부학적 연역과 선험적 가설들은 특히 관념중추를 생각할
때 혼란스러워지며 그런 가설 하에 언어병증을 분석하는 것은 극도로 신
중해야 한다. (……) 9) 사실의 과학으로서의 뇌손상 구역을 진단하는 것
은 사실을 설명하기 위해 확립된 이론과는 완전히 독립적이다. 10) 정신
병자, 특히 환각증 환자에 대한 뇌수술은 정확한 과학적 기반이 없다. 지

그러나 어떻게 다를 수가 있었겠는가? 감각적 실어증의 몇몇 이론가들의 말을 듣노라면 그들이 문장의 구조를 결코 생각한 적이 없다고 믿을 것이다. 그들은 마치 한 문장이 곧 사물의 상들을 환기시킬 명사들로 구성된 것처럼 추론한다. 그 역할이 바로 상들 사이에 모든 종류의 관계와 뉘앙스들을 확립하는 것인 문장의 다양한 부분들은 무엇이 되는가? 그 단어들 각각이 그 자체 아마 더 막연하기는 하겠지만 정해진 물질적 상을 표현하고 환기시킨다고 말할 것인가? 그렇다면 동일한 단어가 그것이 차지하는 위치와 연결하는 항들에 따라 표현할 수 있는 다양한 관계들의 수를 생각하기 바란다! 그것은 이미 매우 완전하게 된 언어의 세련됨이며, 한 언어는 사물의 상들을 나타나게 하도록 되어 있는 구체적 단어들과 함께 가능한 것이라 둘러댈 것인가? 나는 쉽게 그것에 동의하나 당신이 나에게 말할 언어가 더 원시적이고 관계를 표현하는 용어들이 없을수록 당신은 더욱 나의 정신의 활동에 자리를 내주어야 할 것이다. 당신이 표현하지 않는 관계를 그 활동이 회복하도록 강요했기 때문이다. 그것은 곧 각 상이 그 관념을 뽑아내러 갈 것이라는 가설을 당신은 점점 더 포기할 것이라는 말이다. 사실을 말하자면 거기에는 결코 정도의 문제밖에 없다. 즉, 세련되건 거칠건 한 언어는 그것이 표현하는 것보다는 훨씬 많은 것을 암시한다. 병치된 단어들로 진행되므로 본질적으로 불연속적인 언어는 사유의 운동의

금까지의 결과는 완전히 부정적이기 때문에 그것은 멈추어야 한다." 결국 여러 중추의 도식은 믿을 수 없다는 것이다.

주요 단계들에 띄엄띄엄 푯대를 세울 뿐이다. 그렇기 때문에 내가 당신과 유사한 사유로부터 출발하여 나에게 때때로 그만큼의 이정표(écriteaux)처럼 길을 보여주게 되어 있는 언어적 상들의 도움으로 그 굴곡을 따른다면 나는 당신의 말을 이해할 것이다. 그러나 언어적 상들 자체로부터 출발한다면 나는 이해할 수가 없을 것이다. 이어지는 두 언어적 상들 사이에는 모든 구체적 표상들을 동원해도 메울 수 없을 간격이 있기 때문이다. 왜냐하면 상들은 어차피 사물에 불과하지만 사유는 운동이기 때문이다.

따라서 기억상과 관념을 완전히 기성의 사물로 취급하고 나중에야 거기에 문제가 되는 중추들을 거주처로 할당해도 헛된 일이다. 가설을 해부학과 생리학에서 빌려온 언어 아래에 분장해도 소용없으며, 그 가설은 정신의 삶에 대한 연상주의적 사고 이외의 다른 것이 아니다. 그 가설은 모든 진행(progrès)을 **국면**(phases)들로 자르고 다음으로 그 국면들을 **사물**(choses)로 응고시키는 추론적(discursive) 지성의 불변하는 경향밖에는 자기편이 없다. 그것은 일종의 형이상학적 편견처럼 선험적으로 태어났기 때문에 의식의 운동을 따르는 이점도, 사실의 설명을 단순화하는 이점도 없다. 140

그러나[315] 우리는 그런 착각이 명백한 모순에 도달하는 바로 그

---

315 (A)에서는 이 문단 전체가 다음으로 대체되었다. "그와 같은 것이 우리가 예감하게 했던 첫 번째 근본적 착각, 관념과 상의 관계에 관한 착각이다. 두 번째의 것으로 넘어가 보자. 이번에는 상과 지각의 관계에 관한 것이다. 우리가 말하기를 말의 지성적 해석에서 말이 지성적 과정의 응축이라 했을 때 그 과정 이전에 구성된 청각상(그것이 이해되는 곳에서)을 가정

지점까지 그것을 따라야 한다. 우리가 말한 것처럼 기억의 바닥으로부터 불러내온 관념, 즉 순수기억은 점점 더 잘 운동 도식에 삽입될 수 있는 상기억으로 발전된다. 그 기억이 더 완전한 표상의 형태를 취함에 따라 더 구체적이고 더 의식적인 기억이 그것을 끌어들이고 그것이 그 틀을 채택하는 지각과 더욱 혼동되려는 경향을 띤다. 따라서 뇌에는 기억들이 응고되어 축적되는 지역은 없으며 있을 수 없다. 사람들이 주장하는, 뇌의 손상에 의한 기억의 파괴는 기억이 현재화되는 연속적 진행의 중단에 불과하다. 따라서 가령 단어들의 청각적 기억을 기어코 뇌의 일정한 지점에 위치시키기를 원한다면, 같은 값의 이유에 의해 그 상상적 중추를 지각적 중추와 구별하거나 그 두 중추를 함께 혼동하게 될 것이다. 그런데 그것이 바로 경험이 입증하는 것이다.

왜인가? 그런 이론이 한편으로는 심리적 분석에 의해, 다른 한편으로는 병리학적 사실에 의해 도달하게 되는 특이한 모순에 주목하자. 한편으로 일단 완성된 지각이 축적된 기억의 상태로 뇌에 머문다면, 그것은 지각이 인상을 준 요소들 자체의 획득된 성

할 권리는 없다. 우리는 이제 덧붙인다. 정신에 의해 새롭게 창조된 청각적 상이 그것이 끼어 들어가는 운동 도식으로 그것과 결합하러 오지 않는 한 청각적 지각 자체를 구성된 것으로 생각하는 것은 잘못이다. 이 두 번째 착각의 원리는 첫 번째 것과 같다. 그리고 첫 번째 경우나 두 번째 경우나 그 원리는 풀 수 없는 난점으로 인도한다. 그러나 바로 우리가 구체적이고 정확한 예를 통해 그런 착각을 공격하므로 우리가 위치할 것은 또한 정확한 이론 앞이다. 방금은 감각적 실어증의 도식이었다. 지금은 상들의 뇌에서의 위치이다. 왜인가? 그런 이론이 한편으로는……."

향(disposition)으로서 일 수밖에 없는 것으로 보인다. 그렇다면 어떻게, 그리고 정확히 어떤 순간에 그것이 다른 것을 찾으러 갈 것인가? 그리고 실제로 그런 자연스러운 해법에 베인(Bain)*78과 리보*79는 멈춘다. 그러나 다른 한편, 병리학이 있고, 그것은 우리에게 141

----

*78 Bain, 『감과과 지성(*Les sens et l'intelligence*)』, 304쪽. — Spencer, 『심리학의 원리들(*Principes de psychologie*)』, I권, 483쪽 참조.[316]
*79 Ribot, 『기억의 병(*Les maladies de la mémoire*)』, Paris, 1881, 10쪽.[317]

----

316 Bain, *Les sens et l'intelligence*, Cazelle 역, Paris, Alcan, 1895, 304쪽은 해당 내용이 없다. 베르크손은 아마도 다음 주 317)에 나오는 Ribot의 책, 11쪽에 인용된 Bain 책의 쪽수를 쓴 것 같다. 사실 Ribot는 약간 다른 이야기를 하면서 Bain의 책 304쪽이라 인용하고 있는데 그것을 베르크손이 그냥 가져다 쓴 것으로 보인다. 여기에 해당하는 내용은 256쪽(제2부 "De i'intelligence" 제1장 "Rétentivité. Loi de contiguïté", 제2절 "Sentiments idéaux du mouvement")이다. 거기서 Bain은 "새로운 인상과 원래의 기억은 (뇌의) 동일한 부분을 동일한 방식으로 점한다."고 말한다. 지각과 기억의 신경적 작업이 이루어지는 곳은 동일하다는 것이다. Spencer, *Principes de psychologie*, I권, Ribot와 Espinas 역, Paris, Alcan, 1892, 제4부 "Synthèse spécial", 제6장 "Mémoire", 483쪽은 "붉은 색을 기억한다는 것은 약한 정도로 실제 붉은 색의 현전과 같은 심리상태에 있는 것이다."라고 말한다. 여기서는 물론 뇌의 동일한 부분이라는 이야기는 없지만 기억과 지각을 동일하게 놓는다는 점에서는 Bain과 유사하다.

317 Ribot, *Les maladies de la mémoire*, Paris, Alcan, 1881, 10쪽은 위의 주에서 Bain이 한 말, 즉 "새로운 인상과 원래의 기억은 (뇌의) 동일한 부분을 동일한 방식으로 점한다."를 인용하면서 Bain과 같은 입장을 취하고 있다. 그리고는 잔상의 현상을 끌어들이면서 어떤 것을 한참 동안 바라보다가 흰 종이를 보면 그것과 같은 윤곽의, 다만 보색의 상이 보인다는 것을 지각과 기억이 동일하다는 것의 이유로 삼는다.

대응하는 지각능력은 손상되지 않은 채로 남음에도 불구하고 어떤 종류의 기억 총체가 우리에게서 벗어날 수 있다는 것을 알려준다. 정신맹이 보는 것을 방해하지 않는 것처럼, 정신농도 듣는 것을 방해하지 않는다. 더 특수하게는 단어들의 청각적 기억의 상실 — 우리가 다루는 유일한 것인 — 에 관하여, 첫 번째와 두 번째의 좌측 측두-접형골적(側頭蝶形骨的, temporo-sphénoïdales)인 부위의 파괴적 손상*80에 규칙적으로 연합되어 있음을 보여주는 무수한 사실들이 있다. 그런 손상이 고유한 의미에서의 귀먹음을 야기하는 단 한 경우도 알지 못함에도 불구하고, 심지어는 원숭이에게서 정신농, 즉 계속적으로 듣는 소리를 해석할 수 없다는 것 이외의 다른 것은 손상하지 않고 그것을 실험적으로 일으킬 수 있었다.*81 따라서 지각과 기억에 구별되는 신경 요소들을 할당해야 할 것이다. 그러나 그

....

*80 Shaw의 논문, 「실어증의 감각적 측면(The sensory side of aphasia)」(Brain, 1893, 501쪽)에서 가장 분명한 경우들의 열거를 보라. — 게다가 여러 저자들이 청각적 단어상들의 상실의 특징적인 손상을 첫 번째 부위에 국한시킨다. 특히 Ballet, 『내적 언어(Le langage intérieur)』를 보라.[318]

*81 Soury, 『뇌의 기능(Les fonctions du cerveau)』, Paris, 1892, 211쪽에 인용된 Luciani.[319]

———

318 Shaw의 논문, "실어증의 감각적 측면(The sensory side of aphasia)"(Brain, 1893, 501쪽)은 실어증의 여러 증상과 손상 부위를 표로 보여주는 곳이다. 그 표에는 단어농(사람들이 청각적 기억 상실로 생각하는 것)이 제1, 제2 측두-접형골적 부위의 손상과 연결되어 있다. Ballet, Le langage intérieur et les diverses formes de l'aphasie, Paris, Alcan, 1886, 151~2쪽은 Wernike, Kähler, Pick, Nothnagel을 따라 단어의 청각표상의 중추는 첫 번째 측두엽에 국한시킨다.

런 가설은 그때 가장 기초적인 심리학적 관찰을 반증으로 가지게
될 것이다. 왜냐하면 우리는 근본적인 변형이 일어나고, 따라서 그
것이 상상적 요소에서 감각적 요소로 전이된다고 말할 수 있을 정
확한 순간이 없이도 기억이 더 분명하고 더 강하게 됨에 따라 지각
이 되려는 경향이 있다는 것을 보기 때문이다. 그러므로 지각의 요
소들을 기억의 요소들과 동일시하는 첫 번째와 그것들을 구별하는
두 번째라는 두 반대되는 가설은 그들 중 어떤 편에도 손들어 줄 수
없게 그 둘 각각이 다른 것으로 되돌려 보내는 성격의 것이다.[320]

---

319 Soury, *Les fonctions du cerveau. Doctrines de l'école de Strasbourg,
    doctrines de l'école italiennes*, Paris, Buraux du progrès médical, 1892, 제
    2부 "L'école italienne", 제2장 "Centres corticaux des sens spécifiques"
    의 "audition" 절, 211쪽은 Luciani의 실험을 설명한다. 청각영역의 한쪽을
    제거하면(ablation unilatérale) 청각이 무뎌지지만 완전히 귀머거리가 되
    지는 않는다. 청각은 곧 개선되고 심리적 귀머거리 현상만 남는다. 즉, 동
    물은 소리는 듣지만 그것의 의미, 즉 그를 부르는 소리, 회초리 소리라는
    것 등을 이해하지 못한다. 양 측면을 제거하면 제거가 불충분하더라도 결
    과는 훨씬 심각해진다. 즉, 완전한 귀머거리 상태로 된다. 그러다 점점 호
    전되는데, 역시 심리농은 남는다. 그러나 동물이 충분히 오래 살기만 하
    면 원래의 상태를 회복한다. 거기서 Lucianni는 청각의 피질중추는 오직
    청각상과 지각으로만 향하고 단순한 청각 자체는 다른 데서 온다고 한다.
    그러나 그는 오늘날에는 잘 알려진 청각의 피질하적, 또는 기저부 중추는
    이야기하지 않는다. 이 실험은 그러므로 동물(원숭이)에게 "정신농, 즉 계
    속적으로 듣는 소리를 해석할 수 없다는 것 이외의 다른 것은 손상하지
    않"을 수 있는 실험이 된다.
320 이 대립은 조금 전(140쪽)의 대립과 같다. 즉, "상상적 중추를 지각적 중
    추와 구별하거나 그 두 중추를 함께 혼동하게 될 것이"라는 것이다.

142   어떻게 다르게 될 수가 있겠는가? 여기서도 또한 정적인 상태에서의 구별되는 지각과 상기억을, 하나가 다른 것이 되는 동적인 **진행**(progrès)을 생각하는 대신에 **사물**(choses)처럼 지각이 이미 상기억 없이 완전할 그런 사물처럼 생각한다.

왜인가? 한편으로는 완전한 지각은 우리가 그것 앞으로 던지는 기억상과의 융합에 의해서만 정의되고 구별된다. 주의는 그런 대가를 치른 것이며 주의 없이는 기계적 반작용이 동반된 감각들의 수동적 병치만이 있을 뿐이다. 그러나 다른 한편 우리가 나중에 보여 줄 것처럼[321] 기억상 자체는 순수기억의 상태로 환원되면 무능력한 상태로 남을 것이다. 잠재적이기 때문에 그 기억은 그것을 끌어들이는 지각에 의해서만 현재적이 될 수 있다. 무능력하기 때문에 그것은 그 생명과 힘을 그것이 구체화되는 현재 감각에서 빌려 온다. 그것은 곧 구별되는 지각은 반대 방향의 두 흐름에 의해 일어나며, 그중 하나는 구심적이어서 외부 대상으로부터 오는 것이고, 다른 하나는 원심적이어서 우리가 '순수기억'이라 부르는 것을 그 출발점으로 갖는다는 것을 말하는 것이 아닌가? 첫 번째 흐름 혼자만으로는 그것을 동반하는 기계적 반작용과 함께 수동적 지각밖에 주지 않을 것이다. 두 번째 것은 혼자 남겨두면 현실화된 기억, 흐름이 강해질수록 점점 더 현실적인 기억을 주려는 경향을 가진다. 결합하여 그 두 흐름은 그들이 결합하는 점에서 구별되고 재인된 지각을 형성한다.

---

321 아래의 152쪽 이하를 보라.

이것이 바로 내적 관찰이 말해주는 것이다. 그러나 우리는 거기에 멈출 권리가 없다. 아닌 게 아니라 두뇌의 위치지정이라는 불분명한 문제의 한가운데에서 충분한 빛도 없이 모험을 거는 위험은 크다. 그러나 완전한 지각과 기억상의 분리는 임상적 관찰을 심리학적 분석과 대결하게 만들었으며 거기서부터 기억의 위치지정 이론에 대해 중대한 이율배반이 결과한다고 우리는 말했다.[322] 우리는 뇌를 기억의 저장소로 생각하기를 멈추었을 때 알려진 사실들은 무엇이 되는지를 탐구할 의무가 있다.[*82]

....

*82 여기서 우리가 소요하는 이론은 게다가 한편으로는 분트(Wundt)의 이론을 닮았다. 즉시 공통점과 본질적 차이를 말하자. 분트와 같이 우리는 구별되는 지각이 원심적 행동을 내포한다고 생각하며 그에 의해 우리는 분트와 같이 (비록 약간 다른 의미에서이지만) 이른바 상상적 중추는 오히려 감각적 인상들의 집단화 중추라고 가정하기에 이르렀다. 그러나 분트에 따르면 원심적 행동은 그 본성을 일반적 방식으로밖에는 정의할 수 없고 보통 주의의 고정이라 불리는 것에 대응하는 것으로 보이는 '통각 자극(stimulation aperceptive)'에서 성립하는 반면, 우리는 그런 원심적 행동이 각 경우 구별되는 형태, 즉 점점 더 현재화하려는 경향을 가진 '잠재적 대상(objet virtuel)'의 형태 자체를 띤다고 주장한다. 거기서부터 중추의 역할에 관한 사고방식의 중요한 차이가 나온다. 분트는 1) 전두엽을 점하는 통각의 일반적 기관, 2) 아마도 상들을 축적하기는 불가능하나 그것을 재생하는 경향이나 성향을 보존하는 특수중추를 놓기에 이르렀다. 우리는 반대로 두뇌 수질에는 상의 아무것도 남아 있을 수 없으며, 통각중추 또한 존재할 수 없으나, 대상의 행동에 의해 영향 받는 실재 지각의 기관들이 〔몸의〕 주변에 있듯이 수질 속에는 단지 기억의 의도(intention)에 의해 영향 받는 잠재적 지각의 기관이 있다고 주장한다. 『생리학적 심리학

──────────

322 바로 위의 140쪽과 141쪽을 보라.

설명을 단순화하기 위해 잠시 밖으로부터 오는 자극이 두뇌 피질
에서건 다른 중추에서건 요소 감각들을[323] 낳는다고 인정하자. 우

(*Psychologie physiologique*)』, I권, 242~252쪽을 보라.[324]

---

323 (A)에서는 여기서부터 다음 문장까지 다음과 같이 되어 있다. "우리에게
요소 감각들로 번역되는 신경의 진동을 낳는다고 인정하자. 그것은 아무
도 반박하지 않는다. 심지어 우리가 다른 데서 증명하기를 시도할 것처럼
그런 변화는 단순한 감각의 경우 사람들이 우선 생각하는 것보다는 덜 신
비롭다. 우리는 거기서 항상 요소 감각들밖에는……."

324 Wundt, *Psychologie physiologique*, I권, 제1부 "Les bases corporelles de
la vie de l'âme", 제5장 "Fonction physiologique des parties centrales",
제6절 "Fonctions des hémisphères du cerveau", 242~252쪽은 뇌의 전
두엽에 "통각중추(Centre d'apperception)"가 있다고 생각하며, 그것은 몸
의 모든 기관으로부터 오는 감각 자극을 전달하는 구심적 길과 감각중추
나 운동중추에 충동을 전달하는 원심적 길이 모두 모이는 곳이라 한다.
이 두 길의 결합을 이야기했다는 점이 베르크손으로 하여금 자신의 이론
과 닮았다고 말하게 한 것이다. 그러나 여기서 원심적 길은 "통각자극"의
형태로 통각의 충동을 전달한다는 말밖에 할 수 없는데, 베르크손은 "그
런 원심적 행동이 각 경우 구별되는 형태, 즉 점점 더 현재화하려는 경향
을 가진 '잠재적 대상'의 형태 자체를 띤다고" 주장한다. Wundt는 또 "1)
전두엽을 접하는 통각의 일반적 기관과 2) 아마도 상들을 축적하기는 불
가능하나 그것을 재생하는 경향이나 성향을 보존하는 특수중추(감각중추
나 운동중추)를 놓"았다. 그러나 베르크손은 물질 현상인 "두뇌 수질에는
상기억의 아무것도 남아 있을 수 없"고, 불필요한 "통각중추" 또한 존재
할 수 없으나, "대상의 행동에 의해 영향 받는 실재 지각의 기관들이 [몸
의] 주변에 있듯이 수질 속에는 단지 기억의 의도에 의해 영향 받는 잠재
적 지각의 기관이 있다."고 주장한다. 즉, 수질 속에 있을 수 있는 것은 기
억을 행동으로 실현할 운동의 장치이며, 그것을 꼭 정신적 기관이라 부르
고 싶다면 "잠재적 지각 기관"이라 할 수 있다는 것이다.

리는 거기서 항상 요소 감각들밖에는 가지지 않는다. 그런데 사실 지각은 상당수의 그런 감각들을, 모두 공존하며 일정한 순서로 배열된 것으로서 포괄한다. 그런 순서는 어디서 오며 그런 공존을 확보해 주는 것은 무엇인가? 현재의 물질적 대상의 경우, 대답은 의심의 여지가 없다. 즉, 질서와 공존은 외부 대상에서 인상을 받은 감각기관으로부터 온다. 그 기관은 바로 다수의 동시적 자극이 그 표면의 선택된 부분들에 모두 동시에 배분되면서 어떤 방식, 어떤 순서로 그것에 인상을 줄 수 있도록 하기 위해 구성된다. 따라서 그것은 외부 대상이 단번에 수천의 음표와의 일치를 수행하며, 이처럼 정해진 순서로 한순간에 감각중추의 관계된 모든 지점에 대응하는 방대한 다수의 요소 감각들을 일으키는 거대한 건반이다. 이제 외부의 대상이나 감각기관을, 또는 양쪽 모두를 제거해 보라. 동일한 요소 감각들이 자극될 수 있다. 동일한 방식으로 울릴 준비가 된 동일한 악기줄들(cordes)은 남아 있기 때문이다. 그러나 수천수만의 줄을 동시에 칠 수 있게 하고 동일한 일치 속에 그토록 많은 음표들을 통일하게 하는 건반은 어디에 있는가? 우리의 생각으로는 '상들의 지역'이 있다면 그것은 그런 종류의 건반일 수밖에 없다. 아닌게 아니라 순전히 심리적인 원인이 모든 관계된 줄들을 직접 움직이게 한다고 생각지 못할 아무것도 없을 것이다. 그러나 정신적 듣기 — 우리가 취급하는 유일한 것인 — 의 경우, 측두엽(lobe temporal)의 일정한 손상은 그것을 소멸시키기 때문에 기능의 위치지정은 확실한 것으로 보이며, 다른 한편, 우리가 뇌수질의 한 지역에 저장된 상들의 잔여물을 인정할 수도, 또 생각할 수조차도 없게 하는 이유

144

를 우리는 설명했다.[325] 따라서 오직 하나의 가정만이 개연적이며, 그것은 그런 지역이 청각중추 자체와의 관계에서 볼 때 감각기관 — 여기서는 귀 — 과 대칭적인 위치를 점한다는 것이다. 그것은 정신적인 귀일 것이다.

그러나 그때, 언급된 모순은 사라진다. 사람들은 한편으로 재기억된 청각 상이 첫 번째 지각과 동일한 신경 요소들을 진동시키고 기억이 이처럼 점차 지각으로 변형된다는 것을 이해할 수 있다. 그리고 다른 한편 단어와 같이 복잡한 소리를 재기억하는 능력이 그것을 지각하는 능력과 다른 신경 수질의 부분들에 관계될 수 있다는 것도 또한 이해할 수 있게 된다. 그렇기 때문에 정신농에서 실재의 듣기는 정신적 듣기보다 더 오래 존속된다. [악기]줄들은 아직 거기에 있고 외부 소리의 영향 아래 아직도 진동한다. 없어진 것은 내적 건반이다.

다른 말로 하면 결국, 요소 감각들이 태어나는 중추는 말하자면 상이한 두 편에서, 즉 앞으로부터와 뒤로부터 작동될 수 있다. 앞으로부터 그것들은 감각기관의 인상, 따라서 **실재 대상**의 인상을 받아들인다. 뒤로부터는 매개와 매개를 통해 **잠재적 대상**의 영향을 받는다. [잠재적] 상들의 중추가 존재한다면 그것은 그런 감각중추와의 관계에서 볼 때 감각기관과 대칭적인 기관일 수밖에 없다. 그것이 순수기억, 즉 잠재적 대상의 저장소가 아닌 것은 감각기관이 실재 대상의 저장소가 아닌 것과 같다.

---

325 위의 140~141쪽 참조.

이것은 실제로 일어날 수 있는 일의 무한히 축약된 번역이라는 것을 덧붙이자. 다양한 감각적 실어증은 청각 상의 환기가 단순한 행위는 아니라는 것을 충분히 증명한다. 우리가 순수기억이라 부르는 것일 의도(intention)와 고유한 의미에서의 기억상 사이에는 매우 자주 중간적 기억(souvenirs intermédiaires)이 와서 개입되며, 그것은 우선 다소 먼 중추에서 기억상으로 실현되는 것이 틀림없다. 그때 연속적인 정도 차에 의해 관념은 언어적 상이라는 특수한 상에서 구체화되기에 이른다. 그에 의해 정신적 듣기는 그리로 인도하는 다양한 중추와 길의 전체에 복속될 수 있다. 그러나 그런 복잡화는 사태의 근본은 아무것도 변화시키지 않는다. 중간에 놓인 항들의 수와 본성이 무엇이든, 우리는 지각에서 관념으로 가는 것이 아니라 관념에서 지각으로 가며, 재인의 특징적 과정은 구심적이 아니라 원심적이다.[326]

146

---

326 여기서 첫 번째 논문의 두 번째 발표분이 끝난다. 다만 이후 다음과 같은 문단이 덧붙여져 있다. "그와 같은 것이 이 연구의 잠정적 결론일 것이다. 이 연구의 본질적 요점을 드러내는 것만이 남았다. 우리는 우선 순수기억을 습관으로부터 떼어 내었고 그것을 독립적 기능으로 확립했다. 순수기억은 그것이 형성된 순서 자체에 따른 기억의 보존을 내포한다. 지각으로 육화되기 위해 지각과 재결합하는 지점까지 기억을 따르면서 우리는 우선 재인 일반을, 다음으로는 더 특수하게 상의 더 이상 우연적이 아니라 정규적인 개입을 요구하는 주의적 재인을 연구하기에 이르렀다. 이번에는 주의적 재인에 대해서도 말의 해석만을 취급했다. 왜냐하면 주의의 과정은 여기서 조직화된 과정이고, 상상적 기능은 여기서 위치가 정해진 기능이며, 따라서 우리가 잘못된 길을 갔다면, 즉 기억이 그것이 나타나는 행위와 독립적인 존재를 가지는 대신에 두뇌 흔적의 인광에 불과하

어떻게 안으로부터 나오는 흥분(excitation)이 두뇌 피질이나 다른 중추에 작용하여 감각을 낳을 수 있는지를 아는 일이 남았다는 것은 사실이다. 그리고 거기에는 단지 표현하기에 편리한 방식에 불과한 것밖에 없다는 것은 명백하다. 순수기억은 현재화됨에 따라 몸에 대응하는 모든 감각을 일으키려는 경향을 가진다. 그러나 그런 잠재적 감각 자체가 실재적으로 되기 위해서는 몸을 움직이게 하고 그것에 습관적으로 뒤따르는 운동과 태도를 몸에 새기려는 경향을 가져야 한다. 감각적이라 불리는 중추의 진동, 즉 보통 몸이 완성하거나 소묘를 그리는 운동에 앞서며 심지어 그 정상적 역할이 그런 운동을 시작함으로써 준비하는 진동은 따라서 감각의 실재적인 원인이라기보다는 감각의 힘의 표지이자 그 효율성의 조건이

다면 여기서 우리의 잘못이 드러나야 하는 것이다. 그리하여 문제는 점점 더 좁혀지면서 우리의 노력을 집중하게 되는 것은 단어의 청각적 재인과 감각적 실어증의 현상들이다. 그러나 우리가 사실을 점점 더 자세히 좁혀 들어갈수록, 상들의 위치를 정하는 어려움과 상들을 연결하는 관념으로 부터, 그리고 그것들을 살게 하는 지각으로부터 상들을 구별하는 어려움은 우리에게 더 분명해지는 동시에 그런 가설이 놓여 있는 착각이 드러났다. ― 이제 반대의 진행에 의해 출발지점까지 거슬러 올라가고, 지각으로부터 그들의 입장 권리를 획득하기 위해 필연적으로 단순화되었던 기억을 점점 더 온전하게 회복하며, 우리에 따르면 지울 수 없는 것이어서 우리 과거 존재의 세부를 보존하는 기억의 극단적 외피까지 올라가는 것만이 남는다. 영적인, 특히 심리적인 행동의 내적 기제 속으로 더 뚫고 들어가면서 우리는 왜 그 과거는 자신의 힘으로 살아남아야 하고 어떻게 현재화하면서 일시적인 영향력을 되찾을 수 있는지를 보여야 할 것이다. H. Bergson"

다.[327] 잠재적 상이 실현되는 진행은 그 상이 몸으로부터 유용한 행동방식을 획득하기에 이르는 일련의 단계들 이외의 다른 것이 아니다. 감각적이라 불리는 중추의 흥분은 그 단계들 중 마지막의 것이며, 운동적 반작용의 서곡, 즉 공간에서의 행동의 시작이다. 다른 말로 하면 잠재적 상은 잠재적 감각으로, 잠재적 감각은 실재 운동으로 진화한다. 그 운동은 실현되면서 그 자신이 자연적 연장이 될 감각과, 감각과 일체가 되기를 원한 상을 동시에 실현한다. 우리는 곧 그런 잠재적인 상태들을 천착할 것이며, 심적이며 심리학적인 행동의 내적 기제 속으로 더 뚫고 들어감으로써 어떤 연속적 진행에 따라 과거가 현재화되면서 잃어버린 자신의 영향력을 재정복하려는 경향을 가지는지를 보여줄 것이다.

---

327 "몸이 완성하거나 소묘를 그리는 운동에 앞서며 심지어 그 정상적 역할이 그런 운동을 시작함으로써 준비하는 진동"은 잠재적 감각의 진동을 말하며, 그것은 "감각의 실재적인 원인이라기보다는 감각의 힘의 표지이자 그 효율성의 조건"이다.

상들의 살아남음에 대하여
기억과 정신

앞의 내용을 간략히 요약하자. 우리는 순수기억, 상기억, 지각이라
는 세 항을 구별했으나 사실상 그중 어떤 것도 게다가 고립적으로
일어나지 않는다. 지각은 결코 정신과 현재 대상의 단순한 접촉이
아니다. 그것은 상기억들에 완전히 잠겨 있어서 그 상기억들이 그
것을 보완하고 해석한다. 상기
억은 그것대로 그것이 구체화하
기 시작하는 "순수기억"의, 그
리고 그것이 어느 정도 육화되
는 곳인 지각의 성질을 가진다.
이 마지막 관점에서 생각하면,

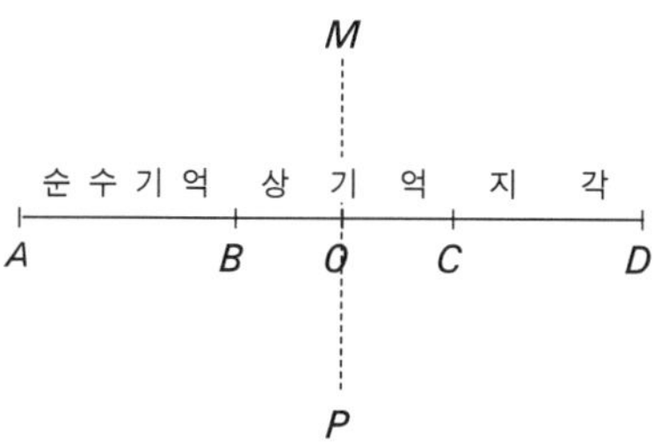

$$M$$

순 수 기 억   상 기 억   지 각

$$A \qquad B \qquad O \qquad C \qquad D$$

$$P$$

그림 2

그것은 발생 중의 지각(perception naissante)으로 정의될 것이다. 마
지막으로 순수기억은 아마도 권리 상으로는 독립적이겠지만, 정상

적으로는 그것을 드러내는, 색채가 있고 살아있는 상 속에서만 나타난다. 그 세 항을 동일한 직선 AD 위의 연이은 선분 AB, BC, CD로 상징화하면, 우리의 사유는 A에서 D로 가는 연속적 운동으로 그 직선을 그리고 있으며 어디서 그 항들 중 하나가 시작하며 어디서 다른 항이 시작하는지를 정확히 말하는 것은 불가능하다고 말할 수 있다.

더구나 그것은 기억을 분석하기 위해 작업하고 있는 기억의 운동 자체를 따라갈 때마다 의식이 어렵지 않게 확인하는 것이다. 한 기억을 다시 찾는 것, 즉 우리 역사의 한 시기를 상기하는 것이 문제인가? 우리는 현재를 떠나서 우선 과거 일반에, 다음으로 과거의 어느 지역에 자리 잡는 독자적인 행위를 의식한다. 그것은 곧 사진기의 초점을 맞추는 것과 유사한 더듬기(tâtonnement)의 작업이다. 그러나 우리의 기억은 아직도 잠재적인 상태로 남아 있다. 우리는 단지 적합한 태도를 취함으로써 그것을 받아들일 수 있도록 그처럼 준비를 하는 것이다. 조금씩 그것은 응집되는 구름처럼 나타난다. 그것은 잠재적인 것으로부터 현실적인 상태로 이행한다. 그리고 그 윤곽이 잡히고 표면이 채색됨에 따라, 그것은 지각을 모방하려는 경향을 띤다. 그러나 그것은 그 깊은 뿌리를 통해 과거에 묶여 있으며, 그리고 [사실은 그렇지 않지만] 만약 일단 실현된 후 자신의 본래의 잠재성을 다시 느끼지 못하고, 현재 상태와 동시이면서도 현재와는 구별되는 무엇이 아니기만 하다면, 우리는 결코 그것을 기억이라고 알아보지 못할 것이다.

연상주의의 일관된 잘못은 살아있는 실재인 그런 생성의 연속성

148

을 불연속적인 다수의 죽어 있고 병치된 요소들로 대체하는 것이다. 그렇게 구성된 요소들 각각은 그 원천으로 말미암아 그에 앞선 것과 또한 그에 뒤따르는 것의 무엇인가를 포함하고 있다는 바로 그 이유 때문에, 우리 눈에는 그것이 혼합된 상태이자 말하자면 불순한 상태의 모습을 띠어야 할 것이다. 그러나 다른 한편, 연상주의 149 의 원리는 모든 심리적 상태가 일종의 원자, 즉 단순한 요소이기를 원한다. 거기서부터 구별된 국면들 각각에서 불안정한 것을 안정된 것에, 즉 시작을 끝에 희생해야 할 필요성이 나온다. 지각이 문제인가? 사람들은 그 속에서 그것을 채색하는 밀집된 감각들만을 볼 것이다. 그것의 어두운 핵을 형성하는 재기억된 상을 무시할 것이다. 이번에는 재기억된 상이 문제인가? 사람들은 그것을 약한 지각의 상태로 실현된 것, 완전히 이루어진 것으로 취급할 것이며, 그 상이 점진적으로 발전시킨 순수기억에 대해서는 눈감을 것이다. 따라서 연상주의가 이처럼 불안정한 것과 안정적인 것 사이에 세운 경합 (concurrence) 속에서, 지각은 항상 상기억을, 상기억은 순수기억을 이동시킬 것이다. 그것이 바로 순수기억이 완전히 사라지는 이유이다. 연상주의는 AD의 진행 전체를 선분 MO에 의해 둘로 잘라서 OD의 부분에서 그 부분을 끝내는 감각이자 연상주의에게는 모든 지각을 이루는 감각만을 본다. ― 그리고 다른 한편, AO의 부분 역시 순수기억이 피어나면서 도달하는 실현된 상으로 환원한다. 그때 심리적인 삶은 그 전체가 감각과 상이라는 두 요소로 환원된다. 그리고 한편으로는 상 속에 그것을 한 원천적 상태로 만들었던 순수기억을 빠뜨리고, 다른 한편으로는 지각에다가 미리 상 자체의 뭔가를 넣음으로써 상과 지각을 접근시켰기 때문에, 그 두 상태 사이에서 정도나 강도強度의 차이밖에는 더 이상 아무것도 발견되지 않을 것이다. 거기서부터 **강한 상태**와 **약한 상태**의 구별이 나온다. 그리하여 우리는 전자를 현재의 지각으로, 후자를 과거의 표상으로 — 왜 그런지는 모르지만 — 확립한다는 것이다. 그러나 단번에 과거로 150 자리 잡지 않는다면, 우리는 결코 과거에 가 닿을 수 없을 것이라는 것이 진실이다. 본질적으로 잠재적이기 때문에 과거는, 그것이 어두움에서 대낮으로 나옴으로써 현재의 상으로 피어나는 운동을 우리가 따르고 채택할 때에만, 우리에게 과거로서 파악될 수 있다. 그것의 혼적을 뭔가 현재적이고 이미 실현된 것에서 찾으려면 헛된 일일 것이다. 그것은 빛 아래에서 어둠을 찾는 것과 마찬가지일 것이다. 바로 거기에 연상주의의 잘못이 있다. 그것은 현재적인 것에 자리를 잡고, 현재의 실현된 상태 속에서 그것의 과거 원천의 표시를 발견하고, 기억과 지각을 구별하며, 미리 크기의 차이에 불과하다고 단죄한 것을 본성의 차이로 세우려는 헛된 노력으로 진이 빠질 것이다.

　상상하는 것은 **기억하는 것**이 아니다. 아닌 게 아니라, 기억은 현실화됨에 따라 상으로 살아가는 경향을 가진다. 그러나 그 역은 진실이 아니며, 단지 상일 뿐인 것은 내가 그것을 찾으러 간 곳이 실제로 과거일 경우가 아니라면 — 그것을 이처럼 어둠에서 빛으로 가져오는 연속적인 진행을 따르면서 — 나를 과거로 연결해 주지 않을 것이다. 그것이, 재기억된 감각은 거기에 더 집중할 때 더 현실적이 된다는 것으로부터 감각의 기억은 그 감각이 발생 중의 것이라

고 결론을 도출할 때 심리학자들이 너무나도 자주 잊어버리는 것이
다.[328] 그들이 끌어들이는 사실은 아마도 정확할 것이다. 내가 과거
의 고통을 기억하기 위해 더 많은 노력을 할수록, 나는 그것을 실제
로 느끼는 경향을 더 많이 갖는다. 그러나 그것이 쉽게 이해되는 것
은, 기억의 진전(progrès)이 우리가 말했듯이[329] 바로 구체화되는
(se matérialiser) 데에서 성립하기 때문이다. 문제는 고통의 기억이
진정으로 원래의 고통인가를 아는 것이다.[330] 최면의 대상에게 당
신은 뜨거움을 느끼고 있다고 집요하게 반복하면 결국은 뜨거움을
느끼게 되기 때문에, 그것으로부터 암시의 말 〔자체〕가 이미 뜨거
웠다는 것이 따라 나오지는 않는다. 한 감각의 기억이 그 감각 자체
로 연장된다는 것으로부터, 더 나아가 기억은 발생 중의 감각이었
다고 결론을 내려서는 안 된다.[331] 왜냐하면 아마도 그 기억이 나타

151

---

328 기억된 상은 상으로 계속 현실화되려는 경향을 가지지만, 상이 곧 기억이
    되는 것은 아니다. 이 문장에서 "재기억된 감각"은 기억의 상이며, "감각
    의 기억"은 "기억"이라는 말에도 불구하고 그냥 상이다. 즉, 기억은 상이
    되지만 상은 그 자체로서는 기억이 되지 않는다는 말이다.

329 위의 147쪽을 보라.

330 즉, 기억과 현실이 같은 것인가, 기억은 현실이 단지 좀 약화된 것에 불과
    한가를 아는 것이 문제이다.

331 기억은 감각으로 연장되지만 기억이 그 자체 감각인 것은 아니다. 기억은
    상으로 변할 수 있고, 상도 기억으로 변할 수 있다. 그러나 일단 기억이 되
    면 그 기억은 상과는 다른 방식으로, 즉 무기력하게 존재한다. "무기력하
    게 존재한다."는 것은 몸과의 연결을 잃었다는 것을 의미한다. 물론 다시
    현재화할 수 있다. 즉, 다시 상으로 될 수 있다. 그러나 현재화된 기억(상)
    은 기억과 완전히 다르다(아래의 156쪽 참조). 그것이 이 문단 맨 앞에 나

나려는 감각에 대해 바로 암시를 주는 최면술사의 역할을 할 것이기 때문이다. 따라서 우리가 비판하는 추론은 그런 형태로 표현되면 이미 증거 능력이 없다.[332] 그것은 기억이 현실화함에 따라 변형된다는 이론의 여지없는 진실의 혜택을 받고 있기 때문에 아직 악순환인 것은 아니다. 그러나 반대의 진로를 따라 추론할 때 ─ 그것은 그러나 사람들이 자리 잡고 있는 가정에서는 마찬가지로 적법한 것임에 틀림없을 것이다 ─ 즉 순수기억의 강도를 증가시키는 대신에 감각의 강도를 감소시킬 때, 그 터무니없음이 터져 나온다. 그도 그럴 것이, 그때 두 상태가 단지 정도에서만 다르다면, 어느 순간에는 감각이 기억으로 변형되는 일이 일어나야 할 것이기 때문이다. 가령 큰 고통의 기억이 약한 고통에 불과하다면, 역으로 내가 겪고 있는 강한 고통이 감소되면 결국 재기억된 큰 고통이 되는 것으로 끝날 것이다. 그런데 내가 느끼는 것이 내가 겪고 있는 약한 감각인지, 내가 상상하는 약한 감각인지를 말하는 것이 불가능한 순간이 틀림없이 오지만(기억상은 이미 감각의 성질을 띠므로 그것은 자연스럽다),

─────

온 "상상하는 것은 기억하는 것이 아니다."라는 말의 의미이다. 기억하는 것은 상상하는 것(상으로 떠올리는 것)이라 할 수 있지만, 역으로 상상하는 것은 기억하는 것이 아니다. 기억이 현재화하면 상으로 되지만, 그 상과 기억은 다르다. 기억은 현재화할 수 있지만 현재와 다르다. 과거(기억)는 현재(지각)와 다르다.

332 "우리가 비판하는 추론"이란 기억이 곧 나타나려는 감각이라는 추론을 말한다. 단지 그렇게만 말하면 진실인 것 같지만 뒤에 이어서 나오는 설명에서와 같이 감각의 강도를 약화시킨다고, 곧 감각의 기억이 되지 않기 때문이다.

그러나 그 약한 상태는 결코 나에게 강한 상태의 기억으로 보이지 않을 것이다. 기억은 따라서 완전히 다른 것이다.

그러나 기억과 지각 사이에 정도 차이만을 세우는 데에서 성립하는 착각은 단순한 연상주의의 결과, 즉 철학사의 한 우연 이상의 것이다. 그것은 깊은 뿌리를 가지고 있다. 분석의 끝에 가면, 그것은 외부 지각의 본성과 대상에 대한 잘못된 관념에 근거하고 있다. 사람들은 지각 속에서 순수 정신에〔만〕 관계되며 완전히 사변적인 관심의 〔대상이 되는〕 정보만을 보려 한다. 그렇게 되면 기억은 그 자체 본질상 그런 종류의 인식이기 때문에 ― 더 이상 대상이 없으므로[333] ― 지각과 기억 사이에서는 정도 차밖에 발견할 수 없다. 단지 더 강한 것의 법칙 덕분에 지각은 기억을 이동시키고, 그럼으로써 우리의 현재를 구성하기 때문이다. 그러나 과거와 현재 사이에는 정도 차와는 다른 어떤 것이 분명 존재한다. 나의 현재는 나의 관심의 대상이며, 나를 위해 사는 것이며, 요약하자면 나에게 행동을 일으키는 것인 반면, 나의 과거는 본질적으로 무기력하다. 이 점을 더 자세히 살펴보자. 과거를 현재 지각에 대립시킴으로써 우리가 "순수기억"이라 부르는 것의 본성을 우리는 이미 더 잘 이해할 것이다.

의식에 의해 인정되는 현재의 실재성에 대한 구체적 표시를 정의하는 것으로 시작하지 않으면, 과거 상태의 기억을 특징 지으려 모색하는 것은 헛될 것이다. 나에게 현재 순간이란 무엇인가? 시간의 고유한 특징은 흐른다는 것이다. 이미 흘러간 시간은 과거이

152

---

333 기억은 자신의 대상이 이미 없는 상태이다.

며, 우리는 그것이 흘러가고 있는 순간을 현재라 부른다. 그러나 여기서 문제되는 것이 수학적 점일 수는 없다. 아마도 순수 사유의 대상인 이상적인 현재, 즉 과거와 현재를 가르는 불가분적인 한계가 존재할지도 모른다. 그러나 구체적이고 체험된 실재적 현재, 즉 내가 나의 현재 지각에 대해 말할 때의 현재는 반드시 지속을 점한다. 그 지속은 도대체 어디에 위치하고 있는가? 그것은 내가 현재 순간을 생각할 때 이상적으로 결정한 수학적 점의 이쪽에 있는가, 저쪽에 있는가? 그것이 동시에 이쪽저쪽 모두에 있으며, 내가 "나의 현재"라 부르는 것은 동시에 나의 과거와 미래를 침범하고 있다는 것은 너무나 명백하다. 우선 나의 과거를 침범한다는 것은 "내가 말하는 순간은 이미 나로부터 멀어지고 있기" 때문이며, 또 나의 미래를 침범한다는 것은 그 순간이 기울어진 곳이 미래이고, 내가 향하고 있는 곳이 미래이며, 그 불가분의 현재, 그 시간의 곡선의 미분적(infinitésimal) 요소를 고정할 수 있다면 그것이 보여줄 방향도 미래이기 때문이다. 그러므로 내가 "나의 현재"라 부르는 심리적 상태는 동시에 직접적 과거의 지각이자 직접적 미래의 결정이다. 그런데 우리가 볼 것처럼[334] 직접적 과거는 지각된 한에서 감각이다. 모든 감각은 요소적 진동의 매우 긴 연속을 번역한 것이기 때문이다. 그리고 직접적 미래는 스스로를 결정하는 것인 한에서 행동이나 운동이다. 따라서 나의 현재는 동시에 감각이자 운동이다. 그리고 나의 현재는 나누어지지 않은 전체이기 때문에 그 운동은 그 감각에

153

---

334 아래의 167쪽을 보라.

기인하고 그것을 행동으로 연장한다. 거기서부터 나는 나의 현재가 감각과 운동이 결합된 체계에서 성립한다고 결론짓는다. 나의 현재는 본질상 감각-운동적(sensori-moteur)이다.

그것은 나의 현재가 내가 내 몸에 대해 가지는 의식에서 성립한다는 것을 말한다. 공간에서 연장성을 가지고 있는 나의 몸은 감각을 겪는 동시에 운동을 수행한다. 감각과 운동은 그 연장성의 일정한 점들에 위치하고 있어서 주어진 한 순간에 오직 하나의 운동과 감각의 체계만이 있을 수 있다. 그렇기 때문에 나의 현재는 나에게 절대적으로 결정되어 있으며, 나의 과거와 구별되는 사물로 보인다. 몸에 영향을 미치는 물질과 몸이 영향을 미치는 물질 사이에 위치한 나의 몸은 행동의 중심이며, 받아들여진 인상들이 완성된 운동으로 변형되기 위한 길을 지적으로 선택하는 장소이다. 따라서 154 그것은 분명 나의 생성(devenir)의 현재 상태, 즉 나의 지속 속에서 형성되는 도중에 있는 것을 나타낸다. 더 일반적으로는, 실재 자체인 그런 생성의 연속성 속에서 현재의 순간은 흐르고 있는 중인 덩어리(masse)에 대해 우리의 지각이 행한 거의 순간적인 절단에 의해 구성되며, 그 절단면이 바로 우리가 물질계라 부르는 것이다. 우리의 몸은 그 중심을 점한다. 그 몸이 이 물질계에서 우리가 직접적으로 그 흐름을 느끼는 것이다. 그것의 현실 상태에서 우리의 현재의 현실성(actualité)이 성립한다. 물질은 공간 속에 연장되어 있는 것으로서 우리의 견해로는 끊임없이 다시 시작하는 현재로 정의되어야 하는 바, 역으로 우리의 현재는 우리 존재의 물질성 자체, 즉 감각과 운동의 총체이며, 그 이외의 아무것도 아니다. 그리고 그러한 총체가 결정되는 것은 지속의 각 순간마다 유일무이한 것으로서, 감각과 운동이 공간의 장소를 차지하고, 동일한 장소에 여러 사물이 동시에 있을 수 없다는 바로 그 이유 때문이다. ─ 이토록 단순하고 이토록 명백하며, 결국은 상식의 관념에 불과한 이 진실을 무시할 수 있었던 것은 어디에서 오는가?

그 이유는 바로 현재의 감각과 순수기억 사이에 본성의 차이가 아니라 정도의 차이만을 보려고 고집하기 때문이다. 우리에게 그 차이는 근본적이다. 현실의 감각들은 내 몸의 표면의 일정한 부분을 점하고 있는 것이다. 순수기억은 반대로 내 몸의 어떠한 부분과도 관여되지 않은 것이다. 아닌 게 아니라 그것도 구체화하면서 감각을 낳을 것이다. 그러나 바로 그 순간, 그것은 순수기억이기를 멈추고 현실적으로 체험되고 있는 현재 사물의 상태로 이행할 것이다. 그리고 내가 그것에 기억의 성격을 되돌려 주려면, 내가 내 과거의 심연으로부터 잠재적이던 그 기억을 불러왔던 작업을 참조하지 않으면 안 된다. 그것이 현실적(actuel)으로 되었다면, 즉 운동을 일으킬 수 있는 감각이 되었다면, 그것은 바로 내가 그것을 활동적(actif)으로 만들었기 때문일 것이다. 반대로, 대부분의 심리학자들은 순수기억에서 더 약한 지각, 발생 중의 감각의 총체만을 볼 뿐이다. 이처럼 감각과 기억 사이의 모든 본성의 차이를 미리 지워버렸기 때문에 그들은 그들(이 놓은) 가정의 논리에 따라 기억을 물질화하고 감각을 관념화하는 데에 이르게 된다. 기억이 문제인가? 그들은 그것을 상의 형태로만, 즉 발생 중의 감각에 이미 육화되어 있는 것으로만 생각한다. 이처럼 기억에 감각의 본질적인 것을 이전시켰고, 그 기억의 관념성(idéalité)에서 감각 자체와는 갈라지는 뭔가 구별되는 것을 보려고 하지 않기 때문에 순수 감각으로 되돌아 올 때는, 발생 중의 감각에 그처럼 암묵적으로 부여했던 관념성을 감각에 남기지 않을 수 없다. 사실 가정 상 더 이상 작용하지 않는 과거가 약한 감각의 상태로 존속할 수 있다면, 그것은 결국 무기력한 감각이 있기 때문이다. 가정 상 몸의 어떠한 특정 부위와도 관여되지 않은 순수기억이 발생 중의 감각이라면, 그것은 결국 감각이 본질적으로 몸의 어떠한 지점에도 위치하고 있지 않기 때문이다. 거기서부터 감각에서 연장성을 획득하고 물체로 응고되는 것이 오직 우연적으로만 이루어지는 부유하고 비연장적(inextensif)인 상태를 보는 착각이 일어난다. 그것은 우리가 본 것처럼[335] 외부 지각의 이론을 심대하게 그르치며 물질에 대한 다양한 형이상학들 사이에 걸린 많은 수의 문제들을 일으키는 착각이다. 거기에 대해 자신의 입장을 취해야 한다. 감각은 본질적으로 외연적이며 위치를 가진다. 그것은 운동의 원천이다. ─ 순수기억은 비연장적이며 무기력 156 하기 때문에 어떤 방식으로도 감각의 성질을 띠지 않는다.

내가 나의 현재라 부르는 것은 직접적 미래에 대한 나의 태도이며, 임박한 나의 행동이다. 따라서 나의 현재는 분명 감각-운동적이다. 나의 과거 중에서 그런 행동에 협조하고 그런 태도에 끼어 들 수 있는 것, 한마디로 유용하게 될 수 있는 것만이 상, 그리고 결과적으로 적어도 발생 중의 감각이 된다. 그러나 상이 되자마자, 과거

---

335 위의 52쪽 이하를 보라.

는 순수기억의 상태를 떠나서 내 현재의 어떤 부분과 혼합된다. 상으로 현실화된 기억은 따라서 순수기억과 심히 다르다. 상은 현재 상태이며 그것이 나왔던 기억에 의해서만 과거의 성질을 띨 수 있다. 반대로 기억은 무용한 채로 남아 있는 한 무기력하며, 감각과의 모든 섞임으로부터 순수하며 현재와의 붙어 있지 않고, 따라서 비연장적인(inextensif) 것으로 남는다.

순수기억의 이런 근본적인 무기력은 바로 어떻게 그것이 잠재적(latent) 상태로 보존되는가를 이해하는 데 도움을 줄 것이다. 아직 문제의 요체로 들어가지 말고, 우리가 **무의식적인 심리 상태**를 생각하기 싫어하는 것은 특히 의식을 심리 상태들의 본질적 특성으로 간주한 결과 한 심리 상태는 존재하기를 멈추지 않고서는 의식적이기를 멈출 수 없을 것으로 보인다는 데서 온다는 것을 지적하는 것으로 만족하자. 그러나 의식이 **현재**(présent), 즉 현실적으로 체험되는 것(l'actuellement vécu), 즉 **작용하는 것**(l'agissant)의 특징적 표시라면, 그때 작용하지 않는 것은 어떤 방식으로든 반드시 존재하기를 멈추지 않고도 의식에 속하기를 멈출 수 있을 것이다. 다른 말로 하면, 심리적 영역에서는 의식은 존재의 동의어가 아니라, 단지 실재 행동이나 직접적 효과의 동의어일 것이며, 그 말의 외연이 그처럼 한정되면 무의식적인, 즉 무기력한 심리 상태를 표상하는 데에 어려움이 덜할 것이다. 아무 방해 없이 수행된다면 나타날지도 모르는 것과 같은 의식 그 자체에 대해 어떤 관념을 가지든, 신체적 기능들을 행하는 존재자에게 의식은 특히 행동을 관장하고 선택을 분명하게 해주는 역할을 한다는 것은 부인할 수 없을 것이다. 따라서 의식은 결정에 직접적으로 선행하는 것과 과거 기억들 중에 그것과 유용하게 조직화될 수 있는 모든 것에 빛을 투사한다. 나머지는 그늘 속에 머문다. 그러나 우리는 여기서 이 책의 처음부터[336] 우리가 추적해 온 하나의 끊임없이 부활하는 착각을 새로운 형태로 다시 발견한다. 사람들은 의식이 신체적 기능에 결합될 때조차도 우연적으로만 실용적이고 본질적으로는 사변(spéculation)으로 향해 있는 능력이기를 원한다. 그렇게 되면, 의식이 그토록 순수 인식에 바쳐진 것이라면 그것이 포착한 인식을 빠져 나가게 하므로 얻을 이익[이 무엇인지]를 볼 수 없기 때문에, 사람들은 의식이 그것에게 완전히 상실되지는 않은 것을 밝히기 단념하는 것을 이해하지 못한다.[337] 거기서부터 의식이 사실상 소유하는 것만이 권리 상으로도 의식에 속하며, 의식의 영역에서는 모든 실재적인 것이 현실적이라는 결과가 나올 것이다. 그러나 의식에 그 진정한 역할을 돌려주어 보라. 내가 지각하기를 멈추면 물질적 대상이 존재하기를 멈춘다고 가정할 이유가 없는 것과 마찬가지로, 과거가 일단 지각된 다음에는 사라진다고 말할 이유도 없다.

이 마지막 요점을 강조하자. 왜냐하면 거기가 무의식의 문제를 둘러싼 난점들의 중심이자 애매함의 원천이기 때문이다. 널리 퍼진

---

336 위의 24쪽을 보라.

337 무의식을 인정하기 싫은 사람들은 무의식도 "완전히 상실되지는 않은" 것으로 보고 따라서 의식에서 그것이 밝혀지는 것을 단념하는 것을 이해하지 못한다는 것.

편견에도 불구하고 **무의식적 표상**이라는 관념은 명료하다.[338] 심지
158 어 우리는 그것을 끊임없이 사용하고 있고, [그보다] 더 상식에 가
까운 견해는 없다고도 말할 수 있다. 사실 우리 지각에 현실적으로
나타나는 상들이 물질 전체는 아니기 때문이다. 그러나 다른 한편,
지각되지 않은 물질적 대상, 즉 상으로 떠올리지 않은 상이란 일종
의 무의식적 정신 상태가 아니라면 무엇일 수 있는가? 당신이 이
순간 지각하고 있는 방의 벽을 넘어서 옆방이 있고, 또 집의 나머지
부분이 있고, 마지막으로 당신이 머무는 길과 도시가 있다. 당신이
찬동하는 물질의 이론은 중요치 않다. 실재론자이건 관념론자이건,
당신이 도시와 길과 집의 다른 방들을 이야기할 때 당신은 분명 당
신의 의식에는 없으나 그것 밖에서 주어지는 그만큼의 지각들을 생
각하고 있다. 당신의 의식이 그것들을 받아들임에 따라 만들어지는
것이 아니다. 따라서 그것들은 어떤 방식으로든 이미 존재했고, 가
정에 의해 당신의 의식이 그것들을 파지하고 있는 것은 아니었으므
로, 무의식의 상태가 아니라면 그것들이 어떻게 자체적으로 존재할
수 있었겠는가? 그렇다면, **의식 밖의 존재**(existence en dehors de la
conscience)가 대상에 관한 것일 때에는 우리에게 분명해 보이며,
주체에 대해 말할 때에는[339] 불분명해 보이는 것은 어디서부터 오

---

338 곧 이어지는 설명과 같이 물질적 대상에 관한 무의식적 표상에 대해서는
　　명확하다. 그러나 과거 기억의 무의식적 표상에 관해서는 아직 불명확하
　　다. 베르크손은 그 두 무의식적 표상을 접근시켜서 그것들을 대립시키는
　　착각을 씻어내려는 것이다(*Ech*, 386쪽 주15 참조).
339 즉, 주관적 기억에 관한 것일 때.

는가? 우리의 지각들은 현실적인 것이나 잠재적인 것이나 두 직선을 따라 펼쳐진다. 하나는 수평의 AB이며 공간에서의 모든 동시적인 대상들을 포함한다. 다른 하나는 수직의 CI이며 그 위에 시간 속에 진열되는 계기적인 기억들이 배열한다. 두 직선의 교차점인 점 I는 우리 의식에 현실적으로 주어지는 유일한 것이다. 직선 AB의 전체에 대해서는 비록 지각되지 않은 채 남아 있을지라도 그 실재성을 인정하는 데에 망설이지 않으면서, 반대로 직선 CI에 대해서는 현실적으로 지각되는 현재 I가 우리에게 진정으로 존재하는 것으로 보이는 유일한 점이라는 것은 어디서 오는가? 시간과 공간이라는 그 두 연쇄 사이의 그런 근본적인 구별의 밑바닥에는 너무나 많은 159 혼동되고 윤곽이 잘못 잡힌 관념들과 모든 사변적 가치를 벗어버린 가정들이 있어서 그 분석을 단번에 끝낼 수는 없을 것이다. 착각의 가면을 완전히 벗겨내기 위해서는, 의식에 관계없이 객관적 실재를 놓고 객관적 실재 없이 의식을 놓는 이중적

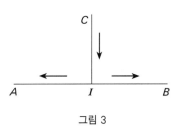

그림 3

운동을 그 원천에까지 찾으러 가서 모든 우회로를 건너 따라가 보아야 할 것이다. 그때 공간은 그 속에 병치되는 **사물들**을 무한히 보존하는 것으로 보이는 반면, 시간은 그 속에서 계기하는 **상태들**을 점점 파괴하는 것으로 보일 것이다. 그런 작업의 한 부분은 제1장에서 객관성 일반을 다루었을 때 이루어졌다.[340] 다른 한 부분은 이 책의

---

340 위의 31쪽 이하를 보라.

마지막 면들에서 물질의 관념에 대해 이야기할 때 이루어질 것이다.[341] 여기서는 몇몇 본질적인 점을 지적하는 것으로 만족하자.

우선, 직선 AB를 따라 진열된 대상들은 우리 눈에 우리가 곧 지각할 것을 나타내는 데 비해, 직선 CI는 이미 지각된 것만을 포함할 뿐이다. 그런데 과거는 우리에게 더 이상 이롭지 않다. 그것은 자신의 가능한 행동을 다 소모했거나 현재 지각의 생동성을 빌림으로써만 영향력을 되찾을 것이다. 반대로, 직접적 미래는 직접적 행동에서, 아직 쓰이지 않은 에너지에서 성립한다. 따라서 물질계의 지각되지 않은 부분은 약속과 위협으로 가득 차 있어서 현실적으로 파악되지 않는 우리의 과거의 생존(existence)의 시기가 가질 수도 없고 가져서도 안 되는 실재성을 가진다. 그러나 완전히 삶의 실질적 유용성과 물질적 필요에 상대적인 이런 구별은 우리의 정신 속에서 형이상학적 구별이라는 점점 더 명료한 형태를 취한다.

우리는 우리 주변에 위치한 대상들이 우리가 사물들에 대해 수행할 수 있거나 그것들로부터 겪어야 할 행동을 정도에 따라 다르게 나타낸다는 것을 보였다.[342] 그런 가능한 행동의 기한(échéance)이 바로 상응하는 대상과 떨어져 있는 정도가 더 크냐 작으냐에 의해 표시되어, 그 결과 공간에서의 거리는 시간에서의 위협이나 약속의 근접도를 나타낸다. 따라서 공간은 단번에 근접 미래(avenir prochain)의 도식(schéma)을 우리에게 제공한다. 그리고 그 미래는

---

341 아래의 229쪽을 보라.
342 위의 28~29쪽을 보라.

무한히 흘러야 하므로 그것을 상징하는 공간은 부동성 속에서 무한히 열린 채로 남는다는 특성을 가진다. 거기서부터 나오는 결과는 우리 지각에 주어진 직접적 지평은 우리에게 필연적으로, 비록 감지되지 않은 채 존재할지라도 더 넓은 원환으로 둘러싸인 것처럼 보이며, 그 원환 자체는 그것을 감싸는 다른 원환에 의해 둘러싸이고 하는 식으로 무한히 나아간다는 것이다. 따라서 우리의 현재 지각은 연장된 한에서 그것을 포함하는 더 넓은, 심지어 무한하기까지 한 경험에 비하여 항상 **포함된 것**에 불과하다는 것이 그것의 본질에 속한다. 그리고 그런 경험은 지각된 지평을 넘쳐흐르기 때문에 우리 의식에 부재하지만 그럼에도 불구하고 현실적으로 주어진 것처럼 보인다. 그러나 우리는 우리가 이처럼 현재 실재로 세운 물질적 대상들에 걸려 있는 것처럼 느끼는 반면, 우리의 기억은 반대로 과거인 한에서 우리가 질질 끌고 가는, 그리고 벗어던진 척했으면 더 좋을 그만큼의 죽은 무게(poids mort)이다. 우리가 우리 앞으로 공간을 무한히 열게 하는 그 동일한 본능이, 시간에 대해서는 우리로 하여금 그것이 흘러감에 따라 우리 뒤에서 닫아버리게 한다. 161 그리고 실재는 연장된 한에서 우리 지각을 무한히 넘쳐나는 것으로 보이는 반면, 우리의 내적 삶에서는 반대로 현재 순간과 함께 시작하는 것만이 **실재적인** 것으로 보이며, 나머지는 실질적으로 사라져버린다. 그렇다면 한 기억이 의식에 다시 나타날 때, 특별한 원인에 의해 그 신비한 출현을 설명해야 할 귀환자의 효과를 일으킨다. 사실상 현재 상태에 그 기억이 접착되어 있는 것은 우리가 지각하는 대상에 지각되지 않은 대상이 접착되어 있는 것과 완전히 비교할 만하며, **무의식**은 두 경우에 동일한 종류의 역할을 한다.

그러나 우리는 이와 같이 사물을 표상하는 데에 많은 어려움을 겪는데, 그것은 우리가 공간에서 동시적으로 진열된 **대상들**의 연쇄와 시간에서 연속적으로 전개되는 **상태들**의 연쇄 사이에 차이점을 강조하고 반대로 유사점은 지우는 습관을 형성했기 때문이다. 첫 번째 연쇄에서는 항들이 완전히 결정된 방식으로 조건 지어져서 각각의 새로운 항의 출현이 예견될 수 있었다. 그렇게 하여 나는 내 방에서 나오면서 지나갈 방들이 어떤 것들인지를 안다. 반대로, 내 기억들은 외견상 변덕스러운 순서로 나타난다. 따라서 표상의 순서가 한 경우에는 필연적이고, 다른 경우에는 우연적이며, 내가 모든 의식 밖의 대상의 존재를 이야기할 때, 이를테면 층위화하는(hypostasie) 것은 그런 필연성이다. 내가 지각하지 않는 대상들 전체가 주어졌다고 가정하는 데에 아무런 불편도 느끼지 않는다면, 그것은 그 대상들의 엄밀하게 결정된 질서가 그 대상들에 어떤 사슬의 모습을 빌려주고, 나의 지각은 더 이상 그 사슬의 한 고리에 지나지 않을 것이기 때문이다. 그 고리는 그때 자신의 현실성을 사슬의 나머지 부분에 전달한다. ― 그러나 그것을 좀 더 자세히 살펴보면, 우리의 기억도 동일한 종류의 사슬을 형성하고, 모든 결정에 항상 참여하는 우리의 **성격**(caractère)이 분명 우리의 모든 과거 상태들의 현실적 종합이라는 것을 볼 것이다. 그렇게 응축된 형태로 이전의 우리의 심리적 삶이 우리에게는 심지어 외부세계보다 더 존재한다. 우리는 외부세계의 매우 작은 부분밖에는 결코 지각하지 못하지만, 반대로 우리의 체험된 경험은 그 전체를 이용한다. 우리가 그것을 그와 같이 오직 축약적으로만 소유한다는 것과, 우리의 이전 지각은 구별되는 개체성으로만 생각하면, 완전히 사라졌거나 변덕스레 다시 나타나는 효과를 낸다는 것은 진실이다. 그러나 그렇게 완전히 소멸하거나 변덕스레 재활한다는 외관은 단지 현재의 의식이 매 순간 유용한 것은 받아들이고 잉여물은 잠시 거부한다는 데에 기인한다. 항상 행동으로 향하고 있어서, 현재의 의식은 우리의 옛 지각들 중에 현재의 지각과 조직화하여 최후의 결정에 기여하는 것들만을 구현할 수 있다. 나의 의지가 공간의 한 주어진 점에 나타나기 위해서는, 나의 의식은 그 총체가 **공간에서의 거리**라 불리는 것을 구성하는 중간자들(intermédiaires)과 장애물들을 하나하나 넘어야 한다면, 반대로 그런 행위를 밝히기 위해서는 그에게 현재의 상황과 이전의 유사한 상황을 나누는 시간의 간격을 넘어 비약하는(sauter) 것이 유용하다. 그리고 의식은 그와 같이 단번에 그리로 자리를 옮기기 때문에 과거의 모든 중간 부분은 그것의 영향(prise)에서 벗어난다. 따라서 우리의 지각이 공간에서 엄밀한 연속성으로 배열되게 하는 그 동일한 이유가 우리의 기억이 시간에서 비연속적 방식으로 밝혀지게 한다. 공간에서의 지각되지 않은 대상과 시간에서의 의식되지 않는 기억에 관해서는 존재의 근본적으로 다른 두 형태를 상대하는 것이 아니다. 그러나 한 경우에서의 행동의 요청은 다른 경우에서 그런 것과는 반대이다.

163

그러나 우리는 여기서 **존재**(existence)라는 중심 문제를 건드리고 있다. 문제에서 문제로 인도되어 형이상학의 심장부 자체로 끌려 들어가지 않으려면, 우리로서는 이 문제를 단지 스쳐 지나갈 수 있을 뿐이다. 경험의 사물들 — 그것들이 우리가 여기서 다루는 유일한 것이다 — 에 관해서는, 존재란 단순히 1) 의식에 나타남, 2) 그렇게 나타난 것과, 그것에 앞선 것과 뒤따르는 것의 논리적 또는 인과적 연결이라는 두 결합된 조건들을 내포하고 있는 것처럼 보인다고만 말하자. 한 심리적 상태와 한 물질적 대상이 우리에 대해 실재적이라는 것은 우리의 의식이 그것들을 지각한다는 것과, 그것들은 항들이 서로서로 결정되는 시간적이거나 공간적인 연쇄의 부분이라는 이중의 사실에서 성립한다. 그러나 그 두 조건은 정도차를 받아들이며, 사람들은 그것들이 양쪽 다 필요하지만 똑같이 충족되지는 않는다고 생각한다. 그러므로 현재의 내적 상태들의 경우에는 연결은 그 긴밀함이 덜하고, 과거에 의한 현재의 결정은 우연에 많은 자리를 내주기 때문에 수학적 도출(dérivation)의 성격을 가지지 않는다. — 그 대신에 현재의 한 심리적 상태는 그 내용의 전체를 우리가 그것을 지각하는 행위에 넘겨주기 때문에, 의식에 나타남은 완벽하다. 반대로, 외부 대상들에 관해서는 그 대상들이 필연적인 법칙에 복종하므로 완벽한 것은 연결이며, 그때 의식에 나타남이라는 다른 조건은 부분적으로 충족될 뿐이다. 물질적 대상은 그것을 모든 다른 대상들에 연결시키는 수많은 알려지지 않은 바로 그 요소들 때문에, 그것이 우리에게 보여주는 것보다 무한히 많은 것을 자신 속에 포함하고 자신 뒤에 감추고 있는 것처럼 보이기 때문이다. — 우리는 따라서 경험적 의미에서의 존재는 의식적 파악(appréhension consciente)과 규칙적 연결(connexion régulière)을 항상 동시에, 그러나 다른 정도로 내포하고 있다고 말해야 할 것이다. 그러나 우리의 이해력(entendement)은 확연한 구별을 확립하려는 기능을 가지는 것으로서, 사물을 전혀 그렇게 이해하지 않는다. 이해력은 모든 경우에 두 요소가 다양한 비율로 섞여서 나타난다고 인정하기보다는 그 두 요소를 나누어서, 한편으로는 외부 대상에, 다른 한편으로는 내적 상태들에, 근본적으로 다른 존재 방식 — 그 각각에게 단순히 우세하다고 말해야 할 조건이 배타적으로 존재한다는 특징을 가지게 되는 — 을 부여하기를 더 좋아한다. 그렇게 되면 심리적 상태들의 존재는 그 전체가 의식에 의한 파지에서 성립하게 되며, 외부 현상들의 존재도 그 역시 전체가 그들의 병존(concomitance)과 계기(succession)의 엄격한 질서에서 성립하게 된다. 거기서부터 존재하지만 지각되지 않는 대상들을 조금이라도 의식에 참여하게 하는 것도, 의식되지 않는 내적 상태들을 조금이라도 존재에 참여하게 하는 것도 불가능하게 된다. 이 책의 처음에서[343] 우리는 첫 번째 착각의 결과들을 보여주었다. 그것은 물질에 대한 우리의 표상을 잘못되게 하였다. 두 번째 착각은 첫 번째와 상보적인 것으로서 무의식의 관념에 인위적인 불분명함을 퍼뜨림으로써 정신에 대한 우리의 관념을 잘못되게 한다. 우리의 과거의 심리적 삶은 그 전체가, 비록 필연적인 방식으로 결정하는 것은 아니지만, 우리의 현재 상태의 조건이 된다. 그 전체가 또한 우리의 성격 속에서 드러난다. 비록 과거 상태들의 어떤 것도 명시적으로 성격 속에서 드러나는 것은 아닐지라도, 그 두 조건은 결합하여 과거의 각 심리 상태에 무

165

---

343 위의 11~12쪽을 보라.

의식적일망정 실재적 존재를 확보해 준다.

그러나 우리는 실용의 이익을 가장 크게 하기 위해 사물의 실재적 질서를 뒤집는 데에 너무도 익숙해 있고, 공간에서 이끌어낸 이미지들의 강박을 너무나 깊게 겪고 있어서 기억이 **어디에** 보존되는지를 묻지 않을 수 없을 정도이다. 우리는 물리-화학적 현상들이 뇌 **속에서** 일어나며, 뇌는 몸**속에** 있고, 몸은 그것을 담고 있는 공기 **속에** 있고 등등으로 생각한다. 그러나 과거가 일단 이루어진 뒤 보존되는 것이라면, 어디에 있는가? 분자적 변화의 상태로 그것을 뇌수물질의 속에다 놓는 것은 단순하고 분명해 보인다. 왜냐하면 우리는 그때 현실적으로 주어진 저장고를 가지게 되고, 그것을 열기만 하면 의식 속에 잠재해 있는 이미지들을 흘러나오게 하기에 충분할 것이기 때문이다. 그러나 뇌가 그와 같은 용도에 쓰일 수가 없다면, 축적된 이미지들을 어떤 창고에 묵게 할 것인가? 용기容器와 내용물의 관계는 우리가 앞으로는 항상 공간을 열어야 하며, 뒤로는 항상 지속을 닫아야 하는 필연성에서 그 외관상의 명백성과 보편성을 빌려온다는 것을 사람들은 잊고 있다.[344] 한 사물이 다른 것 **속에** 있음을 보였다고 해서 그것에 의해 그 보존의 현상이 밝혀지는 것은 결코 아니다. 더 나아가서 과거가 두뇌 속에 축적된 기억의 상태로 살아남는다고 잠시 가정하자. 그때 두뇌가 기억을 보존하기 위해서는 적어도 자기 자신은 보존되어야 할 것이다. 그러나 그 두뇌는 공간에 펼쳐진 이미지인 한에서 오직 현재의 순간만을 점할

---

344 위의 160~161쪽을 보라.

수 있을 뿐이다. 그것은 다른 모든 물질계와 더불어 보편적 생성에서 끊임없이 다시 잘라낸 절단면을 이룬다. 따라서 당신은 이 세계가 참으로 어떤 기적에 의해 지속의 모든 순간에 소멸했다가 다시 태어난다고 가정하거나, 아니면 의식에 대해 거부했던 존재의 연속성을 그 세계로 옮겨서 그 과거를 현재에도 살아남고 현재로 연장되는 실재성으로 만들어야 할 것이다. 따라서 당신은 기억을 물질에 축적함으로써 얻는 것이 아무것도 없을 것이며, 오히려 반대로 심리적 상태에 대해 거부했던, 과거의 독립적이고도 총체적인 존립을 물질계의 상태들 전체로 연장하지 않을 수 없는 자신을 보게 될 것이다. 따라서 과거의 그런 **자체적인** 존립은 이런 형태로든 저런 형태로든 인정되지 않을 수 없고, 그것을 생각하려 할 때 우리가 겪는 어려움은 단지 우리가 공간에서 순간적으로 포착된 물체들의 총체에 대해서만 사실인 **포함하고 포함된다는** 그 필연성을 시간 속에서 기억의 연쇄에 부여한다는 것에서 온다. 근본적인 착각은 흐르고 있는 중인 지속에 대해 우리가 행하는 순간적인 절단의 형태를 지속 자체로 이전하는 것에서 성립한다.

그러나 가정 상 존재하기를 멈춘 과거가 어떻게 스스로 보존될 수 있을 것인가? 거기에는 진정한 모순이 있지 않은가? ― 우리는 대답한다. 문제는 바로 과거가 존재하기를 멈추었는지 아니면 단지 유용하기를 멈추었는지를 아는 것이라고. 현재는 단지 **이루어지고 있는 것**임에도 불구하고, 당신은 현재를 자의적으로 **있는 것**이라고 정의한다. 당신이 현재의 순간이라는 말로 과거와 미래를 가르는 그 불가분적인 한계를 의미한다면, 그 현재의 순간보다 덜 **존재하**

166

는 것은 아무것도 없다. 우리가 그 현재를 있어야 할 것으로 생각할 때, 그것은 아직 없다. 그리고 그것을 존재하는 것이라 생각할 때, 그것은 이미 지나가 버렸다. 반대로, 당신이, 의식이 실제로 사는 구체적 현재를 생각한다면, 그 현재는 큰 부분 직접적 과거에서 성립한다고 말할 수 있다. 빛에 대한 가능한 한 가장 짧은 지각이 지속되는 몇 분의 일 초 동안에도 몇 조 번의 진동이 일어났고, 그 첫 번째 진동은 마지막 것과 무수히 나누어진 간격에 의해 떨어져 있다. 따라서 당신의 지각은 아무리 순간적이라 하더라도 셀 수 없는 수의 재기억된 요소들로 이루어지며, 사실을 말하자면, 모든 지각은 이미 기억이다. **우리는 사실상 과거만을 지각하며**, 순수한 현재는 미래를 먹어 들어가는 과거의 파악 불가능한 진전이다.

따라서 의식은 미래로 기울어져 있어서 그것을 실현하고 그것과 결합하기 위해 노력하는 직접적인 과거의 부분을 끊임없이 자신의 섬광(lueur)으로 밝힌다. 결정되지 않은 미래를 그처럼 결정하는 데에만 오로지 몰두하기 때문에, 의식은 과거의 더 후퇴한 상태들 중에서 우리의 현재 상태와, 즉 우리의 직접적 과거와 유용하게 조직될 수 있는 것에다가는 약간의 빛을 비출 수 있을 것이다. 우리가 행동의 법칙이라는 생명의 근본 법칙 덕분에 자리 잡고 있는 곳은 우리 역사의 그런 밝혀진 부분에서이다. 거기서부터 음지에 묻혀 보존될 기억들을 생각하는 데에 겪는 어려움이 나온다. 과거 전체가 살아남는다는 것을 우리가 인정하기 싫어하는 것은 그러므로 전개된 것 전체가 아니라 전개되고 있는 것을 바라보는 것이 이로운 상태들의 진정한 전개인 우리의 심리적 삶의 방향 자체에 기인

한다.[345]

우리는 이처럼 긴 우회로를 거쳐 출발점으로 되돌아온다.[346] 심
층에서부터 구별되는 두 가지 기억이 있다고 우리는 말했었다. 하
나는 유기체에 고정된 것으로서, 있을 수 있는 다양한 개입에 적합
한 반응을 확보해 주는 지적으로 조립된 장치들의 총체 이외의 다
른 것이 아니다. 그것은 우리를 현재의 상황에 적용하고 우리가 겪
은 작용들이 때로는 실현되고 때로는 단지 발생 중일 뿐인, 그러나   168
다소간에 항상 적합한 반응으로 저절로 연장되게 해준다. 기억이라
기보다는 습관인 그것은 우리의 과거 경험을 실연實演하지만, 그 이
미지를 불러일으키지는 않는다. 다른 하나는 진정한 기억이다. 그
것은 의식과 외연이 같아서 우리의 모든 상태들이 일어남에 따라
그것들 하나하나를 붙잡아, 하나 다음에 다른 하나가 오도록 일렬
로 세우고 각 사실에 자신의 자리를 주면서, 따라서 그 날짜를 표
시하면서, 첫 번째 것처럼 끊임없이 다시 시작하는 현재에서가 아
니라, 분명히 결정적으로 과거가 된 것 속에서 실제로 움직인다. 그
러나 기억의 그 두 형태를 심층으로부터 구별하면서 우리는 그들
의 연결을 보여주지 않았다. 과거 행동들의 축적된 노력을 상징하

---

345 그러니까 우리의 심리 상태는 과거의 전개 전체인데, 그것은 또 현재와
관계되는 것만을 보고 나머지는 무시하는 것이 이롭기 때문에, 이 후자의
입장에서 보면 과거 전체가 살아남는다고 생각하기보다는 현재와 관계되
는 것만 존재한다고 생각하고, 그것이 곧 우리 심리적 삶의 방향 자체에
기인한다는 것이다. 그러나 사실은 과거 전체가 살아남는다.

346 제2장 처음(83쪽 이하)의 두 가지 기억(습관-기억과 상기억)과 그 연관으
로 되돌아온다.

는 기제들과 함께 신체 위에, 상상하고 반복하는[347] 기억이 허공중에 매달려 배회하고 있었다. 그러나 우리가 우리의 직접적 과거 이외의 다른 것을 지각하는 것이 결코 아니라면, 현재에 대한 우리의 의식이 이미 기억이라면, 우리가 먼저 분리했던 두 항들은 긴밀하게 함께 접합될 것이다. 사실, 이 새로운 관점에서 생각하면 우리의 신체는 우리 표상 중에 진정으로 변하지 않고 되살아나는 부분, 항상 현재인 부분, 또는 오히려 계속해서 방금 지나간 부분 이외의 다른 것이 아니다. 그 자신이 상인 신체는 상의 한 부분이기 때문에 상들을 축적할 수가 없다. 그리고 그렇기 때문에 과거, 또는 심지어 현재의 지각들도 뇌 속에 위치시키기를 바라는 시도는 환상에 불과하다. 지각이 뇌 속에 있는 것이 아니라, 뇌가 지각 속에 있다. 그러나 다른 상들 한가운데에 고집스레 자리 잡은, 내가 내 몸이라 부르는 이 매우 특별한 상은, 우리가 말한 바와 같이,[348] 매 순간 보편적 생성의 횡단면[349]을 이룬다. 그것은 따라서 받아들이고 내보낸 **운동의 통과 장소**(lieu de passage)이며, 나에게 작용하는 사물과 내가 작용하는 사물 사이의 연결부호이며, 한 마디로 감각-운동 현상의 소재지(siège)이다. 만약 내가 원추 SAB로 나의 기억 속에 축적된 기억들 전체를 표현한다면, 과거에 자리 잡은 밑면 AB는 부동인

---

347 자발적 기억은 기억되는 한 반복한다.

348 위의 81쪽, 154쪽을 보라.

349 베르크손은 분명히 "횡단면"이라 했는데, 아래의 그림을 중심으로 생각하니까 그렇게 말한 것 같다. 중요한 것은 보편적 생성과 수직의 방향으로 자른다는 것이다. 생성을 따라 가면서가 아니라 직각으로 잘라야 한다.

채 남아 있는 반면, 계속해서 나의
현재를 그리는 꼭짓점 S는 끊임없이
앞으로 나아가며, 또한 끊임없이 우
주에 대한 나의 현재 표상인 움직이
는 평면 P에 닿아 있다. 신체의 이미
지는 S에 집중된다. 그리고 그 이미

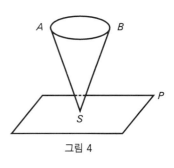

그림 4

지는 평면 P에 속하므로 그 평면을 이루는 모든 이미지로부터 나오
는 행동들을 받아들이고 되돌려 주는 것으로 그친다.

따라서 신체의 기억은 습관이 조직한 감각-운동 체계들의 총체
에 의해 이루어지므로, 과거에 대한 진정한 기억을 기반으로 하는
거의 순간적인 기억이다. 그것들은 두 개의 다른 사물을 구성하는
것이 아니고, 우리가 말했듯,[350] 첫 번째의 기억은 두 번째의 기억에
의해 요동치는 경험의 평면으로 삽입된 움직이는 첨단에 불과하므
로, 그 두 기능이 서로의 지주가 된다는 것은 자연스럽다. 그도 그
럴 것이 한편으로 과거의 기억은 감각-운동 장치들에게 그들의 작
업을 안내해주고 경험의 가르침에 의해 암시된 방향으로 신체 운동
의 반응을 향하게 할 수 있는 모든 기억을 제시한다. 인접성과 유사
성에 의한 관념연상은 바로 거기에서 성립한다. 그러나 다른 한편
으로 감각-운동 장치들은 무능한, 즉 무의식적 기억들에게 몸을 가
지고, 실현되며, 현재가 될 수 있는 수단을 제공한다. 왜냐하면 한
기억이 의식에 다시 나타나기 위해서는 순수기억의 높이에서부터

170

---

350 위의 82쪽을 보라.

행동이 이루어지는 바로 그 점까지 내려와야 하기 때문이다. 다른 말로 하면, 기억의 응답을 요청하는 부름이 출발하는 것은 현재로 부터이며, 기억이 생명을 주는 열기를 빌려오는 것은 현재 행동의 감각-운동적 요소들로부터이기 때문이다.

우리가 "균형이 잘 잡힌" 정신, 요컨대 삶에 완벽하게 적응한 사람들을 알아보는 것은 그런 일치의 굳건함, 그 두 상보적인 기억이 서로 맞아 들어가는 정확성에서가 아닌가? 행동적 인간을 특징짓는 것은 주어진 상황에 도움이 되도록 그와 관계된 모든 기억을 불러내는 신속함이다. 그러나 그것은 또한 불필요하거나 무관한 기억들이 의식의 문턱에 나타날 때 그에게서 만나는 극복할 수 없는 장벽이기도 하다. 완전히 순수한 현재에서 산다는 것과 한 자극에 대해서 그것을 연장하는 직접적 반응으로 대응한다는 것은 하등동물에 고유한 것이다. 사람이 그와 같이 행동한다면 그는 **충동적 인간**이다. 그러나 과거에 사는 것이 즐겁기 때문에 과거에 살며, 기억들이 현재 상황에 대해 아무런 이득도 없으면서 의식의 빛 아래로 나타나는 사람도 행동에 더 잘 적응하는 것은 거의 아니다. 그는 더 이상 충동적 인간은 아니지만, **몽상가**이다. 그 두 극단 사이에 현재 상황의 윤곽을 정확하게 따라갈 만큼은 충분히 온순하나, 모든 다른 부름에는 저항할 만큼은 충분한 힘이 있는, 기억의 적절한 대비 상태(heureuse disposition)가 자리한다. 양식, 또는 현실 감각은 아마도 다른 것이 아니리라.

대부분의 아이들에게 자발적인 기억이 유별나게 발전해 있는 것은 바로 그들이 아직 행위와 기억을 연대시키지 않았다는 데 기인한다. 그들은 보통 현재의 인상을 따르고 행동은 기억이 가리키는 것에 복종하지 않기 때문에, 역으로 기억은 행동의 필요로 한정되지 않는다. 그들이 더 용이하게 기억하는 것으로 보이는 것은 오직 그들이 분별력을 덜 가지고 기억하기 때문이다. 지성이 발달함에 따라 외관상 기억이 감소하는 것처럼 보이는 것은 따라서 기억과 행위의 조직이 증가하는 데에 기인한다. 의식적 기억은 이처럼 침투의 힘에서 얻은 것을 범위에서 잃는다.[351] 의식적 기억은 우선 꿈이 가진 기억의 용이함을 가졌었지만, 그것은 분명 그것이 실제로 꿈꾸고 있었기 때문이다. 게다가 지적인 발달이 어린이를 거의 넘지 못하는 사람들에게서 자발적 기억의 동일한 과장이 관찰된다. 한 선교사가 아프리카의 야만인들에게 긴 설교를 한 후, 그들 중 하나가 그것을 처음부터 끝까지 문자 그대로 똑같은 몸짓으로 반복하는 것을 보았다.[*83]

그러나 우리의 과거가 현재 행동의 필요에 의해 금지되어 있기

[*83] Kay, 『기억과 그것을 향상시키는 방법(*Memory and How to improve it*)』, 뉴욕, 1888, 18쪽.[352]

----

351 "침투의 힘"은 현실세계로 들어가는 힘이다. 현실세계로 들어갈수록 기억의 범위는 좁아진다.

352 Kay, *Memory and How to improve it*, New York, Appleton, 1888, 18쪽은 뛰어난 전도사인 Moffat 박사의 이야기가 보고되어 있다. 그는 아프리카의 미개인 등 몇 명에게 긴 설교를 했다. 설교 후 단순하게 생긴 한 젊은이가 동작과 몸짓까지 흉내 내면서 그의 설교를 정확하게 반복하는 것을 보았다.

때문에 우리에게는 거의 전부가 감추어져 있는 것이라면, 우리가
효과 있는 행위에 대한 관심을 버리고 말하자면 꿈과 같은 삶으로
다시 자리 잡을 때는 언제라도, 그 과거는 의식의 문턱을 넘을 힘을
되찾을 것이다. 자연적이건 인위적이건 수면은 바로 그런 종류의
초탈함을 불러온다. 최근 수면 중 감각과 운동적인 신경 요소들 사
이에 접촉의 단절이 증명되었다.*[84] 이 정교한 가설에 머물지 않는

....

*[84] Mathias Duval, 「수면의 조직학적 이론(*Théorie histologique du sommeil,
C. R. de la Soc. de Biologie, 1895, 74쪽)」. — Lépine, 위의 책, 85쪽과 *Revue
de médecine*, 8월, 1894, 그리고 특히 Pupin, 『뉴런과 조직학적 가설(*Le
neurone et les hypothèses histologiques)』*, Paris, 1896 참조.[353]

————

[353] Mathias Duval, "Hypothèse sur la physiologie des centres nerveux.
Théorie histologique du sommeil", *Comptes rendus heptomadaires des
séances et mémoiresde la Société de Biologie et ses filiales*, 2e Serie, t. 2,
1895, 76쪽(74쪽이 아니다)은 "수면의 조직학적 이론(théorie histologique
du sommeil)"을 주장한다. 그 이론에 따르면 수면 중의 사람은 산소 결핍
이나 탄산 과잉에 의해 뇌의 중앙 감각 뉴런의 가지가 응축된다고 한다.
감각 신경의 약한 자극은 반사작용을 일으키지만 두뇌 피질의 세포 속
으로 지나가지 못한다. 더 강한 자극은 뇌의 감각 신경 가지의 연장을 가
져오고 그것이 다음으로 피질 세포까지 전달되므로 결국 깨어나게 되는
데, 그것은 이전에 응축에 의해 단절되었던 전달이 가능해지기 때문이
라는 것이다. 베르크손이 말하는 "수면 중 감각과 운동적인 신경 요소들
사이에 접촉의 단절"이란 뉴런 가지의 응축을 의미하는 것이다. Lépine,
"Théorie mécanique de la paralysie hystérique, du somnabulisme, du
sommeil naturel et de la distraction", *Comptes rendus heptomadaires des
séances et mémoiresde la Société de Biologie et ses filiales*, 2e Serie, t. 2,
1895, 85쪽 이하는 그의 "Un cas d'histérie à forme particulière", *Revue*

다고 하더라도, 깨어 있을 때에는 항상 받아들인 자극을 적합한 반
응으로 연장할 준비가 되어 있는 신경계의 긴장이 수면 중에는 적
어도 기능적으로 이완된다는 것을 보지 않는다는 것은 불가능하다. 172
그런데 어떤 꿈이나 어떤 몽유병적 상태에서의 기억력의 "증진"은
진부하게 관찰된 사실이다. 그때 사라졌다고 믿었던 기억들이 놀랍
도록 정확하게 다시 나타난다. 우리는 완전히 잊혔던 어린 시절의
장면의 그 모든 세부를 다시 살게 된다. 배웠는지조차도 더 이상 기
억나지 않는 언어를 말한다. 그러나 그 점에 대해서는 물에 빠지거
나 교수형에 처해진 사람들에게서 〔볼 수 있는〕 어떤 갑작스런 질

------

de médecine, 1894를 인용, 요약하는 발표를 한다. Lépine의 입장은 Duval
과 거의 같은 것으로 발표에 이어지는 논의에서 Duval의 적극적인 찬사
를 듣는다. Lépine은 Duval과 마찬가지로 뉴런이 서로 연속적이 아니라
인접성만을 갖는다(오늘날의 시냅스 이론)고 주장하며, 히스테리 환자의
무감각과 운동 마비는 신경세포의 가지들 사이의 완전한 인접성의 결함
으로부터 온다고 주장한다. 그의 한 환자가 완전한 귀머거리 상태와 정상
적인 상태를 순간적으로 왔다 갔다 하는 것을 보고 주의를 하면 신경의
연장이 항진되어 정상 상태가 되고, 그렇지 않으면 인접성의 결함으로 마
비상태가 된다고 결론 내린 것이다. 또 Pupin, Le neurone et les hypothèses
histologiques sur son mode de fonctionnement. Théorie histologique du
sommeil, Paris, Steinheil, 1896은 Duval의 제자인 저자가 그의 도움을 받
아 "수면의 조직학적 이론"을 자세히 설명한 책이다. 특히 수면이 순환기
적인 현상(뇌에 흐르는 피의 양이나 질에 의해 결정된다)이 아니라 신경적인
현상이라고 결론 맺는다. 즉, 모든, 또는 거의 모든 뉴런이 잠잔다는 것이
다. 다시 말해 자극으로부터 벗어나 휴식을 취하기 위해 뉴런의 원형질의
연장이 응축되어 고립된다. 가장 중요한 것은 그런 고립, 그런 통과의 중
단이 중앙 감각 뉴런과 주변 감각 뉴런 사이에서 나타난다는 것이다.

식의 경우에 일어나는 일보다 더 교훈적인 것은 없다. 그런 사람들
이 다시 살아났을 때, 잠시 동안 그 앞에 그의 역사의 모든 잊힌 사
건들이 그 가장 내밀한 상황들과 함께, 그리고 그것이 일어났던 바
로 그 순서대로 지나가는 것을 보았다고 선언한다.*85

....

*85 Winslow, 『두뇌의 불분명한 병들(*Obscure diseases of the brain*)』, 250쪽 이
하. — Ribot, 『기억의 병(*Maladies de la mémoire*)』, 139쪽 이하. — Maury,
『잠과 꿈(*Le sommeil et les rêves*)』, Paris, 1878, 439쪽. — Egger, "죽는 자
들의 자아(Le moi des Mourants)"(*Revue Philosophique*, 1896, 1월과 10월).
— Ball의 말 "기억은 아무것도 잃지 않고 모든 것을 기록하는 능력이
다."(Rouillard, 『기억상실증(*Les amnésies*)』, 의학박사 학위논문, Paris, 1885,
25쪽에 인용됨) 참조.354

————

354 이 부분은 베르크손의 유명한 과거 기억의 완전한 보존을 논하는 곳이
다. 여기에 인용된 글들은 그러한 경험을 보고하는 글들이다. Winslow,
Obscure diseases of the brain and disorders of the mind, Londre, 1888, 303
쪽 이하는 물에 빠졌다가 살아난 사람의 이야기를 전한다. 그는 그의 전
생애가 단지 소묘가 아니라 매우 정확한 세부와 함께 역방향으로(베르크
손이 말하는 순서대로가 아니다) 연속해서 전개되는 것을 보았다고 말했다.
그것은 그의 존재 전체의 파노라마였으며, 각 행위는 좋거나 싫은 감정을
동반했다는 것이다. 또 다른 사람은 놀랄 만하게 분명한 정신의 소유자였
는데, 철길을 건너다 갑자기 전속력으로 달려오는 기차를 피하려고 가까
스로 철로 사이에 누웠다. 기차가 그의 위로 지나가는 사이에 위험의 느
낌은 마치 심판의 책이 눈앞에 열리는 것처럼 그의 생애의 모든 사건이
재기억되었다고 한다(*Ech*, 389쪽, 172쪽 주석의 주석 1). 또 Ribot, *Maladies
de la mémoire*, Paris, Alcan, 139쪽 이하는 위에 인용된 Winslow의 바로
그 경우들을 인용하면서 그러한 현상을 초기억(hypermnésie), 또는 기억
의 "일반 흥분(excitation générale)"이라 부른다. 베르크손처럼 기억의 완
전한 보존의 이론을 채택하지 않았던 그는 이것을 매우 설명하기 곤란

한 인간 존재가 자신의 삶(existence)을 사는 대신에 그것을 **꿈꾸고 있다**면, 아마도 그와 같이 그의 과거 역사의 무한수의 세부를 끊임없이 시야에 잡아둘 것이다. 그리고 반대로 기억과 그것이 낳는

한 현상으로 친다. 또 Maury, *Le sommeil et les rêves. Etudes psychologiques sur ces phénomènes et les divers états qui s'y attachent*, Paris, Didier, 1865, 431쪽 이하는 위와 같은 전면적인 기억의 회복의 예가 언급되어 있는 것이 아니라, 일상적으로는 완전히 잊힌 일이 사실은 기억에 원천을 두고 있는 경우가 많다는 이야기를 하고 있다. 정치·경제의 한 문제에 대해 예전에 논문을 써 놓았던 것을 완전히 잊고 같은 문제에 대해 기고해 달라는 요청을 새롭게 받고는 새롭게 논문을 써서 발표했는데, 나중에 먼저 쓴 논문을 발견해서 보니까 놀랍게도 발표한 논문과 표현과 문장이 거의 같았다는 것이다. 우리의 많은 심리적 사실들은 이처럼 기억에 근거한 것이 많고, 따라서 어렸을 때의 기억이 중요한 것이 이처럼 지금 현재의 일에 영향을 주고 있기 때문이라는 것이다. Maury의 논의에서 베르크손에게 중요한 것은 잊힌 것인 줄 알았던 기억도 계속 존재한다는 것이다. 또 Egger, "Le moi des mourants"(*Revue Philosophique de la France et de l'étranger*, 41~42, 1896, 1월과 10월)은 과거의 완벽한 재기억을 "강력한 자아(le moi vif)"의 발현 때문이라고 해석한다. 이것은 베르크손과 정반대로 삶에 대한 주의가 이완되었기 때문이 아니라 오히려 자아가 응축되어 과도하게 활동적이기 때문이라고 해석하는 것이다. 그 해석은 어떠하건 과거가 매 순간 전부 현전한다고 생각하는 것은 양자가 같다. 또 Rouillard, *Les amnésies, pricipalement au point de vue étiologique*, 의학박사 학위논문, Paris, Le Clerc, 1885는 구할 수가 없었는데, *Ech*에 따르면 저자는 Ball의 권위에 의존하면서 기억이 영원히 보존된다는 것을 인정한다. 그는 한편으로 뇌의 국지화 이론도 인정하는데, 세포가 소멸되지 않는 한 기억도 보존될 수 있다고 생각하는 것이다. 기억이 소멸되는 것으로 보이는 것은 재생하는 능력이 일시적으로 사라지기 때문이라며, 초기억 현상을 그 반증으로 든다(*Ech*, 390~391쪽, 172쪽 주석의 주석 5).

모든 것을 혐오하는 사람은 자신의 삶을 진정으로 표상하는 대신에 그것을 끊임없이 **실행할**(jouerait) 것이다. 즉, 의식적 자동인형으로서 자극을 적합한 반응으로 연장하는 유용한 습관의 경사(pente)를 따를 것이다. 전자는 결코 개별적인 것, 심지어는 개인적인 것 밖으로 나오지 않을 것이다. 그는 각 이미지에 시간에서의 날짜와 공간에서의 위치를 부여하면서, 그것이 어떤 점에서 다른 것과 **다른지**를 볼 것이지만, 어떤 점에서 다른 것과 닮았는지는 보지 않을 것이다. 후자는 항상 습관에 이끌리기 때문에 반대로 한 상황에서 그것이 이전의 상황과 실질적으로 **닮은** 측면만을 찾아낼 것이다. 일반 관념은 많은 수의 재기억된 이미지들을 적어도 잠재적으로는 표상하고 있다는 것을 가정하기 때문에 아마도 보편자를 **사유할** 수는 없을 터이지만, 그럼에도 불구하고 그가 나아가는 것은 보편자 속에서이다. — 습관과 행동의 관계는 일반성과 사유의 관계와 같기 때문에.[355] 그러나 하나는 **시각** 속에서 독특한 것만을 파악하는 완전히 명상적인 기억이고, 다른 하나는 **행동**에 일반성의 표지만을 새기는 완전히 〔신체〕운동적인 기억인 두 극단적인 상태들은 예외적인 경우에만 완전히 분리되어서 나타난다. 정상적인 삶에서는 그것들이 내밀하게 상호 침투하고, 그리하여 그들 모두가 원래의 순

173

---

355 습관에 따라 행동하고, 일반성에 따라 사유한다. 습관은 동일한 것에 대해 동일하게 반응하는 것으로서 일반성에 따르는 것이며, 행동하는 것은 사유(생각)하는 대로 하는 것으로서 사유에 따른다. 물론 사유하는 것과 행동하는 것은 다르지만(그래서 이 말을 이해하기 어렵게 만들지만), 일상적 사유는 주로 행동을 위해 이루어진다.

수성에서 뭔가를 버리게 된다. 전자는 차이의 기억으로, 후자는 닮음의 지각으로 번역된다. 즉, 그 두 흐름의 합류점에서 일반 관념이 나온다.

여기서는 일반 관념의 문제를 통째로 해결하려는 것이 아니다. 그 관념들 중에는 지각을 유일한 원천으로 가지지 않고 물질적 대상과는 매우 멀리서만 관계를 가질 뿐인 것들이 있다. 우리는 그것들을 한쪽으로 제쳐놓고 우리가 닮음의 지각이라 부르는 것에 기반을 둔 일반 관념들만을 살펴볼 것이다. 우리는 순수기억, 즉 총체적 기억을 그것이 운동 습관에 끼어들기 위해 하는 계속적인 노력 속에서 따라가기를 원한다. 그것을 통해 우리는 그런 기억의 역할과 본성을 더 잘 알게 할 수 있을 것이다. 그러나 그것을 통해 또한 **닮음**(ressemblance)과 **일반성**(généralité)이라는 마찬가지로 불분명한 두 개념을 매우 특별한 측면에서 생각해 봄으로써 아마도 밝히게 될 것이다.

일반 관념의 문제 주위에서 일어나는 심리적 차원의 난점들을 가 174 능한 한 자세히 고찰해 보면, 그것들을 다음과 같은 순환 속으로 가두기에 이를 것이라고 믿는다. 즉, 일반화하기 위해서는 우선 추상해야 하며, 유용하게 추상하기 위해서는 이미 일반화할 줄 알아야 한다는 것이다. 이 순환을 둘러싸고 의식적으로건 무의식적으로건 유명론과 개념론356이 맴돌고 있으며, 두 이론 각각은 특히 상대편

---

356 보통 일반적으로는 유명론과 실재론의 대립을 이야기하는데, 여기서는 유명론과 개념론을 대립시키고 있다. 그것은 유명론이 외연에 의해, 개념

의 불충분성을 자기편으로 삼는다. 그도 그럴 것이, 유명론자들은 일반 관념으로부터 그 외연만을 취하여 그 속에서 단지 개별적 대상들의 무한하고도 열려 있는 연쇄만을 본다. 따라서 그들에게 관념의 단일성은 우리가 그 모든 구별되는 대상들을 무차별적으로 지시하는 상징의 동일성에서밖에는 성립할 수 없을 것이다. 그들을 믿어야 한다면, 우리는 한 사물을 지각하는 것으로 시작하여 거기에 한 단어를 결합한다. 그 단어는 무한수의 다른 사물들로 펼쳐질 수 있는 능력과 습관에 의해 강화되어 이제 일반 관념으로 확립된다. 그러나 그 단어가 그것이 지시하는 대상들로 펼쳐짐에도 불구하고 거기에 한정되기 위해서는, 그 대상들이 그들 서로를 접근시킴으로써 그 단어가 적용되지 않는 모든 대상과 구별되게 해주는 유사성을 우리에게 제공해야 한다. 따라서 일반화는 공통적 성질을 추상적으로 생각하지 않고는 이루어질 수 없는 것으로 보이며, 유명론은 단계에서 단계를 거쳐 더 이상 처음 원했던 대로 단지 외연에 의해서만이 아니라 그 내포에 의해 일반 관념을 정의하기에 이르게 될 것이다. 개념론이 출발하는 것은 그런 내포로부터이다. 그것에 따르면, 지성은 개체의 표면적 단일성을 다양한 질로 해체하

론이 내포에 의해 일반 관념을 생각한다는 데에서 대립을 보기 때문이다. 유명론과 실재론의 대립에서는 관념이 실재하느냐 사물이 실재하느냐가 문제라면 여기서는 일단 일반 관념이 성립한다고 보고(심리학적 사실로서) 그 관념이 외연이냐 내포냐가 문제인 것이다. 그것은 곧 일반화(다수 개체들의 포섭)가 먼저냐 추상(공통적 질의 추출)이 먼저냐의 문제이기도 하다.

며, 그 각각이 그것을 한정 짓는 개체로부터 떨어져 나와서 그 사실 자체에 의해 한 유(genre)를 대표하는 것이 된다. 각 유가 **현실적으로**(en acte) 다수의 대상들을 포함하는 것으로 생각하는 대신에, 지금은 반대로 각 대상이 **가능적으로**(en puissance), 그리고 그것이 포로로 잡고 있는 그만큼의 질로, 다수의 유들을 포함하기를 원한다. 그러나 문제는 바로 개별적 질들이 추상의 노력에 의해 고립되었다 하더라도 이전에 그랬던 것처럼 개별적인 것으로 남지 않는지, 그리고 그것들을 유로 확립하기 위해서는 우선 각 질에 이름을 부과하고 그 이름 아래에 다수의 개별적 대상들을 모을 정신의 새로운 과정이 필요하지 않은지를 아는 것이다. 백합의 흰색은 쌓인 눈의 흰색이 아니다. 그것들은 눈과 백합으로부터 떨어져서도 백합의 흰색과 눈의 흰색으로 남는다. 그것들은 우리가 그것들에게 공통적인 이름을 주기 위해 그것들의 닮음을 고려할 경우에만 그 개별성을 포기한다. 그때 그 이름을 무한수의 비슷한 대상들에 적용하면서, 우리는 단어가 사물에 적용될 때 찾으러 갔던 일반성을 일종의 물수제비뜨기에 의해 질로 되돌려 보낸다. 그러나 이렇게 추론함으로써 앞서 내버렸던 외연의 관점으로 되돌아오는 것은 아닌가? 따라서 유명론은 우리를 개념론으로 인도하고 개념론은 유명론으로 다시 데려옴으로써 우리는 분명 실제로 순환 속에서 돌고 있다. 일반화는 공통적 질의 추출에 의해서만 이루어질 수 있다. 그러나 질이 공통적으로 보이기 위해서는 이미 일반화의 작업을 겪었음에 틀림없다.

　이제 그 두 적대적 이론을 파고들어 가보면, 한 가지 공통적 요청

을 발견할 것이다. 즉, 그 이론들은 양쪽 다 우리가 개별적 대상들
에 대한 지각으로부터 출발한다는 것을 가정하고 있다. 첫 번째 이
176 론은 유를 열거에 의해 합성했다. 두 번째 이론은 그것을 분석에 의
해 드러냈다.[357] 그러나 분석과 열거가 관계하는 것은 직접적 직관
에 주어지는 그만큼의 실재로 생각되는 개체에 대해서이다. 그것이
바로 요청이다. 그 외관상의 명백성에도 불구하고 그것은 그럴듯하
지도 사실에 부합하는 것도 아니다.

　왜냐하면 선험적으로, 일반 관념의 선명한 표상이 지성의 세련됨
(raffinement)인 것과 마찬가지로 개별적 대상의 분명한 구별은 지
각의 사치인 것처럼 분명 보이기 때문이다.[358] 유들의 완벽한 개념
화(conception)는 아마도 인간 사유에 고유한 것일 것이다. 그것은
한 표상으로부터 시간과 장소의 특수성을 지우는 반성의 노력을 요
구한다.[359] 그러나 그런 특수성**에 대한** 반성, 즉 그것 없이는 대상의
개별성을 놓쳐버릴 반성은, 차이를 알아차릴 수 있는 능력과 바로
그것 자체에 의해 인간과 고등동물의 특권임에 틀림없는 이미지의
기억을 가정한다. 따라서 분명 우리는 개체의 지각으로부터도 유
의 개념화로부터도 아니요, 매개적 인식, 즉 **두드러진 질**이나 닮음

---

357 유명론은 개별 대상들의 열거에 의해 유를 합성하고 개념론은 개체를 분
　석하여 공통의 질을 추출해 낸다.
358 일반 관념의 구체적 내포 하나하나를 명확하게 떠올리려면 지성이 고도
　로 세련되어야 하고, 개체를 분명히 구별하는 것도 실재 지각이라기보다
　는 지각을 사치스럽게 고도화했을 때의 이야기라는 말. 고도화되지 않은
　일반적인 지성과 지각은 항상 뭔가 불분명한 점을 내포하고 있다.
359 구체적 대상의 특수성을 지워야 일반화가 가능하다.

에 대한 막연한 느낌으로부터 시작했던 것으로 보인다. 즉, 충만하게 개념화된 일반성과 명료하게 지각된 개체로부터 동일하게 먼 그 느낌은 그 양쪽을 해체의 길을 통해 낳는다. 반성적 분석은 그것을 일반 관념으로 정화하며, 분별적 기억은 그것을 개별자의 지각으로 응고시킨다.

그러나 그것은 사물에 대한 우리의 지각의 완전히 실용적인 기원을 참조하면 명료하게 나타날 것이다. 주어진 한 상황에서 우리의 관심을 끄는 것, 거기서 우리가 우선 파악해야 할 것은 그것이 한 경향이나 필요에 응답할 수 있는 측면이다. 필요는 곧바로 닮음과 질로 향하고 개별적 차이는 아무래도 좋다. 일반적으로 동물의 지각은 그렇게 유용한 것을 구별해내는 데에 그친다. 초식 동물을 유혹하는 것은 풀 **일반**이다. 즉, 풀의 색깔이나 냄새는 어떤 힘들로 느껴지고 받아들여지는데(우리는 질이나 유로 사유된다고 말하기까지는 나아가지 않겠다), 그것이 외부지각의 유일하게 직접적으로 주어진 것들이다. 그런 일반성과 유사성의 배경 위에 그것의 기억은 차별화를 낳을 대비들이 효력을 발휘하게 할 것이다. 그때 그것은 한 풍경과 다른 풍경을, 한 들판과 다른 들판을 구별할 것이다. 그러나 반복하거니와 그것은 지각의 잉여이지 필연은 아니다. 우리는 문제를 후퇴시켰을 뿐이요, 유사성이 드러나고 유가 구성되는 작용을 단지 무의식으로 던진 것에 불과하다고 말할 것인가? 그러나 우리는 아무것도 무의식으로 던지지 않는다. 우리의 견해로는 여기서 유사성을 드러내는 것은 심리학적 본성의 노력이 아니라는 아주 단순한 이유 때문이다. 즉, 그런 유사성은 하나의 힘처럼 객관적으

177

로 작용하며, 동일한 총체적 결과는 동일한 깊은 원인을 따르는 것
으로 되어 있는 완전히 물리적인 법칙 덕분에 동일한 반응을 일으
킨다. 염산은 석회 — 대리석이건 백묵이건 — 의 탄산염에 항상 동일
한 방식으로 작용하기 때문에, 산은 종 사이에서 유의 특징적 성격
들(traits caractéristiques)을 구별해 낸다고 말할 것인가? 그런데 그
산이 소금으로부터 그 기를 끌어내는 조작과 매우 다양한 토양으
로부터 자신에게 영양분으로 쓰여야 할 동일한 원소들을 뽑아내는
식물의 행위 사이에 본질적인 차이는 없다. 이제 한 걸음 더 나아가
보자. 물 한 방울 속에서 움직이는 아메바의 의식과 같은 초보적 의
식을 상상해 보라. 이 극미동물은 그것이 동화할 수 있는 다양한 유
178 기유물의 차이가 아니라 유사성을 느낄 것이다. 요컨대 광물에서 식
물로, 식물에서 가장 단순한 의식적 존재로, 동물에서 인간에 이르
기까지 이어지는 것은 사물과 존재가 주변으로부터 그들을 유혹하
는 것을 취하는 작업의 진보이다. 그들을 유혹하는 것은 그들이 추
상할 필요 없이, 단지 주변의 나머지 것들이 그들에게 영향을 주지
않기 때문에 그들에게 실질적으로 관심의 대상이 되는 것이다. 표
면적으로는 다른 작용들에 대한 반응이 그렇게 같다는 것이 인간의
의식이 일반 관념들로 발전시키는 싹(germe)이 된다.

　그도 그럴 것이 신경체계가 향하는 곳을 그 구조에서 도출되는
것으로 보이는 바대로 반성해 보라. 우리는 매우 다양한 지각 장치
들이 모두 중추를 매개로 하여 동일한 운동 장치에 연결되어 있음
을 본다. 감각은 일정치 않다. 그것은 매우 다양한 음영들을 취한
다. 반대로, 운동기제는 일단 갖추어지면 불변적으로 동일한 방식

으로 기능할 것이다. 그러므로 그 표면적 세부에서 가능한 만큼 다
양한 지각들을 가정할 수 있다. 만일 그것들이 동일한 〔신체〕 운동
적 반응으로 연장된다면, 만약 유기체가 거기서 끌어낼 수 있는 유
용한 효과가 동일하다면, 만약 그 지각들이 신체에 동일한 태도를
각인한다면, 뭔가 동일한 것이 거기서 드러나고 일반 관념이 그처
럼 표상되기 이전에 느껴지고 체험되었을 것이다. — 따라서 우리가
앞서 갇혔다고 보았던 순환을 우리는 결국 뛰어넘었다. 우리가 말
했거니와,[360] 일반화하기 위해서는 유사성을 추상해야 하지만, 유
사성을 유용하게 드러내기 위해서는 이미 일반화할 줄을 알아야 한
다. 진실은 순환이 없다는 것이다. 왜냐하면 처음 추상할 때 정신이
출발하는 유사성은 그것이 의식적으로 일반화할 때 도달하는 유사
성이 아니기 때문이다. 출발한 것은 느끼고, 체험되고, 원한다면 자
동적으로 실행된 유사성이다. 도달하는 것은 지적으로 감지되고 사
유된 유사성이다. 그리고 바로 그런 진행의 도중에 이해력과 기억
의 이중적 노력에 의해 개체의 지각과 유의 개념화(conception)가
구성된다. — 기억은 자발적으로 추상된 유사성에 차이를 접목시키
고, 이해력은 유사성의 습관에서 일반성이라는 분명한 관념을 드러
냄으로써. 그런 일반성의 관념은 원천적으로 상황의 다양성에서의
태도의 동일성에 대한 우리의 의식에 불과했다. 그것은 운동의 권
역에서 사유의 권역으로 올라오는 습관 자체였다. 그러나 그처럼
습관에 의해 기계적으로 윤곽이 잡히는 유로부터 우리는 그러한 작

179

---

360 위의 174쪽을 보라.

용 자체에 대해 수행되는 반성의 노력에 의해 **유라는 일반 관념**(idée générale du genre)으로 이행했다. 그리고 그런 관념이 일단 형성되면, 무한수의 일반 개념들을 이번에는 의도적으로 구성한다. 여기서 그런 구성의 세부에까지 지성을 따라갈 필요는 없다. 이해력은 자연의 작업을 모방하면서 그 또한 이번에는 인위적인 운동 장치들을 만들어서 무제한한 수의 개별적 대상들에 무수히 응답하게 한다고 말하는 것으로 만족하자. 그런 기제들의 총체가 분절된 말이다.

게다가 하나는 개체들을 분별하고 다른 하나는 유를 구성하는, 정신의 나누어지는 그 두 작업이 동일한 노력을 요청하고 동일한 속도로 진보하는 것이 아니다. 전자는 기억의 개입만을 요구하기 때문에 우리 경험의 시초부터 완성된다. 후자는 결코 완성됨이 없이 무한히 계속된다. 전자는 안정된 상들을 구성하기에 이르고, 그것들은 또한 기억에 저장된다. 후자는 불안정하고 금방 사라지는 표상들을 형성한다. 이 마지막 요점에 〔잠시〕 머무르자. 우리는 여기서 정신의 삶의 본질적 현상에 접한다.

일반 관념의 본질은 사실 행동의 권역과 순수기억의 권역 사이를 끊임없이 움직인다는 것이다. 우리가 이미 그렸던 도식을 참조하자.[361] 점 S에 내가 내 몸에 대하여, 즉 어떤 감각-운동적 균형에 대하여 가지는 현재 지각이 있다. 밑면 AB의 면 위에 원한다면 나의 기억 전체가 배열되어 있다. 이렇게 결정된 원뿔 속에서 일반 관념은 꼭짓점 S와 밑면 AB 사이를 계속해서 오락가락할 것이다. 그

361 위의 169쪽의 〈그림 4〉를 보라.

것은 S에서 신체적인 태도나 발언된 말이라는 매우 분명한 형태를 취할 것이다. AB에서 그것은 수많은 개인적인 상들이라는 마찬가지로 명료한 모습을 띨 것이며, 그것의 깨지기 쉬운 단일성이 와서 그 상들로 산산이 부서질 것이다.[362] 그리고 그것이 **완전히 이루어진 것**(tout fait)에 만족하며 **사물**(choses)밖에 알지 못하고 **진행**(progrès)을 모르는 심리학이 그 운동으로부터 그것이 오락가락하는 양극단밖에는 감지하지 못하는 이유이다. 그런 심리학은 일반 관념을 때로는 그것을 실행하는 행동이나 그것을 표현하는 말과, 때로는 기억 속에서는 그것의 등가물인 무제한한 수의 여러 상들과 동일시한다.[363] 그러나 일반 관념은 우리가 그것을 그 두 극단의 이쪽이나 저쪽으로 응고시킨다고 주장하자마자 우리에게서 빠져나간다는 것이 진실이다. 그것은 항상 발언된 말로 결정체화 되거나 기억으로 사라질 준비가 되어 있는 것[364]으로서 한쪽에서 다른 쪽으로 가는 이중적 흐름에서 성립한다.

---

362 AB에서 개인의 단일성이 수많은 다양한 상들로 산산이 조각날 것이다. 즉, 밑면AB에서 개인의 단일성이 성립하지만 그 단일성은 수많은 상들로 조각난 단일성일 것이다.

363 일반 관념을 "그것을 실행하는 행동이나 그것을 표현하는 말과" 동일시 하는 것은 개념론, "기억 속에서는 그것의 등가물인 무제한한 수의 여러 상들과 동일시"하는 것은 유명론이라 할 수 있다. Riquier는 이것이 유명론과 개념론에 대한 베르크손의 가장 깊은 비판이라 말한다(*Ech*, 392쪽, 주41). 즉, 둘 다 완전히 이루어진 사물밖에는 보지 못하고 진행을 모른다는 것이다.

364 위의 주363)에서처럼 "발언된 말로 결정체화 되"는 것은 개념론, "기억으로 사라질 준비가 되어 있는 것"은 유명론이라 할 수 있다.

그것은 곧 점 S로 표현된 감각-운동기제와 AB에 배열된 기억들의 총체 사이에, 우리가 앞장에서 예감케 한 것처럼,[365] 동일한 원뿔에 대한 그만큼의 분할인 A'B', A"B", 등에 의해 표현된 우리의 심리적 삶의 무수한 반복을 위한 자리가 있다고 말하는 것과 마찬가지이다. 〔신체〕감각적, 〔신체〕운동적 상태로부터 더욱 떨어져 나와 꿈의 삶을 살게 됨에 따라 우리는 AB로 흩어지려는 경향을 가진다. 감각적 자극에 운동적 반응으로 응답하면서 현재의 실재성에 더욱 확고하게 애착을 가짐에 따라 우리는 S에 집중되는 경향을 가진다. 사실에 있어서는, 정상적인 자아는 그 두 극단적 지점 중 어느 한쪽에 결코 고정되지 않는다. 그것은 그 극단들 사이에서 움직이고, 중간의 분할에 의해 표현된 위치를 차례로 점하거나, 또는 다른 말로 하면 그 표상들이 현재의 행동에 유용하게 협조할 수 있을 만큼 충분한 상이나 충분한 관념을 그 표상들에 준다.

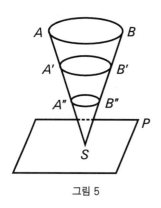

그림 5

하급의 정신적 삶에 대한 그런 견해(conception)에서 관념 연상의 법칙들이 연역될 수 있다. 그러나 그 점을 천착하기 전에 현재의 연상이론의 불충분성을 밝혀 보자.

정신에 나타나는 모든 관념은 이전의 정신 상태와 유사성이나 인

---

365 위의 115~1167쪽을 보라.

접성의 관계를 가진다는 것은 반박할 수가 없다. 그러나 그런 종류의 사실인정(affirmation)은 연상의 기제에 대해서는 아무것도 알려주는 바가 없고, 진실을 말하자면 심지어 알려주는 바가 절대로 아무것도 없다. 왜냐하면 어떠한 유사점도 가지지 않거나 어떠한 측면에서도 접근하지 않는 두 관념을 찾아봐야 헛일일 것이기 때문이다. 유사성이 문제인가? 두 상을 가르는 차이가 아무리 깊다 하더라도 충분히 높이 올라가면, 그것들이 속하는 공통의 유와 따라서 그것들의 연결부호로 쓰일 유사성을 언제나 발견할 것이다. 인접성을 생각하는가? 우리가 위에서 말한 바와 같이,[366] 한 지각 A가 '인접성'에 의해 예전의 상 B를 불러오는 것은 그것이 우선 자신과 닮은 상 A'를 우리에게 상기시킬 경우만이다. 왜냐하면 지각 A가 아니라 기억 A'가 실제로 기억 속에서 B와 접촉하기 때문이다. 따라서 두 항 A와 B가 서로로부터 아무리 멀리 떨어져 있다고 가정하더라도, 중간에 끼인 항 A'가 A와 충분히 먼 유사성을 유지한다면[367] 그들 사이에는 인접 관계가 확립될 수 있을 것이다. 그것은 곧 임의로 선택된 어떠한 두 관념 사이에도 항상 유사성과, 그리고 원한다면 인접성이 있다고 말하는 것이나 마찬가지이며, 그 결과 연이은 두 표상들 사이에 인접성이나 유사성의 관계를 발견하더라도 왜 하나가 다른 것을 불러오는지는 전혀 설명된 것이 아니다.

　진정한 문제는 모두 어떤 측면에서는 현재의 지각을 닮은 무한

366　위의 97~98쪽을 보라.

367　A와 B의 중간항 A'가 A와 B의 중간이 될 정도로 충분히 A와 떨어져 있다면, 즉 A와 멀다면.

한 기억들 사이에 어떻게 선택이 이루어지는지와 왜 그들 중 오직 하나 — 저것보다는 이것 — 가 의식의 빛으로 나타나는지를 아는 것이다. 그러나 그런 질문에 연상주의는 대답할 수 없다. 연상주의는 관념과 상을, 에피쿠로스의 원자와 같은 방식으로 내적 공간을 떠다니다가 우연(hazard)이 그것들을 서로서로 [잡아당기는] 인력권(sphère d'attraction)으로 데리고 오면 그들끼리 부딪히고 달라붙는 독립적 존재로 확립했기 때문이다. 그리고 그 점에 대해 그 이론을 천착하면, 그것의 잘못은 관념들을 지나치게 **지성화하고**(intellectualiser),[368] 그것들에 완전히 사변적인 역할을 부여하며, 그것들이 우리를 위해서가 아니라 스스로를 위해서 존재한다고 믿었고, 그것들이 의지(vouloir)의 활동과 가지는 관계를 무시한 것임을 볼 것이다. 기억이 무형의 죽은 의식 속에서 무차별적으로 방황하는 것이라면, 현재의 지각이 그것들 중 하나를 선호하여 끌어낼 아무런 이유가 없다. 따라서 나는 일단 이루어진 것이니까 그 만남을 인정하고, 유사성이나 인접성을 말한다는 것뿐, 그밖에는 어찌할 도리가 없게 될 것이다. — 그것은 결국 의식의 상태들은 서로 친근성(affinité)을 가진다는 것을 막연하게 인정하는 것과 하등의 다를 바가 없다.

그러나 인접성과 유사성의 이중적 형태를 취하는 그런 친근성 자체에 대해 연상주의는 어떠한 설명도 제공할 수가 없다. 이 이론에

---

368 이때 "지성화"했다는 것은 의지와 무관하게 개별적, 독립적, 사변적 존재로 생각했다는 것.

서는 연상되려는 일반적 경향이 연상의 개별적 형태들만큼이나 불분명하다. 개별적 기억상을 완전히 이루어진 사물로 확립하고, 그것이 우리의 심리적 삶의 도중에 바로 그렇게 주어진다(고 생각하)기 때문에, 연상주의는 그 대상 사이에 물리적인 인력에 대해서처럼 어떤 현상을 통해 나타나는지를 미리 말할 수조차 없을 신비스러운 인력을 가정하지 않을 수 없다. 왜냐하면 가정에 의해 자기 충족적인 상이 어째서 그것과 유사하거나 인접해서 주어지는 다른 상들과 함께 모이려고 할 것인가? 그러나 진실은 그런 독립적인 상이 정신의 인위적이고도 나중에 나온 산물이라는 것이다. 사실 우리는 서로 닮은 개체들 이전에 닮음들을 지각하며, 인접한 부분들의 집합체에서는 부분들 이전에 전체를 지각한다. 우리는 유사성 184 이라는 이 공통의 캔버스 위에 개별적 차이라는 다양성을 수놓으면서, 유사성에서 유사한 대상들로 간다. 그리고 또한 나중에 그 법칙을 볼 것이지만[369] 실질적인 삶의 편의성을 가장 크게 하기 위해 실재라는 연속체를 가르는 데에서 성립하는 해체의 작업(travail de décomposition)에 의해 우리는 전체에서 부분으로 간다. **연상**(association)은 따라서 원초적 사실이 아니다. 우리가 시작하는 것은 **분해**(dissociation)로부터이며, 모든 기억이 다른 것들과 모이려는 경향성은 정신이 자연스럽게 지각의 나누어지지 않은 단일성으로 돌아간다는 것에 의해 설명된다.

그러나 우리는 여기서 연상주의의 근본적 결함을 발견한다. 다

---

369 아래의 220쪽을 보라.

양한 기억들과 함께 차례로 여러 연속적인 연상을 만드는 현재 지각이 있을 때, 그런 연상의 기제를 생각하는 두 방식이 있다고 우리는 말했다. 지각은 자기 자신과 동일한 것으로 남으며, 다른 것들이 그 옆을 지나감에 따라 그것들과 합쳐지는 진정한 심리적 원자라고 가정할 수 있다. 그것이 연상주의의 관점이다. 그러나 두 번째의 관점이 있으며, 그것이 바로 재인의 이론에서 우리가 지적했던 것이다.[370] 우리는 우리의 인격 전체가 우리의 기억 전체와 함께 나누어지지 않은 채로 우리의 현재 지각에 들어온다고 가정했다. 그때 그 지각이 차례로 다른 기억들을 불러온다면, 움직이지 않는 지각이 그 주위로 끌어들이는 것은 점점 더 많은 수의 요소들의 기계적 접합에 의해서가 아니다. 그것은 의식 전체의 확장에 의해서이며, 의식은 그때 더 넓은 표면으로 퍼지면서 그 풍부함의 세부 목록을 더 길게 늘여갈 수 있다. 그것은 마치 성운 덩어리를 점점 더 강력한 망원경으로 보면 점점 증가하는 수의 별들로 해소되는 것과 같다. 첫 번째 가정에서는 (외관상의 단순함과 잘 이해되지 못한 원자론과의 유비밖에는 자기편을 거의 갖지 않은) 각각의 기억은 독립적이고 굳은 존재를 이루고, 그것에 대해서는 왜 다른 것들과 모이려 하는지도, 어떻게 동일한 권리를 가질 수많은 기억들 사이에서 선택을 해서 인접성이나 유사성 때문에 결합하게 되는지도 말할 수 없다. 관념들이 우연에 의해 서로 부딪히거나 그들 사이에 신비한 힘이 작용한다고 가정해야 하며, 그러고도 또한 심리적 사실들이

185

---

370 위의 96~119쪽을 보라.

독립적 상태로 떠돌아다니는 것을 결코 보여주지 않는 의식의 증언을 적으로 삼아야 한다. 두 번째 가정에서는 항상 나누어지지 않은 전체로서 직접적 의식에 함께 주어지며 오직 반성만이 구별되는 단편들로 조각내는 심리적 사실들의 유대를 확인하는 것으로 그친다. 그때 설명해야 할 것은 더 이상 내적 상태들의 응집(cohésion)이 아니라, 의식이 그 내용의 전개를 좁혔다가 넓혔다가 하는 수축과 팽창의 이중 운동이다. 그러나 그 운동은 우리가 곧 볼 것처럼[371] 삶의 근본적 필연성으로부터 연역된다. 그리고 왜 그 운동을 따라 형성되는 것으로 보이는 '연상'이 인접성과 유사성의 모든 연속적인 정도들을 다 쓰는가를 이해하기도 또한 쉽다.

잠시 우리의 심리적 삶이 오직 감각-운동적 기능만으로 환원된다고 가정해 보자. 다른 말로 하면, 우리가 그렸던 도식적 도형에서(181쪽) 우리의 심리적 삶을 가능한 한 가장 많이 단순화한 것에 해당하는 점 S에 자리 잡아 보자. 그런 상태에서는 모든 지각이 저절로 적합한 반응으로 연장된다. 왜냐하면 이전의 유사한 기억들이 다소간 복잡한 운동 장치들을 만들었고, 그것들은 작동되기 위해 동일한 부름의 반복만을 기다리고 있기 때문이다. 그런데 그런 기제에는 현재 지각이 과거 지각과의 비슷함(similitude) 때문에 작용하는 것이므로 **유사성(ressemblence)에 의한 연상**이 있으며, 그런 이전의 지각에 이어진 운동들이 일어나고 거기에 뒤따라 심지어 과거의 지각과 협응된 무한수의 운동을 유발할 수 있으므로 거기에는

186

---

371 아래의 185~190쪽을 보라.

또한 **인접성의 의한 연상**도 있다. 따라서 여기서 유사성에 의한 연상과 인접성에 의한 연상이 그 원천 자체에서, 그리고 거의 함께 혼동되어서 — 아마도 전혀 사유된 것은 아닐 것이나 실연되고 체험된 것으로서 — 파악된다. 그것들은 거기서 우리의 심리적 삶의 우연적 형태들이 아니다. 그것들은 유일하고도 동일한 근본적 경향의 두 보완적 측면을 대표한다. 그것은 주어진 상황에서 유용한 것을 뽑아내고, 혹 있을지도 모르는(éventuelle) 반응을 신체 운동적 습관의 형태로 축적하여 동일한 종류의 상황에 도움이 되게 하려는 모든 유기체의 경향이다.

이제 우리의 심리적 삶의 다른 극단으로 단번에 이동해 보자. 우리의 방법에 따라 단지 '작동된' 심리적 존재로부터 오로지 '꿈꾸어진' 것일 뿐인 심리적 존재로 옮아가 보자. 다른 말로 하면 흘러간 삶의 모든 사건이 그 가장 미세한 세부도 그려지는 기억의 밑면 AB(181쪽)에 자리 잡자. 행동에서 떨어져서 이처럼 자신의 과거 전체를 시야에 잡아두는 의식은 그 과거의 다른 쪽보다 어느 한쪽에 고정되어야 할 어떠한 이유도 없을 것이다. 어떤 의미에서는 모든 기억이 현재 지각과는 다를 것이다. 다수의 세부들과 함께 취하면, 187 두 기억은 결코 동일하게 같은 것이지 않기 때문이다. 그러나 다른 의미에서는 **어떠한 것이든** 한 기억은 현재의 상황에 근접할 수 있을 것이다. 그런 지각과 그런 기억에서 오직 유사성만이 나타나는 데 족할 만큼의 세부들을 무시하는 것만으로도 충분할 것이다. 게다가 기억이 일단 지각에 연결되면, 그 기억에 인접한 다수의 사건들 — 멈추기를 선택한 지점에서가 아니라면 한계가 그어지지 않을 무한한 다수의 — 이 한꺼번에 지각으로 달라붙을 것이다. 유사성, 그리고 결과적으로 인접성의 효과를 조절하기 위해 삶의 필요가 거기에 있는 일은 더 이상 없을 것이며, 결국 모든 것은 서로 닮았으므로, 모든 것은 서로 연상될 수 있다는 결과가 따라 나온다. 아까는 현재의 지각이 결정된 운동으로 연장되었지만, 지금은 동일하게 가능한 무한한 기억들로 해체된다. 따라서 S에서는 연상이 숙명적 행동(démarche fatale)을 초래한 것처럼 AB에서는 자의적 선택을 초래한다.

그러나 그것들은 심리학이 연구의 편의를 위해 차례로 자리 잡아야 하지만, 사실은 결코 도달되지 않는 두 극단적 한계이다. 적어도 인간에게서는 순전히 감각-운동적 상태도 없고, 막연한 행동의 기저(substratum)조차도 가지지 않은 상상적 삶도 없다. 우리가 말했거니와[372] 우리의 정상적인 심리적 삶은 그 두 극단 사이를 움직인다. 한편으로 감각-운동적 상태 S는 자신이 그것의 현실적이고 행동적인 극단에 불과한 기억에 방향을 주며, 다른 한편으로는 그런 기억 자체가 우리 과거 전체와 함께 현재의 행동에 자신의 가능한 가장 큰 부분을 삽입하기 위하여 앞으로의 추진력을 행사한다. 그런 이중적 노력으로부터 끊임없이 무한한 다수의 가능한 기억의 **상태들**, 즉 우리 도식의 절단면 A'B', A"B"로 그려진 상태들이 나온다. 우리가 말한 것처럼,[373] 그것들은 그만큼의 우리의 과거의 삶 전 188

---

372 위의 181쪽을 보라.
373 위의 180~181쪽을 보라.

체의 반복이다. 그러나 각각의 절단면은 밑면에 가까운가, 꼭짓점
에 가까운가에 따라 더 풍부하거나 덜 풍부하게 된다. 게다가 우리
의 과거에 대한 각각의 완전한 표상들은 감각-운동 상태에 틀이 맞
을 수 있는 것, 따라서 이루어야 할 행동의 관점에서 현재 지각을
닮은 것만을 의식의 빛 아래로 가져온다. 다른 말로 하면, 총체적
기억(mémoire intégrale)은 두 개의 동시적인 운동에 의해 현재 상태
의 부름에 답한다. 하나는 기억이 전체로서 경험을 맞으러 나아가
서, 나누어지지 않으면서도 그처럼 행동을 위해 더 응축되거나 덜
응축되게 되는 [상하]이동(translation)이며, 다른 하나는 기억이 당
시의 상황에 대해 가장 유용한 면을 내보이기 위하여 그 상황을 향
해 방향을 잡는 자전(rotation)이다.[374] 응축의 그 다양한 정도들에
유사성에 의한 연상의 다양한 형태들이 대응한다.

  따라서 모든 것은 마치 우리의 기억들이 우리 과거의 삶의 그런
수천수만의 가능한 환원 속에서 무한 번수로 반복되는 것처럼 이루
어진다. 그것들은 기억이 더 좁혀질 때 더 진부한 형태를 띠고, 더
확장될 때 더 개인적인 형태를 띠며, 그리하여 무제한한 다수의 다
양한 '체계화(systématisations)'로 들어간다. 외국어의 한 단어가 내
귀에 들렸을 때, 그 언어 일반이나 이전에 어떤 방식으로 그 말을
발음하던 한 목소리를 생각하게 할 수 있다. 그 두 유사성에 의한
연상은 우연에 의해 차례로 현재 지각의 인력권(sphère d'attraction)

---

374 [상하]이동(translation)은 위의 원뿔에서 위로 갔다 아래로 갔다 하는 운
    동을 말하며, 자전(rotation)은 그 뿔이 제자리에서 방향을 바꿔가며 도는
    운동을 말한다.

으로 끌려온 두 다른 표상의 우연적 도달에 기인한 것이 아니다. 그것은 다른 두 정신적 **성향**(disposition), 기억의 긴장의 구별되는 두 정도에 대응한다. 즉, 전자는 순수 상에 더 가깝고, 후자는 직접적 대응, 즉 행동에 더 기울었다. 그 체계들을 분류하고, 우리의 심리적 삶의 다양한 '음조'에 따라 그것들을 잇는 법칙을 발견하며, 그 음조들 각각이 어떻게 당시의 필요와 개인적 노력의 가변적인 정도 차에 의해 결정되는지를 보여주는 것은 어려운 작업일 것이다. 그런 모든 심리학은 아직도 이루어져야 할 것으로 있으며, 우리는 당분간 그것을 시도하는 것을 원하지 않는다. 그러나 우리 각자는 분명 그런 법칙들이 존재하며 그런 종류의 안정적 관계가 있다는 것을 느끼고 있다. 가령 심리 분석 소설(roman d'analyse)을 읽을 때, 우리는 묘사된 어떤 관념 연상은 사실이며 체험될 수 있었다는 것을 안다. 다른 것들은 우리에게 충격을 주거나 실재의 인상을 주지 않는다. 왜냐하면 저자가 마치 자신이 택한 심리적 삶의 국면(plan) 위에서 버틸 수가 없었던 것처럼, 다른 정신의 단계(étages)들 사이를 기계적으로 접근시킨 결과를 거기서 느낄 수 있기 때문이다. 따라서 기억은 아마도 정의내리기는 어렵겠지만 영혼의 화가라면 그들 사이를 아무 일 없다는 듯이 흐려버릴 수 없는, 긴장이나 생동성의 연속적이며 구별되는 정도들을 분명히 가지고 있다. 더구나 병리학은 여기서 우리 모두가 그것에 대한 본능을 가진 진실 — 거친 예들에 기초한 것은 사실이지만 — 을 확인해 주기 위해 등장한다. 가령 히스테리 환자의 '체계적 기억상실'[375]에서, 사라진 것으로 보였던 기억들은 실제로 현존한다. 그러나 모르긴 몰라도 그것들은 모두 주체가 더 이상 자리 잡을 수 없는 지적 생동성의 어떤 일정한 음조에 붙어 있다.

유사성에 의한 연상에 이처럼 무한수의 **다양한 국면**들이 있다면, 인접성에 의한 연상도 마찬가지이다. 기억의 밑면을 나타내는 극단
190 적 국면에서는, 앞선 사건들만 아니라 또한 뒤따르는 사건들의 총체와 인접성에 의해 연결되지 않은 기억은 없다. 반면, 우리의 행동이 집중되는 공간의 점에서 인접성은 이전의 비슷한 지각에 직접적으로 뒤따르는 반응만을 운동의 형태로 가져온다. 사실상, 모든 인접성에 의한 연상은 그 두 극단 사이의 중간적 정신의 입장을 내포한다. 우리 기억들 전체의 수많은 가능적 반복을 여기서도 또한 가정한다면, 우리의 흘러간 삶의 표본들 각각이 나름의 방식으로 일정한 조각으로 잘라질 것이며, 분할의 방식은 한 표본에서 다른 표본으로 옮아가면 같지 않을 것이다. 그것들 각각이 바로 다른 기억들이 의지점(point d'appui)처럼 기대는 지배적 기억의 본성에 의해 특징지어지기 때문이다. 가령 **행동**에 더 접근할수록 더욱더, 인접성은 유사성의 성격을 띠고 그리하여 단순한 시간적 계기의 관계와 구별되려는 경향을 갖는다. 이렇게 하여, 한 외국어의 단어들에 대

---

375 Riquier에 의하면 '체계적 기억 상실'은 어떤 특정한 사람에 대한 기억처럼 기억의 어떤 특정한 범주가 상실되는 것을 가리킨다. 베르크손은 Pierre Janet의 *L'état mental des hystériques*(Rueff et Cie, Paris, 1894, Ⅱ "Les accidents mentaux")에서 그 예를 발견하고, 위의 133쪽(제2장 주299))과 195쪽(아래의 제3장 주387))에서 인용한다. 앞의 책에서 Janet는 "체계적 기억상실 때문에 환자는 다른 모든 것은 기억하지만 한 행위, 한 단어, 자신의 이름 등을 망각했다."(10쪽)고 한다(*Ech*, 393쪽, 주54 참조).

해 그것들이 기억 속에서 서로서로 환기될 때 유사성에 의해 연상되는지 인접성에 의해 상기되는지를 말할 수 없게 될 것이다. 반대로, 실재적이거나 가능적인 행동으로부터 멀어질수록 더욱더 인접성에 의한 연상은 과거의 삶의 계속되는 상들을 단순히 재생하려는 경향을 띤다. 여기서 이 다양한 체계들에 대한 심도 있는 연구에 들어가는 것은 불가능하다. 그런 체계들이 전혀 그만큼의 원자들처럼 병치된 기억들로 이루어지지 않았다는 것을 주목케 하는 것으로 충분할 것이다. 몇몇 지배적 기억들, 즉 그 주변에 다른 것들이 모호한 성운을 형성하는 진정으로 빛나는 점들이 항상 있다. 그 빛나는 점들은 우리의 기억이 확장됨에 따라 더 많아진다. 가령 과거 속에 191 서 한 기억의 위치를 찾아내는 과정은 사람들이 말하듯이[376] 마치 자루 속에 들어가듯 우리 기억의 덩어리 속으로 뛰어 들어가, 거기서 점점 더 가까운 기억들을 끄집어내면 그것들 사이에 찾아야 할 기억이 자리 잡고 있다는 식으로 성립하는 것이 아니다. 도대체 무슨 행운으로 [자꾸] 삽입되어 그 수가 증가하는 기억들 사이에 정확히 손을 넣어 잡을 것인가? 사실은 위치를 찾아내는 작업은 증가하는 **확장**(expasion)의 노력에서 성립하며, 그것에 의해 항상 전체가 그 자체에게 현존하는 기억(mémoire)은 개별 기억들(souvenirs)을 점점 더 넓은 면으로 넓히고, 그렇게 함으로써 자신의 자리를 찾지 못하던 기억을 그때까지 혼동되어 있던 덩어리 속에서 끝내는

---

376 Platon(*Théet.* 197a-200d)과 Taine(*De l'intelligence II*, 55쪽). Riquier에 따르면 Ribot도 같은 의견이었다는데, 출처는 밝히지 않았다(*Ech*, 393~394쪽, 주55).

구별해 낸다. 게다가 여기서도 또한 기억의 병리학은 우리에게 교훈적인 정보를 제공한다. 퇴행적 기억상실증[377]에서, 의식에서 사라지는 기억들은 짐작컨대 기억의 극단적 국면들에서 보존되며, 환자는 최면상태에서 수행하는 것과 같은 예외적 노력에 의해 그것들을 거기서 되찾을 수 있을 것이다. 그러나 하급의 국면에서 그 기억들은 말하자면 그것들이 기댈 수 있는 지배적 상을 기다렸다. 이런 갑작스런 충격이나 저런 맹렬한 감정은 그것들이 집착하는 결정적 사건일 것이다. 그리고 그 사건이 그 갑작스런 성격 때문에 우리 역사의 나머지 부분으로부터 떨어진다면, 그 기억들은 그 사건을 따라 망각 속으로 들어갈 것이다. 따라서 사람들은 한 충격에 뒤따르는 망각은 정신적이건 육체적이건 직접적으로 바로 전의 사건들을 포함하지 않을까하고 생각한다. 그것은 기억에 대한 모든 다른 견해에서는 설명하기 매우 어려운 현상이다.[378] 지나는 차에 지적하자. 그런 종류의 어떤 기대(attente)를 최근의 기억들이나 심지

---

377 "퇴행적 기억상실증"은 한 사건을 중심으로 그 이전 기억이 상실되는 경우를 말한다. Riquier에 따르면 Eugène Azam이 처음으로 그 현상을 묘사하고 이름 붙였다고 하는데(*Ech*, 394쪽, 주56), 지금은 한 사건 이후의 기억을 잃어버리는 진행적 기억상실과 함께 기억상실의 두 일반적 경우라 말할 수 있을 만큼 흔한 현상이다. 조금 후에도 Janet의 예가 인용되어 있다(아래의 주387) 참조).

378 기억이 지배적 상을 중심으로 이루어진다면 퇴행적 기억 상실은 쉽게 설명되지만, 다른 이론, 가령 연상주의와 같이 개별적 기억이 원자처럼 떠다닌다면 설명하기 어렵게 된다. Riquier에 따르면 Ribot(*Les maladies de la mémoire*, Paris, Alcan, 1881, 61쪽)가 이 현상을 언급하지만 설명하기는 주저했다고 한다(*Ech*, 394쪽, 주57).

어 비교적 먼 기억들에 할당하기를 거부한다면, 기억의 정상적 작업은 이해하지 못할 것이 되어버릴 것이다. 왜냐하면 그 〔개별〕 기억(souvenir)이 〔전체〕 기억(mémoire)에 새겨진 모든 사건은 아무리 단순하다고 가정하더라도 어떤 시간을 점하기 때문이다. 따라서 그 간격의 첫 번째 기간을 채웠고, 지금은 뒤따르는 지각과 나누어지지 않은 기억을 형성하는 지각들은 사건의 결정적인 부분이 아직 일어나지 않는 한 진정으로 "허공에(en l'air)" 있었다. 한 기억이 그 다양한 예비적 세부들과 함께 사라지는 것과 퇴행적 기억상실에 의해 주어진 한 사건 이전의 기억들의 다소간 많은 수가 없어지는 것 사이에는 따라서 본성이 아니라 단순히 정도의 차이가 있다.[379]

하급의 정신생활에 대한 그런 다양한 고찰로부터 지적 균형에 관한 모종의 견해가 흘러나올 것이다. 그런 균형은 명백히 그것에 질료로 사용되는 요소들의 혼란에 의해서만 흔들릴 것이다. 여기서 정신 병리학의 문제들을 다루는 것이 문제일 수는 없을 것이다. 그러나 우리는 몸과 정신의 정확한 관계를 결정하려고 모색하고 있기 때문에, 그것들을 완전히 피할 수는 없다.

우리는 정신이 행동의 국면과 꿈의 국면이라는 두 극단적 한계 사이에 포함된 간격을 끊임없이 돌아다닌다고 가정했다. 결정을 취

---

379 일반적으로 기억은 핵심적인 사건을 중심으로 이전 기억들이 뭉친 것이다. 그런데 퇴행적 기억상실은 한 충격적 사건 이전의 기억들이 사라지는 것이고, 그것과 일반적 망각은 핵심적 사건을 중심으로 이루어진다는 점에서 유사하다.

192

하는 것이 문제인가? 정신은 우리가 그것의 성격이라 부르는 것에
서 자신의 경험 전체를 모으고 조직화하면서 그 전체를 행동들로
수렴하게 할 것이며, 거기서 당신은 그 행동들에 질료의 역할을 하
는 과거와 함께 인격이 그것들에 세기는 예견되지 않은 형태를 발
견할 것이다. 그러나 행동은 현재 상황, 즉 시간과 공간에서의 몸의
193 어떤 특정한 위치로부터 나오는 정황들의 총체에 들어맞도록 이루
어질 때에만 실현가능한 것이 될 것이다. 지적인 작업, 어떤 개념을
형성하거나 다소 일반적인 관념을 다수의 기억으로부터 추출해내
는 것이 문제인가? 커다란 여백이 한쪽으로는 공상(fantaisie)에, 다
른 쪽으로는 논리적 분별에 남을 것이다. 그러나 관념이 살아남을
수 있으려면, 어느 면에서건 현재의 실재성에 접하고 있어야 할 것
이다. 즉, 정신에 의해 표상되는 동시에 정도를 더해가며, 그리고 자
기 자신의 점진적인 감소나 축소에 의해, 많건 적건 몸에 의해 실
연될 수 있어야 할 것이다. 따라서 우리의 몸은, 한편으로는 그것
이 받아들이는 감각과 다른 편으로는 그것이 수행할 수 있는 운동
과 함께 분명 우리의 정신을 고정하는 것이며, 정신에 무게 추와 균
형을 주는 것이다. 정신의 활동이 축적된 기억의 덩어리를 넘치는
것은 마치 그 기억의 덩어리 자체가 무한히 현재 시간의 감각과 운
동을 넘치는 것과 같다. 그러나 그런 감각과 운동은 **삶으로의 주의**
(attention à la vie)라 불릴 수 있을 것을 조건 지우며, 그것이 꼭짓점
을 아래로 하고 서있는 피라미드에서와 같이 정신의 정상적 작업에
서 모든 것은 그것들의 응집(cohésion)에 달려 있는 이유이다.

더구나 최근의 발견들이 드러내는 바대로의 신경체계의 섬세한

구조를 살펴보기 바란다. 사람들은 어디에서나 전도체는 봤지만 중심은 아무 데에서도 보지 못했다고 믿을 것이다. 끝과 끝이 〔마주보게〕 이어져 있고, 흐름이 지나가게 될 때에는 아마도 그 극단이 접근하도록 되어 있는 섬유(fils)들, 그것이 보이는 전부이다. 그리고 우리의 작업이 진행되는 내내 가정했듯이 몸이 받아들인 자극과 수행된 운동 사이의 만남의 장소에 불과하다면, 그것은 아마도 존재하는 전부일 것이다. 그러나 외부 환경으로부터 진동이나 자극을 받아들이고 그것들을 적합한 반응의 형태로 거기에 되돌려주는 섬유들, 주변에서 주변으로 그토록 교묘하게(savamment) 당겨져 있는 그 섬유들은 그 연결의 굳건함과 상호 교차의 정확성에 의해 몸의 감각-운동적 균형, 즉 그것의 현재 상황으로의 적응을 보장한다. 그 당김을 풀거나 균형을 깨보라. 모든 것은 주의가 삶으로부터 멀어지는 것처럼 진행될 것이다. 꿈이나 정신이상(aliénation)이 〔그것과〕 거의 다른 것이 아닌 것처럼 보인다.

우리는 방금 수면을 뉴런들 사이의 유대의 단절 때문이라고 생각하는 최근의 가설에 대해 말했다.[380] 그런 가설을 받아들이지 않는다 하더라도(그러나 기묘한 실험으로 증명되었다[381]), 깊은 수면 동안

194

380 바로 위 문단, 그리고 위의 171쪽, 특히 주353)을 보라.
381 Riquier에 따르면 여러 실험이 수면을 신경 접촉의 일시적 단절로 설명하는 Duval과 Lépine의 이론을 옹호했다고 한다. Renaud, Monti, 그리고 Demoor의 실험이 그러하다. Demoor는 Golgi와 Casal의 방법을 이용하여 세포를 검게 물들이고 그 실루엣과 외부 윤곽을 연구했다. 그렇게 하여 에테르나 모르핀을 주사를 놓은 동물들의 피질 신경세포를 관찰할 수 있었다. 뉴런의 원형질의 연장은 정상적인 특성을 나타내는 대신에 많은

의 자극과 신체 운동 반응 사이의 신경계에 확립된 관계의 적어도 기능적인 단절은 분명 가정해야 할 것이다. 그 결과 꿈은 항상 몸의 감각-운동적 균형에 의해 그 주의가 고정되지 않은 정신 상태일 것이다. 그리고 신경계의 그런 이완은 깨어있는 상태에서의 정상적 활동으로부터 제거되지 않은 산물들에 의한 신경계 요소들의 중독에 기인한다는 것이 점점 더 개연적으로 보인다. 그런데 꿈은 모든 점에서 정신이상을 모방한다. 광기의 모든 심리적 징후들이 꿈에서 재발견될 뿐만 아니라 — 그 두 상태의 비교가 진부하게 되었을 정도로[382] — 분명 정신이상도 마찬가지로 두뇌의 탈진(épuisement)에 그 기원을 두고 있는 것으로 보인다. 그런 탈진은 정상적인 피로와 같이 신경계의 요소들에 어떤 특별한 독이 축적됨으로써 일어날 것이다.[*86] 정신이상은 자주 전염병에 뒤따르며, 더구나 실험적으로

195

....

*86 이러한 생각은 최근에 여러 저자들에 의해 발전되었다. Cowles, "정신 이상의 기제(The mechanism of insanity)", *American Journal of Insanity*, 1890~91에서 그것에 대한 매우 체계적인 해설을 발견할 것이다.[383]

————

진주 모양의 다소간 큰 알갱이들을 나타냈다. 그것이 기술적 불완전성 때문이라는 Lugano의 반박 이후, Stephanowska 양이 Duval의 이론을 더 잘 옹호할 수 있는 실험을 하였다(*Ech*, 395쪽 주60).

382 광기와 꿈의 비교는 사실상 흔한 일이었다. 그러나 대부분(Pinel, Esquirol, Leuret, Lélut, Baillarger)은 그 둘의 유사성만을 인정한 반면, Moreau de Tour(아래의 주384))는 그 둘이 같다는 데까지 나아갔다(*Ech*, 395쪽, 주61).

383 Cowles, "The mechanism of insanity", *American Journal of Insanity*, Utica, New York, State lunatic asylum, vol. 46, n° 4, 1890. 4; vol. 47, n° 4, 1891. 4. 이 논문은 구할 수 없어서 *Ech*를 이용할 수밖에 없다. *Ech*에

독을 사용하여 광기의 모든 현상을 일으킬 수 있다는 것은 주지의
사실이다.*87 그렇다면 정신이상에서 정신적 균형의 파괴는 아주
단순하게 유기체에 확립된 감각-운동 관계의 교란에 기인한다는
것이 사실임직하지 않은가? 그런 교란은 일종의 정신적 현기증을
일으키고, 그리하여 기억과 주의가 실재와의 접촉을 잃어버리게 하

---

*87 특히 Moreau de Tours,『하시쉬에 대하여(*Du hachisch*)』, Paris, 1845.384

따르면 저자는 정신의 정상적이거나 비정상적인 현상들을 비교 연구를
제안한다. 이론에 가능한 한 의존하지 않고 정신적 병변이 일어나는 정확
한 장소를 정하려고 노력한다. 정상적인 생리 기제에서는 노폐물과 보수
補修 사이에 균형이 유지되고, 건강한 활동은 배설된 노폐물의 제거와 잠
과 휴식에서 새로운 양분의 보급에 의해 이루어진다. 정상적인 피로와 신
경의 소모에 의한 병적인 피로의 설명에는 네 요인이 개입한다. 특수한
세포의 에너지 방출의 직접적인 결과와 조직 활동에 대한 독성물질의 효
과 강화라는 두 요인은 적극적인 것이고, 순환기 계통의 영양분의 보유와
조직에서의 동화력을 감소시키는 순환기에서의 독성원소의 존재라는 두
요인은 소극적인 것이다(*Ech*, 395쪽, 194쪽 주석의 주석 1). 여기서 독성물
질의 효과 강화와 독성원소의 존재라는 것이 베르크손이 말하는 "신경계
의 요소들에 어떤 특별한 독이 축적됨"을 말하는 것일 것이다.

384 Moreau de Tours, *Du hachisch et de l'aliénation menta. Etudes
psychologiques*, Paris, Esquirol, 1845는 저자가 1836~1840 사이의 3년
동안 동양(이집트, 리비아, 팔레스타인, 시리아)을 방문했을 때의 인도삼
(cannabis indica=hachisch)에 대한 다양한 경험을 바탕으로 광기가 꿈과
동일하다는 생각을 전개한다. 인도삼은 행복감, 홍분, 관념해체, 시공의
착각, 청각의 고양, 고정관념, 광적인 신념, 감정 손상, 참을 수 없는 충동,
착각, 환상 등을 일으킨다. 그것이 베르크손이 말하는 "실험적으로 독을
사용하여 광기의 모든 현상을 일으킬 수 있다."는 것을 말한다.

기에 충분할 것이다. 몇몇 광인들이 그들의 병이 나타나려고 할 때를 기술한 묘사를 읽어보라. 그들은 마치 지각된 사물들이 그 요철이나 고체성을 잃어버린 것처럼, 야릇함(étrangeté)이나 그들이 말하듯 "비-현실(non-réalité)"의 느낌을 자주 경험한다는 것을 보게될 것이다.*88 그도 그럴 것이, 우리의 분석이 정확하다면, 우리가현재의 실재에 대해 가지고 있는 구체적인 느낌은 우리 유기체가

....

*88 Ball, 『정신병에 관한 강의(Leçons sur les maladies mentales)』(Paris, 1890),
608쪽 이하. ― 매우 재미있는 분석, "시각, 개인적인 이야기하기(Vision, a
personal narrative)", *Journal of mental science*, 1896, 284쪽 참조.385

―――――――

385 Ball의 *Leçons sur les maladies mentales*, Paris, Asselin et Houzeau, 1890,
608쪽 이하는 31번째 강의 "의심광에 대하여(De la folie du doute)"의 부
분이다. 그 병에 걸린 사람들은 모든 것을 의심하고, 심지어는 자기 자신
의 존재에 관해서도 의심하며, 자기의 내부가 다 비어서 자신이 마치 부
대자루처럼 껍데기만 있고 내용은 없다고 생각한다. 사람들의 현실성에
대해서도 의심하며 사람을 사물로 부른다. 한마디로 현실감이 없는 것
처럼 느끼는 병이다. 다음으로 "Vision, a personal narrative of morbid
phenomena", *Journal of mental science*, London, J. & A. Churchil, vol.
42, 1896, 284~293쪽은 구할 수 없어서 *Ech*를 이용할 수밖에 없다. 이 글
은 익명이기를 원하는 한 직업 언론인의 보고이다. 여기서 묘사된 정신적
망상에는 깊은 정신착란이 뒤따랐고, 그것은 나중에 치료되었다. 그에게
시각은 마치 다른 감각과는 분리되어 요술조명에 의해 비춰진 것 같은 물
질성 없는 상이 나타나는 것 같았다. 시각적 실망이라고도 할 수 없을 만큼
비실재성(unreality)의 느낌이 강했다. 평소에 단원들과 친밀한 교향악단의
연주회에 참석했는데도 그들을 알아보지 못하고 대신에 다른 시간, 다른
장소에 속한 얼굴들의 군중을 보았다. 그의 시각은 형태 자체가 변하거나
아니면 (다른) 실재로 구체화되었다(*Ech*, 396쪽, 195쪽 주석의 주석 3).

자극에 자연스럽게 반응하는 실재 운동(mouvements effectifs)에 대해 우리가 가지는 의식에서 성립할 것이고, 그 결과 감각과 운동 사이의 관계들이 이완되거나 망가지는 곳에서는 실재감(sens du réel)이 약화되거나 사라지기 때문이다.[*89]

더구나 여기에는 정신이상의 다양한 형태들 사이에서뿐만 아니라, 고유한 의미에서의 정신이상과 최근의 한 심리학이 그토록 신기하게 그것과 접근시킨 인격의 분열(scission de la personalité) 사이에 이르기까지 해야 할 구별이 무더기로 있을 것이다.[*90] 그런 인격의 병들에서는 기억의 집단들이 중심 기억으로부터 떨어져 나와 다른 것들과의 유대를 거부하는 것처럼 보인다. 그러나 감수성과 운동성의 분열이 함께 일어나는 것이 관찰되지 않은 적은 드물다.[*91] 이 마지막 현상들에서 첫 번째 현상들의 진정한 실질적 기저 196

....

[*89] 위의 152쪽을 보라.

[*90] Pierre Janet, 『정신적 이변들(Les accidents mentaux)』, Paris, 1894, 292쪽 이하.[386]

[*91] Pierre Janet, 『심리적 자동성(L'automatisme psychologique)』, Paris, 1889, 95쪽 이하.[387]

----

386 Pierre Janet, L'état mental des hytstériques. V. II Les accidents mentaux, Paris, Rueff, 1894, 292쪽 이하는 히스테리를 의심광, 의식적, 또는 이성적 광기, 강박, 공포증 등의 정신쇠약(psychasthénie)과 접근시키고 그것을 또한 몽유병과 접근시킨다. 그리고 그런 현상들을 전부 "인격의 분리"와 연결시킨다. 그러나 여기서는 베르크손이 말하는 바와 같이 여러 정신이상의 다양한 형태의 구별은 이야기되지 않고 있다.

(substrat matériel)를 보지 않을 수 없다.[388] 우리의 지적인 생활 전체가 그 꼭짓점 위에, 즉 그것이 현재의 실재성 속으로 삽입해 들어가는 감각-운동적 기능들 위에 서있다면, 그런 기능들이 이런저런 방식으로 손상됨에 따라 다양하게 혼선을 빚을 것이다. 그런데 우

---

387 Pierre Janet, *L'automatisme psychologique. Essai de psychologie expérimentale sur les formes inférieures de l'activité humaine*, Paris, Alcan, 1889, Ière partie "Automatisme total", chap. II "L'oubli et les diverses existences psychologiques successives", IV. "Etude sur une condition particulière de la mémoire et de l'oubli des images", 95쪽 이하. 한 히스테리 환자가 갑자기 혼수상태에 빠지고, 그 결과 앞선 몇 주의 기억을 잃어버렸다. Janet는 그녀의 기억을 살려보려고 여러 번 앞선 몇 주에 대한 기억을 물어보았으나 허사였다. 기억의 상실과 함께 그녀는 완전히 무감각 상태에 빠져 촉각과 근육감각을 잃어버렸다. 그런데 그녀는 여러 번 몽유병 증세도 보였는데, 그중 어떤 기간에는 잃어버렸던 기억을 되찾아서 "전에 제가 한 일을 물으셨죠? 그렇게 간단한 걸 왜 대답 못 했는지 몰라요. 저는 이런저런 일을 했어요." 하고 말했다. 그와 동시에 무감각 상태였던 그녀가 감각을 되찾았다. 그러니까 기억과 동시에 감각을 되찾은 것이다. 그러나 몽유병에서 깨어났을 때는 다시 기억도 잃고 감각도 없어졌다. 여기서 Janet는 감각과 기억의 연관성만을 말하고 있으나, 베르크손은 감각(감수성)과 운동성의 연관을 말하고 있다. 그에 의하면 기억의 상기는 많은 경우 현실에 삽입되는 원뿔의 꼭짓점에 의해 결정되므로 그것을 운동성이라 생각한 것이다.

388 "마지막 현상들"이란 감수성과 운동성의 분열을 말하는 것이고, "첫 번째 현상들"이란 정신이상의 다양한 형태들 가운데 특히 인격의 분열과 상관되는 현상들, 즉 Janet 식으로 말하자면 히스테리, 의심광, 의식적, 또는 이성적 광기, 강박, 공포증 등의 정신쇠약과 몽유병 등을 말한다. 베르크손은 결국 이런 후자의 정신이상들의 "진정한 실질적 기저"는 감수성과 운동성의 분열, 즉 꼭짓점의 감각-운동적 기능의 손상에 있다는 것이다.

리가 실재감이라 불렀던 것을 약화시키거나 소멸시키면서 감각-
운동 기능의 활력 일반을 침해하는 손상들이 있는 한편, 마치 일정
한 감각-운동적 연결이 단순히 다른 것들로부터 분리된 것처럼 그
런 기능들이 더 이상 동적으로가 아니라 기계적으로 감소하는 것
으로 번역되는 다른 것들도 있다. 우리의 가정이 근거가 있다면, 그
두 경우 기억은 매우 다르게 침해되었을 것이다. 첫 번째 경우는 어
떠한 기억도 제거되지 않았지만, 모든 기억이 무게 추가 덜 달리고,
덜 굳건하게 실재로 향해 있어서 정신적 균형이 진짜로 깨진 것이
다. 두 번째 경우는 균형은 깨지지 않았으나, 그 복잡성을 잃어버릴
것이다. 기억들은 정상적 측면을 보존할 것이지만, 부분적으로 유
대를 포기할 것이다. 왜냐하면 그것들의 감각-운동적인 토대가 말
하자면 화학적으로 변하는 대신에 기계적으로 감소될 것이다.[389]
더구나 이쪽 경우도 저쪽 경우도 기억은 직접적으로 해를 입거나
손상되지 않을 것이다.

  신체는 뇌의 장치의 형태로 기억을 보존하며, 기억의 상실이나
감소는 그런 장치의 더 완전하거나 덜한 파괴에서 성립하고, 기억
의 고양이나 환각은 반대로 그들 활동의 과장에서 성립한다는 생
각은 따라서 추론으로도 사실로도 인정되지 않는다. 관찰이 우선은
그런 시각을 암시하는 것처럼 보이는 하나의, 오직 유일한 경우가

197

---

389 베르크손은 결국 정신병을 감각-운동적 기능의 손상, 즉 정신적 균형이
    깨진 경우와 균형은 깨지지 않았지만 어떤 부분이 전체와의 유대가 끊어
    져서 복잡성을 잃은 경우로 나눈 것이다.

있다는 것은 진실이다. 우리가 말하고자 하는 것은 곧 실어증, 또는 더 일반적으로 청각적이거나 시각적인 재인의 혼란이다. 그것은 뇌의 일정한 부위(circonvolution)의 일정한 자리를 그 병에 할당할 수 있는 유일한 경우이다. 그러나 그것은 또한 바로 이러저러한 기억의 기계적이며 즉각적으로 결정적인 추출은 볼 수 없고, 오히려 관계된 기억 전체의 점진적이고 기능적인 약화를 보게 되는 경우이기도 하다. 그리고 우리는 뇌에 축적되는 기억의 저장(provision)을 어떤 방식으로도 가정할 필요 없이 뇌의 손상이 어떻게 그런 약화를 불러올 수 있는지를 설명했다. 실제로 침해된 것은 그런 종류의 지각에 대응하는 감각적·운동적 지역들이며, 특히 그것들을 내적으로 활동하게 하는 부속부분이고, 그 결과 기억은 더 이상 무엇에 매달려야 할지를 몰라 실질적으로 무능하게 되는 것으로 끝난다. 그런데 심리학에서는 무능은 무의식을 의미한다. 모든 다른 경우에서는 관찰되거나 가정된 손상은 결코 분명하게 위치가 잡히지 않기 때문에 그 덩어리를 변질시키건 조각내건, 감각-운동적 연결들의 총체에 가져오는 교란에 의해 작용한다. 거기서부터 지적 균형의 파괴나 단순화와 간접적으로 기억들의 혼란이나 분리가 온다. 기억을 뇌의 직접적 기능으로 만드는 이론, 풀 수 없는 이론적 난점을 198 일으키는 이론, 그 복잡성이 상상을 초월하며 그 결과는 내적 관찰의 자료와 양립할 수 없는 이론은 따라서 뇌의 병리학조차도 의지로 삼을 수가 없다. 모든 사실과 유추들이 편을 드는 것은 뇌를 감각과 운동 사이의 매개자로만 보고, 그런 감각과 운동의 총체를 정신생활의 첨단, 즉 끊임없이 사건들의 조직 속으로 삽입해 들어가는 첨점尖點으로 만들며, 그리하여 몸에게는 기억을 실재로 향하게 하고 현재와 연결시키는 유일한 기능을 할당하면서 그 기억 자체를 물질과는 절대적으로 독립적인 것으로 생각할 이론이다. 그런 의미에서 뇌는 유리한 기억을 불러오는 데에, 그러나 모든 다른 것들을 잠정적으로 멀리 하는 데에 훨씬 더 기여한다. 우리는 어떻게 기억이 물질에 거주하는지를 알 수 없다. 그러나 우리는 한 현대 철학자의 심오한 말에 따라 "물질성은 우리 속에 망각을 집어넣는다."는 것은 잘 이해한다.*92 390

---

*92 Ravaisson, 『19세기의 프랑스 철학(*La philosophie en France au XIXe siècle*)』, 제3판, 176쪽.391

---

390 이 말은 뇌가 기억의 기관이 아니라 망각의 기관이라는 뜻이다.

391 Ravaisson은 여기서 "우리의 감각이 의존하고 있는 물질성이 우리 속에 망각을 넣는다."고 말하면서, 반대로 순수 정신은 "그 자체에 의해 모든 단일성, 모든 지속, 모든 기억이자, 모든 것과 자기 자신에 현전하고, 아무 것도 모자람이 없이 그것인 것, 그것이었던 것, 그것일 모든 것을 자신의 시선 아래에 두기 때문에 영원의 상 아래에서 모든 것을 본다."고 한다. 이것은 정신과 물질을 대비시키는 일종의 정신론적 선언인데 약간의 차이는 있지만 이 정신을 베르크손은 여기에서도 그대로 따르고 있다.

제4장

상들의 한정과 고정에 대하여
지각과 물질. 영혼과 신체

이 책의 첫 세 장章으로부터 하나의 일반적인 결론이 도출된다. 그것은, 몸은 항상 행동으로 향해 있어서 행동을 위해 정신생활을 한정하는 것이 본질적 기능이라는 것이다. 그것은 표상과의 관계에서 선택의 도구이며, 오직 선택만의 도구이다. 그것은 어떤 지적인 상태를 발생하게 할 수도, 초래할 수도 없다. 지각이 문제인가? 우리의 몸이 우주 속에서 끊임없이 차지하고 있는 위치에 의해 몸은 우리가 대결하고 있는 물질의 부분과 측면을 표시한다. 바로 사물들에 대한 우리의 잠재적인 행동을 측정하는 우리의 지각은 그처럼 현재 우리 기관들에 영향을 미치고 우리 운동을 준비하게 하는 대상들에 한정된다. 기억을 생각하는가? 몸의 역할은 기억을 축적하는 것이 아니라, 단지 유용한 기억, 즉 궁극적인 행동을 위해 현재의 상황을 보완하고 밝혀줄 기억을, 그것이 몸에 주는 실재적 효과에 의해 분명한 의식으로 가져오기 위해 선택하는 것이다. 과거의 경험은 개인적이고 더 이상 공통적이지 않은 경험이며, 우리는 항상 동일한 현재 상황에 동일하게 합치할 수 있는 수많은 상이한 기억들을 가지고 있기 때문에, 그런 두 번째의 선택은 첫 번째[392]보다 훨씬 덜 엄밀하며, 자연은 여기서 지각의 경우처럼 우리의 표상을 한정 지을 엄격한 규칙을 가지고 있지 않은 것이 사실이다. 따라서 이번에는 어떤 자의적 공상(fantaisie)의 여지가 반드시 남아 있기 마련이다. 그리고 동물들이 물질적 필요에 사로잡혀서 그것의 이득을 거의 보지 못한다면, 인간의 정신은 반대로 그 기억 전체와 함께 몸이 비긋이 열려고 하는 문을 끊임없이 밀치고 나오려는(presse) 것처럼 보인다. 거기서부터 공상의 놀이와 상상의 작업이 나온다. ─ 그것은 정신이 자연과 함께 취하는 그만큼의 자유이다. 그렇다고 해도 의식이 행동으로 방향을 잡는 것이 심리 생활의 근본적 법칙으로 보이는 것 또한 사실이다.

부득이한 경우에는 그것으로 만족할 수도 있을 것이다. 왜냐하면 우리가 이 작업에 착수한 것은 정신생활에서의 몸의 역할을 정의하기 위해서였기 때문이다. 그러나 우리는 한편으로 유예로 남겨 두기로 결심할 수 없는 형이상학적 문제[393]를 도중에 제기했고, 다른 한편으로는 우리의 탐구가 특히 심리학적인 것일지라도 문제를 해

───────

392 첫 번째 선택은 행동을 위해 "현재 상황을 보완하고 밝혀 줄 수 있는 기억"을 선택하는 것이고, 두 번째 선택은 "동일한 현재 상황에 동일하게 합치할 수 있는 수많은 상이한 기억들" 사이의 선택이다.

393 영혼과 육체의 결합의 문제.

결할 방법이 아니라면 적어도 어느 쪽으로 접근해야 할지는 여러 차례 엿볼 수 있게 했기 때문이다.

그 문제란 다름 아닌 영혼과 육체의 결합(union)의 문제이다.[394] 우리는 물질과 정신을 철저히 구별했기 때문에 그것은 우리에게 첨예한 형태로 제기된다. 그리고 우리는 물질과 정신을 부정에 의해서가 아니라 적극적 성격들에 의해 정의하므로,[395] 그 문제를 풀 수 없는 것으로 간주할 수 없다. 순수지각이 우리를 자리 잡게 할 곳은 분명히 진정 물질 속이며, 우리가 기억과 함께 이미 침투해 들어갈 곳은 분명 실제로 정신 자체 속이다. 다른 한편으로, 물질과 정신의 구별을 드러낸 것과 동일한 심리적 관찰이 우리로 하여금 그들의 결합을 참관하게 한다. 따라서 우리의 분석이 원천적 결함으로 더럽혀진 것이거나, 그것이 제기하는 난점들로부터 우리가 빠져나올 수 있도록 도울 것이 틀림없거나 둘 중 하나이다.

모든 이론에서 문제의 불분명함은 우리의 이해력이 한편으로는 연장적인 것과 비연장적인 것 사이에, 다른 한편으로는 질과 양 사이에 확립한 이중의 대립(antithèse)에 기인한다. 순수한 단일성이 본질적으로 나누어질 수 있는 다수성에 대립하듯이 정신은 우선 물질에 대립한다는 것, 게다가 우리의 지각은 이질적 질들로 구성되

---

394 Riquier는 여기서 제3장의 순수기억에 관한 논의가 양과 질의 대립을 극복하게 하고, 제1장의 순수지각에 관한 논의가 연장과 비연장의 대립을 극복하게 한다고 지적하고 있다(*Ech*, 398쪽, 주2 참조). 옳은 지적이다.

395 바로 다음에 나오는 바와 같이 지각과 기억에 의해 물질과 정신 속에 자리 잡을 수 있기 때문에 적극적 성격에 의해 정의할 수 있다.

지만 지각되는 우주는 동질적이고 계산할 수 있는 변화들로 해소
되어야 하는 것으로 보인다는 것은 반박할 수 없다. 그러므로 한편
으로는 펼쳐지지 않음(inextention)³⁹⁶과 질이, 한편으로는 연장성
과 양이 있을 것이다. 우리는 전자를 후자로부터 파생하게 한다고
주장하는 유물론을 거부했다. 그러나 후자가 단지 전자의 구성물이
기를 원하는 관념론도 또한 인정하지 않았다. 우리는 유물론에 대
항하여 지각은 뇌의 상태를 무한히 능가한다고 주장한다. 그러나
관념론에 대항해서 물질은 우리가 그것에 대해 가지는 표상, 즉 정
신이 지적인 선택에 의해 거기서 말하자면 줍는 표상을 모든 면에
서 넘쳐난다는 것을 확립하려고 시도했다. 그 두 대립되는 이론 중
에 하나는 몸에, 하나는 정신에 진정한 창조의 재능(don)을 부여하
며, 전자는 뇌가 표상을 낳기를 원하고 후자는 우리의 이해력이 자
연의 도면을 그리기를 원한다. 그리고 그 두 이론에 대항하여 우리
는 동일한 증언, 즉 의식의 증언을 제시하는 바, 그에 따르면 우리
202 몸은 다른 것과 같은 상이고, 우리의 이해력은 모종의 분해하고 구

---

396 앞으로 나올 "extention"이라는 말과 같이 "inextention"도 "외연", "비외
연"이라는 논리학적 용어로 생각하면 곤란하다. 논리학에서 "외연"이란
한 개념에 속하는 구성원이나 그 수를 의미하는데, 여기서는 그런 뜻과는
전혀 관련이 없다. 여기서 "extention"이란 어떤 것이 연장성을 가지고 펼
쳐져 있느냐, 없느냐와 상관되는 개념이며, 따라서 "extention"을 "펼쳐
짐", "inextention"을 펼쳐지지 않음이라 번역한다. 단 "extention"이라 해
서 연장성과 동일한 것이 아니라 완전히 펼쳐짐(=연장성)과 펼쳐지지 않
음(비연장)의 중간의 상태를 말한다. 그러니까 연장과 비연장의 중간이
자, 질과 양의 중간이다.

별하고 논리적으로 대립시키는 능력이지, 창조하거나 구성하는 능력은 아니라는 것이다. 그러므로 심리적 분석, 따라서 상식의 자발적 포로인 우리는 통속적인 이원론이 일으키는 분쟁을 악화시킨 다음, 형이상학이 열어줄 수 있었던 모든 출구를 닫아버린 것으로 보인다.

그러나 우리가 바로 그 이원론을 극단에까지 밀고 나갔기 때문에, 아마도 우리의 분석은 그것의 모순적 요소들을 분리해 낸 것이다. 그렇다면 한쪽으로는 순수지각의 이론이, 다른 쪽으로는 순수기억의 이론이 비연장적인 것과 연장적인 것, 질과 양 사이를 접근시키는 길을 준비할 것이다.[397]

순수지각을 생각하는가? 뇌의 상태를 지각의 조건이 아니라 행동의 시작으로 만듦으로써, 우리는 지각된 사물의 상을 우리 신체라는 상 밖으로 내던졌다. 우리는 따라서 지각을 사물 자체로 제자리에 되돌려 놓았다. 그러나 그때 우리의 지각은 사물의 부분이 되기 때문에 사물은 우리 지각의 본성을 갖는다. 물질적 연장성(l'étendue matérielle)은 더 이상 기하학자들이 말하는 다수의 연장성(l'étendue multiple)이 아니며, 또 그럴 수도 없다. 그것은 오히려 우리 표상의 나누어지지 않는 **펼쳐짐**(extention)[398]을 닮았다. 그것은 순수지각을 분석해보면 펼쳐짐이라는 관념 속에서 연장적인 것과 비연장적인 것 사이의 가능한 접근을 엿볼 수 있다는 말이다.

---

397 위의 주394)에서와 같이 순수지각 이론은 비연장적인 것과 연장적인 것을, 순수기억 이론은 질과 양을 매개한다.

398 앞의 주396) 참조.

　그러나 순수지각에 대한 우리의 견해는 평행하는 길을 따라 두 번째 대립, 즉 질과 양의 대립을 약화시키는 데로 인도해야 할 것이다. 왜냐하면 우리는 순수기억과 그것을 계속되게 하여 효과적이게 만드는 뇌의 상태를 근본적으로 나누었기 때문이다. 따라서 기억은 어떤 정도로도 물질로부터 발산되는 것이 아니다. 오히려 그 반대로, 항상 어떤 지속을 차지하는 구체적 지각에서 우리가 파악하는 대로의 물질은 많은 부분 기억으로부터 파생된다. 그런데 우리의 구체적 지각에서 이어지는 이질적 질들과 과학이 그 지각 뒤의 공간에서 놓는 동질적 변화들 사이의 차이는 정확하게 어디에 있는가? 전자는 불연속적이고 서로로부터 연역될 수 없다. 후자는 반대로 계산될 수가 있다. 그러나 그러기 위해서는 그것을 순수 양으로 만들 필요가 전혀 없다. 〔그렇게 하는 것은〕 그것을 무로 환원시키는 것이나 마찬가지일 것이다.[399] 그것의 이질성이 충분히 묽어져서 우리의 관점에서는 말하자면 무시할 수 있을 정도로만 되어도 충분할 것이다. 그런데 아무리 짧다고 가정하더라도 우리의 지각은 이미 계속되는 무한수의 '순수지각'을 기억에 의해 종합한 것이라면, 감각적 질들의 이질성은 기억 속에서의 그것들의 응축에 기인하며, 객관적 변화의 상대적 동질성은 그것들의 이완에 기인한다고 생각해야 되지 않는가? 그리고 그때 양과 질의 간격은 마치 펼쳐짐의 고려에 의해 연장적인 것과 비연장적인 것의 거리가 감소하듯

---

399 물질의 이질적인 측면을 완전히 무시하고 양으로 환원하는 것은 물질을 무로 환원하는 것과 마찬가지이다. 물리학은 필요 없고 좀 복잡한 수학으로 충분할 것이라는 이야기가 되기 때문이다.

이, **긴장**(tention)에 대한 고려에 의해 감소할 수 있지 않을까?

이 길로 들어서기 전에 우리가 적용하기를 원하는 방법의 일반 원칙을 공식화公式化해 보자. 우리는 이미 이전의 작업에서 그것을 사용했고, 심지어 본 작업에서도 암묵적으로 사용했다.[400]

일반적으로 사실이라 불리는 것은 직접적 직관에 나타나는 대로의 실재가 아니고, 실용의 이익과 사회생활의 필요에 실재적인 것을 적응시킨 것이다. 내적이거나 외적이거나 순수 직관은 분할되지 않은 연속성의 직관이다. 우리는 그것을 병치된 요소들로 조각내고, 그것들은 여기서는 구별되는 **단어들**에, 저기서는 독립적인 **대상들**에 대응한다. 그러나 바로 우리가 본래의 직관의 단일성을 그처럼 깨어버렸기 때문에 분할된 항들 사이에 더 이상 외적이고 첨가된 것일 수밖에 없는 연결을 확보해야 한다고 느낀다. 우리는 내적인 연속성으로부터 태어나는 살아있는 단일성 대신에 연결되는 항들과 마찬가지로 죽어 있는 빈 틀의 인위적 단일성으로 대체한다. 경험론과 독단론[401]은 그와 같이 재구성된 현상들에서 출발한다는

204

---

400 이 방법은 지속을 직관하고 의식에 직접적으로 주어진 것을 파악하는 방법이다. 그리고 "이전 작업"이란 *Essai*의 제2장과 제3장의 지속과 자유의 문제에 관해서 사용했다는 것을 의미하며, "본 작업"이란 제1장 신체의 역할에 관해서와 제3장 순수기억에 관해서, 그리고 여기 제4장의 물질의 문제 관해서도 사용된다.

401 여기서 경험론과 독단론은 가장 일반적인 의미에서 이해해야 할 것이다. 이후의 설명에도 나오지만 개개의 사물을 절단하여 조각내는 것은 경험론이나 독단론이나 마찬가지이지만 경험론은 그렇게 절단된 개개의 사물이나 그 사물들에서 관찰되는 어떤 법칙들에 만족하고, 독단론은 그 사

점에서 근본적으로 일치하며, 단지 독단론은 그 형식에, 경험론은 그 내용에 더 집착한다는 것에서만 다를 뿐이다. 경험론은 항들 사이를 통합하는 관계에서 뭔가 인위적인 점을 막연히 느끼기 때문에 항들로 만족하고 관계들은 무시한다. 그것의 잘못은 경험을 지나치게 높이 평가하는 것이 아니라, 반대로 진정한 경험, 즉 정신과 대상의 직접적 접촉으로부터 나오는 경험을 뒤틀린, 따라서 아마도 왜곡된, 하여간 행동과 말의 최대한의 용이함을 위해 배열된 경험으로 대체하는 것이다. 실재를 그렇게 조각내는 것이 실용적 생활의 요청을 염두에 두고 이루어진 것이라는 바로 그 이유 때문에 그것은 사물의 구조의 내적인 선을 따르지 않은 것이다. 그것이, 경험론이 어떠한 큰 문제에 대해서도 정신을 만족시킬 수 없으며, 심지어 자신의 원리를 완전히 의식하기에 이를 때라도 그런 문제들을 제기하는 것을 삼가는 이유이다. — 독단론은 경험론이 눈감는 난점들을 발견하고 이끌어낸다. 그러나 사실을 말하자면 그것은 경험론이 그은 길에서 그 해결책을 찾는다. 그것 또한 경험론이 만족한 불연속적이고 분리된(détachés) 현상들을 받아들이고, 단지 그것들을 205 종합하려고만 애쓸 뿐이며, 그것은 직관에서 주어지지 않았기 때문

물들의 관계의 형식을 종합하려 하나 그것이 모두 일방적이고 부분적이라 지적되면 비판 철학으로 귀결된다고 한다. 그러니까 역사적으로 말하면 경험론은 Locke, Hume 등의 영국의 경험론을 말하고, 독단론은 대륙의 합리론자들과 Kant까지 포함한다고 말할 수 있다. Riquier는 여기서의 경험론과 독단론의 대립이 칸트의 『순수이성비판』의 "순수이성의 이율배반"에서 사용된 의미라고 말하는데(*Ech*, 399쪽, 주6), 그렇게 되면 Kant 자신은 독단론에 포함되지 않게 되어 곤란하다. Kant도 포함되어야 한다.

에 필연적으로 항상 자의적인 형태를 지닐 것이다. 다른 말로 하면, 형이상학이 구성에 불과하다면 마찬가지로 그럴듯하고 따라서 서로를 논박하는 여러 형이상학이 있고, 최후의 결정은 모든 인식이 상대적이고 사물의 근저는 정신에게 접근할 수 없는 것이라 생각하는 어떤 비판적 철학에 남을 것이다. 사실 그러한 것이 철학적 사유의 규칙적으로 반복되는 진행과정(marche régulière)이다. 우리는 우리가 경험이라 믿은 것으로부터 출발하여 외관상 그것을 구성하는 조각들 사이에 가능한 다양한 배열들을 시도하다가, 모든 구성의 취약성이 알려지면 구성을 포기하는 것으로 끝맺는다. — 그러나 해야 할 마지막 시도가 있을 것이다. 그것은 경험을 그 원천으로 찾으러 가는 것, 또는 우리의 유용성의 방향으로 굴절되어 경험이 고유하게 **인간적** 경험이 되는 그 결정적 **전기**(轉機, tournant) 너머 찾으러 가는 것일 것이다.[402] 칸트가 보여준 것과 같은 사변적 이성의 무력함은 아마도 근본에서는 신체생활의 어떤 필요에 노예가 되고, 우리의 필요의 충족을 위해 그 조직을 파괴해야 했던 물질에 대해 발휘되는 지성의 무력함에 불과할 것이다. 사물에 대한 우리의 인식은 그렇다면 더 이상 우리 정신의 근본적 구조에 상대적인 것

---

402 "인간적 경험"이라는 것은 사태를 유용성의 관점에서 잘라서 보는 경험을 말한다. "전기"라는 것은 유용성의 방향으로 굴절되는 전환점을 의미한다. 이제 그것을 넘어 경험의 원천을 보려는 시도는 외부 사물의 존재방식이 섞이지 않은 순수한 내적인 존재 방식, 즉 지속의 방식을 보려는 시도를 말한다. 이것은 지속의 상하에서 사태를 보려는 베르크손적 방법의 핵심을 이루며, 직관의 가장 근본적 의미일 것이다.

이 아니라, 단지 그것의 표피적이고 획득된 습관에, 즉 그것이 우리
의 신체적 기능과 하급의 필요로부터 취한 우연적 형태에 상대적일
것이다. 따라서 인식의 상대성은 결정적인 것이 아닐 것이다. 그 필
요가 만든 것을 해체함으로써 우리는 직관을 그 최초의 순수함에서
다시 회복할 것이며, 실재와의 접촉을 되찾을 것이다.

그런 방법은 각각의 새로운 문제의 해결을 위해 완전히 새로운
206 노력을 요구할 것이기 때문에 그 적용에서 끊임없이 다시 나타나는
상당한 어려움을 내놓을 것이다. 어떤 사유의 습관이나 심지어 지
각하는 습관까지도 포기해야 한다는 것은 이미 쉬운 일이 아니다.
그러나 그것은 아직 해야 할 작업의 부정적 부분일 뿐이다. 그것을
하고, 우리가 **전기**라 부른 것에 자리 잡고 **직접적인 것**에서 **유용한
것**으로의 이행을 밝히면서 인간적 경험의 여명이 동트기 시작하는
발생 중의 빛을 이용했을 때, 실재의 곡선에 대해 그처럼 감지하는
무한히 작은 요소들로 그들 뒤의 어둠 속에 펼쳐진 곡선 자체의 형
태를 재구성해야 할 일이 남아 있다. 그런 의미에서 우리가 이해하
는 바대로의 철학자의 작업은 미분(la différentielle)으로부터 출발하
여 함수를 결정하는 수학자의 작업과 매우 닮았다. 철학적 탐구의
극단의 방식은 진정한 적분(intégration)의 작업이다.

우리는 예전에[403] 그런 방법을 의식의 문제에 적용하려고 시도했
고, 정신의 실용적 작업은 우리의 내적인 삶의 지각에 관해서는 공
간을 통과하는 순수 지속의 일종의 굴절, 즉 우리의 심리 상태들을

---

403 *Essai*, 특히 제3장.

구별하고 그것들을 점점 더 비인격적인 형태로 만들어서 이름을 부여하며 마지막으로 그것들을 사회생활의 흐름 속으로 들어가게 하는 굴절에서 성립했다. 경험론과 독단론은 내적인 상태들을 그런 불연속적 형태에서 취하는데, 경험론은 상태들 자체에 만족하여 자아에서 일련의 병치된 사실들만을 보며, 독단론은 연결의 필요성은 이해하지만 그 연결을 형식이나 힘 — 뭉친 덩어리가 들어간다는 외적 형식이나, 요소들 사이의 응집을 확보한다는 비결정적이고 말하자면 물 207 리적인 힘 — 에서밖에는 더 이상 찾을 수가 없다. 거기서부터 자유의 문제에 관한 두 대립된 관점이 나왔다. 결정론에게 행위는 요소들 사이의 기계적 합성의 결과이다. 그 반대자들에게는 그들이 자신들의 원리에 엄격히 충실하다면, 자유로운 결정은 자의적인 결단(fiat), 진정한 무로부터의(ex nihilo) 창조여야 할 것이었다. — 우리는 제삼의 입장을 취할 수 있을 것이라고 생각했다. 그것은 그 흐름이 연속적이고 감지할 수 없는 단계들을 통해 한 상태에서 다른 상태로 이행하는 순수 지속에 다시 자리하는 것일 것이다. 그것은 실제로 체험된 것이지만 일상적 인식의 편의를 가장 크게 하기 위해 인위적으로 해체된 연속성이다. 그때 우리는 행동이 독자적인 진전(évolution sui generis)에 의해 그 선행조건들(antécédents)로부터 나오는 것을 보았다고 믿었으며, 그 결과 그 행동에서 그것을 설명하는 선행조건들이 재발견되지만, 그러나 열매가 꽃에 대해 그러한 것처럼 행동은 그것들에 대해 진전되고 있는 중이어서 행동이 그것들에 절대적으로 새로운 뭔가를 덧붙인다. 그것에 의해 자유는 결코 사람들이 말한 것처럼[404] 감각적 자발성(spontanéité)으로 환원되지 않는다. 기껏해야 심리 생활이 특히 정조적(情調的, affective)이기 마련인 동물에게서는 그러할 것이다. 그러나 사유하는 존재인 인간에게 자유로운 행위는 느낌과 생각의 종합이라 불릴 수 있으며, 거기로 인도하는 진전은 이성적 진전이라 불릴 수 있을 것이다. 요컨대 이러한 방법의 인위적(artifice)인 면은 단지 일상적 또는 유용한 인식의 관점과 참된 인식의 관점을 구별하는 데에서 성립한다. **우리가 행동하는 자신을 보고**, 자신을 보는 것이 유용한 지속은 그 요소들이 나누어지고 병치되는 지속이다. 그러나 그 속에서 **우리가 행동하는** 지속은 우리의 상태들이 서로 속으로 녹아들어가는 지속이며, 거기서 우리는 사유에 의해 행동의 내적 본성에 대해 사색하는 예외적이고도 유일한 경우인 자유의 이론에 다시 자리 잡기 위해 노력해야 한다.[405]

208

---

404 Riquier는 여기의 "사람들"이 *Essai*에 대한 논평을 쓴 Lévy-Bruhl과 Gustave Belot라 말한다(*Ech*, 400쪽, 주9). 그러나 Lévy-Bruhl의 논평에는 여기에 해당하는 말을 한 적이 없고, Belot의 논평에만 "spontanéité irréfléchie"라는 말이 나온다("Une théorie nouvelle de la liberté", *Revue philosophique de la France et de l'etranger*, XXX, 1890, 361~392쪽). 이 "spontanéité irréfléchie"가 동물적 자발성이라는 점에서 베르크손이 말하는 "spontanéité sensible"과 상당히 유사한 것은 사실이다. 그러나 분명히 그것을 지칭하는 것인지는 불분명한 점이 없지 않다. 다른 대안이 없는 이상 우선 받아들일 수밖에 없다.

405 우선 앞의 "우리가 행동하는 자신을 보고, 자신을 보는 것이 유용한 지속은 그 요소들이 나누어지고 병치되는 지속"이라 할 때의 지속은 일상적이고 유용한 인식에 의해 파악된 지속이다. 다음에 나오는 "그 속에서 우리가 행동하는 지속은 우리의 상태들이 서로 속으로 녹아들어가는 지속"이

이런 종류의 방법을 물질의 문제에 적용할 수 있는가? 문제는 우리의 내적 삶이 무규정적이고 텅 빈 시간으로부터 떨어져 나와 다시 순수 지속이 되는 것처럼, 칸트가 말했던 그런 "현상들의 잡다"에서 펼쳐지는 경향(tendance extensive)을 가진 혼동된 덩어리(masse confuge)가 동질적 공간 ─ 그 덩어리가 거기에 적용되며, 우리가 그 덩어리를 분할하는 데에 매개자의 역할을 하는 ─ 의 밑에서 파악될 수 있는지를 아는 것이다. 아닌 게 아니라, 외적 지각의 근본적 조건들을 뛰어넘기를 원하는 것은 공상적인 시도일 것이다. 그러나 문제는 우리가 보통 근본적인 것으로 생각하는 어떤 조건들이 사물에 대해 우리가 가질 수 있는 순수한 인식보다는 그것을 이용하는 것이나 그것에서 실용적 이득을 취하는 것에 훨씬 더 관련된 것이 아닌지를 아는 것이다. 더 특수하게는 구체적이고 연속적이며 다양화되었고, 동시에 조직화된 연장성(étendue)에 관하여 그것이 아래에 놓여 있는 무형의 타성적 공간, 즉 우리가 무한히 나누고, 마음대로 도형을 잘라내며, 우리가 다른 데에서 말한 것처럼,[406] 운동 자체가 다수의 순간적 위치로밖에는 나타날 수 없는 공간 ─ 거기서

라 할 때의 지속은 참된 인식에 의해 파악된 지속이다. 이 후자의 지속 속에서 "행동의 내적 본성에 대해 사색하는 예외적이고도 유일한 경우인 자유의 이론"에 다시 자리 잡아야 한다는 것이다. 이것은 이미 *Essai*에서 수행된 자유에 대한 사색을 말하는 것으로서, *Essai*의 방법론에 따라 여기서도 순수 지속에 자리 잡고 그 입장에서 심신관계의 문제도 탐구되어야 한다고 말하는 것이다.

406 *Essai*, 제2장 82~86쪽을 보라.

는 아무것도 과거와 현재의 응집을 확보해줄 수가 없기 때문에 — 과 유대를 맺고 있다는 것을 반박할 수 있다. 따라서 어느 한도 내에서는 연장성을 떠나지 않고도 공간을 벗어날 수 있을 것이며, 우리는 대번에(tout de bon) 연장성을 지각하기 때문에 거기에는 직접적인 것으로의 회귀가 있을 것이며, 반면 우리는 도식의 방식으로 공간을 생각할 뿐이다.[407] 그런 방법에 대해 자의적으로 직접적 인식에 특권적 가치를 부여한다고 비난할 것인가? 그러나 반성이 나타내는 난점이나 모순 없이, 철학이 제기하는 문제점 없이 무슨 이유로 한 인식을 의심할 것이며, 도대체 그것을 의심한다는 생각 자체가 떠오를 것인가? 그리고 그때, 그런 난점과 모순과 문제점들이 특히 그것을 덮고 있는 상징적 형상화(figuration), 우리에게 실재 자체가 되었으며 오직 예외적인 강한 노력만이 그 두께를 뚫는 데 성공할 수 있는 형상화에서 나온다는 것을 확립할 수 있다면, 직접적 인식은 자신 속에서 그 정당성과 증거를 발견하지 않을 것인가?[408]

209

---

407 연장성은 직접적 경험으로서 지각되는 것이며, 따라서 연장성의 지각은 직접적인 것으로의 회귀라 할 수 있고, 반면 (텅 빈) 공간은 도식으로서만 사유된다. 따라서 공간의 사유 없이 연장성이 대번에(tout de bon) 지각될 수 있으므로 그런 한에서 공간을 벗어나서도 연장성을 떠나지 않을 수 있고, 그 말을 뒤집으면 "연장성을 떠나지 않고도 공간을 벗어날 수 있다." 물론 개념적으로는 연장성은 항상 공간성을 전제로 하는 것이지만, 경험적으로는 순수 공간의 경험 없이도 직접적 연장성이 경험될 수 있다.

408 "직접적 인식에 특권적 가치를 부여한다고 비난할 것인가?"라는 물음 이후의 말들은 반성이 나타내는 난점과 문제점들이 그것들을 덮고 있는 상징적 형상화에서 나온다는 것을 확립할 수 있다면 그것이 제거된 직접적 인식의 정당성은 그 자체로 인정될 수밖에 없다고 말하는 것이다. 베르크

그런[409] 방법의 적용에 의해 이끌어내질 수 있는 결과들 중 우리의 탐구에 관련된 것들을 즉시 선택해 보자. 우리는 더구나 적시(indication)만 하는 것으로 만족할 것이다. 여기서 물질의 이론을 구축하는 것이 문제가 될 수는 없다.

I. 모든 운동은 정지에서 정지로의 이행인 한에서 절대적으로 불가분적이다

여기서 문제되는 것은 가설이 아니라 일반적으로 가설이 덮고 있는 사실이다.

예를 들어 여기 내 손이 점 A 위에 놓여 있다. 나는 점 B로 그 간격을 단번에 가로질러서 손을 옮긴다. 그 운동에는 나의 시각을 자극하는 상과 나의 근육의 의식이 파악하는 행위가 동시에 있다. 나의 의식은 나에게 어떤 단순한 사실에 대한 내적 감각을 준다. 왜냐하면 A에서도 정지였고, B에서도 또한 정지이며, A와 B 사이에 나누어질 수 없는, 또는 적어도 나누어지지 않은 행위, 즉 운동 자체인 정지와 정지 사이의 이행이 위치하기 때문이다. 그러나 나의 시

손에게 최후의 입증근거는 항상 경험, 그것도 직접적 경험이며, 그런 한에서 그는 경험론자이다. 이상의 방법론에 관한 논의는 *PM*의 "형이상학 입문"에서 거의 문자 그대로 반복되며, 다만 거기서 좀 더 자세하게 다루어져 있다. 또 분석과 직관의 대비도 더 선명하다. 그러나 그 골격은 같다.

409 (A2)에는 이 문단이 다음과 같은 것으로 대체되어 있다. "설명을 단축하기 위해 즉시 그 길에 들어서면서 발견할 몇몇 결과를 정형화하려고 시도해 보자. 사실, 우리는 여기서 이론을 표현하기보다는 몇몇 방향을 표시하는 것을 제안한다."

각은 운동을 지나간 선분 AB의 형태로 지각하고, 그 선분은 모든
210 공간과 마찬가지로 무한히 분할될 수 있다. 따라서 우선 나는 그 운
동을 공간에서 생각하는지 시간에서 생각하는지에 따라, 즉 내 밖
에서 그려지는 상으로 생각하는지 내 스스로 수행하는 행위로 생각
하는지에 따라 원하는 대로 다수로도 불가분적으로도 간주할 수 있
는 것으로 보인다.

　그러나 모든 선입관을 멀리 하면 나는 곧바로 나에게는 아무 선
택이 없고, 나의 시각 자체가 A에서 B로의 운동을 불가분의 전체로
파악하며, 그것이 무언가를 나눈다면 그것은 지나간 것으로 가정되
는 선분이지 그것을 지나가는 운동이 아니라는 것을 알아차린다.
내 손이 그 사이의 지점들을 통과하지 않고는 A에서 B로 갈 수 없
고, 그 중간 지점들은 원하는 크기의 수로 전체 경로에 배열된 중간
역을 닮았다는 것은 분명한 진실이다. 그러나 그렇게 표시된 분할
과 고유한 의미에서의 중간 역 사이에는 후자에서는 머물지만, 전
자에서는 동체(動體, le mobile)가 지나간다는 중대한 차이가 있다.
그런데 지나감(passage)은 운동이고, 머묾(arrêt)은 부동성이다. 머
묾은 운동을 중단하며, 지나감은 운동 자체와 하나이다. 나는 동체
가 한 점을 지나가는 것을 볼 때, 아닌 게 아니라 그것이 거기에 머
물 **수도 있다**고 생각한다. 그리고 그것이 거기에 머물지 않음에도
불구하고, 나에게는 적어도 그것을 생각하는 시간이 필요하기 때
문에 나는 그것의 지나감을 무한히 짧은 정지로 생각하려는 성향
을 가진다. 그러나 거기에 머무는 것은 오직 나의 상상력이며, 반대
로 동체의 역할은 움직이는 것이다. 모든 공간의 점들은 나에게 반

드시 고정된 것으로 보이며, 내가 동체를 한 순간 일치시키는 점의 부동성을 그 동체 자체에 부여하지 않기는 정말 어렵다. 그렇다면 내가 운동 전체를 재구성할 때, 동체는 그 궤적의 모든 점에서 무한히 짧은 시간 동안 머문 것으로 보인다. 그러나 운동을 지각하는 감각의 자료들과 그것을 재구성하는 정신의 술책(artifice)을 혼동하지 말아야 할 것이다. 감각은 그 자체로 남겨두면 우리에게 실재하는 두 정지 사이의 실재 운동을 나누어지지 않은 굳건한 전체로 나타낼 것이다. 분할은 상상력의 작품이며, 그 상상력의 역할은 바로 밤에 천둥치는 장면을 밝히는 순간적인 섬광처럼, 우리의 일상적 경험의 움직이는 상들을 고정하는 것이다.

211

우리는 여기서 실재 운동의 지각을 동반하고 또 그것을 덮고 있는 착각을 그 원리 자체에서 포착한다. 운동은 명시적으로 한 점에서 다른 점으로 가는 데에서, 그리고 다음으로 공간을 지나가는 데에서 성립한다. 그런데 지나간 공간은 무한히 나누어질 수 있으며, 운동은 말하자면 그것이 지나간 선분을 따라 적용되므로 그것은 그 선과 결속되어 있고, 그것처럼 나누어질 수 있는 것처럼 보인다. 운동 자신이 그 선을 그리지 않았는가? 그 선분의 병치된 연속적인 점들을 차례로 지나가지 않았는가? 분명 그렇기는 하다. 그러나 그 점들은 그려진 선, 즉 부동의 선 위에서만 실재성을 갖는다. 당신이 운동을 그 상이한 점들에서 차례로 표상한다는 것만으로도 당신은 필연적으로 그것을 그 점들에 머물게 한다. 연속적인 점들은 결국 상상적 머묾에 불과하다. 당신은 도정(道程, trajet)을 궤적(trajectoire)으로 대체하고,[410] 도정의 밑에 궤적이 깔려 있기 때문에 도정이 궤적과 일치한다고 믿는다. 그러나 어떻게 **진행**(progrès)이 **사물**(chose)과, 운동이 부동성과 일치할 것인가?

여기서 착각을 용이하게 하는 것은 우리가 동체의 도정에서 위치들을 구별하는 것처럼 지속의 흐름에서 순간들을 구별한다는 것이다. 한 점에서 다른 점으로의 운동이 나누어지지 않은 전체를 형성한다고 가정한다면, 그럼에도 불구하고 그 운동은 일정한 시간을 채우고 있으며, 그 지속으로부터 불가분의 순간을 고립시키는 것으로 충분히 동체가 바로 그 순간 그와 같이 모든 다른 것들로부터 떨어진 어떤 위치를 점하게 될 것이다. 따라서 운동의 불가분성은 순간의 불가능성을 내포하며, 지속 관념의 매우 간략한 분석은 사실 왜 우리는 지속에 순간들을 할당하며, 어떻게 지속이 그것들을 가질 수 없는지를 동시에 보여줄 것이다. 내 손이 A에서 B로 이동할 때 그 손의 도정과 같은 단순한 운동이 있다고 하자. 그 도정은 분할되지 않은 전체로서 나의 의식에 주어진다. 그것은 분명 지속한다. 그러나 그 지속은, 더구나 운동이 내 의식에 대해 취하는 내적 측면과 일치하기 때문에 그것과 마찬가지로 밀집되어(compacte)[411] 있고 분할되지 않았다. 그런데 그 운동은 운동인 한에서 단순한 사실로 나타나는 반면, 공간에서는 사태를 단순화하자

---

410 '도정'은 가고 있는 진행을 의미하고 '궤적'은 그 도정이 그리는 공간적 선을 의미한다. 하나는 '진행'이며, 다른 하나는 정지된 선이라는 '사물'이다. 하나는 운동이며, 다른 하나는 정지이다. 운동과 정지는 완전히 다르다.

411 "밀집되어 있다."는 것은 앞뒤가 모두 연결되어 불가분의 전체를 이룬다는 뜻.

면 기하학적 선분으로 생각할 수 있는 궤적을 그린다. 그리고 그 선분의 양극단은 추상적인 한계인 한에서 더 이상 선분이 아니라 불가분적 점들이다. 그런데 동체가 그렸던 선분이 나에게 그 운동의 지속의 크기를 나타낸다면, 그 선분이 도달하는 점이 어떻게 그 지속의 극단을 상징하지 않을 것인가? 그리고 그 점이 길이에서 불가분적(indivisible)인 것이라면, 어떻게 도정의 지속을 지속의 불가분적인 것으로 끝내지 않을 수 있을 것인가?[412] 전체 선분이 전체 지속을 표현한다면 그 선분의 부분들은 지속의 부분들에, 선분의 점들은 시간의 순간들에 대응하는 것으로 보인다. 따라서 지속의 불가분적인 것들이나 시간의 순간들은 대칭의 필요[413]에서 태어난다. 공간에 지속의 완전한 표상을 요청하자마자 자연스럽게 거기에 도달한다. 그러나 바로 거기에 오류가 있다. 선분 AB가 A에서 B로 수 213 행된 운동의 지나간 지속을 상징한다면, 그 선분은 움직이지 않기 때문에 결코 수행 중인 운동, 흐르고 있는 지속을 표현할 수가 없다. 그리고 그 선분이 부분들로 나누어질 수 있다는 것으로부터, 그것이 점으로 끝난다는 것으로부터, 대응하는 지속이 분할된 부분들

---

412 여기서는 지속을 본래적으로 생각하는 것이 아니라 공간적 궤적과 그 궤적 위의 점으로 생각할 수밖에 없다는 것을 이야기하고 있는 부분이다. 그러한 생각이 정당해서가 아니라 지속을 공간화해서 생각하면 자연히 그렇게 된다고 이야기하는 것이다. 이 문단의 앞부분에서 분명히 "운동의 불가분성은 순간의 불가능성을 내포"한다고 했음에도 지속을 순간들로 분해하는 것이다. 지속 속에는 순간, 즉 "불가분적인 것"이 없다.

413 이때의 대칭은 시간과 공간의 대칭. 사람들은 항상 그 둘을 대칭적으로 생각하고 싶어 한다.

로 구성되었다고도, 그 한계가 순간들이라는 것도 결론지어서는 안 된다.

엘레아의 제논의 논증들도 그런 착각과 다른 원천을 가진 것이 아니다. 그들 모두는 시간과 운동을 그것들 아래에 놓여 있는 선분과 일치시키고, 그것들에게 동일한 분할을 할당하며, 그것들을 선분처럼 취급하는 것이다. 그러한 혼동에서 제논은 운동에 보통 그 궤적의 특성들을 이전하는 상식과, 운동과 지속을 항상 공간으로 번역하는 언어에 의해 용기백배했다. 그러나 여기서 상식과 언어는 정당하며, 말하자면 그 의무를 수행하고 있기까지 한데, 왜냐하면 **생성**을 항상 이용할 수 있는 **사물**로 생각하기 때문에 그것들은 더 이상 운동의 내적 조직을 염려할 필요가 없는 것은 노동자가 그 도구의 분자적 구조를 염려할 필요가 없는 것과 마찬가지이다. 운동을 그 궤도처럼 나누어질 수 있는 것으로 생각하면서, 상식은 단순히 실용적 생활에 유일하게 중요한 두 사실을 표명할 뿐이다. 즉, 1) 모든 운동은 공간을 그린다는 것, 2) 그 공간의 각 점에서 동체는 머물 **수 있을** 것이라는 것이다. 그러나 운동의 내적 본성에 대해 추론하는 철학자는 그것의 본질인 운동성을 그것에 회복시켜야 하며, 그것이 제논이 하지 않은 것이다. 첫 번째 논증(이분법)에 의해 사람들은 동체를 정지해 있는 것으로 가정하고, 그 다음에는 그것이 지나가야 할 선분 위에서 무한수의 중간역 이외에는 더 이상 생각하지 않는다. 그것이 어떻게 간격을 넘을지를 찾아봐야 허사일 것이라고 사람들은 말한다. 그러나 그렇게 함으로써 증명되는 것은 단지 운동을 부동성으로 선험적으로 구성하는 것은 불가능하다는 것이며, 아무도 그것을 의심한 적은 없다. 유일한 문제는 운동을 사실로 놓았을 때 무한수의 점들이 주파된다는 것에, 말하자면 어떤 회고적(rétrospective) 부조리⁴¹⁴가 있는지를 아는 것이다. 그러나 우리는 거기서 매우 자연스러운 것 이외의 아무것도 볼 수가 없다. 운동은 나누어지지 않는 사실이거나 나누어지지 않는 사실들의 연속인 반면, 궤도는 무한히 나누어질 수 있는 것이기 때문이다. 두 번째 논증(아킬레스)에서는 운동을 받아들이는 데에 동의하고, 심지어 두 개의 동체에 운동을 부여하지만, 역시 동일한 오류에 의해 그 운동들이 그 궤도와 일치하고 그것처럼 자의적으로 해체할 수 있기를 원한다. 그때 거북이는 거북이의 걸음을 걷고 아킬레스는 아킬레스의 걸음을 걸으며, 그 결과 일정한 수의 그런 행동이나 도약 후에는 아킬레스가 거북이를 지나가게 될 것을 인정하는 대신에, 원하는 대로 아킬레스의 운동을 분할하고, 원하는 대로 거북이의 운동을 분할하는 권리가 있다고 믿는다. 이처럼 두 운동을 운동성의 근본 조건과는 양립할 수 없는 자의적인 형성의 법칙(loi de formation)에 따라 재구성하기를 즐긴다. 동일한 궤변이 세 번째 논증(화살)에서는 더더욱 분명하게 나타난다. 그것은 한 발사체의 궤도 위에 점들을 고정시킬 수 있다는 것으로부터 도정의 지속에 불가분적 순간들을 구별할 권리가 있다고 결론내리는 데에서 성립한다. 그러나 제논의 논증 중에 가장 교훈적인 것은 아마도 네 번째

---

414 운동하는 중의 운동이 아니라, 운동이 수행된 후 그 운동이 무한수의 점들을 통과한 것은 사실이고, 그렇다면 그것이 어떻게 가능했는가가 문제이므로, 거기에 일종의 "회고적" 부조리가 없는지의 문제가 된다.

(운동장)일 것이다. 우리의 믿기로 그것은 매우 부당하게 무시되었으며,[415] 그것의 부조리는 오직 다른 셋에서 감추어진 요청이 거기서 완전히 적나라하게 드러났기 때문이라는 이유에서만이 더욱 분명해진다.[*93] 여기서는 그 자리가 아닐 논의에 들어가지 말고, 직접 지각된 운동은 매우 분명한 사실이고 엘레아학파에 의해 지적된 난점들과 모순들은 운동 자체보다는 훨씬 더 정신에 의한 운동의 인위적이며 생명력 없는 재조직에 관계된다는 것을 확인하는 것으로 만족하자. 특히 모든 앞선 논의로부터 결론을 도출해 보자.

215

....

[*93] 간략히 이 논증을 상기해 보자. 어떤 속도로 움직이는 한 동체가 있고, 그것이 동시에 두 물체 앞을 지나간다고 하자. 그중 하나는 움직이지 않고, 다른 하나는 그 동체와 동일한 속도이지만 반대 방향으로 움직인다. 그 동체가 첫 번째 물체의 일정한 길이를 지나가는 동안, 두 번째 물체는 당연히 그 두 배의 길이를 지나간다. 거기서부터 제논은 "하나의 시간이 자기 자신의 두 배"라고 결론 내린다. — 사람들이 말하길 유아적인 논증이라고 한다. 한쪽에서의 속도가 다른 쪽에서의 속도의 두 배라는 것을 제논은 고려하지 않고 있으니까. — 옳다. 그러나 빌어마지 않건대, 어떻게 제논이 그것을 알아차릴 수 있었단 말인가. 한 동체가 하나는 정지하고 있고 하나는 운동하고 있는 두 물체의 다른 길이를 동시에 지나간다는 것은, 지속을 일종의 절대로 만들어서 그것을 의식이나 뭔가 의식의 성질을 띤 것 속에 놓는 사람에게는 분명하다. 왜냐하면 그런 구체적이고 절대적인 지속의 일정한 분량(portion)이 흐르는 동안, 한 지속이 자기 자신의 두

―――――――

415 Dunan, *Les arguments de Zénon contre le mouvement*, Paris, Alcan, 1884, 7~8쪽에서 네 번째 역설을 아리스토텔레스의 순서를 무시하며 가장 먼저 소개하고, 두 물체가 움직이느냐, 정지해 있느냐에 따라 다른 거리를 갈 수 있으므로 이 역설은 무시할 수 있다고 한다.

II. — 실재 운동들이 있다

수학자는 상식의 관념을 더 큰 정확성을 가지고 표현하기 때문에 위치를 좌표들이나 축들로부터의 거리로, 운동을 그 거리의 변화로 정의한다. 따라서 그는 운동에 대해 길이의 변화밖에는 알지 못한다. 그리고 가령 한 좌표와 한 축 사이의 가변적 거리의 절대적 가치는 축에 관한 좌표의 이동뿐 아니라, 좌표에 관한 축의 이동도 똑

배라고 결론짓지 않고도 동일한 동체가 두 물체를 따라 한쪽이 다른 쪽보다 두 배의 공간을 주파할 수 있기 때문이고, 그 이유는 〔또한〕 지속이 이쪽 공간과도 저쪽 공간과도 독립적인 어떤 것으로 남아 있기 때문이다. 그러나 모든 논증에서 제논의 잘못은 바로 진정한 지속은 한쪽으로 치워놓고, 오직 그것의 공간에서의 객관적 궤적만을 고려한다는 데에 있다. 그렇다면 동일한 동체에 의해 남겨진 두 흔적은 〔모두〕 지속의 측정치이므로, 그런 한에서 어떻게 동일한 고려를 받을 만한 가치를 가지지 않겠는가? 그리고 그것들의 하나가 다른 것의 두 배라 하더라도, 어떻게 그것들이 동일한 지속을 나타내지 않을 수 있겠는가? 거기서부터 하나의 지속이 "자기 자신의 두 배"라고 결론내리면서 제논은 자신의 가정의 논리 속에 머무는 것이며, 그의 네 번째 논증은 정확히 다른 세 개만큼의 가치를 가진다.[416]

---

416 이 주석의 이해에 관한 문제는 역주자가 「제논의 네 번째 (스타디움의) 역설」, 『철학사상』, 57호, 2015, 63~83쪽, 특히 74쪽 이하에서 자세히 논한 바 있다. 한쪽 운동(반대 방향으로 이동하는 운동)이 다른 쪽 운동(정지체를 지나가는 운동)의 두 배의 속도를 가지므로 유아적 논증이라는 해석은 지속을 각각의 공간적 운동에 대해 독립적이라 생각할 때 가능한 논증이다. 그러나 제논에게는 그런 독립적 지속에 대한 개념이 없고 지나간 길이가 곧 속도가 되므로 한 속도가 자신의 두 배가 된다는 논증이 가능한 것이다.

216 같이 표현하기 때문에 그는 동일한 좌표에 정지와 운동을 무차별적
으로 할당할 것이다. 따라서 운동이 거리의 변화로 환원된다면, 동
일한 대상이 그것에 관여시키는 좌표에 따라 움직이는 것도 되고
움직이지 않는 것도 되며, 또 절대적 운동도 없다.

그러나 수학에서 물리학으로, 운동에 대한 추상적 연구로부터 우
주에서 수행되는 구체적 변화에 대한 고려로 옮겨갈 때, 사물들은
이미 모습(aspect)을 바꾼다. 우리가 정지와 운동을 고립적으로 취
한 모든 질점에 자유롭게 할당할 수 있기는 하지만, 물질적 우주의
모습이 변하고, 모든 실재계의 내적 배치(configuration)가 달라지
며, 우리가 여기서는 더 이상 운동성과 정지 사이의 선택권을 가지
지 않는다는 것 또한 못지않게 진실이다.[417] 즉, 그것의 내밀한 본질
이 어떠하든, 운동은 거역할 수 없는 하나의 실재이다.[418] 전체의 어
떤 부분이 움직이는지를 말할 수 없다고 인정한다 하더라도 전체에
는 여전히 운동이 있다. 그러므로 모든 개별적 운동을 상대적으로
생각하는 그 동일한 사유가들이 운동의 총체를 하나의 절대로 취
급한다고 해서 놀라서는 안 된다. 모순은 데카르트에게서 두드러졌

---

417 물질계를 추상적·수학적 세계로 생각하여 운동과 정지를 자유롭게 할당
할 수 있는 것도 사실이지만, 구체적 물질계는 끊임없이 변하고, 내적 구
조도 달라지며, 따라서 그런 세계에서는 운동과 정지를 마음대로 선택할
수 없다는 것 또한 사실이다. 즉, 물질계를 추상적으로 생각하느냐 구체
적으로 생각하느냐에 따라 달라진다는 것이다.

418 물질계의 내적 본질이 무엇이라고 정할 수 없을지 모르지만 그것이 어떻
다 하더라도 운동이 있다는 것은 거부할 수가 없다. 운동은 하나의 실재
하는 현상이다.

다. 그는 모든 운동은 "상호적"이라 주장함으로써 상대론에 가장 급
진적 형태를 부여한 후,*[94] 마치 운동이 하나의 절대인 것처럼 운동
의 법칙들을 공식화했다.*[95] 라이프니츠와 그 이후 다른 이들이 그
런 모순을 지적했다.*[96] 그것은 단지 데카르트가 운동을 기하학자 217
로서 정의한 다음에 물리학자로서 다룬 것에 기인한다. 기하학자에
게 모든 운동은 상대적이다. 우리 생각에 그것은 단지, **움직이는 것
이 거기에 관련시킨 좌표나 축이라기보다는 동체라는 것을 표현할 수
있는 수학적 상징은 없다는 것**을 의미할 뿐이다. 그리고 그것이 매우
자연스러운 것은, 그 상징들은 여전히 측정하도록 예정되어 있어서
거리만을 표현할 수 있기 때문이다. 그러나 실재 운동이 있다는 것

....

*94 데카르트, 『원리들』, II, 29.

*95 『원리들』, II부, §37 이하.[419]

*96 Leipniz, 「동적 표본(*Specimen dynamicum*)」, 『수학적 저술(*Math.
　　Schriften)』, Gerhard판, 2부, 2권, 246쪽.[420]

––––––––––

419 Descartes, *Principia philosophiae*, II, §29에서는 운동의 상대성을 주장하
　　고, II, §37 이하에서는 물체가 운동이면 운동, 정지면 정지의 상태가 계속
　　된다는 관성의 법칙을 이야기한다. 베르크손이 운동과 정지를 절대적으
　　로 구별했다는 것은 운동도 절대적이라고 본 것이라 생각한다.

420 *Specimen dynamicum*(1692)은 운동의 실재성은 그것을 야기한 힘에 근
　　거한다는 것을 증명하려 한 논문이다. 힘은 완전히 실재적인 어떤 것이고
　　시간, 공간, 운동은 이성적인 본성의 사물이다. 바로 그렇기 때문에 힘과
　　분리된 운동은 장소의 변화에 지나지 않게 되고 그것은 곧 관계에 불과하
　　게 된다. 이렇게 되면 운동은 실재성과 이성성이라는 이중적 성격을 가지
　　게 된다(*Ech*, 402쪽, 주2). 그 두 성격은 서로 모순된다.

은 아무도 심각하게 부인할 수가 없다. 그렇지 않다면 우주 속의 아무것도 변하지 않을 것이며, 특히 우리 자신의 운동에 대해 우리가 가지는 의식이 무엇을 의미하는지를 알 수가 없다. 데카르트와의 논쟁에서 모뤼스는 이 마지막 논점에 관해 재미있게 암시했다. "나는 조용히 앉아 있고 다른 한 사람은 천 보를 걸어가면서 피로로 얼굴이 붉어졌다면, 움직이는 것은 분명히 그 사람이고 나는 가만히 있는 것이다."*97

그러나 절대적 운동이 있다면, 운동 속에서 장소의 변화밖에는 보지 못한다고 고집할 수 있는가? 그렇다면 장소의 다양성을 절대적 차이로 확립하고, 절대적 공간 속에서 절대적 위치들을 구별해야 할 것이다. 뉴턴은 거기까지 갔고,*98 더구나 오일러*99나 다

---

*97 H. Morus, 『철학적 저술(Scripta philosophica)』, 1679, II권, 248쪽.[421]

*98 Newton, 『프린키피아Principia』(Thomson판, 1871), 6쪽 이하.[422]

*99 Euler, 『고체운동론(Theoria motus corporum solidorum)』, 1765, 30~33쪽.[423]

---

421 베르크손이 인용한 이야기는 Henry Morus(More)의 1649. 3. 5.일자 편지에 나오는 것이다. 이에 대해 데카르트는 1649. 4. 15.일자 편지에서 자기가 말하는 운동은 강가에서 배를 멀어지게 하려고 미는 사람과 배 안에서 역시 멀어지려고 삿대로 미는 사람처럼 멀어지는 두 물체 간의 운동일 뿐(즉 둘 다 노력하고 있었다)이라고 대답한다. 여기에 Morus는 다시 편지를 썼으나 답장을 못 받았는데, 그러나 데카르트는 그에게 답장을 쓰려 했고 (1649. 10. 21.) 다만 죽음이 오는 바람에 답장을 마치지 못했다. 시작한 편지에는 물질과는 구별되는 정신이 물질에 작용을 하는 한 "힘의 연장성"을 가진다고 쓰여 있다.

른 사람들도 뒤를 이었다. 그러나 그것을 상상하거나 심지어 생각하기까지 할 수 있는가? 한 장소는 다른 장소와 질에 의해서나, 공간 전체와의 관계에 의해서만 절대적으로 구별될 것이다. 그 결과 그런 가정 하에서의 공간은 이질적 부분들로 구성되거나, 유한하게 될 것이다. 그러나 우리는 유한한 공간에게 다른 공간을 경계로 줄 것이며, 공간의 이질적 부분들 아래에서는 동질적 공간을 바탕 (support)으로 상상할 것이다. 두 경우에서 우리가 필연적으로 되돌 218 아오는 곳은 동질적이고 무규정적인 공간이다. 따라서 우리는 모든 장소를 상대적으로 생각하지 않을 수도, 절대적 운동을 믿지 않을 수도 없다.[424]

그렇다면 실재 운동은 실재적 원인을 가지고 있다는 점에서, 즉

---

422 뉴턴은 *Philosophiae naturalis principia mathematica*, 6쪽 이하, 정의 VIII
에서 시간, 공간, 장소, 운동을 절대적인 것과 상대적인 것, 참된 것과 외
관상의 것, 수학적인 것과 통속적인 것으로 나누어야 한다고 주장한다.
그러므로 절대적 공간과 절대적 장소가 있음을 긍정한 것이다.

423 Euler, Leonard, *Theoria motus corporum solidorum seu rigidorum ex
primis nostrae cognitionis principiis stabilita, et ad omnes motus, qui in
huijus modi corpora cadere possunt, accomodata*(우리 인식의 제일 원리
들로부터 확립되고, 물체들이 그런 방식에 해당될 수 있는 모든 운동에 적합
한 고체나 굳은 물체의 운동론) ed. Nova, 1765, 제2장 "De internis motus
principiis(운동의 내적 원리들에 대하여)", axiom I, §78 "모든 물체는 다른
물체를 고려하지 않을 때 절대적으로 정지하거나 절대적으로 운동한다."
고 하여 뉴턴의 원리에 찬동하고 있다.

424 이 단락이 이야기하려는 것은 그러니까 공간은 상대적이고, 운동은 질적
인 것으로서 절대적이며, 따라서 운동은 절대적으로 존재한다는 것이다.

어떤 힘으로부터 나온다는 점에서 상대적 운동과 구별된다고 할 것인가?[425] 그러나 힘이라는 말의 의미에 관해 합의해야 할 것이다. 자연 과학에서 힘은 질량과 속도의 함수일 뿐이다. 그것은 가속도에서 측정된다. 그것이 공간에서 일으킨다고 간주되는 운동에 의해서만 그것은 알려지고, 평가된다. 그것은 그런 운동과 연계되어 있으므로 그것의 상대성을 나누어 가진다. 그러므로 절대적 운동의 원리를 그와 같이 정의된 힘에서 찾는 물리학자는 그들 체계의 논리에 의해 그들이 앞서 피하기를 원했던 절대 공간의 가정으로 되돌아온다.*[100] 따라서 그 말의 형이상학적 의미로 핑계를 돌리고, 공간에서 감지된 운동을 우리 의식이 노력의 느낌에서 파악한다고 믿는 것과 유사한 깊은 원인들로 받쳐줘야 할 것이다. 그러나 노력의 느낌이 분명 깊은 원인의 느낌인가? 그리고 결정적 분석은 그 느낌에는 신체의 주변에서 이미 실행되었거나 시작된 운동의 의식 이외의 다른 아무것도 없다고 보여주지 않았는가? 따라서 운동의 실재성을 그것과 구별되는 원인에 기초를 세우려고 원하더라도 헛된 일이다. 분석은 항상 우리를 운동 자체로 되돌아오게 한다.[426]

....

*100 특히 뉴턴.[427]

---

425 위의 주420)에서처럼 이 생각은 라이프니츠의 생각이다.
426 이 문단이 이야기하려는 것은 라이프니츠처럼 운동의 실재성을, 그것을 야기한 힘에 근거를 둔다고 하더라도 그 힘 자체가 다시 공간적인 것, 즉 상대적인 것이 되어버리므로 "운동의 실재성을 그것과 구별되는 원인에 기초를 세우려고 원하더라도 헛된 일"이라는 것이다. 이제 다음 단락부터 운동 자체가 질적인 것으로서 절대임을 확립할 것이다.

그러나 어째서 다른 데에서 찾으려 하는가? 당신이 운동을 그것이 지나간 선분에 걸쳐놓는 한, 동일한 점은 당신이 그것에 관련시킨 원천에 따라 차례로 정지하거나 운동하는 것으로 보일 것이다. 219 당신이 운동으로부터 그것의 본질인 운동성을 뽑아낸다면, 사태는 더 이상 동일하지 않을 것이다. 내 눈이 나에게 운동감각을 줄 때 그 감각은 실재이며, 한 대상이 내 눈 앞을 지나갔건 내 눈이 대상 앞에서 움직이건 뭔가가 실제로 일어난다. 더 강한 이유로, 내가 운동을 일으키기를 원한 후 그것을 일으키고 근육감각이 그것에 대한 의식을 가져올 때 나는 운동의 실재성을 확신한다. 그것은 운동이 내 속에서 **상태**나 **질**의 변화로 나타날 때 그 운동의 실재성이 손에 잡힌다고 말하는 것이다. 그러나 그때 내가 사물들 속에서 질의 변화를 지각할 때도 어떻게 마찬가지가 아닐 것인가? 한 소리가 다른 소리와 다른 것처럼 소리는 침묵과 절대적으로 다르다. 빛과 어둠 사이, 색깔들 사이, 색조들 사이에 차이는 절대적이다. 하나에서 다른 것으로의 이행도 또한 절대적으로 실재적인 현상이다. 따라서 나는 내 속의 근육감각과 내 밖의 물질의 감각적 질이라는 연쇄의 두 극단을 잡고 있으며, 이 경우든 저 경우든 운동을 ─ 운동이 있다면 ─ 단순한 관계로 파악하지 않는다. 그것은 하나의 절대이다. ─ 그 두 극단 사이에 고유한 의미에서의 외부 **물체들**의 운동이 와서 자리 잡는다.[428] 여기서 어떻게 외견상의 운동과 실재의 운동을 구

---

427 힘을 질량과 속도의 함수로 보는 한 항상 공간적 운동에 의해서만 평가되고, 그런 한에서 상대적일 수밖에 없다. 그러므로 결국은 뉴턴과 같이 절대적 공간으로 되돌아와야 힘의 절대성이 인정된다.

별할 것인가? 외적으로 감지된 어떤 대상에 대해서 움직인다고 하고, 어떤 다른 대상에 대해 움직이지 않고 있다고 할 수 있는가? 이와 같은 문제를 제기하는 것은, 각각이 개체성을 가지고 있어서 서로로부터 독립적이며, 인격의 종류와도 비견될 수 있는 대상들 사이에 상식이 확립한 불연속성이 근거 있는 구별임을 받아들이는 것이다. 왜냐하면 반대의 가정에서는 더 이상 그와 같은 물질의 일정한 **부분들**에서 어떻게 위치의 변화가 일어나느냐가 아니라, **전체**에서 어떻게 모습의 변화 — 더구나 그 본성을 결정하는 일이 우리에게 남은 변화 — 가 수행되는지를 아는 것이 문제일 것이기 때문이다.[429] 따라서 즉시 우리의 세 번째 명제를 정식화하자.

Ⅲ. — 물질을 절대적으로 결정된 윤곽을 가진 독립적 물체로 분할하는 것은 모두 인위적 분할이다

한 물체, 즉 하나의 독립적인 물질적 대상은 우리에게 우선 질들의 체계로 나타나며, 거기에서는 저항과 색깔 — 촉각과 시각으로부터 주어지는 — 이 중심을 점하고, 모든 다른 것들을 말하자면 유예

---

428 외부 물체의 운동은 내 속의 근육감각과 외부 물질의 감각적 질 사이에 있는 것으로서, 하여간 질적이라는 점은 부인할 수가 없다. 그러므로 물체의 운동은 상대적 공간과 다르게 절대적 질이다.

429 베르크손은 이 "반대의 가설", 즉 물질이 모두 이어져 있다는 가설의 입장이다. 그것은 곧 다음 Ⅲ절부터 설명될 것이다. 그렇게 되면 이 문장이 말하고 있듯이 전체에서 어떻게 모습의 변화가 수행되는지와 그 본성은 무엇인지가 설명되어야 한다.

상태에 둔다. 다른 한편, 시각과 촉각의 자료는 가장 명백하게 공간에 펼쳐져 있는 것이며, 공간의 본질적 성격은 연속성이다. 소리들 사이에는 침묵의 간격들이 있는 바, 청각은 항상 뭔가를 듣고 있는 것은 아니기 때문이다. 냄새나 맛 사이에도, 마치 후각과 미각은 우연적으로만 기능하는 것처럼 공백이 발견된다. 반대로, 우리가 눈을 뜨자마자 우리 시각의 장(champ visuel) 전체가 색채를 띠며, 고체들은 반드시 서로서로 인접하기 때문에 우리의 촉각은 결코 진정으로 끊기는 일 없이 사물들의 표면이나 모서리를 따라가야 한다. 우리는 어떻게 물질적 연장성의 원시적으로 감지된 연속성을 그 각각이 자신의 실체와 개체성을 가지는 그만큼의 물체로 조각내는가? 아닌 게 아니라 그런 연속성은 한 순간에서 다른 순간으로 모습이 변한다. 그러나 어째서 우리는 만화경을 돌렸을 때처럼 단순 명백하게 전체가 변한 것을 확인하지 못하는가? 결국 어째서 우리는 전체의 운동성 속에서 움직이는 물체들이 따르는 족적을 찾는가? 모든 것이 동시에 변하면서 운동하는 하나의 **움직이는 연속성**(continuité mouvante)이 우리에게 주어진다. 우리가 영속성(permanence)과 변화(changement)라는 두 항을 분리하여 영속성을 **물체**(corps)로, 변화를 공간에서의 **동질적 운동**(mouvements homogènes)으로 표상하는 것은 어디에서 오는가? 그것은 거기서 직관에 직접적으로 주어진 것이 아니다. 그러나 과학의 요청은 더더욱 아니다. 왜냐하면 과학은 반대로 우리가 인위적으로 잘라낸 우주의 자연적 분절을 재발견하는 것을 과제로 삼기 때문이다. 더 나아가, 모든 질점의 서로에 대한 상호 작용을 점점 더 잘 증명함

221

으로써 과학은 우리가 살펴볼 것처럼,[430] 그 외관에도 불구하고 우주적 연속성의 관념으로 되돌아오기 때문이다. 의식을 그것에 가장 직접적으로 주어진 것들에서 생각하고 과학을 그 가장 먼 소망(aspiration)[431]에서 생각하기만 한다면, 과학과 의식[432]은 결국 일치한다. 그렇다면 분명히 잘라진 모서리를 가진 물체들로 불연속적 물질계를 구성하여 그것들이 장소, 즉 그들 사이의 관계를 바꾼다〔고 생각하려〕는 저항할 수 없는 경향은 어디서 오는가?

의식과 과학 옆에 삶이 있다. 철학자들이 그토록 성심껏 분석한 사변의 원리들 아래에, 살아야 할, 즉 사실은 행동해야 할 필연성에 의해서 단순히 설명되는, 사람들이 그 연구를 무시한 경향들이 있다. 행위에 의해 스스로를 나타내려고 이미 개인적 의식에 부여된 힘(pouvoir)이 생명체들에 각기 대응하는 구별되는 물질적 영역의 형성을 요구한다. 그런 의미에서 나 자신의 신체, 그리고 그것과의 유비에 의해 다른 생명체들은, 내가 우주의 연속성 속에서 구별해 낼 수 있는 근거를 가장 많이 가진 것들이다. 그러나 그 신체가 일단 구성되고 구별된 뒤에는, 그것이 겪는 필요에 의해 다른 것들도 구별하고 구성하게 한다. 생명체 중 가장 하등의 것에서도 영양 섭취는 탐색과, 접촉과, 마지막으로 한 중심으로 수렴하는 일련의 노력을 요구한다. 그 중심은 바로 영양분으로 사용되어야 하는 독

222

---

430 아래의 225쪽을 보라.

431 과학이 추구하는 가장 먼 목표, 목적. 그것은 세상의 모든 실상을 다 파악하는 것인데, 그것이 의식에 직접적으로 주어진 것으로 나타난다.

432 "science et conscience"

립적 대상이 될 것이다. 물질의 본성이 무엇이건 생명은 필요와 그
것을 충족시키는 데에 소용이 되어야 하는 것의 이원성을 표현함으
로써, 이미 거기에 첫 번째 불연속성을 확립할 것이라고 말할 수 있
다. 그러나 양분을 섭취하려는 필요는 유일한 것이 아니다. 다른 필
요들이 그 주위에 조직화되며, 그것들은 모두 개체와 종의 보존을
목적으로 가진다. 그런데 그 필요들 각각은 우리로 하여금 우리 신
체 옆에 그것과는 독립된 신체, 우리가 찾거나 벗어나야 할 신체를
구별하게 한다. 따라서 우리의 필요는 감각적 질들의 연속성으로
향해져 있어서 구별되는 신체들을 거기서 그려내는 그만큼의 빛다
발(faisceaux lumineux)이다. 그것들은 그런 연속성에서 자신의 몸을
재단하고, 다음으로 그 몸이 관계에 들어갈 ─ 마치 사람들과 관계하
듯 ─ 다른 신체들의 한계를 정한다는 조건에서만 충족될 수 있다.
감각 실재들의 그와 같이 잘라진 부분들 사이에 매우 특별한 관계
를 확립하는 것이 바로 우리가 **산다**(vivre)고 하는 것이다.

　　그러나 실재의 그런 첫 번째 분할은 직접적 직관보다는 훨씬 더
삶의 근본적 필요에 답하는 것이라면, 그 분할을 더욱더 밀고 나감
으로써 어떻게 사물에 대해 더 근접한 인식을 얻을 것인가? 그렇게
함으로써 사람들은 **삶의 운동**(mouvement vital)을 연장하는 것이며,
참된 인식에 등을 돌린다. 그것이 물체를 그것과 같은 성질의 부분
들로 해체하는 데에서 성립하는 거친 작업이, 그런 분할이 어째서 223
멈추어야 하는지도 어떻게 무한히 계속되는지도 생각할 수 없다는
것을 곧바로 느끼는 우리를 막다른 골목으로 이끌고 간다. 왜냐하
면 분할은 **순수 인식**(connaissance pure)의 영역으로 부적당하게 이

전된, **유용한 행동**(action utile)의 일반적 형태를 나타내기 때문이다. 따라서 어떠한 것이든 입자(particule)를 가지고 물질의 단순한 속성들을 설명할 수는 결코 없을 것이다. 기껏해야 물체 자체와 마찬가지로 인위적인 미립자(corpuscule)까지만 다른 모든 것에 대한 그 물체의 작용과 반작용을 추적하는 데 지나지 않을 것이다. 그러한 것이 바로 화학의 대상이다. 화학은 **물질**이라기보다는 **물체**(corps)를 연구한다.[433] 사람들은 따라서 화학이 아직도 물질의 일반적 속성을 지니고 있는 원자에서 멈춘다고 생각한다. 그러나 원자의 물질성은 물리학자의 시선 아래에서 점점 더 해체된다. 가령 우리에게는 원자를 액체나 기체보다는 고체로 표상하거나, 원자들의 상호작용을 다른 어떠한 방식보다는 충돌로 생각할 아무런 이유도 없다. 우리는 왜 고체의 원자와 충돌을 생각하는가? 그것은 고체가 가장 명백하게 잡을 수 있는 물체여서 외부세계와의 관계에서 우리의 관심을 가장 많이 끌기 때문이며, 접촉은 우리의 신체를 다른 물체에 작용하게 하기 위해서 우리가 가지고 있는 것으로 보이는 유일한 수단이기 때문이다. 그러나 매우 단순한 실험들이 서로를 밀치는 두 물체 사이에 실재적인 접촉은 결코 없다는 것을 보여주며,[*101] 다른 한편, 고체성은 물질의 절대적으로 결정된 상태라 하기

*101 이 문제에 관해서는 Maxwell, "거리를 둔 작용(Action at a distance)" (*Scientific papers*, Cambridge, 1890, 제II권, 313~314)을 보라.[434]

433 화학이 연구하는 각 원소는 물질 자체의 성격이라기보다는 원소라는 물체의 성격이다. 다음에 바로 그에 대한 설명이 이어진다. 화학이 원자와

에는 거리가 멀다.*[102] 고체성과 충격은 따라서 그들의 외관상의 명 224

....
*[102] Maxwell, "물체의 분자적 구성(Molecular constitution of bodies)"(*Scientific papers*, 제II권, 618쪽). ― 한편, Van der Waals는 액체와 기체 상태의 연속성을 증명했다.[435]

그들의 충돌을 논하는 것은 외부세계와의 관계에서 우리의 관심을 가장 많이 끄는 것이기 때문이다.

434 이 논문은 우선 자기력과 중력을 예로 들면서 "거리를 둔 작용"을 옹호한다. 그리고 해당 쪽수에 논의되는 실험은 다음과 같은 것이다. 두 볼록 렌즈를 접근시키고 거기에 빛을 쪼이면 렌즈가 접근함에 따라 여러 색의 링이 보인다. 둘 사이에 점점 큰 압력을 가해 밀착시켜도 링은 사라지지 않는다. 그것은 두 렌즈가 결코 접하지 않고 떨어져 있다는 것을 의미한다. 만약 접했다면 중심점은 색깔이 아니라 검은 점이 되어야 할 것이다. 그런 점은 나타나지 않고 힘이 증가함에 따라 결국은 렌즈가 깨지고 만다(다른 지점에서). 이 실험은 접하는 것으로 보이는 두 물체도 결코 접하지 않는다는 것을 의미한다. 사실 시각적으로 접하는 것으로 보이더라도 그것은 둘 사이의 거리가 빛의 파장보다 짧아졌다는 것을 의미할 뿐이지, 결코 진정한 접촉을 뜻하는 것이라 할 수 없다. 이 실험은 결국 두 물체가 측정 가능한 거리만큼 떨어져 있을 때도 서로에게 압력을 가한다는 것을 의미한다.

435 원제목은 "Constitution of bodies", *The scientific papers of James clerk Maxwell*, Cambridge, University press, Niven, vol. II, LXXXVIII, 617쪽 이하. 이 논문은 고체와 액체의 차이는 온도와 압력에 따라 변하는 점성(viscosity)의 정도에 달려 있는 것이지 그 자체 액체성과 고체성이 정해져 있지 않다는 것을 주장하고 있다. 가령 역청이 굳어지면 아스팔트와 같이 고체가 된다. 네덜란드인 물리학자 Van der Waals의 학위논문 『액체와 기체 상태의 연속성(La continuité des états liquide et gazeux)』(Carré, 1894, Domer와 Pomey 역)은 Andrews가 실험한 것처럼 탄소 가스는 31,3℃ 이하에서 단순히 압력만 가해도 액화하는데, 이것이 사실이라면 기체와 액

백함을 실용적 삶의 습관과 필요로부터 빌려왔다. ─ 그런 종류의 이미지들은 사물의 근저에 대해 어떠한 빛도 던져주지 않는다.

게다가 과학이 모든 반론을 넘어선 것으로 놓는 진리가 있다면, 그것은 물질의 모든 부분의 서로에 대한 상호작용의 진리이다. 물체로 가정된 분자들 사이에는 인력과 척력이 작용한다. 중력의 영향력은 행성간의 공간을 넘어 펼쳐진다. 따라서 원자들 사이에 뭔가가 존재한다. 그것은 더 이상 물질이 아니라 힘이라고 사람들은 말할 것이다. 점점 더 가늘어져서 보이지 않게 되고, 사람들이 믿는 바에 따르자면 심지어 비물질적인 것으로까지 되는 실이 원자들 사이에 드리워져 있다고 생각할 것이다.[436] 그러나 그런 거친 이미지가 무슨 소용이 있을까? 생명의 보존은 아마도 우리에게 일상의 경험에서 죽은 **사물**과 그 사물이 공간에 미치는 **작용**을 구별하라고 요구할 것이다. 사물의 자리를 우리가 그것을 만질 수 있는 정

체 사이에 연속성이 있어야 한다는 것을 보여주었다. Andrews의 "한계온도"보다 아주 작게만 낮은 온도에서 압력을 가하면서 Van der Waals는 한계점으로 환원되는 아주 짧은 액화단계들을 관찰했다(*Ech*, 406쪽, 주 2 참조). 이 실험들은 모두 고체상태가 물질의 고유한 상태가 아님을 보여주는 것이다.

436 이것은 뉴턴의 중력 에테르에 대한 것이다. 뉴턴은 중력이 전달되기 위해서는 빛의 에테르와 구별되는 중력 에테르로 공간이 채워져 있어야 한다고 생각했다. 그는 보편적 중력이론을 주장했는데, 힘이 허공을 통해 전달된다는 것을 이해하지 못한 채 그는 한 물체에서 다른 물체로 즉각적으로 전달된다고 생각했는데, 그렇다면 그것을 전달해 줄 원자들 사이에 실처럼 당겨진 "정신적인 힘"이 있어야 하지 않느냐고 생각했다(*Ech*, 405~406쪽, 주16 참조).

확한 지점에 고정하는 것이 우리에게 유용하기 때문에 그것의 만질 수 있는 윤곽은 우리에게 그것의 실재적인 한계가 되고, 그때 우리는 그것의 **작용**을 그것에서부터 떨어져 나와서 그것과는 다른, 도무지 정체를 알 수 없는 어떤 것으로 본다. 그러나 물질에 관한 이론은 바로 모두 우리의 필요에 상대적인 그런 일상적 이미지들 아래에서 실재를 되찾으려는 과제를 가지기 때문에 그것이 우선 벗어나야(s'abstraire) 할 것은 그런 이미지들로부터이다. 그리고 사실상, 물리학자가 그 효과들을 천착해 감에 따라 우리는 힘과 물질이 접근하고 결합하는 것을 본다. 우리는 힘이 물질화하고, 원자가 이상화하며, 그 두 항이 공통의 한계로 수렴하고, 그리하여 우주가 자신의 연속성을 되찾는 것을 본다. 사람들은 여전히 원자를 이야기할 것이다. 원자는 심지어 그것을 고립시키는 우리 정신에 대해 자신의 개별성을 보존할 것이다. 그러나 원자의 고체성과 타성은 운동으로든 역선力線으로든 해소될 것이며, 그것들의 상호 유대는 우주적 연속성을 회복할 것이다. 비록 완전히 다른 지점에서 출발했으나, 바로 그런 결론에 도달하지 않을 수 없었던 사람들이 물질의 구성 속으로 가장 깊이 뚫고 들어간 19세기의 두 물리학자 톰슨과 패러데이이다. 패러데이에게 원자는 "힘의 중심"이다. 그것이 의미하는 것은 원자의 개별성은 그것을 실재적으로 구성하는, 공간을 넘어 방사되는 무한한 역선들이 교차하는 수학적 점에서 성립한다는 것이다. 그리하여 각 원자는, 그의 표현을 사용하자면, "중력이 펼쳐지는 공간 전체"를 점하며, "모든 원자는 서로가 서로를 침투한다."*[103] 톰슨은 완전히 다른 차원의 관념에 자리 잡고, 공간을 채우

225

는 연속적이고 동질적이며 압축할 수 없는 완전한 유체를 가정한
다. 우리가 원자라 부르는 것은 그런 연속체 속에서 소용돌이치는
불변적 형태의 고리이며, 그것은 그 특성들을 형태에, 그 존재, 따라
서 그 개체성을 운동에 빚지고 있다는 것이다.[104] 그러나 이쪽 가

---

[103] Faraday, "전기 전도에 관한 사변(A speculation concerning electric
conduction)"(*Philos. magazine*, 제3 시리즈, XXIV권).[437]

[104] Thomson, "소용돌이 원자에 관하여(On vortex atoms)"(*Proc. of the Roy.
Soc. of Edimb.*, 1897). — 동일한 종류의 가설이 Graham, "기체의 분자적
운동성에 대하여(On the molecular mobility of gases)"(*Proc. of the Roy. Soc.
of Edimb.*, 1863, 621쪽 이하)에 의해서도 발표되었다.[438]

---

437 Michael Faraday, "A speculation touching electric conduction and the
nature of matter", *Philosophical magazin*, 24, 1844. 이것은 물질의 구성
성분이 원자라면 원자들 사이에 공간이 있어야 하는데, 그럴 경우 전도체
의 원자들 사이의 공간은 전도적인 것이어야 하고, 비전도체의 원자들 사
이의 공간은 비전도적이어야 한다. 이것은 곤란하다. 그러므로 물질의 구
성성분은 원자가 아니라 힘들이 서로 교차하는 점, 즉 힘의 중심(centre of
force or power)이라고 해야 한다고 주장하는 논문이다. 그렇게 되면 힘의
중심들은 축소 확장 가능하고 서로가 서로 속으로 침투해 들어갈 수도 있
게 된다.

438 W. Thomson, "On vortex atoms", *Proceedings of the royal society of
Edimbourough*, vol. VI, 1867; *Philosophical Magazin*, S. 4, vol., 34, No.
227, 1867. 7. Helmholz의 소용돌이 운동의 법칙에 기반 하여 원자는 마
찰이 전혀 없는 완전한 유체 속에서의 소용돌이(Wirbelbewegung), 즉 소
용돌이 원자(vortex atom)임을 주장하는 논문. 이때 물질은 완전한 유체
자체이고, 원자는 그 유체의 소용돌이일 뿐이라는 주장이다. 다음으로
Th. Graham, "On the molecular mobility of gases", *Proceedings of royal
society of London*, vol. XII, 1863은 기체가 얇은 석연 판으로 막아놓은 실

설에서건 저쪽 가설에서건, 물질 최후의 요소에 접근함에 따라, 우리는 지각이 표면에서 확립했던 불연속성이 사라지는 것을 본다. 심리적 분석은 이미 그런 불연속성이 우리의 필요에 상대적이라는 것을 드러냈다. 즉, 모든 자연 철학은 불연속성이 물질의 일반적 특성과 양립가능하지 않다는 것을 발견하는 것으로 끝난다. 226

사실을 말하자면, 소용돌이와 역선은 물리학자의 정신 속에서는 오로지 계산을 도식화하도록 예정되어 있는 편의적 도형일 뿐이다. 그러나 철학은 그런 상징들이 왜 다른 것들보다 더 편리하며, 더 멀리 나아갈 수 있게 해주는지를 자문自問해야 한다. 그것들에 상응하는 개념들이 적어도 실재의 표상을 찾아야 할 방향을 지시해주지 않는다면〔사실은 한다〕, 우리는 그것들 위에서 작업하면서 경험과 재결합할 수 있을 것인가? 그런데 그것들이 지시해주는 방향은 의심스럽지 않다. 그것들은 구체적인 연장성을 통과해 지나가면서 우리에게 **변경**(modifications), **교란**(perturbations), 그리고 **긴장**(tension)이나 **에너지**의 변화를 보여주며, 다른 것은 아니다. 특히 그것을 통해 그 상징들은 우리가 앞서 운동에 대해 했던 순전히 심리적인 분석과 결합하려는 경향을 가지며, 그런 분석은 우리에게 운동을, 그 운동이 우연처럼 덧붙여지는 대상들 사이의 단순한 관계의 변화로서가 아니라, 이를테면 독립적인 진정한 실재로 나타내

린더를 통과하는 것은 일반적 기체의 분산운동에 기인한 것이 아니라 석연관의 작은 구멍을 통과하는 기체의 "분자적 운동"에 기인한 것임을 주장하는 논문이다. 베르크손은 이 분자적 운동을 바로 소용돌이라고 본 것이다.

었다. 따라서 과학도 의식도 다음의 마지막 명제를 거부하지 않을
것이다.

Ⅳ. ― 실재 운동은 한 사물보다는 한 상태의 전이이다[439]

위의 네 명제[440]를 정식화하면서 우리가 실제로 한 것은 오직 사람
들이 서로 대립시켰던 두 항, 즉 질이나 감각과 운동 사이의 간격을
점진적으로 좁힌 것에 불과하다.[441] 처음 보기에 거리는 넘을 수 없
는 것처럼 보인다. 질들은 서로 이질적이고, 운동은 동질적이다. 본
227 질상 불가분적인 감각은 측정을 빠져 나간다. 운동들은 항상 나누
어질 수 있어야 하는 것으로서, 계산 가능한 방향과 속도의 차이에
의해 구별된다. 사람들은 질을 감각의 형태로 의식 안에 놓기를 즐
기는 반면, 운동들은 우리와는 독립적으로 공간에서 수행된다. 그
운동들은 서로 합성되면서 오로지 운동만을 내놓을 뿐일 것이다.
신비스러운 과정에 의해 그 운동을 만질 수 없는 우리의 의식은 그
것을 감각으로 번역하며, 감각은 다음으로 공간에 투사되고, 어떻
게 그런지는 모르지만 번역한 운동을 그 감각이 와서 덮는다는 것
이다.[442] 거기서부터 기적에 의하지 않고는 서로 소통할 수 없는 두

---

439 사실은 상태의 전이라 할 수도 없고 그냥 전이이다.

440 언뜻 보기에는 네 명제가 아니라 I, II, III의 세 명제 같지만 제 Ⅳ 명제가
　　이미 앞에 내세워졌기 때문에 네 명제라 한 것이다.

441 *Essai*에서는 시간과 공간, 질과 양을 구별한데 비해 여기서는 감각과 운동
　　을 대비시키고 있다. 감각과 운동은, 전자가 공간성을 띠고 있으며 후자
　　는 질적이라는 점에서 질과 양보다는 그 대립의 정도가 약하다.

개의 다른 세계, 즉 한편으로는 공간에서의 운동의 세계와 다른 한
편으로는 감각과 더불어 의식이 나온다. 그리고 틀림없이, 예전에
우리 자신이 보여주었던 것처럼,[443] 한편으로는 질, 그리고 다른 편
으로는 순수 양 사이에 차이는 없앨 수가 없다. 그러나 문제는 바
로 실재 운동들 사이에 양적 차이만이 나타나는지, 아니면 그것들
이 말하자면 내적으로 진동하며 빈번히 계산할 수 없는 어떤 수의
순간들로 스스로의 존재에 리듬을 줌으로써 그 자신이 질 자체가
아닐는지를 아는 것이다.[444] 역학이 연구하는 운동은 추상이나 상
징, 즉 모든 실재 운동들 사이를 비교할 수 있게 하는 공통의 측도
나 공분모(dénominateur commun)에 불과하다. 그러나 그런 운동들
을 그 자체로 생각하면 그것들은 지속을 점하고, 이전과 이후를 전

---

442 의식이 운동을 보면 그것을 감각으로 의식하며 그 감각을 외부 공간에 투
사하고, 그렇게 되면 그 감각이 운동을 덮는 것이 된다. 여기서 베르크손
은 운동을 감각으로 의식하는 것과 그 감각을 곧 외부의 운동으로 파악하
는 것이 왜 그런지를 모를 신비로운 과정이 된다고 지적하고 있다.

443 *Essai* 전체에서. 여기서는 그러니까 *Essai*에서 엄밀히 구별했던 것, 특히
양과 질의 사이를 좁히려고 하고 있다. 여기에 모순은 없는가? 없다. 여기
서도 양자는 분명히 구별되기 때문이다. 그렇지 않다면 『물질과 기억』이
라는 책 제목 자체가 성립하지 않을 것이다. 다만 여기서는 둘 사이의 만
남을 보려 한 점에서 강조점의 차이는 있다.

444 이제 여기서 운동이 바로 질임을 이야기하고 있다. 양과 질의 차이는 없
앨 수 없지만 바로 양적으로 생각한 운동 자체가 바로 질이 아닌가하고
의문을 제기하는 것이다. "어떤 수의 순간들로 스스로의 존재에 리듬을
준"다는 것은 양적으로 변하는 것 같던 운동의 존재 자체가 어떤 리듬을
가진 질적인 것이라는 말이다.

제로 하는[445] 불가분적인 것들(des indivisibles)[446]이며, 그것들은 우리 자신의 의식의 연속성과도 어떤 유사성이 없지 않음에 틀림없는 가변적 질의 성격을 띤 실(fils)[447]로 시간의 계기적인 순간들을 이어준다. 가령 지각된 두 색깔의 환원 불가능성은 특히 우리의 〔여러〕 순간들 중의 어느 한 순간에 그것들이 수행하는 몇 조 번의 진동이 응축되는 지속이 〔매우〕 짧다는 데서 기인한다고 우리는 생각할 수 없는가?[448] 우리가 그 지속을 잡아 늘일 수 있다면, 즉 그 지속을 더 느린 리듬으로 살 수 있다면, 그 리듬이 늦어질수록 그 색깔은 창백해져서 아직도 틀림없이 색채를 띠고 있겠지만 점점 더 순수한 진동과 구별할 수 없게 되는 데로 가까워지는 연속적인 인상들로 늘어나는 것을 보지 않을까? 운동의 리듬이 우리 의식의 습관의 틀에 들어올 정도로 충분히 느린 것에서는 — 가령 아주 저음에서 일어나는 것처럼 — 지각된 질이 스스로 내적 연속성에 의해 서로 연결된 반복적이며 계기적인 진동들로 해체되는 것을 느끼지 않는가? 일반적으로 그렇게 접근시키는 것을 방해하는 것은, 운동 자체와 운동이 응축되는 질 사이에 개입되는 요소들 — 원자나 다른 것들 — 에 운동을 귀속시키는 습관이 들었기 때문이다. 우리의 일상적

---

445 "이전과 이후를 전제로 한"다는 것은 이전과 이후가 질적으로 차이나고, 그것을 전제로 한다는 것이다.

446 모든 운동은 불가분적이라는 것이 위의 I.절에서(209쪽) 언명된 원칙이다.

447 이 "실"은 공간적 실이 아니라 우리 의식의 순간들이 이어져 있다는 연속성을 의미하는 실이다. 그것은 질적으로 달라지므로 공간적 실과는 다르다.

448 여기서 질이 양의 응축임을 말하고 있다.

경험은 우리에게 움직이는 물체를 보여주기 때문에 질들이 환원되는 기초적 운동을 유지하기 위해서는 적어도 어떤 미립자들이 필요한 것으로 보이기 때문이다. 그때 우리 상상력에게 운동은 이제 하나의 우연, 즉 일련의 위치들이나 관계의 변화에 불과하다. 거기서 불안정한 것을 안정된 것으로 대체하는 것이 우리 표상의 법칙이기 때문에 우리에게 중요하고 중심적인 요소는 원자이고, 운동은 이제 그것의 연속적인 위치들을 연결하는 것에 불과할 것이다. 그러나 그런 견해는 원자에 대해 물질이 일으키는 모든 문제를 부활시키는 불편함을 가지며, 특히 삶의 필요에 응답하는 것으로 보이는 물질의 분할에 절대적 가치를 부여하는 잘못을 범할 뿐만 아니라, 우 229 리가 지각 속에서 우리 의식의 **상태**와 우리와는 독립된 **실재**를 동시에 파악하는 과정을 이해할 수 없는 것으로 만든다. 직접적 지각의 그런 혼합적 성격, 즉 그런 모순이 실현된 듯한 외관[449]은 우리가 우리의 지각과 절대적으로 일치하지는 않는 외부세계를 믿기 위해 가질 중요한 이론적 근거이다. 그리고 감각이 운동의 의식적 번역에 불과하다고 할 때, 그 감각을 운동과 완전히 이질적인 것으로 만드는 이론에서는 그런 근거가 무시되기 때문에 그런 이론은 자신의 유일한 소여로 삼은 감각에 만족하고, 감각과 접촉이 가능하지 않기 때문에 그것의 쓸모없는 복제물에 불과한 운동을 감각에 덧붙이지 않아야 할 것으로 보인다. 이와 같은 의미에서의 실재론은 따라서 스스로 파괴된다. 결정적으로 우리는 선택의 여지가 없다. 감

---

449 의식의 상태와 독립적 실체를 동시에 보는 것이 모순이다.

각적 질들의 다소간 동질적인 기체에 관한 믿음이 근거가 있다면, 그것은 마치 감각이 의심이 가지만 감지되지는 않는 세부들로 가득 찬 것처럼 우리의 감각을 넘어서는 뭔가를 **질 자체 속에서** 파악하거나 짐작하게 할 **행위**(acte)에 의해서일 수밖에 없다.[450] 그때 감각의 객관성, 즉 감각이 주는 것보다 더 많은 것으로 감각이 가지고 있는 것은, 우리가 예감케 한 것처럼[451] 그것이 이를테면 그 번데기 내부에서 수행하는 막대한 수의 운동에서 성립할 것이다. 감각은 표면에서 부동의 것으로 스스로를 드러낸다. 그러나 심부에서는 살아있고 진동한다.

진실을 말하자면, 아무도 양과 질의 관계를 다르게 표상하지는 않는다. 감지된 실재들과 구별되는 실재들을 믿는다는 것은 특히 우리 지각의 질서가 그것들에 달려 있지 우리에게 달려 있지 않음을 인정하는 것이다. 따라서 주어진 한 순간을 점하는 지각의 총체 속에는 다음 순간에 일어날 것의 근거가 있어야 한다. 그리고 물질 230 의 상태들이 서로로부터 연역될 수 있다고 주장할 때, 기계론은 더 많은 정확성을 가지고 그런 믿음을 정식화한 것일 뿐이다. 사실, 그런 연역은 감각적 질들의 외관상의 이질성 아래에 동질적이고 계산 가능한 요소들이 발견될 경우에만 가능하다. 그러나 다른 한편, 그

---

450 우리가 동질적인 기체를 생각하는 것은 우리의 어떤 행위에 의해서인데, 그 행위는 동시에 동질적 질을 넘어서는 어떤 것이 감각에 있다고 생각한다. 그러니까 우리가 파악하는 감각의 질은 그 뒤에 뭔지 모를 것(사실은 무수한 질들의 진동)을 숨기고 있다는 것이다.

451 바로 위의 226~227쪽을 보라.

런 요소들이 그 규칙적 질서를 설명해야 할 질들의 밖에 있다면, 그 것들은 더 이상 그것들에 요청되는 임무를 수행할 수가 없다. 왜냐 하면 질들은 그때 일종의 기적에 의해서만 거기에 덧붙여질 수가 있고, 예정조화에 의해서만 그것에 일치할 수 있기 때문이다. 따라 서 운동을 내적 진동이라는 형태로 질들 **속에** 넣고 표면적으로 보 이는 것보다 그 진동을 덜 동질적으로, 그 질들을 덜 이질적인 것 으로 생각하며, 그런 말하자면 무한한 다수성이 그 순간들을 하나 하나 끊기(scander)에는 지나치게 짧은 지속 속에 응축되어야 하는 필연성에 그 두 항의 외관적 차이를 할당하지 않을 수 없다.[452]

이 마지막 요점을 강조해 보자. 그것에 대해 이미 다른 데서 한마 디 언급한 적이 있으나,[453] 우리는 그것을 본질적인 것으로 생각한 다. 우리 의식에 의해 체험된 지속은 일정한 리듬을 가진 지속이며, 그것은 물리학자가 말하는 시간과는 분명히 다르며, 주어진 간격

452 위에서 물질적 상태들 사이의 "연역은 감각적 질들의 외관상의 이질성 아 래에 동질적이고 계산 가능한 요소들이 발견될 경우에만 가능하다."고 했 는데, 그것은 사실 질들의 차이가 진동의 양적 차이에 기인함을 생각한 말이다. 그런데 그런 진동의 차이는 질들의 밖에 있다고 할 수 없으므로 (그렇게 되면 질의 차이가 진동에 의해 설명되지 않기 때문에), "운동을 내적 진동이라는 형태로 질들 속에 넣"을 수밖에 없고, 그럴 때 진동의 "그런 말하자면 무한한 다수성이 그 순간들을 하나하나 끊기(scander)에는 지 나치게 짧은 지속 속에 응축되어야 하는 필연성에 그 두 항의 외관적 차 이를 할당하지 않을 수 없다." 즉, 두 항 사이의 외관적, 질적 차이는 그 무 수한 진동을 짧은 지속 속에 응축한 데에 기인한다고 할 수밖에 없게 된 다는 것이 이 단락의 요지이다.

453 *Essai*, 73~74, 81, 86~96, 144~146쪽을 보라.

동안에 원하는 만큼 큰 수의 현상들을 축적할 수가 있다. 일 초의 간격에 붉은 빛 — 파장의 길이가 가장 크고 따라서 진동수는 가장 적은 — 은 400조 번의 연속적인 진동을 수행한다. 그 수가 얼마나 되는지를 짐작하고 싶은가? 그 진동을 우리 의식이 세거나 적어도 명시적으로 그 연속을 기록할 수 있도록 충분히 서로서로를 떼어놓아야 할 것이며, 그런 연속이 며칠, 몇 달, 몇 해를 점하는지를 찾을 것이다. 그런데 우리가 의식할 수 있는 가장 작은 빈 시간의 간격은 동일하며, 엑스너(Exner)에 따르면 천 분의 2초이다. 그렇다고 해도 우리가 그렇게 짧은 여러 간격들을 연달아 지각할 수 있을지는 의문이다. 그러나 우리가 그것을 무한히 할 수 있다고 가정하자. 한마디로 400조 번의 모두 순간적인 진동들이 그것들을 구별하는 데 필요한 천 분의 2초의 간격만의 차이를 두고 지나가는 것을 보고 있는 의식을 상상하자. 매우 단순한 계산에 의해 그 작업을 완성하기 위해서는 25,000년 이상이 필요할 것임을 알 수 있다. 이처럼 일 초동안 우리가 경험하는 붉은 빛의 감각이 우리 속에서는, 가능한 한 가장 큰 시간의 경제에 따라 우리의 지속에 펼쳐지더라도 우리 역사의 250세기 이상을 점할 현상들의 연속에 대응한다. 그것이 생각이나 할 수 있는 일인가? 여기서 우리 자신의 시간과 시간 일반을 구별해야 한다. 우리의 지속, 즉 우리 의식이 지각하는 지속 속에서는 주어진 어떤 간격은 제한된 수의 의식적 현상밖에는 포함할 수가 없다. 그 내용이 증가될 수 있다는 것〔이 무엇을 의미하는지〕를 짐작이나 할까? 그리고 우리가 무한히 나누어질 수 있는 시간을 이야기할 때, 우리가 생각하는 것이 정녕 그런 지속인가?

231

공간에 관한 한, 분할을 원하는 만큼 멀리 밀고 나갈 수 있다. 그렇게 해도 나누어지는 것의 본성에는 아무런 변화가 없다. 그것은 공간이 정의상 우리의 밖에 있기 때문이며, 우리가 그것에 관여하기를 멈출 때라도 공간의 일부분은 존속하는 것으로 보이기 때문이다. 그러므로 우리가 그것을 분할하지 않은 채로 남겨두더라도 소용없다. 우리는 공간이 기다릴 수 있고 새로운 상상의 노력은 그것대로 그것을 해체할 것이다. 게다가 그것은 결코 공간이기를 멈추지 않을 것이므로 그것은 항상 병치, 따라서 분할을 내포한다. 더구나 공간은 근본적으로 무한한 분할 가능성의 도식에 불과하다. 그 232러나 지속은 그것과 전혀 다르다. 우리 지속의 부분들은 그것을 나누는 행위의 계속되는 순간들과 일치한다. 그리고 우리의 의식이 한 기간 동안 일정한 수의 기본적 행위들만을 구별해 낼 수 있을 뿐이라면, 의식이 어디선가 분할을 멈춘다면, 거기서 또한 분할 가능성은 멈춘다. 우리의 상상력이 그것을 넘어서 나아가고, 마지막 부분들을 또 다시 나누고, 말하자면 내적 현상들의 순환(circulation)을 작동시키려 노력해 봐도 허사이다. 우리 지속의 분할을 더 멀리 밀고 나가고 싶어 하는 바로 그 노력이 그 지속을 그만큼 더 길게 늘어뜨릴 것이다. 그럼에도 불구하고 우리는 수백만의 현상들이 우리가 그중 몇몇만을 겨우 세는 사이에 연이어 일어난다는 것을 안다. 그것을 우리에게 말해주는 것은 단지 물리학만이 아니다. 감각의 거친 경험이 벌써 그것을 짐작케 한다. 우리는 자연에서 내적 상태들의 연속보다 훨씬 더 빠른 연속을 예감한다. 그것을 어떻게 생각할 것이며, 그 능력이 모든 상상을 초월하는 그런 지속은 어떠한 것인가?

　그것은 확실히 우리의 것은 아니다. 그러나 그것은 모든 것이나 모두에게 동일하며, 지속하는 것 밖에서 무차별적으로 비어서 흐를 비개성적이고 동질적인 지속은 더더욱 아니다. 우리가 다른 데에서 증명하려고 시도했던 것처럼,[454] 그런 이른바 동질적인 시간은 언어의 우상이며, 그 원천을 쉽게 다시 찾아낼 수 있는 허구이다. 사실상, 지속의 유일한 리듬은 없다. 많은 다양한 리듬들을 상상할 수 있으며, 그것들이 더 늦건 더 빠르건 의식의 긴장과 이완의 정도를 나타내며, 그것에 의해 존재의 연쇄에서의 그들 각각의 위치를 확정할 것이다. 그렇게 탄성이 같지 않은 지속을 표상하는 것은 의식이 체험하는 진정한 지속을 동질적이고 독립적인 시간으로 대체하는 유용한 습관을 들인 우리 정신에게는 아마 고통스러울 것이다. 그러나 우리가 보여준 것처럼[455] 우선 그런 표상을 어렵게 만든 착각의 가면을 벗기는 것은 쉬우며, 다음으로 그런 생각은 근본적으로 우리 의식의 암묵적 찬동을 자기편으로 가진다. 한 사람은 몇 분을 자는 동안 다른 사람의 꿈은 몇 날 몇 주를 점하는 동시대의 구별되는 두 사람을 수면 중에 지각하는 일이 우리에게 일어나지 않는가?[456] 그리고 인류의 발전을 말하자면 그 진전의 큰 국면

454　*Essai*, 86~90, 144~149쪽을 보라.

455　위의 211쪽 이하를 보라.

456　문장 상으로 복잡하지만 본문이 이렇게 되어 있으니 그렇게 이해할 수밖에 없다. 여기서 말하고 있는 것은 잠을 자는 우리가 있고 그 우리가 수면 중에 (아마도 꿈속에서) 두 사람을 지각하는데, 그중 한 명은 몇 분을 자

들로 응축시켜 보는, 우리보다는 더 긴장된 의식에게는 역사 전체
가 매우 짧은 시간 속에 수용되지 않을까? 따라서 지각한다는 것은
요컨대 무한히 희석된(diluée) 존재의 방대한 기간을 더 밀도 있는
(intense) 삶의 더 분화된 몇 순간들로 응축하고, 매우 긴 역사를 그
와 같이 요약하는 데에서 성립한다. 지각한다는 것은 고정시키는
것(immobiliser)이다.

　그것은 우리가 지각의 행위에서 지각 자체를 넘어서는 무엇인가
를 파악하지만 물질계는 우리가 그것에 대해 가지는 표상과 본질
적으로 다르거나 구별되지 않는다고 말하는 것이다.[457] 나의 지각
은 내 지속의 단 한 순간에 그 자체로서는 셀 수 없는 수의 순간들
로 퍼질 것을 응축하기 때문에 어떤 의미에서 그것은 분명히 나에
게 내적인 것이다. 그러나 당신이 나의 의식을 제거하더라도, 물질
계는 그것이 그러했던 대로 존속한다. 단, 당신은 사물에 대한 내
행동의 조건이었던 지속의 특수한 리듬을 제거했으므로 사물은 자
신에게로 되돌아가서 과학이 거기서 구별해 내는 만큼의 순간들로
나누어지고(se scander), 감각적 질들은 비교할 수 없을 만큼 더 분 234

고 그 동안 다른 한 명은 몇 날, 몇 주에 걸친 꿈을 꾸는 것이다. 그냥 단
순하게 우리가 몇 분을 자는 동안 다른 사람의 여러 해의 이야기를 꿈꾼
다고 하면 간단한데 왜 이렇게 복잡하게 이야기했을까 하는 의문이 든다.
단순하게 이야기하는 것의 대가인 베르크손이 아마도 너무나 주관적인
이야기가 될까 염려하여 다시 다른 사람이 본다는 장치를 넣은 것은 아닌
가 짐작해 볼 따름이다.
457 물질은 우리가 지각하는 대로 존재하지만 그 지각 안에는 무수한 진동이
응축되어 있다.

할된 지속으로 펼쳐지고 희석된다. 물질은 이처럼 모두가 단절 없는 연속성으로 연결되고 모두가 서로 유대를 맺고 있으며, 모든 방향으로 그만큼의 전율처럼 흐르는 무수한 진동들로 해소된다.[458] — 한마디로, 당신의 일상적 경험의 불연속적 대상들을 서로서로 이어 보라. 다음으로 그 질들의 움직이지 않는 연속성을 제자리에서의 진동들로 해체해 보라. 그 밑에 놓여 있는 가분적 공간들을 걷어내고 그 운동들에 매달려서 오직 그 운동성, 즉 당신의 의식이 당신 자신이 수행하는 운동들에서 파악하는 그 분할되지 않은 행위만을 생각해 보라. 당신은 물질에 대해, 아마 당신의 상상력에게는 피곤하겠지만[459] 생활의 요구들이 외부지각에서 거기에 덧붙이도록 했던 것을 벗어던진 순수한 시각(視覺, vision)을 얻을 것이다. — 이제 나의 의식, 그리고 그와 함께 생의 요구들을 회복시켜 보라. 아주 멀리서 아주 멀리로, 그리고 매번 사물들의 내적 역사의 엄청난 기간들을 건너 거의 순간적인 시각이 얻어진다. 그것은 이번에는 그림과 같은 시각이며, 그것의 더 잘 구별되는 색깔들은 무한한 개별적인 반복과 변화들을 응축한 것이다. 그렇게 하여 달리는 사람의 수많은 연속적 위치들이 우리의 눈이 지각하고, 예술이 재생하는 단 하나의 상징적 동작(attitude)으로 응축되며, 그것이 모든 사

---

458 물질은 그 자체 무수한 진동들로 해소되고 그 진동들은 서로 모든 방향으로 이어져 있지만 우리는 그 진동들을 응축하여 구별되는 사물들로 지각한다. 그런 지각을 제거해 버리면 물질은 그것이 원래 그러했던 대로 무수한 진동들로 존재하고 서로 이어지게 된다.

459 순수 진동일 것이므로 그것을 하나하나 보거나 세려면 피곤할 것이다.

람에게 달리는 사람의 상으로 된다. 따라서 우리가 우리 주위로 던지는 시선은 순간에서 순간으로 수많은 반복과 내적 진전의 효과, 즉 그 자체에 의해 불연속적이며, 그 연속성을 우리가 공간에서의 '대상'에 부여하는 상대적 운동에 의해 회복하는 효과만을 파악한다.[460] 변화는 어디에나 있지만 깊은 곳에 있다. 우리는 그것을 여기 235 저기에 위치시키지만 표면에 둔다. 우리는 그리하여 그 질에 대해서는 안정적인 동시에 그 위치에 대해서는 움직이는 물체를 구성한다. 즉, 우리 눈에는 보편적인 변화(transformation universelle)를 자신 속에 응축시키면서 단순한 장소의 변화를 구성한다.[461]

어떤 의미에서는 다수의 대상들이 있으며, 한 사람은 다른 사람과, 한 나무는 다른 나무와, 한 돌은 다른 돌과 구별된다는 것은 반박할 수가 없다. 그 존재들 각각, 그 사물들 각각은 특징적 속성들을 가지고 있으며, 일정한 진행 법칙에 복종하기 때문이다. 그러나 사물과 그 주변이 절대적으로 단절될 수는 없다. 감지될 수 없는 단계들을 거쳐 한 사물에서 다른 사물로 이행한다. 물질계의 모든 대상을 연결하는 긴밀한 연대, 즉 그것들의 상호작용과 반작용이 끊임없이 계속된다는 것(perpétuité)은 우리가 그것들에 할

---

460 우리가 외부 대상에 대해 던지는 시선 자체는 불연속적이지만 그것의 연속성을 파악하려면 "우리가 공간에서의 '대상'에 부여하는 상대적 운동에 의해"서 가능하다.

461 물질은 우리에게는 "보편적 변화"이지만 그것을 응축시켜 고정화하고, 그리하여 고정된 사물의 공간적 운동, 즉 장소의 변화만을 생각한다.

당할 명확한 한계가 없다는 것을 충분히 증명한다. 우리의 지각
은 말하자면 그것들의 잔여물[462]의 형태를 그린다. 지각은 그 대
상들에 대해 가능한 우리의 행동이 멈추고, 따라서 그것들이 우
리의 필요에 관심을 끌기를 멈추는 곳에서 그 대상들을 마감한
다. 그러한 것이 지각하는 정신의 첫 번째이며 가장 명백한 작업
(opération)이다. 정신은 단순히 필요의 암시와 실질적 생활의 욕
구(nécessités)에 굴복하여 연장의 연속체(continuité de l'étendue)
에 분할선들을 긋는다. 그러나 이처럼 실재를 분할하기 위해서 우
리는 우선 실재가 마음대로 분할될 수 있다고 스스로 확신해야 한
다. 우리는 따라서 구체적 연장(l'étendue concrète)인 감각적 질의
연속체 아래에 무한정 변형될 수 있고 무한정 줄어들 수 있는 그
물코를 가진 망을 던져야 한다. 자의적이며 무한정한 가분성을 가
진 그런 단지 생각된 기체(substrat simplement conçu), 전적으로 관
236 념적인 도식(schème tout idéal)은 동질적 공간이다. — 이제, 우리
의 현재의 말하자면 순간적인 지각이 그렇게 물질을 독립적 대상
으로 분할하는 동시에, 우리의 기억은 사물의 연속적인(continu)
흐름을 감각적 질들로 응고시킨다. 기억은 과거를 현재로 연장한
다. 기억으로 가득 찬 우리의 지각이 과거를 응축할 정확히 그 비
율만큼 우리의 행동이 미래를 처분할 수 있을 것이기 때문이다. 받

---

462 여기서 왜 "잔여물"이라 했는지를 짐작하기가 매우 어렵다. 그런데 영역
　　에서는 "Our perception outlines the form of their nucleus"(M영, 278쪽)
　　이라고 되어 있다. 여기에 따르면 핵의 윤곽(outline)이니까 핵이 끝나는
　　곳, 즉 핵을 벗어난 나머지 부분(résidu)이라 한 것이다.

아들인 한 작용에 대해 그 리듬에 맞추어(emboîte) 동일한 지속으로 이어지는 직접적 반작용으로 대응하는 것, 현재 속에, 그리고 끊임없이 변하는 어떤 현재 속에 있는 것, 그것이 물질의 근본적인 법칙이다. 거기에서 **필연**이 성립한다. **자유로운** 혹은 적어도 부분적으로는 결정되지 않은 행동이 있다면, 그것은 그들 자신의 생성이 적용되는 생성을 드문드문 고정시키고, 그것을 구별되는 순간들로 응고시키며, 그처럼 그것을 물질로 응축시키고, 그것을 동화시키면서 자연적인 필연성의 그물을 뚫고 지나갈 반응 운동으로 소화할 수 있는 존재자들에게만 속할 수 있다.[463] 결국은 그들의 삶의 강도의 크고 작음을 표현하는 그들의 지속의 긴장의 높고 낮음은 그처럼 그들의 지각의 집중력도 그들의 자유의 정도도 결정한다.[464] 주변 물질에 대한 그들의 작용의 독립성은 그들이 그런 물질이 흐르는 리듬으로부터 더 벗어날수록 점점 더 잘 인정된다. 그 결과 기억으로 겹을 댄 우리 지각에 그려지는 대로의 감각적 질들은 분명 실재의 응고에 의해 얻어진 연속적 순간들이다. 그러나 그 순간들을 구별하고 또한 우리 자신의 존재와 사물의 존재에 공통적일 실(fil)로 그것들 전체를 연결하기 위해 우리는 계기

---

463 필연이 작용에 대한 직접적 반작용으로 대응하며 항상 그런 현재로서만 존재하는 것이라면, 자유는 생성을 고정·응축시켜서 자신의 것으로 동화(소화)하여 필연의 그물을 뚫고 지나갈 수 있는 반응(반작용이 아니라)으로 내보낼 수 있는 것이다.

464 결국 삶의 강도와 같은 지속의 긴장의 정도가 지각의 집중(응축) 정도와 자유의 정도를 결정한다.

(succession) 일반의 추상적 도식, 즉 공간이 넓이의 방향으로 그러
237 하듯, 길이의 방향에서 물질의 흐름에 대응하는 동질적이며 무차별
적인 장소를 상상하지 않을 수 없다. 거기서 동질적 시간이 성립한
다.[465] 동질적 공간과 동질적 시간은 그러므로 사물들의 속성도, 그
것들을 인식하는 우리의 능력의 본질적인 조건도 아니다. 그것들
은 추상적인 형태로 실재의 움직이는 연속체(continuité mouvante
du réel)에 지지점을 확보하고, 작업 중심을 고정하며, 결국 진정
한 변화를 도입하기 위해 우리가 그 연속체에 받아들이게 한 응고
(solidification)와 분할(division)의 이중적 작업을 표현한다. 그것
은 물질에 대한 우리 **행동**의 도식이다. 첫 번째 오류, 즉 그런 동
질적 시간과 공간을 사물의 속성으로 만드는 데서 성립하는 오류
는 형이상학적 독단론 — 기계론이나 역동론[466] — 의 극복할 수 없
는 난점들로 인도한다. 역동론은 흐르는 우주를 따라 우리가 실행
하는 연속적인 절단을 그만큼의 절대로 세우고, 그때 그것들을 일
종의 질적 연역에 의해 연결하려고 헛되이 노력하며, 기계론은 오

---

465 결국 동질적 시간은 우리 상상의 산물이다.

466 Riquier에 따르면 기계론과 역동론의 대립은 제1장에 나오는 실재론과 관
   념론의 대립과 다르다. 실재론은 물질의 존재의 문제와, 관념론은 물질의
   본질의 문제와 관련되어 있다. 반면 기계론(양의 철학)은 물질에 기하학적
   성격을, 역동론(질의 철학)은 물질에 감각적 성격을 부여한다. 베르크손에
   게 기계론과 역동론은 모두 형이상학적 독단론으로 칸트의 비판론에 대
   립한다. 그러나 기계론과 역동론은 관념론과 실재론과 같이 모두 시간과
   공간에 실용적 관심이 아니라 사변적 관심을 부여한다는 데는 일치한다.
   여기에 모든 형이상학적 문제의 근원이 있다(*Ech*, 410쪽, 주26).

히려 절단면 중 임의의 하나에서 넓이의 방향으로 실행된 분할에, 즉 크기와 위치의 순간적 차이에 집착하고 그 차이들의 변주와 함께 감각적 질들의 연속을 낳으려고 노력하지만, 그 또한 못지않게 헛되다. 〔그 둘과는〕 반대로 다른 가설을 지지하는가? 칸트[467] 와 같이 공간과 시간은 감성의 형식이기를 원하는가? 〔그러면〕 물질과 정신이 마찬가지로 인식할 수 없는 것이라고 선언하기에 이른다. 이제, 두 대립되는 가설[468]들을 비교하면, 그것들에 공통되는 바닥이 발견된다. 동질적 시간과 동질적 공간을 사유된 실재나 사유의 형식으로 만들면서, 그 두 가설들은 모두 공간과 시간에 **삶의** (vital) 관심이라기보다는 **사변적인**(spéculatif) 관심을 부여한다. 그렇다면 이제 형이상학적 독단론과 비판 철학 사이에 동질적 공간과 시간에서 인식을 위해서가 아니라 행동을 위해 실재에 도입된 분할과 응고의 원리를 보는 이론, 사물에 실재 지속과 실재 연장을 부여하며, 더 이상 실제로 사물에 속하고 우리 정신에 직접적으로 나타나는 그런 지속과 연장에서가 아니라 우리가 연속적인 것을 나누고 생성을 고정하고 우리의 활동에 적용점을 제공하기 위해 그것들 아래에 깔아놓은 동질적 시간과 공간에서 모든 난점의 원천을 보는 이론을 위한 여지가 있을 것이다.[469]

238

---

467 칸트, 『순수이성비판』, 선험적 감성론, 백종현 역, 아카넷, 2006, 35쪽 이하.

468 기계론과 역동론 등의 독단론과 비판론.

469 이것이 독단론과 비판론에 대항한 베르크손 자신의 입장이다. 동질적 공간과 시간은 행동을 위해 우리가 깔아놓은 도식일 뿐이며, 직접적으로 주어진 시간과 공간을 파악하는 것이 진정한 철학이 해야 할 일이라는 것이다.

그러나 감각적 질과 공간에 대한 잘못된 사고방식은 너무나 깊이 정신에 뿌리박고 있어서 동시에 지나치게 많은 수의 요점들에 대해 공격할 수는 없을 것이다. 따라서 그 새로운 측면을 발견하기 위해 그런 사고방식이 실재론과 관념론에 의해 동일하게 받아들여지고 있는 이중적 요청을 내포하고 있다고 말하자. 즉, 1) 다양한 종류의 질들 사이에는 공통적인 것이 아무것도 없다.[470] 2) 연장과 순수 질 사이에도 또한 공통적인 것이 아무것도 없다는 것이다.[471] 우리는 반대로 다른 질서의 질들 사이에 뭔가 공통적인 것이 있으며, 그것들은 모두 다양한 정도의 연장성의 성질을 띠고 있고, 물질의 형이상학과 지각의 심리학, 그리고 더 일반적으로 의식과 물질의 관계에 관한 문제를 수많은 난점들로 당혹케 하지 않고는 그 두 진리[472]를 무시할 수 없다고 주장한다. 그 결과들에 머물지 말고, 당분간은 다양한 물질 이론들의 밑바닥에서 우리가 반대하는 두 요청들을 보여주고, 그것들이 연유하게 된 착각으로 거슬러 올라가 보자.

239   영국 관념론의 본질은 연장성(l'étendue)[473]을 촉각의 속성으로 간주하는 것이다. 그것은 감각적인 질에서 감각만을 보고, 감각 자체에서 영혼의 상태만을 보기 때문에 다양한 질에서 그 현상들의

---

470 위의 제1장 47~50쪽을 보라.

471 위의 제1장 52~62쪽을 보라.

472 "다른 질서의 질들 사이에 뭔가 공통적인 것이 있다"는 진리와, 질들은 "모두 다양한 정도의 연장성의 성질을 띠고 있다"는 진리.

473 이후에는 주로 버클리가 주 논의 대상이다. 그러나 Riquier에 따르면 그 뒤에는 Taine, Reid, S. Mill, Bain, Spencer 등이 있다(*Ech*, 411 주30).

평행성[474]에 근거를 줄 수 있을 아무것도 발견하지 못한다. 따라서 그 평행성을 가령 현재의 시각이 우리에게 가능한 촉각의 감각들을 암시하게 하는 습관에 의해 설명하지 않을 수 없다. 다른 두 감각의 인상들이 두 언어의 단어들처럼 닮지 않았다면, 하나의 소여에서 다른 것의 소여를 연역하려고 시도해 봐야 헛일이다. 그것들은 공통의 요소가 없다. 따라서 여전히 촉각적인 연장성과 촉각과는 다른 감각들의 어떤 방식으로도 연장적이지 않은 소여들 사이에도 또한 공통적인 아무것도 없다.

그러나 이번에는 운동을 공간에 놓고 감각을 의식에 놓는 원자론적 실재론도 연장성의 현상들이나 변화들과 거기에 대응하는 감각 사이에 공통적인 아무것도 발견할 수 없다. 〔그들에 따르면〕 그 감각이 일종의 인광처럼 그 변화로부터 발산되거나, 또는 물질의 현상들을 영혼의 언어로 번역한다고 한다. 그러나 이쪽이나 저쪽이나 모두 감각이 그 원인의 상을 반영하지는 않는다는 것이다. 아마도 감각은 모두 공통의 근원으로 거슬러 올라갈 것이며, 그것은 공간에서의 운동이다. 그러나 바로 감각이 공간 밖으로 진화해 가기 때문에 그것은 감각인 한에서 그 원인들을 연결하는 유사성을 거부한다. 공간과 단절됨으로써 그들 사이도 또한 단절되며, 그리하여 그것들 서로의 성질도, 연장성의 성질도 가지지 않는다.

따라서 관념론과 실재론은 여기서 전자가 연장성을 촉 지각 — 연 240

---

474 바로 다음의 예에도 나오는 바와 같이 "평행성"이란 여러 종류의 질들 사이의 연관성을 말한다. 가령 둥근 공을 만질 때와 볼 때, 두 감각 사이의 일치나 연관성을 말한다.

장성이 그것의 배타적 속성이 된다 — 으로까지 후퇴시키는 반면, 후자는 연장성을 그보다 더 멀리 모든 지각 밖으로 밀어낸다는 점에서만 다르다. 그러나 두 이론은 순전히 연장적인 것에서 어떤 방식으로도 연장적이지 않은 것으로의 갑작스런 이행과 마찬가지로 다양한 질서의 감각적 질들의 불연속성을 인정한다는 데에 일치한다. 그런데 두 이론 모두가 지각의 이론에서 만나는 주된 난점들은 그런 공통의 요청으로부터 파생한다.

버클리[475]와 같이 모든 연장의 지각이 촉각에 관련되기를 원하는가? 부득이한 경우에는 청각과 후각, 그리고 미각의 소여들에는 연장성을 거부할 수 있을 것이다. 그러나 적어도 촉각적 공간에 상응하는 시각적 공간의 발생은 설명해야 할 것이다. 사람들은 시각이 종국에는 촉각을 상징하는 것이 되고, 공간 관계의 시각적 지각에서 촉각적 지각의 암시 이외에 더 이상의 아무것도 없다고 둘러대는 것은 사실이다. 그러나 어떻게 가령 부조(relief)의 시각적 지각, 즉 우리에게 독자적이며 더구나 묘사할 수 없는 인상을 주는 그 지각이 단순한 촉각의 감각의 기억과 일치하는지를 이해시키기가 어려울 것이다. 현재 지각에 기억이 결합되면 알려진 요소가 가미되어 그 지각이 더 복잡해질 수는 있지만, 새로운 종류의 인상이나 새

---

475 Berkeley, 『새로운 시각이론에 관한 시론(*An essay toward a new theory of vision*)』(이재명 역, 아카넷, 2009)에서 시각이 그 자체 거리를 지각할 수 없고, 항상 촉각, 즉 몸의 운동 감각을 동반하여 그 두 감각이 상징적으로 거리를 지각하게 한다고 주장했다(§45). 그는 Molyneux의 관찰에 근거하여 수술 후 처음 눈을 뜬 장님이 거리를 보지 못한다고 생각한다(§40~41).

로운 질의 지각을 **창조할** 수는 없다. 그런데 부조의 시각적 지각은
절대적으로 새로운(original) 성격을 나타낸다. 평평한 표면으로 부
조의 착각을 줄 수 있다고 말할 것인가? 사람들은 그것에 의해 부
조를 이루는 대상의 빛과 그림자의 조절에 의해 다소간 잘 모방한
표면이 우리에게 부조를 **상기시키는** 데 충분하다는 것을 확립할 것
이다. 그러나 아직 부조가 상기되기 위해서는 우선 그것이 정말로 241
지각되었어야 한다[는 요건이 충족되어야 한다]. 우리가 이미 말
한 바이지만,[476] 아무리 반복해도 지나칠 수 없을 것이 있다. 즉, 우
리의 지각이론 전체는, 어떤 장치가 주어진 한 순간 어떤 지각의 착
각을 일으킨다면 그것이 그 지각 자체를 일으키기에 [그 이전부터
도] 항상 충분할 수 있었다는 생각에 의해 그르쳐졌다는 것이다.[477]
— 마치 기억의 역할이 바로 원인의 단순성보다 결과의 복잡성이
더 오래 남아 있게 하는 것이 아니라는 듯이![478] 망막 자체가 평평
한 표면이며, 우리가 시각으로 뭔가 연장적인 것을 지각한다면 그
것은 망막의 상 이외의 다른 것일 수 없다고 말할 것인가?[479] 그러

---

476 위의 제1장 41~42, 45쪽을 보라.

477 꿈이나 환상의 이미지들은 항상 먼저 지각이 있고 그에 대한 기억이 있어
    야 성립하는 것이지 지각없이 생길 수가 없다. 그러므로 어떤 착각이 있
    다면 그것은 우선 지각이 먼저 있었다는 것을 전제로 하는 것인데 그것을
    잊으면 이론이 그르쳐진다.

478 우선 단순한 지각이 있고 그 다음에 그 지각에 대한 기억이 복잡한 결과
    (여기서는 착각)를 낳는 것이 아니라는 듯이.

479 Riquier는 Bain(*Les sens et l'intelligence*, Paris, Alcan, Cazellesdur, 1895, 298
    쪽)을 인용한다. Bain은 다시 입체경을 발명한 Weatstone의 실험을 인용

나 우리가 이 책의 모두에서 보여주었던 것처럼,[480] 한 대상의 시각
적 지각에서 뇌와 신경, 망막, 그리고 **대상 자체**가 이어진 전체이며,
망막의 상은 〔그중〕 한 삽화에 불과한 연속적 과정을 형성한다는
것이 진실 아닌가? 다음으로 우리가 또한 보여주었던 것처럼,[*105]
한 표면이 〔언제든지〕 삼차원을 수립할 수 있는 공간에서가 아닌
방식으로 표면으로서 지각될 수 있을까? 적어도 버클리는 자기주장
의 끝까지 갔다. 그는 시각에 모든 연장의 지각을 부인했다. 그러나
우리가 내세우는 반대는 그때 더 많은 힘을 얻을 뿐이다. 어떻게 선,
면, 부피의 시각적 지각 — 즉, 너무나 명료하여 수학자가 만족하고 보통

....

[*105] 『의식에 직접 주어진 것들에 관한 시론(*Essai sur les données imédiates de la conscience*)』, Paris, 1889, 77과 78쪽.[481]

———

하여 양안의 각도와 망막의 상의 크기에 따라 거리를 측정하게 된다고 한
다. 그렇게 되면 거리는 단순한 지각이 아니라, 망막의 상의 크기와 지각
된 상의 크기의 비교로부터 나오는 판단이 된다. 이때 시각은 그 자체 면
을 보는 것에 불과하다고 한다(*Ech*, 412쪽 주33). 그러나 Bain의 책의 인용
된 면을 보면 시각은 그 자체 면을 보는 것이라는 말은 나오지도 않고, 또
그의 논의가 망막의 상이 평면이고 시각이 연장적인 것은 망막이 연장적
이기 때문이라는 논의와 일치하는지도 불분명하다. 그렇다면 그냥 일반
적으로 망막의 상이 평면적이고 거기서부터 시각의 연장성이 나온다는
있을 수 있는 주장을 말하는 것이라고 이해할 수 있다.

480 위의 제1장 39~41쪽을 보라.
481 *Essai*의 77쪽에서는 선 위에서 움직이는 점이 자신의 움직임을 선으로 파
악하려면 그 선을 떠난 공간에서 봐야 한다는 이야기가 전개되고 있다.
여기서는 표면을 표면으로 보는 것이 문제이므로 그러려면 표면을 떠난
삼차원의 공간에서 봐야 표면을 볼 수 있다고 말하는 것이다.

은 그가 오로지 시각적 공간 위에서만 추론하는 지각 — 이 가진 독창적
인 것이 단순한 기억들의 연합에 의해 창조되는지를 이해할 수 없
기 때문이다. 그러나 그런 다양한 점들에 대해서도, 수술 받은 맹인
의 관찰로부터 끌어낸 반론의 여지가 있는 논증들에 대해서도 고집 242
하지 말자. 버클리 이래 고전이 된 획득된 시 지각 이론은 현대 심
리학의 수많은 공격에 저항할 것이 틀림없다고 보이지 않는다.*106

....

*106 그 문제에 관해서는 Paul Janet, 「거리의 시각적 지각(La perception
   visuelle de la distance)」, *Revue philosophique*, 1879, VII, 1쪽 이하를 보라.
   — William James, 『심리학 원리(Principles of psychologie)』, 제2권, XXII장.
   — 연장성의 시각적 지각의 문제에 관해서는 Dunan, 「시각적 공간과 촉
   각적 공간(L'espace visuel et l'espace tactile)」(*Revue philosophique*, 1888. 2월
   과 4월, 1889. 1월).482

―――――――

482 Janet, "La perception visuelle de la distance"(*Revue philosophique de la
   France et de l'étranger*, VII, 1879)는 거리의 지각이 단지 시각적 경험에 의
   해 파악되는 것이 아니라 촉각과 합해서 형성되었다는 버클리 이래의 경
   험론적 이론에 반하여 시각이 그 자체 거리를 둔 것을 파악하는 감각이라
   는 것, 즉 거리는 시각에 의해 즉각적으로 파악되는 것일 수밖에 없음을
   주장한 논문이다. 경험론적 시각론이 바탕을 둔 Cheseldon의 보고는, 선
   천적 맹인이 백내장 수술을 한 후 처음 눈을 떴을 때 어떤 것이 눈을 만진
   다고 했음을 보고하고 있는데, 그것은 그가 눈에서 보이는 현상을 그에게
   익숙한 촉각적 언어로 표현할 수밖에 없었음을 말하는 것이지 정말로 시
   각적 상이 거리를 둔 상임을 보지 못했기 때문이 아니라고 주장한다. —
   James, *Principles of psychologie*(정양은 역, 『심리학의 원리2』, 아카넷, 2005)
   는 XXII장이 아니라 XX장이다. 여기서 외연, 즉 연장성은 감각 요소로서
   시각 감각으로부터 분리될 수 없다고 주장한다. 또 모든 우리의 시각 감
   각은 용적의 감각, 즉 삼차원의 감각임도 밝히고 있다(1488쪽 이하). —

심리적인 질서의 난점들은 놓아두고, 우리에게는 본질적인 다른 점에 주의를 환기하는 것으로 그치자. 잠시 시각은 원래 어떠한 공간적 관계에 대해서도 우리에게 알려주는 바가 없다고 가정하자. 시각적 형태, 시각적 부조, 시각적 거리는 그때 촉각적 지각의 상징이 된다. 그러나 왜 그 상징론(symbolisme)이 성공하는지를 우리에게 말해주어야 할 것이다. 여기 형태가 변하고 움직이는 대상이 있다. 시각은 일정한 변화를 인지하고, 다음으로 촉각이 그것을 확인한다. 따라서 시각과 촉각의 두 연쇄에서나 그들의 원인들에서 그것들을 서로에게 상응하게 하고, 그 평행성의 항상성을 확보해주는

Dunan, "L'espace visuel et l'espace tactile I, II, III"은 *Revue philosophique de la France et de l'étranger*, 13e A., XXV, 1888. 2, 4, 6.에서 발표되었고, 같은 잡지에서 1889. 1.에 발표된 것은 "Un nouveau cas de guérison d'aveugle-né"이다. 여기서는 선천적으로 수정체가 백묵과 같이 불투명하여 보지 못하던 소녀를 수술한 뒤 8일 후에 접견한 결과를 보고한다. 물론 수술하자마자 접견한 것이 아니어서 매우 조심해야겠지만 그녀는 물체의 크기와 모양에 관해서는 일반인과 거의 같은 정도로 알아보았다. 다만 거리에 관해서는 아직도 매우 서툰 상태에 머물러 있었는데, 1미터 떨어진 사람과 2미터 떨어진 사람을 아주 가까이 있는 것으로 생각했다. 그러나 Cheseldon이 말하듯이 모든 상이 눈앞에 닿아 있는 것으로 보지 않았으며 거리는 잘 모르지만 사물을 잡으려 눈의 높이로 손을 올리는 것이 아니라 엉덩이 높이로 약간 움직였다. 그러니까 전체적으로 하려는 이야기는 촉각의 도움을 받아 비로소 공간을 지각하는 것이 아니라 시각이 그 자체로 공간을 지각하고 있다는 것이다. 앞의 논문 연작들은 경험론자들이 생각하듯이 공간의 지각이 촉각이나 근육의 운동으로부터 파생된 것이 아니라 시각이 촉각과는 다른 자체적인 직관으로 공간을 파악함을 주장한다.

뭔가가 있다. 그런 연결의 원리는 어떤 것인가?

영국 관념론에게 그것은 어떤 하늘에서 떨어진 동아줄(deus ex machina) 같은 것일 수밖에 없고, 우리는 신비로 인도된다. 통속적 실재론에게는 감각들 상호간의 상응의 원리가 발견될 것은 감각과는 구별되는 공간 속에서이다. 그러나 그런 이론은 난점을 후퇴시키고, 심지어 악화시킨다. 어떻게 공간에서의 동질적 운동들의 체계가 그것과는 아무런 관계도 없는 다양한 감각들을 환기시키는지를 우리에게 말해야 할 것이기 때문이다. 방금은[483] 단순한 상들의 연상에 의한 공간에 대한 시각적 지각의 발생은 우리에게 진정한 무로부터의 창조를 내포하는 것으로 보였다. 여기서는 모든 감각이 무로부터 태어나거나, 적어도 그것을 일으키는 운동과 어떠한 관계도 갖지 않는다. 결국 이 두 번째 이론은 첫 번째 이론과 사람들이 생각하는 것보다 훨씬 더 가깝다. 서로 밀치고 부딪히는 원자들과 무형의 공간은 객관화된 촉각적 지각 이외의 다른 것이 전혀 아니다. 그런 지각은 그것에 부여된 예외적인 중요성 때문에 다른 지각으로부터 떨어져 나와 독립적 실재로 확립되고, 그에 의해 그것의 상징이 된 다른 감각들과 구별된다. 더구나 그런 조작에서 사람들은 그 내용의 일부를 비워냈다. 모든 감각을 촉각으로 수렴하게 한후, 촉각 자체에 대해서도 오직 촉각적 지각의 추상적 도식만을 보존하여, 그것을 가지고 외부세계를 구성한다. 그런 추상과 감각 사이에 더 이상 소통이 가능하지 않음을 발견한다고 놀라야 할 것인

243

---

483 위의 240~241쪽을 보라.

가? 그러나 진실은 공간이 더 이상 우리 밖에 있지도 우리 안에 있지도 않으며, 특권적 집단의 감각에 속하는 것이 아니라는 것이다. **모든** 감각은 연장의 성격을 띤다.[484] 모두가 더 깊거나 덜 깊거나 연장성에 뿌리를 내리고 있다. 그리고 통속적 실재론의 난점들은 감각들 서로간의 유사성이 추출되어 무한한 빈 공간의 형태로 따로 놓여 있기 때문에, 우리는 더 이상 어떻게 그 감각들이 연장의 성격을 띠는지도 어떻게 그들 사이에 상응하는지도 알지 못한다는 데서 온다.

우리의 모든 감각이 어느 정도 외연적이라는 생각은 점점 더 현

244 대 심리학에 침투하고 있다. 사람들은 "펼쳐짐(extensité)"[*107]이나 "부피의 느낌"[*108]이 없는 감각은 없다고 주장하는데, 전혀 옳아 보

[*107] Ward, 『브리타니카 백과사전』의 "심리학" 항목.[485]

[*108] W. James, 『심리학의 원리들(Principles of psychology)』, II권, 134쪽 이하. ― 지나는 김에 부득이한 경우에는 그런 의견을 칸트에게로 돌릴 수 있을 것임을 지적하자. 왜냐하면 「선험적 감성론」은 공간에서의 외연에 관한 한,

---

484 이것이 지금까지 이야기한 내용의 결론이다. 모든 감각은 연장성을 가진다. 어떻게 그렇지 않을 수가 있겠는가? 감각은 우리 행동의 가능적 도식인데, 행동이 이루어지는 것은 공간 속에서이고, 그것은 우리의 행동이 그 자체 공간적인 우리 몸을 공간 속에서 움직이는 것이기 때문이다. 그것은 처음부터 명확한 것을 논의의 순서상 이제 와서야 말할 수밖에 없었기 때문이었다.

485 Ward에게 펼쳐짐(extensity)은 강도와 같이 모든 감각에 속하는 요소이다. 펼쳐짐을 참조하지 않고는 감각을 정의할 수 없으며 감각질의 실재 경험에서 필수불가결한 것이다. 그것은 감각의 요소(sensational element)이다(Ech, 414쪽, 주1).

이지 않는 것은 아니다. 영국 관념론은 연장성의 독점권이 촉각에
있다고 주장했으며, 다른 감각들은 촉각의 소여들을 상기시키는 한
에서 공간과 관계를 맺는다. 더 주의 깊은 심리학은 반대로, 감각의
연장성이 촉각적 연장성과 아마도 또한 시각적 연장성의 더 높은
강도와 유용성 앞에 창백해지고 지워진다 하더라도, 모든 감각을
원초적으로 펼쳐져 있다고 생각하지 않을 수 없는 필연성을 드러내

> 다양한 감각의 소여들 사이에 차이를 두지 않기 때문이다. 그러나 비판철
> 학의 관점은 심리학의 관점과는 다르며, 그 대상에게는 지각이 그 결정적
> 인 형태에 도달할 때, 모든 감각이 **끝에 가서는** 공간에 자리 잡는 것으로
> 충분하다는 것을 잊어서는 안 된다.[486]

---

486 James, *Principles of psychology*, II권, 134쪽 이하(정양은 역, 『심리학의 원리
　　2』, XX장, 1485 이하)는 바로 위 주485)의 Ward를 인용하면서 펼쳐짐이
　　라는 요소는 공간에 관한 원천 감각이며, 펼쳐짐은 강도와 마찬가지로 각
　　감각에 있는 요소의 하나가 된다고 한다. 강도와 같이 "펼쳐짐도 펼쳐짐
　　자체에 의하여 기술되지 않으면 달리 기술될 수 없고, 실제 경험에서는
　　동반되기 마련인 어떤 감각 성질로부터도 분리될 수 없으며, 따라서 완전
　　히 독립된 특수한 감각 종류이어서 감각요소라는 이름 이외에는 다른 이
　　름을 받을 수 없다"(1488쪽). 그런 연장성은 어떤 넓이의 감각인데 이때
　　"넓이 차원은 아주 막연하기 때문에 깊이와 대립된다는 의미의 표면은 아
　　직 문제가 되고 있지 않으며, 문제가 되고 있는 넓이 감각의 가장 간결한
　　이름은 '용적'이란 말이다"(같은 쪽). 우리는 모든 시각, 청각 등에서 부피
　　감(sentiment of voluminousness)을 구별하는 데 익숙해져 있다. 모든 감각
　　에서 구별해낼 수 있는 그 요소는 원천적 공간 감각이다. 그리하여 James
　　는 처음에는 모호하지만 경험이 보완하고 명확히 할 수 있는 원초적 연장
　　지각으로 되돌아갈 것을 주장한다. — 칸트에게 현상의 잡다雜多는 연장
　　적 성향을 가지는 혼동된 덩어리이다.

며, 아마 점점 더 잘 드러낼 것이다.

이렇게 이해된다면, 공간은 분명 고정성과 무한한 가분성의 상징이다. 구체적 연장, 즉 감각 질들의 다양성은 그것 속에 있지 않다. 오히려 그것을 우리가 구체적 연장 속에 집어넣은 것이다. 실재 운동이 놓이는 받침대(support)는 없다. 반대로 실재 운동이 자기 밑에 그것을 깐다. 그러나 우리의 상상력은 무엇보다도 표현의 편리함과 물질적 생활의 요구에 몰두해 있기 때문에 항들의 자연적 질서를 뒤바꾸는 것을 더 좋아한다. 그 외관상의 고정성이 특히 우리의 저급한 욕구들의 불변성을 반영하는 부동의 완전히 구성된 상들의 세계에서 자신의 지지점을 찾는 데 습관이 들었기 때문에 상상력은 운동에 앞서 정지를 믿고, 그것을 좌표로 취하며, 그 속에 자리 잡고, 공간이 운동을 앞서기 때문에 운동을 더 이상 거리의 변화로밖에는 보지 않을 수 없다. 그때 그것은 동질적이고 무한히 나누어지는 공간에 궤적을 그리고 위치들을 고정시킬 것이다. 그리고는 그 궤적에다 운동을 적용시켜서 운동이 그 선처럼 나누어지고 그것처럼 질이 빠지기를 원할 것이다. 우리의 이해력이 이제부터 바로 실재의 도치(inversion)를 나타내는 그런 관념에 행사되면서 거기서 모순만을 발견한다면 놀라야 할까? 운동을 공간에 동화시키면서 사람들은 그런 운동이 공간처럼 동질적이라고 생각한다. 그리고 운동들 사이에서 이제 계산 가능한 방향과 속도의 차이만을 보기를 원하기 때문에 운동과 질 사이의 모든 관계는 사라져 버린다. 이제 운동을 공간에, 질을 의식에 몰아넣고, 가정에 의해 결코 만날 수 없는 그 두 평행 계열 사이에 신비스러운 대응을 확립하는 것 이외에는 더 이상 아무것도 남아 있지 않다. 의식으로 던져져서 감각 질은 연장성을 다시 획득하기에는 무력하다. 공간으로, 그리고 오 직 유일한 순간만이 있으며 모든 것이 항상 다시 시작하는 추상적 공간으로 파견되어 운동은 자신의 본질 자체인 현재와 과거의 유대 를 단념한다. 그리고 지각의 그 두 측면, 즉 질과 운동은 동일한 어 두움에 싸여 있기 때문에 자기 자신 속에 갇혀서 공간에는 낯선 의 식이 공간에서 일어난 것을 번역할 지각의 현상은 신비가 되어버린 다. — 반대로, 해석과 측정의 선입견을 떠나서 실재 자체와 마주보 고 앉아보자. 우리는 지각과 사물 사이, 질과 운동 사이에서 더 이 상 건널 수 없는 거리도, 본질적인 차이도, 심지어 진정한 구별조차 도 발견할 수 없다.

우리는 이렇게 하여, 이 책의 제1장에서 밝혀낸 결론으로 긴 우회 246 를 거쳐 되돌아왔다. 우리의 지각은 원천적으로 정신 속보다는 사 물 속에, 우리 속보다는 우리 밖에 있다고 말했었다.[487] 다양한 종 류의 지각들은 실재의 그만큼의 진정한 방향들을 표시한다. 그러나 그 대상과 일치하는 그런 지각은 사실에서라기보다는 권리 상으로 존재한다고 우리는 덧붙였다.[488] 즉, 그것은 순간에서 일어날 것이 다. 구체적인 지각에서는 기억이 개입하며, 감각 질의 주관성은 바 로, 기억일 뿐인 것에서 시작한 우리의 의식이 다수의 순간들을 유 일한 직관에서 응축하기 위해 그것들을 서로 속으로 연장하는 것에

---

487 위의 제1장 31, 61, 65, 71쪽; 제4장 202쪽을 보라.
488 위의 제1장 38, 51, 68, 76쪽을 보라.

기인한다.

　의식과 물질, 마음과 몸은 그렇게 하여 지각에서 접촉에 들어갔다.[489] 그러나 그런 생각은 어떤 측면에서 불분명한 채로 남았는데, 그때 우리의 지각과 따라서 우리의 의식이 물질에 부여되는 가분성의 성격을 띠는 것으로 보였기 때문이다. 이원론의 가설에서 우리가 자연적으로 지각된 대상과 지각하는 주체의 부분적 일치를 받아들이기 싫어한다면 그것은 우리가 우리 지각의 분할되지 않은 단일성을 의식하는 반면, 대상은 본질상 무한히 나누어질 수 있는 것으로 보이기 때문이다. 거기서부터 연장적 다수성에 대면하고 있는 비연장적 감각을 가진 의식이라는 가설이 나온다. 그러나 물질의 가분성 전체가 그것에 대한 우리의 행동에, 즉 그것의 모습을 변형시키는 우리의 능력에 상대적이라면, 즉 그것이 물질 자체가 아니라, 물질을 우리의 파지(把持, prises)의 지배하에 두기 위해 우리가 그것 아래에 까는 공간에 속한다면, 그때 난점은 사라진다. 연장적 물질은 그 전체로 생각하면 모든 것이 균형 잡히고, 보상되며, 중화되는 의식과 같다.[490] 연장적 물질은 진정으로 우리 지각의 불가분

247

---

489 이 문장은 이 책 전체를 요약하는 말이다. 몸과 마음은 지각에서 만난다. 그러나 베르크손이 명시적으로 말하고 있지는 않지만 지각에서만 만나는 것은 아니고 우리 몸에서도 만나고, 정신 속에서도 공간적인 면과 정신적인 면이 만나고 있다(이 책 맨 앞의 역주자의 머리말 16쪽 이하 참조). 이 전체를 다 명확한 용어로 설명할 때 이 책의 과제는 전면적으로 해결될 것이다. 그러나 우선 중요한 것은 지각에서의 만남을 이해하는 것이다.

490 이 문장의 핵심 뼈대는 연장적 물질이 의식이라는 것이다. 즉, 물질도 의식과 같이 질을 가진다는 것이다. 그런데 그 질은 "균형 잡히고, 보상되

성을 제공한다.[491] 그 결과 우리는 역으로 지각에 주저 없이 물질의 연장적인 뭔가를 부여할 수 있다.[492] 지각과 물질이라는 그 두 항은 이처럼 우리가 행동의 선입견이라 불릴 수 있는 것을 더 떨쳐내 버릴수록, 서로를 향해 다가간다. 감각은 연장성을 회복하며, 구체적 연장성은 그 자연적 연속성과 불가분성을 되찾는다. 그리고 두 항 사이에 극복할 수 없는 장벽으로 서 있던 동질적 공간은 더 이상 도식이나 상징의 실재성과 다른 실재성을 갖지 않는다. 그것은 물질에 작용하는 존재자의 행위에는 관심을 모으지만, 그 본질을 사유하는 정신의 작업에는 그렇지 않다.

바로 그것을 통해, 우리의 모든 탐구가 수렴하는 문제, 즉 몸과 마음의 결합의 문제가 어느 한도 내에서는 밝혀진다. 이원론의 가설

며, 중화되는" 질, 즉 서로 작용·반작용으로 균형이 잡히고, 보상되며, 중화된다. 그것은 물질의 일반적 특성이다. 그러니까 이 문장 전체는 물질도 질이라는 말이다.

491 연장적 물질을 운동으로 보면, 운동이 불가분적인 한에서 단일한 것이다. 그러므로 비록 연장적 물질이라고 해도 그 자체 단일성을 가지고 있다. 즉, 물질도 질적인 측면을 가진다.

492 바로 위 주491)을 역으로 말하면 지각에도 연장적인 측면이 있다. 즉, 지각도 공간성을 가진다. 종합해 보면 물질도 질적인 측면이 있고, 지각도 양적인 측면이 있다. 다음에 나오는 문장에서와 같이, "감각은 연장성을 회복하며, 구체적 연장성은 그 자연적 연속성과 불가분성을 되찾는다." 양쪽 다 상대편의 성격을 가진다는 말이다. 그러나 이것이 양쪽이 다 같다는 말인가? 그것은 아니다. 경향성을 가지는 양자는 분명히 다르다. 정신의 방향과 물질의 방향, 질의 방향과 양의 방향이 다르다. 그러므로 양쪽이 만나지만 일원론은 아니다.

에서 그 문제의 불분명성은 사람들이 물질을 본질적으로 나누어질 수 있는 것으로, 모든 영혼의 상태를 엄격히 비연장적인 것으로 생각한 결과, 두 항 사이의 교통을 끊는 것으로 시작한다는 데에서 온다. 그리고 그 이중적 요청을 천착해 보면, 정신에 관해서는 연장적인 것과 비연장적인 것 사이에 정도차도 없고, 이행이 가능하지도 않다는 잘못된 관념을 발견하는 것과 마찬가지로, 물질에 관해서도 구체적이며 불가분적인 연장성을 그 밑에 깔린 가분적 공간과 혼동하고 있다는 것을 발견한다.[493] 그러나 그 두 요청이 공통의 오류를 감추고 있다면, 관념에서 상으로 상에서 감각으로의 점진적인 이행이 있다면, 그것이 그처럼 현실성, 즉 행동으로 진전해 감에 따라 영혼의 상태가 더욱 펼쳐짐에 접근한다면, 결국 그런 펼쳐짐이 일단 도달되면 분할되지 않는 것으로 남고 그것에 의해 어떤 방식으로도 영혼의 단일성을 거슬리지 않는다면,[494] 정신이 순수지각의 행위에서 물질 위에 놓여 있고, 따라서 그것과 결합할 수 있지만, 그럼에도 불구하고 그것과 근본적으로 구별된다는 것이 이해될 것

248

---

493 데카르트의 "res cogitans"와 "res extensa"의 이원론이 이제 여기서는 비연장적인 정신과 가분적 공간의 이원론으로 대립한다. 그러나 여기서는, 가분적 공간은 우리가 깐 것이며 구체적 연장성은 오히려 불가분적이라는 것과 정신이 비연장적인 것이 아니라 연장적이라는 것이 확립되면 이원성은 풀릴 수 있는 가능성을 가지게 된다. 그것이 바로 이어지는 이야기이다.

494 정신은 연장적이지만 분할되지 않는 것이다. 물론 연장적인 한 분할되는 것은 사실이지만 그것의 질적인 면을 생각하면 질은 연장성 위에서만 구현되지만 질 그 자체로서 불가분적이라는 것을 이해해야 한다.

이다. 정신이 물질과 구별되는 것은 그것이 그때조차도 **기억**, 즉 미래를 위한 과거와 현재의 종합이라는 점에서, 그것이 물질의 순간들을 응축하여 그것을 이용하고 신체와의 결합의 존재 이유인 **행동**으로 나타난다는 점에서이다. 따라서 우리가 이 책의 모두에서[495] 신체와 정신의 구별은 공간이 아니라 시간에 따라 확립되어야 한다고 말한 것은 옳았다.[496]

통속적 이원론의 잘못은 공간의 관점에 자리 잡고 한편으로는 물질을 그 변화와 함께 공간에, 다른 한편으로는 펼쳐져 있지 않은 감각을 의식에 놓는 것이다. 거기서부터 어떻게 정신이 신체에, 또는 신체가 정신에 작용하는지를 이해하는 것이 불가능하게 되었다. 거기서부터 사실의 가장된 확인에 불과하고, 그것에 불과할 수밖에 없는 가설 — 평행론이나 예정조화의 관념 — 이 나온다. 그러나 거기서부터 또한 기억의 심리학이나 물질의 형이상학을 구성할 수 없는 불가능성도 나온다. 우리는 그런 심리학과 그런 형이상학이 유대를 맺고 있으며, 주체와 객체가 일치하는 순수지각으로부터 출발하여 그 두 항을 그들 각각의 지속으로 발전시키려고 추진하는 이원론에서는 난점들이 약화된다는 것을 확립하려고 시도했다. — 물질은 그

---

495 위의 제1장 74쪽을 보라.

496 신체와 정신의 구별을 연장적인 것과 비연장적인 것이라고 생각하는 것은 양자를 공간적으로 구별하는 것인 데 비해 여기서는 모두 다 펼쳐져 있는데, 즉 모두 다 연장적인데, 과거와 현재를 이어서 응축하고 있느냐, 아니면 현재밖에 없느냐에 따라, 즉 시간에 따라 구별해야 한다는 것이다. 이것이 심신 문제에 대한 궁극적 대답이다.

분석이 더 멀리 계속됨에 따라 점점 더 서로로부터 연역되고, 그에
249 따라 **서로 동등해지는** 무한히 빠른 순간들의 연속에 불과하게 되는
경향을 가지며, 정신은 지각에서 이미 기억이며, 점점 더 과거의 현
재로의 연장(prologement), **진행**(progrès), 진정한 진화(évolution)
로 입증된다.

　그러나 신체와 정신의 관계는 그것으로부터 더 명확해지는가?
우리는 공간적 구별을 시간적 구별로 대체시켰다. 거기서부터 두
항은 더 잘 결합할 수 있게 되는가? 첫 번째 구별[497]은 정도를 포함
하지 않는다는 것을 주의해야 한다. 물질은 공간에 있고, 정신은 공
간 밖에 있다. 그들 사이에는 이행이 가능하지 않다. 반면, 정신의
가장 낮은 역할이 사물의 지속의 연속적 순간들을 연결하는 것이라
면 그런 작업에서 그것이 물질과 접촉하고, 또한 그것에 의해 우선
적으로 물질과 구별되는 것이라면 충만하게 발전된 정신, 즉 비결
정적일 뿐 아니라 합리적이고 반성적인 행동이 가능한 정신과 물
질 사이에는 무한한 정도들(degrés)이 생각될 수 있다. 삶의 증가하
는 강도의 크기를 나타내는 그런 연속적 정도들 각각은 더 높은 긴
장의 지속에 대응하며, 감각-운동 체계의 더 큰 발전에 의해 밖으
로 번역된다. 그때 신경체계를 생각하는가? 그것의 증가하는 복잡
성은 생명체의 활동에 점점 더 큰 자유(latitude), 반응하기 전에 기
다리며, 받아들인 자극을 점점 더 풍부한 다양성을 지닌 운동기제
와 관계하게 하는 능력을 남기는 것으로 보인다. 그러나 그것은 겉

---

497 공간적 구별.

(dehors)에 불과하며, 물질에 대면한 생명체에 더 큰 독립을 확보해
주는 것으로 보이는 신경계의 더 복잡한 조직은 그런 독립 자체, 즉
존재자에게 사물이 흐르는 리듬으로부터 벗어나서, 점점 더 잘 과
거를 붙잡아서 점점 더 깊이 미래에 영향을 미치게 해주는 내적인 250
힘, 즉 우리가 그 말에 부여하는 특별한 의미에서 기억을 물질적으
로 상징화하는 것일 뿐이다. 따라서 무기물과 반성 능력이 가장 큰
정신 사이에는 가능한 모든 강도의 기억, 또는 마찬가지이겠지만 모
든 정도의 자유가 있다. 첫 번째 가정, 즉 정신과 신체의 구별을 공
간적 용어로 표현하는 가정에서 신체와 정신은 수직으로 만나는 두
철로와 같다. 두 번째 가정에서는 두 철로가 곡선을 따라 접속되어,
그 결과 한 선로에서 다른 선로로 알지 못하는 사이에 옮겨 간다.

그러나 거기에 이미지 이외의 다른 것이 있는가? 그리고 고유한
의미에서의 물질과 가장 낮은 정도의 자유나 기억 사이에 구별은
결정적이고 대립은 없앨 수 없는 것으로 남지 않는가? 아마 그럴
것이다. 구별은 존속한다. 그러나 결합은 가능해진다. 그것이 부분
적 일치라는 급진적 형태로 순수지각에서 주어질 것이기 때문이다.
통속적 이원론의 난점은 두 항이 구별된다는 것에서 나오는 것이
아니라, 어떻게 둘 중 하나가 다른 것에 접목되는지를 알 수 없다는
것에서 온다. 그런데 우리가 증명한 바와 같이,[498] 가장 낮은 정도
의 정신 — 기억 없는 정신 — 일 순수지각은 진정으로 우리가 의미하
는 바대로의 물질의 부분일 것이다. 더 멀리 나가보자. 기억은 물질

---

498 위의 제1장 31, 61, 65, 70쪽을 보라.

이 그것에 대해 아무 예감이 없고, 이미 나름의 방식으로 모방하지 않았을 기능처럼 개입하지 않는다.[499] 물질이 과거를 기억하지 않는다면 그것은 물질이 끊임없이 과거를 반복하기 때문이며, 필연에 복종하여 일련의 순간들을 펼쳐내고, 그 각각이 앞선 것과 동등하며 거기서부터 연역될 수 있기 때문이다. 따라서 그 과거는 그 현재에 진실로 주어져 있다. 그러나 다소간 자유롭게 진화하는 존재는 매 순간 뭔가 새로운 것을 창조한다. 따라서 그것의 과거가 기억의 상태로 현재 속에 저장되어 있지 않다면, 그것의 현재에서 과거를 읽으려고 시도해 봐야 헛일이다.[500] 따라서 이 책에서 이미 여러 번 나왔던 비유를 다시 취한다면, 비슷한 이유로 과거는 물질에 의해서 **실연되어야**(joué) 하며, 정신에 의해 **상상되어야**(imaginé) 한다.

---

499 물질은 기억이 아니므로 과거의 기억과 다른 것은 사실이지만, 그때 다르다는 것은 바로 이어지는 설명에서와 같이 과거와 전혀 상관이 없어서가 아니라 오히려 과거를 그대로 반복하기 때문이다. 그러므로 물질도 과거를 예상하고 나름대로 그것을 모방하고 있다고도 말할 수 있다. 즉, "그 과거는 그 현재에 진실로 주어져 있다."

500 물질의 과거는 현재 속에 이미 주어져 있다. 즉, 현재가 과거이다. 그러나 정신은 새로운 것을 창조하는 것이다. 창조하는 것이 과거에 대한 기억이 없다면 매 순간 무조건 달라질 뿐이고 그렇다면 다른지 아닌지도 모르게 될 것이다. 다른지 아닌지도 모르면 창조하는지 아닌지도 모르는 이상한 상태가 되어 버린다. 그것은 곤란하다. 그러므로 창조하려면 과거를 기억해야 하고, 그러므로 기억은 창조의 이면이 된다. 사실 창조하는 것은 과거이다. 과거가 없는 것은 창조할 수 없다.

요약과 결론

I. — 우리가 사실들로부터 이끌어내었고 추론에 의해 확인된 생각은 우리 몸이 행동의, 그리고 오직 행동만의 도구라는 것이다. 어떤 정도로도, 어떤 의미에서도, 어떤 측면에서도, 그것은 표상을 준비하는 데에는 소용이 되지 않으며, 그것을 설명하는 데에는 더더욱 아니다. 외적 지각이 문제인가? 뇌의 이른바 지각적 능력과 척수의 반사적 기능 사이에는 오직 정도의 차이만 있을 뿐, 본성의 차이는 없다. 척수는 받아들인 진동을 다소간 필연적으로 수행된 운동으로 변환시키는 반면, 뇌는 그것을 다소간 자유롭게 선택된 운동 장치와 관계 맺게 한다. 그러나 우리의 지각에서 뇌에 의해 설명되는 것은 시작되고, 준비되고, 암시되는 행동들이며, 우리의 지각 자체가 아니다. — 기억이 문제인가? 몸은 과거를 다시 실연할(jouer) 수 있는 운동 습관들을 보존한다. 그것은 동작들(attitudes)을 다시 취할 수 있으며, 거기에는 과거가 삽입될 것이다. 또는 과거의 지각들을 연장한 어떤 두뇌 현상들의 반복에 의해 기억에 현재적인 것과의 접착점, 즉 현재의 실재에 대해 잃어버린 영향력을 되찾을 수단을 제공할 것이다. 그러나 그 어떤 경우라도 뇌는 기억이나 상들을 축적하지 않을 것이다. 따라서 지각에서도, 기억에서도, 더 강한 이유

254 로 정신의 고급 활동(opérations supérieures)들에서도 몸이 직접적
으로 표상에 기여하는 것은 아니다. 그런 가정을 여러 측면에서 발
전시키고, 그리하여 이원론을 극단에까지 밀고 나가면서 우리는 몸
과 정신 사이에 넘을 수 없는 심연을 판 것으로 보였다. 〔그러나〕 사
실은 그것들을 접근시키고 결합시킬 수 있는 유일한 수단을 지적한
것이었다.

　Ⅱ. ― 그도 그럴 것이 그 문제가 일으키는 모든 난점들은, 통속적
이원론에서나 유물론과 관념론에서나 지각과 기억의 현상에서 육
체적인 것과 정신적인 것 중에 하나가 다른 것의 **복제물**(duplicata)
로 생각되었다는 데서 온다. 의식-부대현상의 유물론적 관점에 자
리 잡을 것인가? 나는 왜 어떤 두뇌 현상들은 의식을 동반하는지,
즉 먼저 놓았던 물질계에 대한 의식적 반복이 무엇에 소용되며, 어
떻게 일어나는지를 전혀 이해할 수가 없다. ― 관념론으로 옮겨 갈
것인가? 그렇다면 나에게 주어진 것은 지각들만이며, 내 몸은 그
중 하나일 것이다. 그러나 관찰은 나에게 내가 내 몸이라 부르는 상
의 아주 가벼운 변화에 대해서도 지각된 상들은 완전히 뒤집힌다
는 것을 보여주는 반면(눈을 감는 것만으로도 시각의 세계가 사라지기
에 충분하므로), 과학은 나에게 모든 현상은 결과가 원인에 엄격히
비례하는 결정된 질서에 따라 연결되고 조건 지어져야 한다는 것을
확인해 준다. 따라서 나는, 내가 내 몸이라 부르며 어디든 나를 따
라 다니는 이 상 속에서, 내 몸의 주변에서 잇달아 벌어지는 상들의
〔아까와는 달리〕 이번에는 서로 잘 조절되고 정확히 측정된 등가
물이 될 변화들을 찾을 수밖에 없을 것이다. 내가 그렇게 다시 발견

하는 뇌의 운동들은 다시 내 지각의 복제물이 될 것이다. 그 운동들 255
은 아직도 지각, 즉 "가능적" 지각일 것이며, 그 결과 이 두 번째 가
설이 다른 것보다는 더 알기 쉬운 것은 사실이다. 그러나 반대로 그
가설도 또한 사물의 실재적 지각과 어떤 방식으로도 그 사물과 닮
지 않은 어떤 두뇌 운동의 가능적 지각 사이의 설명할 수 없는 일치
를 가정해야 할 것이다. 거기를 더 자세히 보라. 모든 관념론의 암
초가 거기에 있다는 것을 볼 것이다. 그 암초는 지각에서 우리에게
나타나는 질서로부터 과학에서 우리를 **성공하게** 하는 질서로의 이
행에 ─ 또는 더 특수하게 칸트의 관념론에 관해서라면, 감성에서 오성으
로의 이행에 ─ 있다. 그렇다면 이제 통속적 이원론이 남을 것이다.
나는 한쪽에 물질을, 다른 쪽에 정신을 놓고, 두뇌의 운동들은 사물
들에 대한 나의 표상의 원인이나 기회라고 가정할 것이다. 그러나
그 운동들이 그것의 원인이라면, 즉 그것을 낳기에 충분하다면 나
는 점점 부대현상적 의식의 유물론적 가설로 다시 떨어질 것이다.
그것들이 지각의 기회에 불과하다면, 그것은 그 운동들이 어떤 방
식으로도 그것과 닮지 않았기 때문이다. 그리고 그때 물질로부터
내가 나의 표상에서 그것에 부여한 모든 질을 털어내면, 나는 관념
론으로 되돌아오게 될 것이다. 따라서 관념론과 유물론은 그런 종
류의 이원론이 항상 오락가락할 두 극이다. 그리고 실체들의 이원
성을 유지하기 위하여 그것이 그 두 가설을 모두 동일한 서열에 놓
기로 결심할 때, 그것은 그것들에서 동일한 원본의 두 번역, 즉 동
일한 하나의 원리에 의해 그들 상호간의 영향을 그처럼 부정하고,
불가피한 결과로서 자유를 희생하도록 미리 조절된[501] 평행하는 두

발전을 보게 될 것이다.

256   이제 그 세 가설의 아래를 파보면, 그들에게 공통되는 밑바닥을 발견할 것이다. 그것들은 정신의 기본적인 활동(opération)인 지각과 기억을 순수 인식의 활동으로 간주한다. 그것들이 의식의 원천으로 놓는 것은 때로는 외부 실재의 불필요한 복제물이거나 때로는 완전히 이해관계를 떠난 지적 구성의 [대상인] 타성적 물질이다. 그러나 항상 그것들은 지각의 행동에 대한 관계와 기억의 행위(conduite)에 대한 관계를 무시한다.[502] 그런데 아마도 이상적 한계로서 이해관계를 떠난 기억과 지각을 생각할 수 있을 것이다. 그러나 사실 지각과 기억이 향해 있는 것은 행동이며, 몸이 준비하는 것도 바로 그 행동이다. 지각이 문제인가? 신경계의 증가하는 복잡성은 받아들인 진동을 점점 더 큰 다양성을 가진 운동 장치와 관계 맺게 하며, 그처럼 점점 더 큰 수의 가능한 행동들을 동시에 스케치하게 한다. 기억을 생각하는가? 기억은 현재 지각과 유사한 모든 과거의 지각들을 불러오고, 그것에 앞선 것과 뒤따라온 것을 상기시키며, 그리하여 가장 유용한 결정을 암시하는 것을 첫 번째 기능으로 가진다. 그러나 그것이 다가 아니다. 지속의 여러 순간들을 단일

---

501 물질과 정신을 놓고 그 양자가 동일한 원본의 두 번역으로 생각하면 그 둘이 서로 영향을 미칠 수 없게 되고, 따라서 정신이 아무런 역할을 못하게 되니까 정신으로부터 나오는 자유가 불가피하게 희생될 수밖에 없다.

502 행동(action)이나 행위(conduite)나 둘 다 행동에 관계된 것이지만, 여기서는 특히 물질에 관계된 것을 행동으로, 내 몸의 움직임에 관계된 것을 행위로 구별하고 있다.

한 직관으로 파악하게 하면서 그것은 우리를 사물들이 흐르는 운동, 즉 필연의 리듬으로부터 벗어나게 한다. 그것이 그런 순간들을 단 하나의 순간으로 응축할수록 그것이 우리에게 주는 물질에 대한 영향력(prise)은 더욱더 굳건할 것이다. 그 결과 한 생명체의 기억은 분명 무엇보다도 먼저 사물에 대한 그것의 행동 능력의 크기를 나타내며, 그 능력의 지적 반향에 불과한 것으로 보인다. 따라서 진정한 원리로부터인 것처럼, 그런 행동력으로부터 출발하자. 몸은 행동의 중심이며, 오직 그것일 뿐이라고 가정하고 거기서부터 지각 257 에 대해, 기억에 대해, 그리고 몸과 정신의 관계에 대해 어떤 결과가 나올지를 보자.

Ⅲ. ─ 우선 지각에 대해서. 여기 내 몸이 그 "지각 중추들"과 더불어 있다. 그 중추들이 흔들리고, 나는 사물에 대한 표상을 갖는다. 한편으로 나는 그 진동들이 나의 지각을 산출할 수도, 번역할 수도 없다고 가정했다. 지각은 따라서 진동들 밖에 있다.[503] 어디에 있는가? 나는 주저할 수 없을 것이다. 나의 몸을 놓으면서 나는 어떤 상을 놓았으나, 그에 의해 또한 다른 상들 전체를 놓은 것이다. 그 질과 결정과 존재를 우주 전체에서 그것이 점하는 위치에 빚지고 있지 않는 물질적 대상은 없기 때문이다. 따라서 나의 지각은 뭔가 그 대상들 자체일 수밖에 없다. 그 대상들이 지각 속에 있다기보다는 지각이 대상들 속에 있다. 그러나 지각은 정확히 그 대상들의 무엇

---

503 이 진동은 지각 중추의 진동이므로 사물의 진동과 혼동해서는 안 된다. 지각 중추의 진동은 지각 밖에, 즉 사물 밖에, 그리고 우리 속에 있다.

인가? 나는 나의 지각이 이른바 감각 신경의 진동들의 모든 세부를 따르는 것으로 보인다는 것을 이해하며, 다른 한편으로는 그 진동들의 역할은 오직 주변의 물체에 대한 내 몸의 반응을 준비하고, 나의 잠재적 행동을 스케치한다는 것을 안다. 그러므로 그것은 지각한다는 것이 대상들 총체로부터 그것들에 대한 내 몸의 가능적 행동을 떼어 내는 것에서 성립하기 때문이다. 지각은 그때 선택에 불과하다. 그것은 아무것도 창조하지 않는다. 그것의 역할은 반대로 상들의 총체에서 내가 아무런 영향도 미치지 못할 모든 상들을 제거하고, 다음으로 각각의 붙잡은 상들 자체로부터 내가 내 몸이라 부르는 상의 필요에 관계되지 않는 모든 것을 제거하는 것이다. 그러한 것이 적어도 우리가 순수지각이라 부른 것의 매우 단순화된 설명이요, 도식적인 묘사이다. 이제 곧바로 우리가 그렇게 관념론과 실재론 사이에서 취한 입장을 표시해 보자.

258　　모든 실재성은 의식과 동류성, 유사성, 그리고 결국 관계를 가진다는 것은 우리가 사물들을 "상"이라 불렀던 것 자체에 의해 관념론에 양보되었던 것이다. 더구나 어떠한 철학적 이론도 스스로와 일치하는 것이라면 그런 결론으로부터 벗어날 수 없다. 그러나 모든 의식적 존재자들의 과거, 현재, 그리고 가능적인 모든 의식 상태들을 모은다고 하더라도, 그것에 의해 물질적 실재의 매우 작은 부분만이 동원되었을 뿐일 것이라는 우리의 견해이다. 왜냐하면 상들은 도처에서 지각을 넘쳐나기 때문이다. 과학과 형이상학은 우리 지각이 몇몇 고리를 잡은 것에 불과한 사슬의 총체성을 복원하면서 바로 그런 상들을 재구성하기를 원하는 것이다. 그러나 그와 같이

지각과 실재 사이에 부분과 전체의 관계를 확립하기 위해서는 지각에, 행동을 준비한다는 그것의 진정한 역할을 남겨두어야 했다. 그것이 관념론이 하지 않은 것이다. 우리가 방금 말했던 것처럼,[504] 지각에서 나타나는 질서로부터 과학에서 성공하는 질서로, 즉 우리의 감각들이 이어질 때 따르는 것으로 보이는 우연성에서 자연의 현상들을 이어주는 결정론으로 옮겨가는 데에 관념론은 어째서 실패하는가? 그것은 바로 관념론이 지각할 때의 의식에 사변적 역할을 부여하여, 그 결과 그런 의식이 가령 두 감각 사이에 첫 번째 것에서 두 번째 것이 연역될 때 거치게 되는 매개항들을 빠져나가게 함으로써 어떤 이익을 취할지를 전혀 이해할 수 없기 때문이다.[505] 그때 그 매개항들과 그것들의 엄밀한 질서는, 밀[506]의 표현을 따라 그 매

---

504 바로 위의 254~255쪽을 보라.

505 관념론이 의식에 사변적 역할을 부여했다는 것은 그 자체로 충족적인 것이지 그것이 나올 이유를 따로 댈 필요가 없다는 것이다. 그런데 두 감각 사이를 연역하려면 그것들을 이어주는 매개항을 알아야 하지만, 그런 매개항을 알지 못하게 된다고 해서, 즉 두 감각을 연역적으로 이어줄 수 없다고 해서 얻는 이익이 무엇인지 알 수 없으므로, 즉 의식에 사변적 역할을 부여한 것과 전혀 어긋나지 않으므로 관념론은 결정론으로 옮겨 가는 데 실패한다는 것이다.

506 Mill은 *La philosophie d'Hamiton*에서 일종의 관념론을 주장했다(*Ech*, 416쪽 주4). 그의 관념론은 물체가 감각들의 모음 이외의 아무것도 아니라는 주장에서 성립한다. 그에 따르면 우리의 사유에 대한 물질적 대상의 독립성은 우리가 감각하고 있지 않을 때조차 어떤 감각이 일어날 수 있는 가능성 이외의 다른 것이 아니다. 그런 영속적 가능성이 물체의 객관적 실재성이다. 그러므로 물체의 객관성의 근거가 '가능적 감각'이 되고 그것이 여기서 매개항의 역할을 한다.

개항들을 "가능적 감각"으로 세우건, 칸트[507]가 한 것처럼 그 질서
를 비개인적인 오성에 의해 확립된 하부구조에 부여하건 불분명한
것으로 남는다. 그러나 나의 의식적 지각이 완전히 실용적인 용도
259 를 가지며, 사물들의 총체에서 단지 그것들에 대한 나의 가능적 행
동에 관심을 끄는 것을 그린다고 가정해 보자. 모든 나머지 것은 나
를 빠져나가며, 그러나 그 모든 나머지 것은 내가 지각하는 것과 동
일한 본성의 것임을 나는 이해할 수 있다. 그때 물질에 대한 나의
인식은 더 이상 영국 관념론에서 그런 것처럼 주관적이지도, 칸트
의 관념론이 그런 것처럼 상대적이지도 않다. 그것은 내 안이라기
보다는 사물 안에 있으므로 주관적이지 않고, "현상"과 "물" 사이에
외관과 실재의 관계가 아니라 단지 전체와 부분의 관계만 있으므로
주관적이지 않다.

그에 의해 우리는 실재론으로 되돌아오는 것으로 보였다. 그러
나 실재론도 본질적인 점을 수정하지 않으면 관념론과 마찬가지로
받아들일 수 없으며, 그것도 동일한 이유에 의해서이다. 관념론은
지각에서 나타나는 질서로부터 과학에서 성공하는 질서, 즉 실재
로 옮겨갈 수 없다고 우리는 말했다.[508] 역으로, 실재론은 실재로부
터 그것에 대해 우리가 가지는 직접적 인식을 끌어내는 데 실패한

---

507 여기서 칸트의 "비개인적인 오성에 의해 확립된 하부구조"란 오성의 범
주들에 의해 성립된 인식구조의 하부, 즉 물 자체를 의미하며, 그것이 매
개항의 역할을 한다는 것이다. 그 어느 쪽이건 결정론으로의 이행은 불분
명한 것으로 남는다.

508 위의 255, 258쪽을 보라. 또 제1장 22~25쪽에도 같은 논의가 보인다.

다. 왜 그러냐 하면, 〔가령〕 통속적 실재론에 자리 잡는다고 해보자. 한편으로는 다소간 독립적인 부분들로 구성되고 공간에 퍼져 있는 다수의(multiple) 물질이 있고, 다른 한편으로는 유물론자들이 바라는 것과 같은 이해할 수 없는 부대 현상이 아니라면 그 물질과는 어떠한 접촉점도 가질 수 없는 정신이 있다. 칸트적 실재론[509]을 생각하기를 선호하는가? 물 자체, 즉 실재적인 것과 우리가 우리 인식을 구성할 때 재료가 되는 감각적 다양성 사이에 생각할 수 있는 어떠한 관계도, 어떠한 공통의 척도도 발견되지 않는다. 이제 실재론의 그 극단적 두 형태를 천착하면, 그것들이 동일한 점으로 수렴하는 것을 본다. 즉, 양쪽 다 동질적 공간을 지성과 사물 사이의 장벽으로 세운다. 소박한 실재론(réalisme naïf)은 그 공간을 사물들이 매달릴 실재적인 장소로 만든다. 칸트의 실재론은 거기서 다수의 감각들이 협응되는 이상적 장소를 본다. 그러나 이쪽이나 저쪽이나 그 장소는 거기에 자리를 잡으러 오는 것의 필수 조건으로서 **먼저** 주어져 있다. 이번에는 그 공통의 가정을 천착해 보면, 그것은 동질적 공간이 물질적 실재를 떠받치는 역할을 하든, 감각들이 협응되는 수단을 제공하는 그 또한 완전히 사변적인 기능을 가지든, 그 공간에 이해관계와 무관한 역할을 부여하는 데서 성립한다는 것이 발견된다. 그 결과 실재론의 불분명함은 관념론과 마찬가지로 우리의 의식적 지각과 의식적 지각의 조건들을 행동이 아니라 순수 인식으로 향하게 한다는 것으로부터 온다. ― 그러나 이제 그런 동질적 공

260

---

509 우리가 파악하는 현상의 배후에 물 자체가 있다는 실재론.

간이 논리적으로 선행하는 것이 아니라, 물질적 사물들과 그것들
에 대해 우리가 가질 수 있는 순수 인식에 뒤따르는 것이라고 가정
해 보자. 펼쳐져 있음(연장성)이 공간에 선행한다고 가정해 보자. 동
질적 공간은 우리 자신을 물질적 연속체의 주인으로 만들고 그것을
우리의 활동과 필요의 방향으로 해체하기 위해 우리가 그것 아래
로 던지는 무한히 나누어진 그물과 같은 것이어서 우리의 행동에,
그리고 오직 그것에만 관련된 것이라고 가정하자. 그때 우리는 거
기서 각 사물이 모든 다른 것들에 영향을 미치고, 따라서 어떤 의미
에서는 연장성 전체를 차지한다는 것을 보여주는 과학과 재결합하
는 이득만을 얻는 것이 아니다(비록 우리는 그 사물에 대해 그 **중심**만
을 파악하고, 우리 신체가 그것에 대해 세력을 미치기를 멈추는 지점에서
그것의 한계를 고정시킴에도 불구하고). 우리는 거기서 단지 형이상학
적으로 공간에서의 가분성이 일으키는 모순, 우리가 보여주었던 것
처럼[510] 행동과 인식이라는 두 관점을 가르지 않는다는 것에서 항
상 나타나는 모순을 해결하거나 약화시키는 이득만을 얻는 것이 아
니다. 우리는 거기서 특히 연장적 사물과 그것에 대해 우리가 가지
는 지각 사이에 실재론이 세운 넘을 수 없는 장벽[511]을 무너지게 하
는 이득을 얻는다. 왜냐하면 사람들은 한편으로는 다수의 나누어진
외적 실재를 놓고, 다른 한편으로는 연장성과는 낯설고 그것과 접
촉이 가능하지 않은 감각을 놓은 반면에, 우리는 구체적인 연장성

261

---

510 위의 제4장 211쪽을 보라.
511 동질적 공간.

이 실제로 나누어지지 않는 것과 마찬가지로 직접적 지각은 진정으로 연장적이지 않은 것이 아니라는 것을 간파하기 때문이다. 우리는 실재론으로부터 출발하여 관념론이 우리를 이끌었던 바로 그 지점으로 되돌아온다. 우리는 지각을 사물들 속으로 다시 자리 잡게 한다. 그리고 우리는 실재론과 관념론에 의해 논의 없이 받아들여졌고 그들의 공통적 한계로 역할 하던 요청[512]을 멀리함에 따라, 그들이 함께 일치하는 데에 아주 가까워졌다는 것을 본다.

요약하자면, 우리가 연장적 연속체와 그 연속체 자체 속에 우리 신체에 의해 그려진 실재 행동의 중심을 가정한다면, 그런 활동은 매 순간 그것이 영향을 미칠 물질의 모든 부분을 자신의 빛으로 밝히는 것으로 보일 것이다. 물질 속에서 우리 신체를 잘라낸 바로 그 필요와 바로 그 행동력이 우리를 둘러싸고 있는 환경 속에서 구별되는 물체들의 한계를 결정할 것이다. 모든 것은 마치 우리가 외부 사물들의 실재적인 작용을 여과하여 그것의 잠재적인 작용을 고정시키고 보존하는 것처럼 이루어진다. 사물들의 우리 몸에 대한, 그리고 우리 몸의 사물에 대한 그런 잠재적인 행동이 우리의 행동 자체이다. 그러나 우리 몸이 주변의 물체들로부터 받아들이는 진동들

---

512 동질적 공간이 실재한다는 요청을 말한다. 실재론이나 관념론이나 모두 동질적 공간을 놓으며, 거기서부터 실재론은 동질적 공간이 물질이 위치하는 곳이고 정신은 전혀 비공간적인 것이라 생각함으로써 정신과 물질의 만남을 불가능하게 하고, 관념론은 정신과 물질이 모두 관념이라 함으로써 동질적 공간성을 가지는 것과 그렇지 않은 것의 만남을 불가능하게 했다.

262 은 일어나려는 반작용을 그 실체 속에서 끊임없이 결정하고, 뇌수
질의 내적 운동들은 그처럼 끊임없이 사물에 대한 우리의 가능적
행동의 소묘를 주기 때문에 뇌의 상태는 정확하게 지각과 일치한
다. 뇌의 상태는 지각의 원인도, 결과도, 그리고 어떤 의미에서도 복
제물이 아니다. 지각은 우리의 가능적 행동이며 뇌의 상태는 일어
나려는 행동이기 때문에 뇌의 상태는 단지 지각에 연속될 뿐이다.

IV. ─ 그러나 그러한 "순수지각"의 이론은 두 가지 점에서 동시에
완화되고 보완되어야 했다. 왜냐하면 실재로부터 그런 것으로서 떼
어 낸 조각과도 같을 그런 순수지각은 다른 물체들의 지각에 자신
의 신체의 지각, 즉 정조(affection)를 섞지 않고, 현재 순간의 직관
에 다른 순간들의 직관, 즉 자신의 기억을 섞지 않을 어떤 존재자에
속할 것이기 때문이다. 다른 말로 하면, 우리는 연구의 편의를 위해
우선 생명체를 공간 속의 한 수학적 점으로, 그리고 의식적 지각을
시간 속에서의 수학적 순간으로 취급했다. 신체에는 그 연장성을,
지각에는 그 지속을 회복시켜야 했다. 그것에 의해 우리는 의식에
그것의 두 주관적 요소, 즉 정조와 기억을 재통합한 것이었다.

정조란 무엇인가? 우리의 지각은 다른 물체에 대한 우리 신체의
가능적 행동을 그린다고 우리는 말했다.[513] 그러나 우리의 신체는
연장적이어서 다른 것들에만 아니라 자기 자신에게도 작용할 수 있
다. 우리의 지각에는 따라서 우리 신체의 뭔가가 들어갈 것이다. 그

---

513 위의 제1장 16~17; 21; 35; 50; 57쪽, 그리고 요약과 결론의 256쪽을
보라.

러나 주변의 물체들에 관계될 때, 그것들은 가정 상 시간 속에서 그것들의 약속이나 위협의 거리만큼의 크거나 작은 공간에 의해 우리의 신체와 떨어져 있다. 그것이 그런 물체들의 지각이 가능적 행동만을 그릴 뿐인 이유이다. 반대로, 그 물체들과 내 신체 사이의 거리가 감소할수록 가능적 행동은 실재적 행동으로 변형되려는 경향을 가지며, 행동은 거리가 줄어드는 만큼 더욱더 긴박하게 된다. 그리고 그 거리가 무로 될 때, 즉 지각해야 할 물체가 우리 자신의 몸일 때 지각이 그리는 것은 실재 행동이지 더 이상 잠재적 행동이 아니다. 그러한 것이 바로 고통의 본성이다. 그것은 사태를 제자리로 돌려놓기 위한 손상된 부분의 현재적 노력이며, 전체의 효과 이외에는 더 이상 적합하지 않은 유기체 속에서의 국지적이며 고립된, 그리고 바로 그 사실에 의해 실패할 수밖에 없도록 단죄된 노력이다. 따라서 고통은 대상이 지각된 자리에 있는 것과 마찬가지로 그것이 일어난 장소에 있다. 느껴진 정조와 지각된 상 사이에는, 정조가 우리 몸속에 있고 상이 우리 몸 밖에 있다는 차이가 있다. 그리고 그것이 우리 몸의 표면, 즉 이 몸과 다른 몸의 공통 한계가 동시에 감각의 형태와 상의 형태로 우리에게 주어지는 이유이다.

263

그런 정조적 감각의 내부성에서 주관성이 성립하며, 상 일반의 그런 외부성에서 그것들의 객관성이 성립한다. 그러나 우리는 여기서 우리 작업의 모든 진행을 가로질러 추적했던, 끊임없이 다시 나타나는 오류를 다시 발견한다. 사람들은 감각과 지각이 자체적으로 존재하기를 원한다. 사람들은 그것들에게 완전히 사변적인 역할을 부여하며, 그것들과 일체를 이루고 그것들을 구별하는 데 소용이 되는 실재 행동과 잠재적 행동을 무시하는 것과 마찬가지로 그것들 사이에 정도의 차이밖에는 더 이상 발견하지 못한다. 그때 정조적 감각이 막연하게만 위치가 정해진다는 것(그것이 감싸고 있는 노력의 혼란함 때문에)을 이용하여 사람들은 즉시 그것을 연장적이지 않다고 선언한다. 그리고 그런 약화된 정조들과 연장적이지 않은 감각들을 우리가 공간에서 상들을 구성하는 **재료**(matériaux)로 만든다. 그에 의해 사람들은 그만큼의 절대로 놓이는 의식의 요소들이나 감각들이 어디서 오는지, 그런 감각들이 연장적인 것이 아님에도 불구하고 어떻게 공간과 결합하여 거기서 서로 협응되는지, 그것들이 왜 거기서 다른 것이 아니라 어떤 한 질서를 채택하는지, 마지막으로 어떤 수단을 통하여 그것들이 거기서 모든 인간에게 공통적인 안정된 경험을 구성하는 데에 성공하는지를 설명하지 못하도록 스스로를 처단한다. 출발해야 할 것은 반대로 우리 활동의 필연적인 무대인 그런 경험으로부터이다. 따라서 먼저 주어져야 할 것은 순수지각이다. 그리고 그때 감각들은 상이 만들어지는 재료이기는커녕, 반대로 우리가 몸으로부터 다른 모든 것으로 투사하는 것으로서 거기에 섞이는 불순물로 나타날 것이다.

V. — 그러나 우리가 감각[514]과 순수지각에 머무는 한, 정신을 다루고 있다고 말하기 어렵다. 물론 우리는 부대현상으로서의 의식 이론에 대항하여 어떠한 뇌의 상태도 지각의 등가물이 아님을 확립한다. 물론 상 일반 가운데에서의 지각의 선택은 이미 정신을 예

---

514 이때 감각은 바로 위의 절(IV)에서 설명된 정조를 말한다.

고하는 분별의 결과이다. 마지막으로 물론 상의 총체로 정의된 물질계 자체는 일종의 의식으로서 모든 것이 서로 보상하고 중화되는 의식, 그것의 있을 수 있는(éventuelles) 모든 부분이 작용과 항상 동일한 반작용에 의해 서로 균형을 잡으면서 돌출하는 것을 상호적으로 방해하는 의식이다. 그러나 정신의 실재에 접촉하기 위해서는 개별적 의식이 과거를 그것에 의해 풍부해져가는 현재로 연장하고 보존하면서, 그리하여 과거를 단지 다른 형태로 반복하기만 하는 현재 속에서 과거가 끊임없이 스스로를 뒤따라 나오며 모든 것이 언제나 흐르기를 원하는 필연의 법칙 자체로부터 빠져나오는 지점에 자리 잡아야 한다. 순수지각에서 기억으로 이행하면서 우리는 결정적으로 물질을 떠나 정신으로 간다. 265

VI. ─ 우리 작업의 중심을 이루는 기억의 이론은 우리의 순수지각 이론의 이론적 결과물인 동시에 경험적 입증이어야 했다. 지각을 동반하는 뇌의 상태들은 지각의 원인도 복제물도 아니라는 것, 지각과 그것의 생리적인 동반자(concomittant)는 잠재적 행동과 시작된 행동의 관계를 갖는다는 것 등은 우리가 사실에 의해 확립할 수 없었던 것이다. 우리의 가정에서는 지각이 뇌의 상태의 결과로 나온 것처럼 모든 것이 이루어질 것이기 때문이다. 그것은 순수지각에서는 지각된 대상이 현재의 대상, 즉 우리의 신체를 변화시키는 물체이기 때문이다. 따라서 그것의 상은 현실적으로 주어지고, 그때서부터 뇌의 변화는 우리 신체의 발생 중인 반응을 소묘한다고 하건, 현재 상의 의식적 복제물을 창조한다고 하건 아무 상관이 없음을 사실이 허락해 준다([그 두 경우] 우리가 우리 자신을 이해하

는 정도가 매우 고르지 못하다는 것은 차치하고라도[515]). 그러나 기억은
없는 대상의 표상이기 때문에 기억에 대해서는 사태가 완전히 다르
다. 여기서는 두 가정이 반대되는 결과를 가져올 것이다. 현재 대상
의 경우 우리 신체의 어떤 상태가 이미 그 대상의 표상을 창조하는
데 충분했다면, 더 강한 이유로[516] 그러한 상태가 동일한 대상이 없
는 경우에는 더더욱 [대상의 표상(기억)을 창조하는 데] 충분해야
할 것이다. 따라서 그런 이론에서는 기억은 처음의 지각을 유발했
던(occasionnait) 두뇌 현상의 약화된 반복에서 태어나고, 단지 약화
된 지각에서 성립해야 할 것이다. 거기서부터 다음과 같은 이중의
266 주장이 나온다. 즉, **기억은 두뇌의 기능에 불과하며, 지각과 기억 사**
이에는 강도의 차이밖에 없다는 것이다. ― 반대로, 뇌의 상태가 어떤
방식으로도 현재 대상에 대한 지각을 낳는 것이 아니라 단지 그것
을 계속할 뿐이라면, 그것은 아직도 우리가 상기하는 기억을 연장하
고 그것에 도달하게 할 수는 있지만, 낳을 수는 없을 것이다. 그리고
다른 한편 현재 대상에 대한 지각은 그 대상 자체의 어떤 것이기 때
문에 없는 대상에 대한 표상은 지각과는 완전히 다른 질서의 현상

---

515 불어로만 보면 상당히 이해하기 어려운 구절인데 영역본을 참조하면
"though we are far from knowing our own meaning equally well in the
two cases"(M영, 314쪽)라고 되어 있다. 즉, 뇌의 상태가 발생 중의 행동
을 그린다고 하던 표상을 창조한다고 하던 "그 두 경우 우리 자신의 생각
을 이해는 정도가 동일하지 않다는 것은 차치하고라도"라는 뜻으로 이해
될 수 있다.

516 뇌가 표상을 창조하는 데 충분하다면 눈앞에 대상이 없는 경우가 더 자유
롭게 창조할 수 있으므로 "더 강한 이유"가 되는 것이다.

일 것이다. 현존과 부재 사이에는 어떠한 정도나 중간이 없기 때문
이다. 거기서부터 아까와는 반대인 다음의 두 주장이 나온다. 즉, **기
억은 뇌의 기능과는 다른 것이며, 지각과 기억 사이에는 정도차가 아
니라 본성의 차이가 있다는 것이다.** — 두 이론의 대립은 그때 첨예한
형태를 취하며, 이번에는 경험이 그들을 갈라놓을 수 있다.

　여기서 우리가 시도했던 검증의 세부로 되돌아가지는 않을 것이
다. 단지 그 요점들만을 상기해보자. 피질에 기억이 축적될 개연성
에 유리한 쪽으로 끌어댈 수 있는 모든 사실적 논점들은 국부적인
기억의 병으로부터 끌어낸 것이다. 그러나 기억이 실제로 뇌에 저
장되어 있다면, 〔한계가〕 명확한 망각에 특정한 성격의 뇌손상이
대응할 것이다. 그런데 가령 우리 과거의 삶의 한 기간 전체가 갑자
기, 그리고 철저하게 기억으로부터 뽑혀 나가는 기억상실증의 경
우, 정확한 〔부위의〕 뇌손상이 관찰되지 않는다. 그리고 반대로, 뇌
에서의 위치가 분명하고 확실한 기억의 병들, 즉 다양한 실어증과
시각적이거나 청각적인 재인의 병들의 경우, 일정한 이러저러한 기 267
억들이 그것들이 위치한다고 하는 장소에서 뽑혀나가는 것이 아
니라, 마치 환자가 현재 상황과의 접촉에 의해 자신의 기억들을 가
져오는 데에 다소간의 고통을 겪는 것처럼 호출의 능력이 **그 활력**
(vitalité)**에서** 다소간 감소한다. 따라서 연구해야 할 것은 그런 접촉
의 기제이며, 〔그렇게 하는 것은〕 뇌의 역할이 기억 자체를 자신의
세포 속에 가두는 것이라기보다는, 그런 기제의 작동을 확보하는
것이 아닐지를 알기 위해서이다. 우리는 그리하여 과거와 현재가
서로 접촉하기에 이르는 점진적인 운동, 즉 재인을 그 모든 진행에

서 따라가 보기에 이르렀다. 왜냐하면 현재 대상의 재인은 절대적
으로 다른 두 방식으로 이루어지지만, 그 두 경우 중 어떤 것에서도
뇌는 상들의 저장소로서 처신하지는 않는다는 것을 발견했기 때문
이다. 그도 그럴 것이, 때로는 사유되기보다는 실연된, 완전히 수동
적인 재인에 의해 몸은 새로 나타난(renouvelée) 지각에 어떤 행동
방식 ― 자동적이 된 ― 을 대응시킨다. 그때 모든 것은 습관이 몸속
에 세운 운동 장치에 의해 설명되며, 기억의 손상은 그런 기제의 파
괴로부터 결과할 수 있을 것이다. 때로는 반대로, 현재 지각 앞으로
나타나는 기억으로서의 상에 의해 재인이 능동적으로 이루어진다.
그러나 그때에는 그 기억들이 지각 위에 놓이는 순간, 뇌 속에서 지
각이 보통 행동하기 위해 작동시키는 것과 동일한 장치들을 활동
케 하는 수단을 발견해야 한다. 그렇지 않으면 미리부터 무기력증
에 처단되어 기억들은 현재화되려는 어떠한 경향도 갖지 않을 것이
다. 그리고 그것이야말로 뇌의 손상이 어떤 범주의 기억들을 다치
268 게 한 모든 경우에, 손상된 기억들은 가령 동일한 시기에 속한다거
나 그들 사이에 논리적인 친화성을 가진다는 점에 의해서가 아니
라, 단지 모두 청각적이라거나, 모두 시각적이라거나, 모두 신체 운
동적이라는 점에서 닮은 이유이다. 손상된 것으로 보이는 것은 따
라서 다양한 감각적이고 운동적인 지역들이거나, 더 빈번하게는 기
억들 자체라기보다는 그것들을 피질의 내부 자체에서부터 작동하
게 해주는 부속기관들(annexe)이다. 우리는 더 멀리 나아갔고, 단
어의 재인과 감각적 언어 상실증을 주의 깊게 연구함으로써 재인은
뇌 속에 잠들어 있는 기억들의 기계적인 깨어남에 의해 이루어지는

것이 전혀 아니라는 것을 확립하려고 노력했다. 그것은 반대로 의식의 다소간 높은 긴장을 내포하며, 그러한 긴장은 현재 지각과 접촉하여 순수한 기억 내용들(souvenirs pures)을 점진적으로 구체화하기 위해 순수기억(mémoire pure) 속으로 그것들을 찾으러 간다.

그러나 그런 순수기억은 무엇이며, 그런 순수기억 내용들은 무엇인가? 이 질문에 대답하면서 우리는 우리 주장에 대한 증명을 보완했다. 우리는 방금 그 주장의 첫 번째 요점, 즉 기억은 뇌의 기능과는 다른 것이라는 점을 확립했다. 이제 우리에게 남은 것은 "순수기억내용"을 분석하여 기억내용과 지각 사이에는 단순한 정도의 차이가 아니라, 근본적인 본성의 차이가 있다는 것을 보여주는 것이었다.

VII. ─ 즉시 이 마지막 문제가 더 이상 단순히 심리학적인 것이 아니라 형이상학적 차원(portée)을 가진다는 것을 지적하자. 아마도 다음과 같은 명제, 즉 기억은 약화된 지각이라는 것은 순수 심리학적인 주장일 것이다. 그러나 거기에 속지 말기 바란다. 기억이 더 약한 지각에 불과하다면, 역으로 지각은 더 강한 기억과 같은 무엇일 것이다. 그런데 영국 관념론의 싹이 거기에 있다. 그러한 관념론은 지각된 대상의 실재성과 사유된 대상의 관념성 사이에서 본성의 차이가 아니라 정도의 차이밖에 보지 않는다는 데에서 성립한다. 그리고 우리가 우리의 내적 상태들로 물질을 구성하고 지각은 참인 환각에 불과하다는 생각[517]도 마찬가지로 거기에서 온다. 물질을 다

269

---

517 이것은 위에서(위의 제1장 70~71쪽) 나왔던 Taine의 생각이다.

룰 때 우리가 논박하기를 멈추지 않았던 것이 바로 그런 생각이다. 그러므로 물질에 대한 우리의 견해가 잘못이거나, 기억이 지각과 근본적으로 구별되거나 둘 중 하나이다.

우리는 이처럼 형이상학적인 문제를 단순한 관찰로 결정지을 수 있는 심리학의 문제와 일치되는 지점으로 옮겨놓았다. 관찰이 어떻게 그 문제를 해결하는가? 지각의 기억이 그 지각이 약화된 것에 불과하다면, 우리에게는 가령 약한 소리의 지각이 강한 소리의 기억으로 생각되는 일이 일어날 것이다. 그런데 그와 같은 혼동은 결코 일어나지 않는다. 그러나 더 멀리 나아가서, 한 기억에 대한 의식은 약한 현재 상태로 시작했다가 우리가 그 약함을 의식한 다음에는 그것을 과거로 되던지려고 시도할 것은 결코 아니라는 것을 또한 관찰에 의해 증명할 수 있다. 게다가 우리가 앞서 체험한 과거의 표상을 이미 가지고 있지 않다면, 아무리 약한 심리적 상태들이라도 어떻게 과거로 보낼 수 있을 것인가?[518] 그에 반해 더 어렴풋한 현재 경험을 더 분명한 현재 경험에 병치하는 것처럼 그 약한 상태들을 더 강한 상태들과 병치하는 것은 너무도 단순할 것이다. 진실은 기억이 결코 현재에서 과거로의 퇴행에서가 아니라, 반대로 과거에서 현재로의 진행에서 성립한다는 것이다. 우리는 단번에 과거로 자리 잡는다. 우리는 "잠재적 상태"에서 출발하여 그것을 조금씩 일련의 상이한 **의식의 국면들**을 건너서 현실적 지각으로 구체화

---

518 즉, 그 약한 상태에 대한 체험 자체가 과거에 일어났다는 기억이 없다면 그 체험을 과거로 보낼 수 없다.

하는 지점까지, 즉 그것이 현재적이며 활동적인 상태가 되는 지점 270
까지, 즉 결국 우리 신체가 그려지는 의식의 극단적 국면까지 이끌
고 나온다. 그런 잠재적 상태에서 순수기억이 성립한다.

 사람들이 여기서 의식의 증언을 무시하는 것은 어디서부터 오는
가? 사람들이 기억을 더 약한 지각으로 만듦으로써 거기에 대해서
는 왜 우리가 그것을 과거로 되던지는지도, 어떻게 우리가 그것의
날짜를 다시 찾을 수 있는지도, 어떤 권리로 그것이 다른 순간이 아
니라 어떤 한 순간에 다시 나타나는지도 말할 수 없게 되는 것은 어
디에서 오는가? 그것은 언제나 우리의 현재 심리 상태들의 실용적
목적을 잊는다는 것으로부터 온다. 사람들은 지각을 정신의 사심
없는 작업, 즉 명상으로만 만든다. 그때 순수기억은 명백히 그런 종
류의 어떤 것일 수밖에 없기 때문에(그것이 현재의 절박한 실재에 대
응하지 않으므로) 기억과 지각은 동일한 본성의 상태들이 되고, 그것
들 사이에는 강도의 차이밖에 발견되지 않는다. 그러나 진실은 우
리의 현재가 더 강도가 높은 것으로 정의되어서는 안 된다는 것이
다. 그것은 우리에게 작용하는 것이자 우리를 작용하게 하는 것, 즉
감각적인 것이자 운동적인 것이다.[519] — 우리의 현재는 무엇보다도
먼저 우리 몸의 상태이다. 반대로 우리의 과거는 더 이상 작용하지
않으나 작용할 수 있는 것, 현재의 감각으로 삽입되어 그것의 활력
을 빌림으로써 작용할 것이다. 기억이 그처럼 작용하면서 현실화

---

519 우리에게 작용하는 것은 감각적인 것이고 우리가 작용하는 것은 (신체)
　　운동적인 것이다.

되는 순간, 그것은 기억이기를 멈추고 다시 지각이 되는 것은 사실이다.

그렇다면 왜 기억이 뇌의 상태로부터 나올 수 없는지가 이해된다. 뇌의 상태는 기억을 잇는다. 그것은 기억에 부여하는 물질성에 의해 현재에 대한 영향력을 준다. 그러나 순수기억은 정신적 현상이다. 기억과 함께 우리는 진정으로 정신의 영역에 있는 것이다.

271

VIII. — 우리가 그 영역[520]을 탐구할 필요는 없다. 정신과 물질의 합류점에 위치하고, 무엇보다도 그것들이 서로 속으로 흘러들어가는 것을 보고 싶어 하는 우리는 지성[521]의 자발성으로부터 신체적 장치와의 접합 점만을 고려해야 했다. 그리하여 우리는 관념연상의 현상과 가장 단순한 일반 관념들[522]의 탄생을 참관할 수 있었다.

관념 연상주의의 가장 중대한 오류는 어떤 것인가? 그것은 모든 기억을 동일한 국면에 놓고 그것들과 현재의 신체 상태, 즉 행동을 나누는 더 크거나 작은 거리를 무시했다는 것이다. 그러므로 그것은 어떻게 기억이 그것을 불러일으키는 지각에 접합되는지, 왜 연상은 다른 모든 방식이 아니라 유사성과 인접성에 의해 이루어지는지, 마지막으로 어떤 변덕에 의해 현실적인 지각에 대해 유사성과 인접성이 꼭 같이 잘 결부시킬 수 있는 수천의 기억들 중에 일정한 기억이 선택되는지를 설명할 수 없었다. 그것은 연상주의가 모

---

520 바로 위에서 말한 정신의 영역.

521 여기서 지성은 EC의 물질을 다루는 지성이 아니라 그냥 지성 일반, 즉 정신적인 영역을 말한다.

522 일반 관념을 통해 기억이 현실화한다.

든 상이한 **의식의 국면들**을 흐리게 하고 혼동하여 덜 완전한 기억을 덜 복잡한 기억으로만 보려고 고집한데 비해,[523] 덜 완전한 기억이란 사실은 덜 **꿈꾸어진**(rêvé), 즉 행동에 더 가깝고 그것 자체에 의해 더 진부하며, 현재 상황의 새로움에 기성복처럼 더 잘 맞을 수 있는 기억이라는 말이다.[524] 더구나 연상주의의 적대자들도 그 영역에서는 그것을 따랐다. 그들은 연상주의에게 정신의 고등한 작업을 연상에 의해 설명한다고 나무랐지만, 연상 자체의 참된 본성을 무시했다고는 나무라지 않았다. 그러나 거기에 연상주의의 원죄가 있다.

행동의 국면 — 우리 몸이 자신의 과거를 운동 습관으로 응축했던 국면 — 과 우리 정신이 흘러간 삶의 그림을 그 모든 세부에서 보존하는 순수기억의 국면 사이에서 우리는 반대로 수천, 수만의 상이한 의식의 국면들, 체험된 경험의 총체의 전면적이지만 다양한 수천 번의 반복을 파악했다고 믿었다. 한 기억을 더 개인적인 세부들로 보완한다는 것은 그 기억에 다른 기억들을 기계적으로 병치하는 데서가 전혀 아니라, 더 넓은 의식의 국면으로 이동하여 행동으로부터 꿈의 방향으로 멀어지는 데서 성립한다. 한 기억의 위치를 정하는 것 또한 그것을 다른 기억들 사이에 기계적으로 삽입하는 것 272

---

523 덜 완전한 기억은 기억의 세부가 완전히 기억되지 않은 기억, 즉 덜 복잡한 기억으로 생각한다는 것.

524 "덜 완전한 기억"은 세부가 세세히 기억되지 않은 기억, 즉 덜 꿈꾸어진 기억이며 행동에 더 잘 맞는 기억이다. 행동할 때는 과거를 세밀히 기억할 필요가 없으며, 기억해서도 안 된다.

에서가 아니라, 기억이 그 전체(intégralité) 속에서 점차 확장함으로 써 과거의 그 세부가 거기에 나타나기에 충분히 넓은 원을 그리는 것에서 성립한다. 더구나 그 국면들은 이미 완성된 사물들처럼 서로 포개어져서 주어지는 것이 아니다. 그것들은 오히려 잠재적으로 (virtuellement) 정신의 사물들에 고유한 그런 존재[방식으]로 존재한다. 지성은 그것들을 나누는 간격을 따라 끊임없이 움직이면서 그것들을 끊임없이 재발견하거나, 또는 오히려 다시 창조한다.[525] 즉, 지성의 삶은 그 운동 자체에서 성립한다. 그때 우리는 왜 연상의 법칙이 다른 것이 아니라 유사성과 인접성인지, 왜 기억은 유사하거나 인접한 기억들 중에 다른 것이 아니라 어떤 특정한 상들을 선택하는지, 그리고 마지막으로 어떻게 정신과 신체의 결합된 작업에 의해 최초의 일반 관념들이 형성되는지를 이해할 수 있다. 한 생명체의 관심은 현재의 상황 속에서 이전의 상황과 닮은 것을 파악하고, 그것을 이전의 것과 특히 [거기에] 뒤따르던 것에 접근시켜서 자신의 과거 경험을 이용하는 것이다. 따라서 상상할 수 있는 모든 연상 중에서 유사성과 인접성에 의한 연상이 우선 생명이 걸린 유용성을 가지는 유일한 것이다. 그러나 그런 연상의 기제와 특히 그 연상이 기억들 사이에서 하는 외견상 변덕스러운 선택을 이해하기 위해서는 우리가 행동의 국면과 꿈의 국면이라 부른 두 극단적 국면에 차례로 자리 잡아야 한다. 첫 번째 국면에서는 운동 습관만

273

---

525 이때 창조한다는 것은 없던 것을 만들어내는 창조가 아니라, 있는 기억을 새롭게 다시 조직한다는 뜻으로 이해해야 한다.

이 등장하며, 그것에 대해서는 표상되었다(représentées)기보다는 실연되거나 체험된(jouées ou vécues) 연상이라 말할 수 있다. 여기서는 유사성과 인접성이 함께 녹아 있다. 왜냐하면 유사한 외부 상황들은 반복되면서 마침내는 우리 몸의 어떤 운동들을 서로 연결하며, 그때서부터 우리가 그것에 인접한 운동들을 펼칠 때와 동일한 자동적인 반응이 또한 그것을 일으키는 상황으로부터 이전 상황들과의 유사성을 뽑아낼 것이기 때문이다. 그러나 운동에서 상으로, 더 빈약한 상으로부터 더 풍부한 상으로 옮겨감에 따라 유사성과 인접성은 분리되며, 어떠한 행동도 더 이상 상들에 붙어 있지 않는 다른 극단의 국면에서는 마침내 반대되는 것으로 된다. 많은 유사성 중의 한 유사성의 선택이나, 다른 인접성 중의 한 인접성의 선택은 따라서 우연적으로 행해지는 것이 아니다. 그것은 끊임없이 가변적인 기억의 **긴장**의 정도에 달려 있으며, 그 정도는 기억이 현재의 행동에 개입하는 쪽으로 더 기울어지는지 그것으로부터 멀어지는 쪽으로 더 기울어지는지에 따라, 전체가 한 음조 또는 다른 음조로 옮겨간다. 그리고 우리가 보여주었던 것처럼,[526] 기억의 그런 두 극단 사이의 운동이 또한 최초의 일반 관념들을 그린다. 운동 습관은 유사한 상들로 거슬러 올라가서 그것들의 유사성을 추출하며, 유사한 상들은 운동 습관으로 내려와서 가령 그것들을 통합하는 단어의 자동적인 발음으로 녹아든〔들면서 그렇게 하는 것이〕다. 관념의 발생 중의 일반성은 따라서 이미 정신의 어떤 활동에서, 행동과

---

526 위의 제3장 173~181쪽을 보라.

표상 사이의 **운동**에서 성립한다. 그리고 그것이 우리가 말했던 것 처럼[527] 일반 관념을 두 극단 중 하나에 자리 잡게 하고, 그것을 단어로 결정체화하거나 기억으로 증발하게 하는 것이 어떤 철학[528]에게는 항상 쉬운 이유이다. 그러나 실제로 일반 관념은 한 극단에서 다른 극단으로 가는 정신의 움직임(marche)에서 성립한다.

IX. — 기본적인 정신 활동을 이와 같이 표상하고, 이번에는 우리의 신체를 그것을 둘러싼 모든 것과 함께 우리 기억의 마지막 국면, 즉 우리의 과거가 끊임없이 우리의 미래로 밀어내는 움직이는 첨단이라는 극단의 상으로 만들면서, 우리는 신체의 역할에 대해 말했던 것을 확인하고 밝히는 동시에 신체와 정신 사이의 접근으로 통하는 길을 마련했다.

왜냐하면 순수지각과 순수기억을 차례로 연구한 후, 우리에게는 그것들을 서로 접근시키는 일이 남아 있었기 때문이다. 순수기억이 이미 정신이라면, 그리고 순수지각이 아직도 물질의 어떤 것이라면, 우리는 순수지각과 순수기억 사이의 접합점에 자리 잡으면서 정신과 물질의 상호작용에 대해 약간의 빛을 던져야 했다. 사실, "순수"지각, 즉 순간적 지각은 하나의 이상(un idéal), 즉 한계에 불과하다. 모든 지각은 어떤 두께의 지속을 점하며, 과거를 현재로 연장하고, 그에 따라 기억의 성격을 띤다. 그때 지각을 순수기억과 순 275 수지각, 즉 정신과 물질의 종합으로서 그 구체적 형태에서 포착하

---

527 위의 제3장 189쪽을 보라.

528 유명론과 개념론.

면서 우리는 마음과 몸의 결합의 문제를 더욱 좁은 한계 안으로 좁혔다. 그러한 것이 특히 우리 작업의 마지막 부분에서 시도한 노력이었다.

이원론 일반에서의 두 원리의 대립은 비연장적인 것과 연장적인 것, 질과 양, 그리고 자유와 필연의 삼중 대립으로 해소된다. 신체의 역할에 관한 우리의 견해, 순수지각과 순수기억에 대한 우리의 분석이 어떤 측면에서 신체와 정신의 상호관련(corrélation)을 밝혀야 한다면, 그 세 대립을 제거하거나 약화시킨다는 조건 하에서만 가능하다. 따라서 우리가 오직 심리학으로부터만 얻어내기를 원했던 결론들을 여기서는 더 형이상학적 형태로 제시하면서 그것들을 차례로 살펴보자.

1. 한편으로는 가령 미립자들로 실재적으로 나누어진 연장성을, 다른 편으로는 공간에 투사되기 위해 올, 그 자체로는 비연장적인 감각들과 함께 의식을 상상한다면 그런 물질과 의식, 물체와 정신 사이에는 명백히 아무런 공통점도 발견되지 않을 것이다. 그러나 지각과 물질의 그런 대립은 자신의 습관이나 법칙에 따라 해체하고 재구성하는 이해력의 인위적인 작품이다. 그것은 직접적 직관에 주어지지 않는다. 주어진 것은 비연장적인 감각들이 아니다. [만약 그렇다면] 그것들이 어떻게 공간과 결합하고, 거기서 어떤 장소를 선택하며, 결국은 보편적인 경험을 구성하기 위해 함께 조응되러 갈 것인가? 실재적인 것 또한 독립적인 부분들로 나누어진 연장이 아니다. 즉, 그 연장이 그처럼 우리의 의식과는 아무런 관계도 가질 수 없다면, 더구나 그것이 어떻게 그 질서와 관계가 우리 표상의 질

276 서와 관계에 정확히 대응할 일련의 변화들을 펼칠 것인가? 주어진 것과 실재적인 것은 나누어진 연장성과 순수 비연장성 사이의 뭔가 중간적인 것이다. 그것이 우리가 **펼쳐진 것**(l'extensif)이라 불렀던 것이다. 펼쳐짐은 지각의 가장 명백한 성질이다. 그것을 우리가 행동의 필요에 의해 그것 아래에 깔아놓은 추상적 공간을 수단으로 응고시키고 분할함으로써 우리는 무한히 나누어질 수 있는 다수의 연장성을 구성한다. 반대로, 그것을 희박하게 만들고, 차례로 정조적 감각들로 해소되게 하며 순수 관념이라는 위조물로 증발케 함으로써 우리는 비연장적인 감각들을 얻으며, 그 다음에는 헛되이 그것들을 가지고 상들을 재구성하려고 시도한다. 그리고 우리가 그런 이중적인 작업을 계속하는 대립된 두 방향이 매우 자연스럽게 우리에게 열린다. 왜냐하면 행동의 필요 자체로부터 연장성이 우리를 위해 절대적으로 독립적인 대상들로 재단된다는 사실(거기서부터 연장성을 재분할하기 위한 지시가 나온다)과, 알아차릴 수 없을 정도로 조금씩 정조에서 지각으로 이행된다는 사실(거기서부터 점점 더 비연장적인 지각을 가정하려는 경향이 나온다)이 결과하기 때문이다. 그러나 우리의 이해력은 그 역할이 바로 논리적 구별, 따라서 명확한 대립을 확립하는 것이기 때문에 두 길로 차례로 몸을 던지며 그 각각에서 끝까지 간다. 그것은 그처럼 극단의 한쪽에서는 무한히 나누어질 수 있는 연장성을, 다른 쪽에서는 절대적으로 비연장적인 감각을 세운다. 그리고 그와 같이 대립을 창조하고, 그러고 나서는 그것을 놀라운 눈으로 바라본다.

   2. 질과 양, 즉 의식과 운동[529]의 대립은 훨씬 덜 인위적이다. 그

러나 두 번째 대립 쌍은 첫째 쌍을 받아들이면서 시작할 때에만 근본적이다. 왜가? 사물의 성질들이 의식에 영향을 주는 비연장 적 감각으로 환원되어, 그 성질들이 그만큼의 상징들처럼 단지 공 간에서 이루어지는 동질적이며 계산할 수 있는 변화들만을 나타 낸다고 가정해 보라. 당신은 그 감각과 변화 사이에 이해할 수 없 는 대응을 상상해야 할 것이다. 반대로 그들 사이에 그런 인위적 인 대립성을 선험적으로 확립하기를 거부해 보라. 당신은 곧 그 것들을 가르는 것으로 보이는 모든 장벽이 하나씩 무너지는 것 을 볼 것이다. 우선, 자신 속으로 감겨 있는 의식이 비연장적 지각 의 내적 사열을 참관한다는 것은 진실이 아니다. 따라서 당신은 순수지각을 지각된 사물들 자체로 다시 자리 잡게 할 것이며, 그 리하여 첫 번째 장애물이 제거될 것이다. 두 번째 장애물을 만나 게 되리라는 것은 사실이다. 즉, 과학이 작업하는 동질적이며 계 산할 수 있는 변화는 원자와 같은 다수의 독립적인 요소들에 속하 는 것으로 보이며, [그때] 변화는 그것들의 우연적 속성에 불과하 다는 것이다. 그런 다수성이 지각과 그 대상 사이에 끼어 들 것이 다. 그러나 연장성의 분할이 순전히 그것에 대한 우리의 가능적 행 동에 관계된 것이라면, 독립적 미립자의 관념은 더욱 강하게 도식 적이며 잠정적이다. 게다가 과학 자체가 그것을 배제하는 것을 허 락한다.[530] 마지막 간격을 건너는 것이 남는다. 즉, 질들의 이질성

277

---

529 동질적 공간 운동.
530 위의 제4장 225~226쪽의 Faraday와 Thompson의 논의를 참조하라.

과 연장성 속에서의 운동의 외관상의 동질성 사이에 있는 간격이
다. 그러나 우리가 바로 운동이 자리하는 원자나 〔그 외〕 다른 것
들과 같은 요소들을 제거했기 때문에 여기서는 한 동체의 우연
적 속성인 운동, 즉 역학이 연구하고 종국에는 구체적 운동의 공
통 척도에 불과한 추상적 운동은 더 이상 문제가 될 수 없다. 좌표
278 를 바꾸면 부동성이 되는 그 추상적 운동이 어떻게 실재적인 변
화, 즉 느껴진 변화를 정초할 수 있을 것인가? 일련의 순간적 위
치들로 구성된 그 운동이 어떻게 부분들이 서로 속으로 연장되
고 계속되는 지속을 채울 수 있는가? 따라서 오직 하나의 가정만
이 가능한 것으로 남으며, 그것은 의식처럼 자신의 과거를 현재
로 연장할 수 있으며, 반복되면서 감각적 질들을 낳을 수 있는 구
체적 운동이 이미 뭔가 의식적이며, 이미 뭔가 감각적이라는 것
이다. 그것은 그 동일한 감각이 무한히 더 큰 수의 순간들로 나누
어져 묽어진 것이며, 그 동일한 감각이 우리가 말했던 것처럼[531]
자신의 번데기 속에서 진동하는 것이다. 이제 마지막 요점이 밝혀
야 할 것으로 남을 것이다. 아마도 더 이상 동질적 운동을 구별되는
질로 응축하는 것은 아닐 것이니, 〔그렇다면 이제〕 덜 이질적인 변
화를 더 이질적인 변화로 응축하는 것은 어떻게 이루어지는가? 그
러나 그런 물음에 대해 구체적 지각에 대한 우리의 분석은 대답한
다. 그런 지각은 순수지각과 순수기억의 살아있는 종합으로서 필
연적으로 엄청난 다수의 순간들을 자신의 외견상의 단순성 속에서

531 위의 제4장 229쪽을 보라.

요약한다. 우리의 표상에서 바라본 감각적 질과 계산할 수 있는 변화로서 취급된 그 동일한 질 사이에는 지속의 리듬의 차이, 즉 내적 긴장의 차이밖에 없다. 그리하여 **펼쳐짐**(extention)의 관념에 의해 비연장성과 연장성의 대립을 제거했듯이, **긴장**(tension)의 관념에 의해 우리는 질과 양의 대립을 제거하려고 모색했다. 펼쳐짐과 긴장은 여러, 그러나 항상 정해진[532] 정도 차들을 인정한다. 이해력의 기능은 펼쳐짐과 긴장이라는 두 유(genres)로부터 그것들의 빈 용기, 즉 동질적인 공간과 순수 양을 분리해내고, 정도 차를 포함하 | 279 |
는 유연한 실재를 행동의 필요로부터 탄생한, 택하거나 버릴 수밖에 없는 굳은 추상들로 대체하며, 그리하여 사물은 그 어떠한 선택지도 받아들이지 않는 딜레마를 반성적 사유에 놓는 것이다.

3. 그러나 연장성과 비연장성, 질과 양의 관계를 그와 같이 생각한다면, 세 번째이자 마지막 대립, 즉 자유와 필연의 대립을 이해하는 데에는 어려움이 덜할 것이다. 절대적 필연성은 지속의 연속적 순간들 서로서로의 완벽한 등가성에 의해 표현될 것이다. 물질계의 지속이 그러할 것인가? 그 순간들 각각이 선행 순간들로부터 수학적으로 연역될 수 있을 것인가? 우리는 본 작업에서 연구의 편의를 위해 분명히 그러하다고 가정했다. 그리고 실제로 우리 지속

---

532 여기서 "정해진"의 의미를 정하기가 매우 어렵다. 바로 앞에서 나온 "필연적으로 엄청난 다수의 순간들을 자신의 외견상의 단순성 속에서 요약한다."는 말을 참조하면 엄청난 다수의 순간들(순수 공간이나 순수 양에서라면 무한해질)을 자신의 단순성 속에서 요약하는 것이니, 항상 일정한 정도와 수준이 있다는 의미가 아닐까 한다.

의 리듬과 사물의 흐름의 리듬 사이의 차이는, 자연의 흐름의 우연
성 — 최근의 한 철학[533]에 의해 그토록 심오하게 연구된 — 이 우리에게
실질적으로는 필연과 등가이어야 할 성질의 것이다. 따라서 우리
의 가정을 보존해야겠지만, 그러나 그것을 좀 약화시킬 여지는 있
을 것이다. 그때조차도 자유는 제국 속의 제국처럼[534] 자연 속에 있
는 것은 아닐 것이다. 우리는 그런 자연이 중화된, 따라서 잠재적인
의식, 있을 수도 있는 발현들이 서로를 실패하도록 붙잡아 두고, 그
것들이 나타나기를 원하는 바로 그 순간에 수그러드는 의식으로 생
각될 수 있다고 말했다.[535] 개인적 의식이 거기로 와서 던지는 최초
의 미광微光은 따라서 기대하지도 않았던(inattendue) 빛으로 그것
을 밝히는 것이 아니다. 그런 의식은 단지 장애물을 제거하고, 실재
하는 전체(tout réel)로부터 잠재적 부분을 추출해내어 자기의 관심
을 끄는 것을 선택하고 끌어낸 것에 불과하다. 그리고 그런 지성적
인 선택에 의해 의식이 분명 정신으로부터 자신의 형식을 얻어내
었다는 것을 증언한다면, 그것이 자신의 질료를 얻어낸 것은 자연
으로부터이다. 게다가 우리는 그런 의식의 개화를 참관하는 동시에
가장 단순한 형태로 자발적이며 의외의(imprévu) 운동을 할 수 있
는 살아있는 신체가 그려지는 것을 본다. 살아있는 물질의 진보는

280

---

533 E. Boutroux, 『자연법칙의 우연성에 관하여(*De la contingence des lois de la
  nature*)』, Paris, Alcan, 1874를 가리킨다.

534 스피노자(『윤리학』, III권, 서문)의 표현. 이 표현은 제1장에서도 다른 의미
  로 이용되었다(43쪽).

535 위의 제4장 247쪽을 보라.

기능의 분화에서 성립한다. 그것은 자극을 일정한 방향으로 모으고 행동들을 유기적으로 조직할 수 있는 신경체계를 우선은 형성하게 하고 다음으로는 점진적으로 복잡화하는 것이다. 고등한 중추들이 더 발전될수록, 동일한 자극이 행동에 선택을 제안하는 운동의 경로는 더 많아질 것이다. 공간에서의 운동에 주어지는 점점 더 큰 자유(latitude), 바로 이것이 실제로 사람들에게 보이는 것이다. 보이지 않는 것은 시간 속에서의 의식의 병존하는 점증적인 긴장이다. 그런 의식은 이미 오래된 경험들의 기억에 의해 점점 더 잘 과거를 보존하고 그것을 더 풍부하고 더 새로운 결정 속에서 현재와 유기적으로 조직할 뿐만 아니라, 더 강도 높은 삶을 살고, 직접적 경험의 기억에 의해 증가하는 수의 외적 순간들을 자신의 현재 지속 속에서 응축하면서 원하는 만큼 큰 수의 물질의 순간들로 분배되어야 할 내적인 비결정성이 그만큼 더 쉽게 필연의 그물망을 뚫고 지나갈 행위들을 더 잘 창조할 수 있게 된다. 그리하여 시간에서 고려되건 공간에서 고려되건 자유는 항상 필연으로 그 깊은 뿌리를 내리고 그것과 함께 내적으로 조직되는 것으로 보인다. 정신은 물질에서 자신의 영양분을 끌어낼 지각을 빌리고, 자신의 자유를 새긴 운동의 형태로 그것을 되돌려 준다.

제1장 표상을 위한 상들의 선택-몸의 역할

1. 몸과 지각

①내 몸은 상들의 총체인 우주에 내 몸이 그 유형을 제공하는 상인 지각에 의해 진정으로 새로운 어떤 것을 하고 있다(12쪽).

②내 몸은 그러한 행동의 중심일 뿐 표상을 만들어내지는 못한다 (13~14쪽).

③내 몸을 둘러싸고 있는 대상들은 그들에 대한 내 몸의 가능한 행동(action possible)을 반영한다(16~17쪽).

④물질이란 상들의 총체를 가리키며, 그 상들이 내 몸의 가능한 행동과 관계를 맺을 때 물질의 지각이 된다(17쪽).

2. 실재론과 관념론

①그렇다면 지각의 문제는 동일한 상이 두 체계, 즉 각 상이 분명히 정해진 방식으로 변하는 체계와 내 몸의 가능한 행동을 반영하는 정도에 따라 변하는 체계에 동시에 속할 수 있다는 것이 어디

서 연유하는지의 문제로 설정된다. 상들은 과학의 체계와 의식의 체계에 모두 들어갈 수 있다(17~21쪽).

②주관적 관념론은 두 번째 체계에서 첫 번째 체계를 유도해내고, 유물론적 실재론은 첫 번째 체계에서 두 번째 체계를 끌어내는 것인데, 결코 그러한 연역은 가능하지 않다(23쪽).

③실재론과 관념론은 모두 공통의 가정을 하고 있는데, 그것은 지각이 사변적인 것이고 그것이 제공하는 인식은 순수 인식이라는 것이다(24쪽).

3. 순수지각과 몸의 운동(상의 선택, 표상과 행동의 관계)

①그러나 뇌는 받아들인 운동의 분석의 도구이자 행할 운동의 선택의 도구이며, 일종의 전신전화국일 뿐 받아들인 것에 아무것도 덧붙이지 않는다(26~27쪽).

②동물연쇄의 한쪽 끝에서 다른 쪽 끝까지 신경계통의 발전은 자유, 즉 선택을 넓혀 가는 과정이며, 지각이 풍부해지는 것도 비결정성의 증가를 나타낸다(27~28쪽).

③행동이 시간에 대해 가지는 재량권과 정확히 비례하여 지각은 공간에 대한 재량권을 가진다(29쪽).

④지각은 원래 기억들로 침투되어 있지만 그 기억(배경-기억과 응축-기억)을 빼고 현재상태의 틀에만 맞는 지각으로 가정하면 순수지각이 된다(31쪽).

⑤상은 지각되지 않고도 존재하는 반면, 순수지각은 그것을 지각한 것이다. 그 양자 사이의 차이는 지각이 상 자체에서 뭔가를 빼

는 것에서 성립한다는 것이다. 그것이 지각으로 되는 것은 많은 것을 빼고 사물로 현실에 침투하는 대신 오직 그림만을 떼어 내는 데서 이루어진다(33쪽).

⑥지각은 상 자체에서 우리에게 필요한 부분만을 취한 것이다. 결국 상에게 존재한다는 것과 지각된다는 것은 정도의 차가 있을 뿐이다(35쪽).

⑦지각은 존재에서 우리의 잠재적 행동만을 남겨둔 것이다(36쪽).

⑧뇌의 구조는 선택할 수 있는 운동들의 세밀한 지도를 제공하고 (=두뇌의 변화), 다른 한편으로 지각을 구성하기 위해 스스로에게로 되돌아오는 것으로 보이는 외부 상의 분량(portion)이 바로 그 운동들이 영향을 미칠 우주의 모든 점을 그리고 있기 때문에(=의식적 지각) 의식적 지각과 두뇌의 변화는 엄밀하게 대응하는 것으로 보인다(39쪽).

⑨상이 형성되는 그 지점에서 지각이 형성된다(41쪽).

⑩선천적 맹인은 시각 중추가 손상되지 않았음에도 상 없이 살고 죽는다. 상을 떠올리려면 상의 세계 속에 한 번은 살아 봤어야 한다. 그러므로 기억이 배제된 순수지각에서 상의 원천은 외부세계 자체이지 다른 곳일 수가 없다(42쪽).

⑪지각은 공간의 각 부분이 우리 활동에 제기하는 물음들이다. 그러므로 신경을 끊은 만큼 제기된 물음이 줄어든 것이고, 결국 그만큼 지각이 감소한다. 지각은 몸이 운동하려는 경향에 그 존재 이유를 가진다(44쪽).

⑫이 점에 착각을 일으키는 것은 지각과 우리 몸의 운동이 무관하

게 보인다는 점이다. 각 다른 지각 내용에 대해 우리 몸은 동일하게 반응하지만 다른 내용에 대한 반응의 세부는 달라질 것이다. 지각과 몸의 운동은 불가분의 것인데도 그 둘을 떼어 놓으니까 지각이 감각신경요소에 있다고 생각하게 된다(45쪽).

⑬전체 상들과 그 속에 있는 내 몸을 생각한다면 상들의 외부성은 설명가능해지지만, 내 몸을 먼저 놓으면 외부상이 어떻게 생기는지 그것이 왜 연장성을 가지는지가 설명될 수 없다(47쪽).

4. 비연장적 감각을 외부로 투사한다는 이론에 대한 사실적 논박(상과 실재성, 신경의 특수 에너지, 정조)

①감각의 교육: 연장성을 밖에서 받아들이느냐, 내부의 비연장성을 밖으로 투사하느냐의 문제에 관해 후자의 입장에서는 밖으로 투사해서 거기에 맞추어야 하니까 감각에는 교육이 필요하다고 하겠지만, 전자의 입장에서도 점점 더 잘 협응된 감각을 위해서는 교육이 필요하다. 후자의 입장에서는 비연장적인 것이 어떻게 연장성을 획득할 것인지, 그리고 그것이 어떻게 외부와 일치할 것인지를 설명할 수가 없다. 그러나 전자에서는 당연하다(50쪽).

②신경의 특수 에너지: 다음으로는 신경의 특수에너지 이론에 의해 상이한 원인이 동일한 신경을 자극하면 동일한 감각을 낳으며, 동일한 원인도 상이한 신경을 자극하면 상이한 감각을 일으킨다고 주장한다. 그러나 그 상이한 원인 중에서도 특히 전기 자극은 여러 신경이 모두 자신에 고유한 요소를 뽑아낼 수 있는 것이다. 즉, 각각의 신경은 자신에 고유한 요소에 의해 자극 받을

뿐이다. 그리고 그 감각들이란 지각이라기보다는 정조일 가능성
이 크다(52쪽).

③-1 정조: 정조는 개인적 생존과 내밀하게 연관된 감정인데, 사람
들은 정조에서 표상으로 점진적인 이행한다고 생각하기 때문에
물질계의 표상은 상대적·주관적이며, 우리로부터 나왔다고 결
론짓는다(54쪽).

③-2 **정조의 본성**(굵은 글씨는 본문에 소제목으로 나온 것): 고통은 사태를
제자리에 돌려놓기 위한 국지적 노력이다. 노력의 그러한 고립
자체가 무기력의 원인이다. 노력이 국지적이기 때문에 생명체 자
체의 위험과는 불균등하다. 즉, 위험은 치명적이어도 고통은 작
으며, 고통은 큰데도 위험은 사소할 수 있다. 고통이 개입하는 정
확한 순간은 유기체의 관계된 부분이 자극을 받아들이는 대신
거부할 때이다. 지각과 정조는 본성의 차이가 난다(56쪽).

③-3 생명체는 하나의 점이 아니라 그것을 해체하려고 위협하는
외부 원인들의 작용에 노출되어 있는 하나의 물체이다. 지각이
신체의 반사력의 크기를 나타낸다면 정조는 그것의 흡수력의 크
기를 나타낸다고 말할 수 있다. 우리의 신체와 떨어져 있는 대상
에 대한 지각은 잠재적 행동을 그릴 뿐이지만 그 거리가 가까워
질수록 실재행동이 되려는 경향을 가지며, 그 거리가 없어지면
이제 실재행동이 되고 그것이 정조이다. 정조와 지각의 관계는
실재행동과 잠재적 행동의 관계이며, 몸의 잠재적 행동은 대상에
그려지지만 실재행동은 몸에 그려진다. 그러므로 몸의 내부와 외
부의 한계인 몸의 표면은 동시에 지각되고 느껴질 수 있다(58쪽).

③-4 정조는 외부 상에 우리가 섞어 넣는 우리 내부의 어떤 것이
다. 정조는 지각과는 기능적으로 다른 것임에도 그 둘을 혼동하
여 정조와 같이 지각도 비연장적이라 생각한다(60쪽).

③-5 정조의 장소를 정확히 지정하려면 교육이 필요하지만 처음부
터 공간성이 없다면 나중에도 장소를 지정할 수가 없다. 환상지
현상도 기억에 의해 직접적 지각이 이동된 것이다. 그것에 모든
공간성을 제거한 다음 나중에 공간과 연관시키려면 여러 어려움
을 겪게 된다(62쪽).

③-6 **상의 자연적 펼쳐짐**: 반대로 외부에 상들이 있고 내 몸이라는
특권적 상이 행동의 중심으로서 그 상들을 본다고 하면 모든 것
이 쉽게 설명된다. 지각은 사물의 부분이다(67쪽).

5. 지각, 그리고 물질, 기억의 문제로의 이행

①-1 **순수지각**: 순수지각은 사물들에 대한 순간적 시각이다. 그러
한 상들이 모여 우리의 기억을 형성하며, 기억은 생물이 비결정
적 선택을 하기 위해 남겨둔 과거이다. 지각에 그 기억의 부분을
원상복귀 시켜야 한다. 유용한 선택을 위하여 기억은 순수지각을
덮는다. 순수지각은 기억을 불러오기 위한 기호에 지나지 않는다
(69쪽).

①-2 중심적인 오류는 기억과 순수지각 사이에 본성의 차이가 아
니라 정도의 차이밖에 보지 않는 것이다. 지각은 기억에 젖어 있
으며, 기억은 지각의 몸체를 빌려서만 현재가 되는 것은 사실이
다. 사람들은 지각과 기억이 혼합된 상태를 단순한 상태로 파악

하기를 원한다. 그러나 기억과 지각은 엄연히 다른 본성의 것이다. 그것을 혼동하여 섞는 오류가 심리학과 형이상학적인 여러 문제를 일으킨다(70쪽).

②**물질문제로의 이행**: 실재론이건 관념론이건 지각을 참된 환영, 즉 밖으로 투사된 주체의 상태로 생각한다. 그러나 과거는 더 이상 작용하지 않는 것이며, 현재는 작용하는 것이다. 그러므로 지각과 기억은 본성상 다른 것이다. 주체와 객체는 연장적 지각에서 우선 접촉하며, 지각의 주관적 측면은 기억이 행하는 응축에서 성립하고 물질의 객관적 실재성은 그 지각이 내적으로 해체되는 많은 수의 연속적인 진동이 될 것이다. 그러므로 주관과 객관, 정신과 물질의 결합의 문제는 공간보다는 시간과의 관계(응축과 진동의 관계) 하에서 제기되어야 한다(74쪽).

③**기억의 문제로의 이행**: 물질 속에는 현재 주어진 것과는 뭔가 다른 것이 아니라 뭔가 더한 것이 있을 뿐이다. 의식적 지각은 물질에서 뭔가를 분별해낸 것이므로 지각과 물질 사이에는 본성의 차이가 아니라 정도의 차이만 있다. 그러므로 거기에서 물질과 다른 무엇, 정신적인 질을 창조해낼 수 있다는 유물론은 인정할 수 없다. 물질은 우리가 보는 그대로이다. 그러면 물질은 정신과는 독립된 다른 무엇이다. 그리고 물질의 질은 물질 자체 속에 있다. 그런데 지각에서는 그 물질에 우리의 응축기억과 과거 기억이 개입된다. 그 기억을 제거하면 물질 자체의 모습이 된다. 그러므로 기억은 물질과는 독립적인 존재가 된다. 그러나 지각에 개입하는 기억에서 어떻게 물질과 기억이 만나는지의 문제가 해명

될 것이다(78쪽).

④**물질과 기억**: 1. 뇌는 행동의 도구이지 표상의 도구가 아니다. 2. 순수지각은 우리 밖에서 이루어지며 대상의 실재성과 접촉한다는 앞에서의 우리의 주장은 모두 기억의 연구에서 사실적으로 입증될 수 있다.

제2장 상들의 재인에 대하여. 기억과 뇌

1. 기억의 두 형태

①과거는 신체 운동기제 속(습관기억)과 개별적 기억들 속(상기억)이라는 두 가지 형태로 살아남는다. 전자는 반복에 의해 우리 신체에 새겨진 것이고, 후자는 우리의 역사 자체를 이루며 매번 독자적인 것으로서 상으로 남지만 반복되지 않는다(89쪽).

②정상적인 상태에서는 상기억이 억제될 것이나, 신경체계의 감각-운동 균형이 혼란되는 경우에는 자발적 기억이 고양될 것이며, 습관기억을 형성하는 작업의 경우에는 상기억이 잠재적으로 개입할 것이다. 기억을 형성하는 도중에는 완전한 상이 거기에 있지만 달아나기 쉬운 상태로 있다. 그것은 신체 운동적 활동이 그 실루엣을 고정하려는 바로 그 순간에 사라져버리는 유령 같은 존재이다. 그것은 보존되는 데 충실한 만큼이나 재생되는 데 변덕을 부린다. 상기억이 습관기억에 해줄 수 있는 규칙적이면서도 확실한 봉사는, 그 선택을 밝혀주기 위해 현재 상황과 유사한 상황들 중에 앞서거나 뒤따르는 것의 상을 보여주는 것이다(95쪽).

③우리는 그 둘을 섞은 중간을 생각하고 그런 기억만 있다고 생각
한다. 그렇기 때문에 기억은 행동의 부분과 상부분이 합쳐 있는
것으로서 뇌에 저장된다는 가설을 내세운다(96쪽).

2. 재인 일반에 대하여. 기억상과 운동(운동과 기억)

a. 재인 일반

①재인 일반: 연상이 인접성에 의해 일어난다는 설과 유사성에 의
해 일어난다는 설이 있지만 유사성에 의해 일어난다고 해야 한
다(97쪽).

②그러나 유사성은 연상의 원인이 아니라 결과라는 반론이 있다.
그러나 막연하지만 서로 당기는 물리적 원인처럼 작용할 수 있
을 유사성이 있다. 그런데 이 중간 상태를 이해하지 못한 사람은
뇌의 운동이나 기억세포와 지각세포가 통한다는 가설로 도망간
다. 그런 이론들은 모두 재인을 지각과 기억을 접근시키는 데서
나오게 하려는 이론들로서 기억은 지각 이후에 나온다는 사실과
어긋난다(98쪽).

③사실 재인의 과정을 지각과 기억의 연합으로 설명하는 것은 잘
못이다. 그것이 사실이라면 이전 상들의 기억이 사라질 때 재인
도 없어질 것이며, 그 상들이 보존될 때는 항상 일어날 것이기 때
문이다. 즉, 정신맹은 시각적 기억의 금지 없이는 일어나지 않을
것이며, 특히 시각적 기억의 금지는 변함없이 정신맹을 결과로
가질 것이다. 사실은 그것을 긍정하지 않는다. 그렇다면 재인이
란 무엇인가(100쪽)?

b. 운동에 의한 자동적 재인

④우선 순간에서의 재인, 즉 어떠한 드러나는 기억이 개입하지 않고 신체 혼자만이라도 가능한 재인이 있다. 그것은 표상에서가 아니라 행동에서 성립한다. 지각은 내 지각만을 구별하는 상태에서 시작하여 나의 자동성 이외에는 더 이상 거의 의식하지 못하는 상태로 끝을 맺는다. 그 사이에는 혼합된 상태, 즉 발생 중의 자동성이 두드러지는 지각이 자리 잡는다. 결국 습관은 신체 운동과 지각을 함께 조직화하는 것으로 끝나며, 재인의 밑바닥에는 지각에 따르는 발생 중의 신체 운동에 대한 의식이 있다(101쪽).

⑤모든 지각은 신체 운동으로 연장된다. 그것이 반복됨에 따라 지각과 운동의 연결은 더욱 공고해진다. 친숙함의 느낌은 거기서 성립한다. 결국 신체 운동적 경향이 이미 재인의 느낌을 주기에 충분할 것이다(103쪽).

⑥그러나 운동은 지각에 의해 축조되지만 거기에는 이미 이전의 기억이 존재한다. 운동은 기억상을 멀리 하게 할 것이지만, 다른 한편으로는 기억을 준비하기도 한다. 기억의 총체가 현재에 남아 있다면 현재 지각과 유사한 표상이 가능한 모든 표상들 사이에서 선택되어야 할 것이기 때문이다. 기억이 운동으로 연장될 수 있다면 그 기회를 이용하여 현재 지각으로 들어가 채택될 것이다. 원래는 덮여 있어야 할 기억이 의식에 나타난다. 기억이 금지된다는 그 자체는 현재와 닮은 기억이 상기된다는 것을 의미한다(104쪽).

⑦그렇다면 이전의 상들이 더 이상 환기될 수 없는 경우와 단지 지

각과 습관적 부대 운동 사이의 연결이 단절되는 두 형태로 정신맹이 나타날 것이다. 첫 번째의 경우 시각적 기억의 소멸은 너무나 일반적이어서 처음에는 정신맹을 정의할 정도였지만 시각적 기억이 정말로 사라졌는지(아니다)는 앞으로 살펴볼 것이고, 우선 두 번째의 경우, 즉 기억이 있는데도 신체 운동적 습관의 혼란이나 감각적 지각과의 연결의 중단의 경우를 살펴보아야 할 것이다. 먼저 방향감각의 상실한 경우를 이야기할 수 있다. 방향을 잡는 능력은 몸의 운동을 시각적 인상에 조율시키고 지각을 기계적으로 유용한 반응으로 연장하는 능력이므로 여기에 해당한다. 다음으로 연속된 선으로 그림을 그리는 방식에 관한 것이다. 그것도 기억은 있으면서 운동과의 연결이 이루어지지 않는 실례라 볼 수 있다. 그러므로 재인의 원초적인 조건은 도식(뒤의 운동 도식)을 그리려는 신체 운동적 경향에 의해 시각적 지각을 보충하는 습관이다(107쪽).

⑧ 재인을 종류별로 다음 표와 같이 분류할 수 있다(107쪽).

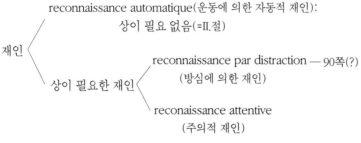

reconnaissance automatique(운동에 의한 자동적 재인): 상이 필요 없음(=II.절)

재인 {

상이 필요한 재인 {

reconnaissance par distraction — 90쪽(?) (방심에 의한 재인)

reconaissance attentive (주의적 재인)

1. 자동적 감각-운동 과정=운동 도식(III.절 ⑨~⑩)

2. 상기억의 능동적 이심적 투사(III.절 ⑪~⑰): 관념에서 기억, 기억에서 지각으로 간다. 그 역은 아니다.

3. 기억에서 신체 운동으로의 점진적 이행. 재인과 주의

①**기억과 운동**: 외부 상에서 오는 진동이 뇌에서 상을 만드는가, 아니면 단지 기억이 와서 삽입될 어떤 태도를 몸에 새길 뿐인가? 전자라면 기억이 뇌의 손상된 지역을 점하고 있다가 사라진 것일 것이며, 후자라면 손상은 행동의 국면을 제거함으로써 기억이 현재화되는 것을 방해할 뿐일 것이다(108쪽).

②지각, 주의, 기억의 관계 일반: 주의는 지각을 더 강하게 하고 세부를 드러낸다. 그런데 그런 증가는 내부로부터 오고 어떤 지적 태도에 기인하는 것으로 보이는데, 이 태도란 심리적 사실을 생리학적 언어로 번역하는 데 그치거나 비유로 돌아오거나 한다(109쪽).

③그리하여 점차 의식보다는 몸의 일반적 적용에 의해 주의를 정의하게 된다. 주의는 현재 지각의 유용한 효과를 계속하기를 단념한 정신이 뒤로 되돌아가는 것이다. 그것이 바로 정지의 행위이며, 여기에 곧바로 더 미묘한 운동이 접합되러 올 것이고 이것은 기억에 의해 계속된다(110쪽).

④이제 기억은 현재 지각을 다시 창조하거나 또는 어떤 기억상을 되돌려 보냄으로써 그것에 덧댄다. 그것이 성공하지 못하면 기억의 더 깊고 더 먼 지역으로 호출이 걸린다. 이런 작업은 끝없이 계속되어 기억은 지각을 강화한다. 결국 주의의 기초적인 작업은 중요한 정보를 받고 그 정확성을 확보하기 위해 그것을 발신처로 한 단어, 한 단어씩 재발송하는 전신국 직원에 비교할 수 있다(111쪽).

⑤주의는 분석인데 지각은 기억으로 오고, 기억은 그와 유사한 상을 반사함으로써 그런 분석이 이루어진다. 그것은 창조와 구성의 작업이다. 우리의 지각은 진실로 원에 비견될 수 있으며, 그 속에서 지각상은 정신으로 향하고 기억상은 공간으로 던져져서 서로가 서로의 뒤를 좇는다(113쪽).

⑥지각은 점점 더 먼 과거로의 진행이 아니라 대상으로부터 출발한 진동이 정신의 깊은 곳에서 중도에 멈추지 않고 항상 대상 자체로 되돌아오는 회로이다. 보통은 현재의 지각이 우리 정신의 방향을 결정한다. 그러나 우리의 정신이 채택하는 긴장의 정도에 따라, 그것이 위치하는 높이에 따라 지각은 우리 속에서 다소간 큰 수의 상기억을 전개한다. 그 기억이 좁혀져 현재 지각의 틀에 너무도 잘 끼어 들어가서 어디서 지각이 끝나고 어디서 기억이 시작되는지를 말할 수 없을 순간 기억은 신체 운동의 세부에 조절된다(116쪽).

⑦그러니까 기억은 항상 신체 운동적 요소를 가지기 마련인데, 이것을 모르면 주의와 기억의 깊은 병증들도 이해할 수 없게 된다. 재인의 병은 전혀 기억의 위치가 어디라는 것으로부터 나오지 않고, 1) 우리 몸이 더 이상 밖으로부터 오는 자극 앞에서 자동적으로 정확한 태도를 취할 수 없다는 것으로부터 오거나, 2) 기억들이 몸에서 더 이상 행동으로 연장될 수단을 찾을 수 없다는 것으로부터 온다. 어느 경우든 손상될 것은 현재 운동이거나 다가올 운동일 것이다. 즉, 기억의 파괴는 있지 않았던 것이다(118쪽).

⑧병리학은 그런 예견을 확인해 준다. 정신맹과 정신농, 언어맹과

언어농의 절대적으로 구별되는 두 종류가 있다. 첫 번째 종류의 경우 손상은 자동적 주의의 감각-운동적 기제에, 두 번째 경우 의지적 주의의 상상적 기제에 관계된다. 이제 말의 청각적 재인에서 1) 자동적 감각-운동 과정과 2) 상기억의 능동적이고 이심적인 투사를 보여주어야 한다(119쪽).

a. 자동적 감각-운동 과정

⑨외국어로 말하는 두 대화자와 그 말을 못 알아듣는 나의 차이는 어디서 오는가? 같은 소리의 덩어리에서 두 대화자는 여러 음을 분별해 듣고, 나는 아무것도 분별해내지 못한다. 사람들은 단어의 청각 기억들이 와서 소리의 효과를 강화한다고 하는데, 우선 소리를 듣지 못 하면 기억이 올 수가 없다. 그것이 가능한 것은 목소리의 근육들의 운동적 성향을 귀의 인상에 협응시키기 때문이며, 신체 운동적 수반을 완벽하게 하는 것이다. 그러한 신체 운동적 수반이 운동 도식이다. 그것은 우선 주어지는 전체적 지각을 나름대로 분석하여(해체) 그 각 분절을 재구성하여 서로 정확히 이어주는 데(재구성)서 성립한다. 이러한 **운동 도식**이 음성의 덩어리의 연속성을 깬다. 그러나 운동 도식이 형성되었다고 하여 그 말을 할 수 있는 것은 아니다. 운동 도식은 단지 말의 두드러진 윤곽만을 표시할 뿐이고 말을 하기 위해서는 몸이 이해해야 하는데, 몸의 논리는 생략을 인정하지 않는다. 요구된 운동을 구성하는 모든 부분이 하나씩 적시되고 전체가 함께 재구성되어야 한다(124쪽).

⑩의지적인 말하기의 기제들이 청각적 지각과 소통함을 의심할 수

없게 하는 실어증이 있다. 그리고 반향언어증이라는 특이한 현상을 보면 마치 청 감각이 저절로 분절 운동으로 전환되는 것 같다. 그런 현상들에는 절대적으로 기계적인 행동보다는 더한 것이, 그러나 의지적 기억으로의 호소보다는 덜한 것이 있다. 그것은 단어의 청각적 인상이 분절 운동으로 연장되려는 경향이 있는 것으로 보이며, 그것이 다름 아닌 운동 도식이다. 운동 도식에 의한 분석이 있은 후에야 청각기억과의 연결을 이야기할 수 있다. 운동 도식은 소리를 분절하는 운동적 경향으로서 그것은 자동성과 의지의 중간이다(128쪽).

b. 상기억의 능동적 이심적 투사

⑪기억들의 실현: 주의적 재인은 듣는 사람이 단번에 대응하는 관념들 속에 위치하여 그것들을 청각적 표상으로 전개시키고 그 표상은 운동 도식으로 끼어 들어가 가공되지 않은 지각된 소리들을 덮는, 대상과 기억 사이에 주고받는 대화와 같은 회로이다. 그런데 사람들은 연상주의적 오류에서 벗어나지 못하고 지각→청기억→관념의 직선적 운동을 생각한다. 그리하여 언어농을 피질에 축적된 기억의 상실로 해석한다. 그러나 한 단어의 청각적 상은 결정적으로 정지된 윤곽을 가진 대상이 아니다. 여러 사람의 다른 높이와 음색의 소리를 어떻게 한 음절의 소리로 들을 수 있는가? 이제 진정으로 피질세포 속에 기억이 저장된다면 한 번 손상된 후에는 회복할 수 없어야 한다. 그러나 그렇지 않다. 감소되는 것은 기능이지 기억의 수가 아니다. 기억이 없어지는 것이 아니라 기억을 재포착할 능력이 없어져 상 위에 내려앉지를 못

하고 주위를 도는 것과 같다. 그러나 진정으로 어떤 집단의 기억이 사라지는 것으로 보이는 경우가 있다. 우선 기억의 상실이 급작스러운 경우는 마치 인격의 분리나 최면술사의 지표를 가진 암시처럼 기억이 배후에 남아 있는 것이 분명하다. 두 번째는 기억의 상실이 점진적인 경우인데, 이것은 기억을 현재화하는 능력이 점진적으로 감소하는 경우이며 리보의 퇴행의 법칙을 따른다. 언어의 상이 피질에 저장되어 있다면 그 손상이 항상 동일한 순서로 이루어진다는 것은 이상하다. 그러나 기억이 환기되기 위해서는 신체적 태도 속으로 삽입되는 어떤 정신적 태도를 요청한다는 것을 받아들이면 설명된다. 또 체언을 잊은 경우는 풀어 말하거나 첫 글자를 알아내면 말할 수 있는 경우도 있다. 그것은 단어가 들어갈 일반적 행동을 정해주었기 때문에 거기서 문장이 나온 것이다. 사람들의 말을 이해하려 할 때 우리는 수동적으로 가만히 기다리기만 하는 것이 아니라 대화상대자의 말과 어조, 분위기에 따라 미리 어떤 상황 속에 자리 잡고 운동 도식에 따라 그 골곡을 따른다(135쪽).

⑫ 그러나 사람들은 이런 진행을 생각하기보다는 사물을 생각하는 경향 때문에 사태를 이렇게 보지 않는다. 우리는 관념으로부터 출발하여 그것을 청각적 상기억으로 전개시키며, 상기억은 들린 소리를 덮기 위해 운동 도식으로 삽입된다. 사람들은 그런 연쇄를 분석하여 가공되지 않은 들은 소리를 분리되고 완전한 단어로 확립하고, 다음으로 재기억된 청각적 상들을 그것들이 전개하는 관념이라는 독립적 존재로 세운다. 발전의 주요 국면들을 독

립적 항들로 응고시켜 병치된 역들로 만들고, 그것으로 운동을 재구성하려 한다. 감각실어증의 도식의 역사를 보면 여러 중추들의 구분으로 이론은 점점 복잡해졌으나 사실을 설명하기에는 역부족이었다. 결국 현재의 병리학은 순수 사실의 기술로 만족하게 되었다(138쪽).

⑬이론가들은 문장이 명사로 구성된 것처럼 생각한다. 그러나 동일한 단어도 그것이 차지하는 위치와 연결되는 항에 따라 다양한 관계를 이룬다. 그런 관계를 표현할 명사가 없을수록 정신의 활동의 범위가 커진다. 단어들이란 사유운동의 주요 단계들에 띄엄띄엄 푯대를 세울 뿐이다. 상들은 사물이지만 사유는 운동이다. 그것은 모든 진행을 국면들로 자르고, 그 국면들을 사물로 응고시키는 추론적 지성의 경향일 뿐이다(140쪽).

⑭한편 순수기억은 운동 도식으로 삽입될 수 있는 상기억으로 발전하고 결국 지각과 혼동된다. 그런데도 기억을 기어코 뇌의 일정한 지점에 위치시키기를 고집한다면 사실에 위배되는 모순을 범하게 된다. 지각능력은 손상되지 않은 채 어떤 종류의 기억상 전체가 우리를 벗어나는 정신맹이나 정신농의 현상이 있다는 것은 지각과 기억에 구별되는 신경 요소들을 할당해야 한다는 것을 의미한다. 그러나 다른 한편 기억이 더 분명하고 더 강하게 됨에 따라 지각이 되려는 경향이 있다. 그러므로 지각과 기억을 동일시할 것이냐 구별할 것이냐의 모순되는 가설이 대립한다(141쪽).

⑮그것은 기억이 지각이 되는 진행은 생각하지 않고 기억 없이 지각이 되는 사물로 생각하기 때문이다. 그러나 지각은 기억과의

융합을 통해서만 정의된다. 기억은 그 자체 무능력하기 때문에 현재감각에서 그 생명력과 힘을 빌려온다. 지각은 외부대상으로부터 오는 구심적인 것과 순수지각이라는 원심적인 것의 결합에서 이루어진다(142쪽).

⑯ 감각기관이란 외부 대상이 단번에 수천의 음표와 일치하며, 이처럼 정해진 순서로 한 순간에 감각중추의 관계된 모든 지점에 대응하는 방대한 다수의 요소 감각들을 일으키는 거대한 건반과 같다. 그렇다면 감각기관과 대칭적인 위치에 정신적인 귀가 있을 가능성이 크다. 그것을 통해 기억상이 지각으로 변하고, 그리하여 기억이 신경수질의 부분들과 관계 맺을 수도 있다. 그렇기 때문에 줄(감각기관)은 아직 거기에 있고 외부진동에 반응한다. 없어진 것은 내적 건반이다. 감각중추는 밖에서 실재 대상으로부터 감각기관의 인상을 받아들이고, 안에서는 잠재적 대상의 영향을 받는다. 잠재적 상들의 중추가 존재한다면 감각기관과 대칭적인 기관일 수밖에 없다. 그것이 순수기억의 저장소가 아닌 것은 감각기관이 대상의 저장소가 아닌 것과 같다(145쪽).

⑰ 재인은 구심적이 아니라 원심적이며, 우리는 지각에서 관념으로 가는 것이 아니라, 관념에서 지각으로 간다. 잠재적 상이 잠재적 감각으로, 잠재적 감각이 실재적 운동으로 진화해 간다. 이제 그 잠재적 상태의 내적 장치로 들어가 어떤 연속적 진행에 따라 과거가 현재화되면서 잃어버린 자신의 영향력을 재정복하려는 경향을 가지는지를 밝혀야 한다(146쪽).

제3장 상들의 존속에 대하여. 기억과 정신

1. **순수기억**: 지각은 어디서 시작되고 어디서 끝나는지를 말할 수 없는 순수기억, 상기억, 지각의 연속적인 과정에서 이루어지며, 상기억에 완전히 잠겨 있다. 과거의 한 기억을 다시 찾는 것은 잠재적인 기억을 카메라의 초점을 맞추는 작업과 같은 더듬기로 이루어진다. 연상주의의 잘못은 살아 있는 실재인 그런 생성의 연속성을 불연속적인 다수의 죽어 있고 병치된 요소들로 대체하는 것이다. 그리하여 그런 과정 전체를 감각과 기억상으로 요약한다. 그리고 둘 사이에 정도 차이밖에 보지 않는다. 상상과 기억은 다르다. 과거(기억)는 현재(지각)와 다르다. 기억은 상으로 되려는 경향을 가지지만 그 역은 아니다. 큰 고통이 약화된다고 큰 고통의 기억이 되지는 않는다. 현재는 행동을 불러일으키는 것이지만 과거는 무기력하다(147~152쪽).

2. **현재, 무의식, 존재**〔152~165쪽〕

a. **현재는 어디에서 성립하는가?**: 현재는 지속을 점하며 직접적 과거의 지각이자 직접적 미래의 결정이다. 따라서 그것은 감각-운동적(sensori-moteur)이다. 현재는 몸에 대해 가지는 의식에서 성립한다. 몸은 행동의 중심이며, 선택의 장소이다. 생성의 연속성 속에서 우리의 지각은 순간적인 절단을 행하며, 그 절단면이 물질계이다. 공간 속에서 연장되어 있는 물질은 끊임없이 다시 시작하는 현재이며, 역으로 우리의 현재는 우리 존재의 물질성

자체, 즉 감각과 운동의 총체이므로 지속의 각 순간마다 유일무이한 것이다. 현재의 감각과 순수기억의 차이는 근본적이다. 현실의 감각들은 내 몸의 표면의 일정한 부분을 점하고 있지만, 순수기억은 반대로 내 몸의 어떠한 부분과도 관여되지 않은 것이다. 기억이 현실화되면 감각이 될 것이지만, 바로 그 순간 그것은 기억이기를 멈추고 현재 사물로 이행한다. 그것에 기억의 성질을 되돌려 주려면 이전에 과거로부터 불러왔던 작업을 참조하지 않으면 안 된다. 이 본성의 차이를 무시하고 정도의 차이만 본다면 기억을 물질화하고 감각을 관념화하게 된다. 상으로 현실화된 기억은 순수기억과 심히 다르다(152~156쪽).

b. **무의식에 대하여**: 내가 지각하기를 멈추면 물질적 대상이 존재하기를 멈춘다고 가정할 이유가 없는 것과 마찬가지로, 과거가 일단 지각된 다음에는 사라진다고 말할 이유도 없다. 상으로 떠오르지 않은 상이 바로 무의식이다. 현실적인 지각은 수평의 공간과 수직의 시간이 만나는 점에서 이루어진다. 지금 지각되지 않더라도 공간에 대해서는 존재를 확신하지만 시간에 대해서는 그렇지 않은 이유는 무엇인가? 공간은 근접 미래의 도식을 제공하고 미래는 무한해야 하므로 무한히 열린 채로 남는 반면, 우리의 기억은 벗어던져야 할 죽은 무게이다. 우리 앞으로 공간을 무한히 열게 하는 그 동일한 본능이, 시간에 대해서는 우리로 하여금 그것이 흘러감에 따라 우리 뒤에서 닫아버리게 한다. 그리고 표상의 순서가 한쪽에서는 필연적이고 다른 쪽에서는 우연적이다. 과거는 사라지지 않고 물질과 동일한 사슬을 형성하여 우리의

성격을 이룬다. 그것은 심지어 외부세계보다 더 존재한다. 매 순간 기억 전체를 이용하기 때문이다. 다만 비약적·축약적으로만 소유한다는 외관이 다른데, 그것은 우리에게 유용한 것만 받아들이고 잉여물은 잠시 보류하기 때문이다. 공간에서의 지각되지 않은 대상과 시간에서의 의식되지 않는 기억은 존재의 근본적으로 다른 두 형태가 아니다(156~163쪽).

c. 존재란 무엇인가?: 경험적 사물의 존재는 1) 의식적 파악과 2) 인과적 연결(규칙적 연결)을 기준으로 결정된다. 의식적 사실은 1)을, 외부 대상은 2)를 완벽하게 갖는다. 따라서 경험적 존재는 그 양자를 다른 비율로 내포한다. 그러나 우리의 이해력은 그렇지 않고, 두 다른 존재방식으로 이해한다. 그렇게 되면 존재하지만 지각되지 않는 대상들이 의식에 참여하는 것도, 의식되지 않는 내적 상태들이 존재에 참여하는 것도 불가능하게 된다. 그리하여 모든 과거 상태들이 명시적으로 성격 속에서 드러나지는 않을지라도 무의식적일망정 실재적 존재라는 것을 부정하게 된다(163~165쪽).

3. 신체와 정신의 관계〔165~181쪽〕

a. **과거와 현재의 관계**: 사람들은 기억이 뇌 속에 보존된다고 생각하는데 뇌는 물질현상으로 현재의 순간만을 접하는 것이고, 따라서 기억이든 뭐든 보존할 수가 없다. 기억을 보존하려면 과거의 존속 자체를 인정하지 않을 수 없다. 현재는 이루어지고 있는 것인데 사람들은 그것이 있는 것이라고 자의적으로 생각한다. 우리는

사실상 과거만을 지각하며, 현재는 미래를 먹어 들어가는 과거의 진전에 불과하다. 습관기억과 자발적 기억은 후자가 전자에 의해 경험으로 삽입해 들어가는 첨단이다. 충동인과 몽상가 사이에서 현재 상황의 윤곽을 정확하게 따라갈 만큼은 충분히 온순하나, 모든 다른 부름에는 저항할 만큼은 충분한 힘이 있는 기억의 적절한 대비상태가 자리한다. 그것이 양식이나 현실 감각을 갖는 행동인이다. 아이들의 기억이 발달한 것은 행위와 기억을 연대시키지 않았기 때문이다. 꿈이나 몽유병 상태에서의 기억력의 증진은 행위에 대한 관심을 버렸기 때문이다. 죽다가 살아난 사람의 경우 자신의 전 과거가 파노라마처럼 지나가는 것을 본다. 몽상가는 특수성만을 기억하고, 충동인은 닮음만을 지각한다. 그 두 흐름의 합류점에서 일반 관념이 나온다(165~173쪽).

b. **일반 관념과 기억**: 일반화하기 위해서는 추상해야 하고, 추상하기 위해서는 일반화해야 한다. 이 순환을 둘러싸고 유명론과 개념론이 대립하는데, 유명론은 일반성에서 출발하나 결국 유사성의 추출에 의존할 수밖에 없고, 개념론은 유사성의 추출에서 출발하나 결국 일반성으로 돌아갈 수밖에 없다. 그런데 초식동물을 유혹하는 것은 풀 일반이다. 그런 유사성은 하나의 힘의 물리적 법칙처럼 작용하며, 그것이 일반화의 싹이다. 그리하여 방금의 순환은 넘어서게 된다. 우리가 출발한 것은 체험되고 자동적으로 실행된 유사성이며, 도달하는 것은 지적으로 감지되고 사유된 유사성이기 때문이다. 우리는 습관에 의해 기계적으로 윤곽이 잡히는 유로부터 그러한 작용 자체에 대해 수행되는 반성의 노력에 의해

유라는 일반 관념으로 이행한다. 그런 관념이 일단 형성되면 무한수의 일반 개념들을 의도적으로 구성한다. 그런 장치들의 총체가 말이다. 개체를 구별하는 것은 기억의 개입만을 요청하기 때문에 경험의 시초부터 완성된다. 그러나 유를 구성하는 것은 불안정하고 금방 사라지는 표상들을 형성한다. 일반 관념의 본질은 행동의 권역과 순수기억의 권역 사이를 끊임없이 움직이는 것이다. 원뿔도식의 밑면과 꼭짓점 사이의 끊임없는 왕복운동의 이중적 흐름에서 성립할 것이다. 감각 운동적 상태로부터 떨어져 나와 꿈의 삶을 살면 AB로 흩어지려는 경향을 현재의 실재성에 더욱 확고히 애착함에 따라 S로 집중되는 경향을 가진다. 정상적인 자아는 어느 한쪽에 고정되지 않고 현재의 행동에 유용하게 협조할 수 있을 만큼의 충분한 상이나 관념을 생각한다(173~181쪽).

4. 관념연합〔181~192쪽〕

a. 유사성과 인접성은 어디서나 어떻게든 발견될 수 있으며, 그것만으로 연상주의가 설명될 수 없다(181~182쪽).

b. 무수한 기억 속에서 어떻게 현재와 닮은 하나를 선택할 수 있는가? ─ 연상주의는 여기에 답할 수가 없다. 개별기억을 완성된 사물로 생각하기 때문이다. 그런 부분들 이전에 전체를 생각해야 한다. 해체의 작업을 통해 전체에서 부분으로 간다. 연합이 아니라 분해에서 시작해야 한다. 독립적으로 떠다니는 원자라는 기억이 서로 접합하는 것이 아니라 전체의 성운덩어리가 점점 더 강력한 망원경에 의해 여러 별들로 해체되는 것과 같다

(182~185쪽).

c. **꿈의 국면과 행동의 국면**: 행동의 국면에서는 유사성과 인접성에
의한 연상이 거의 혼동되어 일어난다. 그것은 주어진 상황에서
유용한 것을 뽑아내고, 그것을 운동적 습관의 형태로 축적하여
동일한 상황에 도움이 되게 하려는 모든 유기체의 경향이다. 반
면 꿈의 국면으로 이동하면 의식은 어느 한쪽에 고정될 이유가
없을 것이므로 모든 것이 연상될 것이다. 따라서 꼭짓점에서는
연상이 숙명적 행동을 초래할 것처럼, 밑면에서는 자의적 선택을
초래한다. 그러나 정상적 심리 상태는 두 극단 사이를 움직인다.
감각-운동적 상태는 기억에 방향을 주며, 그런 기억 자체가 현재
의 행동에 자신의 가능한 한 가장 큰 부분을 삽입하기 위해 추진
력을 행사한다. 거기서 기억의 각 단면들이 나오며, 그것들은 그
만큼의 우리의 과거의 삶 전체의 반복이다. 각각의 절단면은 밑
면이나 꼭짓점에 가까운가에 따라 더 풍부하거나 덜 풍부하게
된다. 총체적 기억은, 하나는 기억이 전체로서 나누어지지 않으
면서도 행동을 위해 더 응축되거나 덜 응축되게 되는 상하이동
과, 다른 하나는 기억이 당시의 상황에 대해 가장 유용한 면을 내
보이기 위하여 그 상황을 향해 방향을 잡는 자전이라는 두 동시
적인 운동에 의해 현재 상태의 부름에 답한다(185~188쪽).

d. 의식의 다양한 국면들: 의식의 다양한 국면들을 잇는 어떤 법칙
이 존재할 것이다. 그 다양한 국면들의 긴장이나 생동성의 연속
적이며 구별되는 정도들을 분명 가지고 있다. 히스테리 환자의
체계적 기억 상실은 사라진 기억들은 사실 현존하지만 주체가

자리 잡을 수 없는 지적 생동성의 일정한 음조에 붙어 있어서 기억될 수 없는 것이다. 우리는 기억의 자루로 들어가 거기서 어떤 기억을 집어 올리는 것이 아니라, 확장의 노력으로 개별기억이 속하는 면까지 찾아내는 것이다. 퇴행적 기억 상실에서 충격적 사건 이전의 기억이 없어지는 것은 지배적 상을 기다리는 일반적 기억의 경우와 다를 바 없다(188~192쪽).

5. 지적 균형과 삶으로의 주의〔192~198쪽〕

a. **삶으로의 주의**: 몸은 우리의 정신을 고정하는 것이며, 정신에 균형을 주는 것이다. 감각과 운동은 삶으로의 주의를 조건 지운다. 몸이 자극과 운동 사이의 만남의 장소라면 자극과 운동을 연결하는 섬유들의 연결의 굳건함은 몸의 감각-운동적 균형, 즉 현재 상황으로의 적응을 보장한다. 그 당김이 풀리면 주의가 삶으로부터 멀어지게 될 것이다(192~194쪽).

b. **정신적 균형**: 꿈은 정신이상을 모방한다. 정신이상에서 정신적 균형의 파괴는 유기체에 확립된 감각-운동 관계의 교란에 기인하는 것이 아닌가? 정신이상자들은 자주 비현실감을 느낀다고 말한다. 감각과 운동 사이의 관계들이 이완되거나 망가지는 곳에서는 실재감이 약화되거나 사라지기 때문이다. 인격의 병들에서는 기억의 집단들이 중심 기억으로부터 떨어져 나와 다른 것들과의 유대를 거부하는 것처럼 보인다. 사실 감수성과 운동성의 분열이 항상 함께 일어나는 것이 관찰된다. 기억의 꼭짓점이 감각-운동적 기능 위에 서 있다면 그런 기능의 손상이 다양한 혼선

을 빚을 것이다. 그리하여 감각-운동 기능의 활력 일반을 침해하는 손상들과 일정한 그런 기능들이 기계적으로 감소하는 것으로 번역되는 손상들이 있다. 첫 번째는 어떠한 기억도 제거되지 않았지만, 실재로 향한 무게추가 덜 굳건하여 정신적 균형이 깨진 것이다. 두 번째 경우는 균형은 깨지지 않았으나, 그 복잡성을 잃어버린 것이다. 기억은 보존되지만 감각-운동적인 토대가 기계적으로 감소된 것이다. 어느 경우나 기억은 손상되지 않을 것이다(194~196쪽).

c. **신체의 용도**: 뇌의 일정한 부위의 일정한 자리를 할당할 수 있는 유일한 경우는 청각적·시각적 재인의 혼란인데, 그 경우에도 기억의 즉각적이며 기계적인 추출은 볼 수 없고, 오히려 관계된 기억 전체의 점진적이고 기능적인 약화를 본다. 실제로 침해된 것은 그런 종류의 지각에 대응하는 감각적·운동적 지역들이며, 그 결과 기억은 어디에 매달릴지를 모르게 된다. 기억을 뇌의 직접적 기능으로 만드는 이론은 따라서 뇌의 병리학마저도 의지할 수 없다. 기억은 물질과는 독립적이며, 뇌는 감각과 운동의 매개자이고, 몸은 기억을 현실과 연결시킨다. 뇌는 기억이 아니라, 망각의 기관이다(196~198쪽).

제4장 상들의 한정과 고정에 대하여. 지각과 물질. 영혼과 신체

1. 이원론과 방법론

a. 이원론의 문제〔199~203쪽〕

① 몸은 항상 행동으로 향해 있어서 행동을 위해 정신생활을 한정하는 것이 본질적 기능이다. 지각은 사물에 대한 몸의 잠재적인 행동을 그리면서 행동을 준비하는 대상에 한정된다. 몸은 기억의 축적이 아니라 행동을 위해 현재의 상황을 보완하고 밝혀줄 기억을 선택한다. 거기에는 자의적 공상의 여지, 자유의 여지가 있다(200쪽).

② 여기서 영혼과 물질의 결합의 문제가 제기되고 그것은 적극적으로 해결될 수 있다. 문제는 연장적인 것과 비연장적인 것, 질과 양 사이의 대립에 기인한다. 우리는 비연장적인 것과 질이 연장과 양으로부터 파생한다는 유물론도, 후자들이 전자들의 구성물에 불과하다는 관념론도 부인했다. 유물론에 대항하여 지각은 뇌의 상태를 무한히 능가한다고 주장하며, 관념론에 대항해서 물질은 그것의 표상을 넘쳐난다고 했다. 의식의 증언에 따르면 몸은 다른 것과 같은 상이고 우리의 이해력은 구별하거나 대립시키는 능력이지 구성력은 아니다. 이제 순수지각론과 순수기억론이 비연장적인 것과 연장적인 것, 질과 양 사이를 접근시킬 것이다 (202쪽).

③ 순수지각을 몸 밖의 사물의 자리로 되돌렸다. 그것은 펼쳐짐으

로써 연장과 비연장의 접근의 가능성을 엿보게 한다. 또 물질은 양으로 환원되지 않는다. 이질성은 기억 속에서의 순수지각의 응축이며, 동질성은 그것의 이완이다. 그때 양과 질은 긴장에 의해 접근된다(203쪽).

b. 따라야 할 방법〔203~209쪽〕

①순수 직관은 분할되지 않은 연속성의 직관이다. 그것을 우리가 단어와 대상으로 조각낸다. 경험론과 독단론은 공통적으로 사물을 분할하는 데서 출발하며, 전자가 내용에 후자가 형식에 치중한다는 차이밖에는 없다. 그러나 제삼의 길은 경험을 그 원천으로 찾으러 가는 것, 또는 우리의 유용성의 방향으로 굴절되어 경험이 고유하게 인간적 경험이 되는 그 결정적 전기 너머 찾으러 가는 일이다. 직접적인 것에서 유용한 것으로의 전기를 밝히고 실재의 곡선의 미분의 배후에 실재 함수를 밝히는 적분의 작업을 해야 한다. 우리는 *Essai*에서 자유의 문제를 다루며 지속 자체를 파악하는 그 방법을 사용했다(208쪽).

②그 방법을 물질에도 적용할 수 있는가? 우리의 내적 삶이 텅 빈 시간으로부터 떨어져 나와 다시 순수 지속을 회복하는 것처럼, 혼동의 덩어리가 과연 동질적 공간 밑에서 파악될지를 알아야 한다. 그것은 곧 외적 지각의 조건들이 유용성을 향한 것은 아닐지를 아는 문제이다. 사실 구체적이고 다양한 연속성은 그 밑의 동질적 공간과는 구별된다. 직접적 연장성은 도식적 공간과 다르며, 그것의 직접적 인식은 그 정당성과 증거를 자신 속에서 발견한다(209쪽).

2. 직접적 인식에서 본 물질〔209~235쪽〕

I. 정지에서 정지로의 이행으로서의 운동은 불가분적이다. 지각과 물질〔209~215쪽〕

① 운동 자체는 정지와 정지 사이의 이행으로서 나누어지지 않은 행위이다. 그 운동을 밖에서 파악하면 공간적인 것으로서 무한히 분할될 수 있다. 운동을 무한수의 정지들로 재구성하려는 것은 정신의 술책이다. 우리는 도정을 궤적으로 대체하고 둘이 일치한다고 믿는다. 그러나 진행이 사물과, 운동이 정지와 일치할 수가 없다(209~211쪽).

② 운동의 불가분성은 순간의 불가능성을 내포한다. 공간은 지속을 완전히 표현할 수 없다. 그런데도 우리는 그렇다고 착각한다. 그것이 제논의 논증이 원천이다. 그 논증들은 모두 시간과 운동을 그것들 아래에 놓여 있는 선분과 일치시키고 그것들에 선분과 동일한 분할을 할당하는 것들이다. 상식과 언어는 생성을 항상 이용할 수 있는 사물로 생각하기 때문에 그런 생각을 부추긴다. 상식은 1) 모든 운동은 공간을 그린다는 것, 2) 그 공간의 각 점에서 동체는 머물 수 있을 것이라고 생각한다. 그러나 철학자는 운동의 내적 본성인 운동성을 회복시켜야 한다. 네 논증들의 재검토해보면 제논에 의해 지적된 난점들과 모순들은 운동 자체보다는 정신에 의한 운동의 인위적이며 생명력 없는 재조직에 관계된다(211~215쪽).

II. 실재 운동들이 있다. 지각과 물질〔215~220쪽〕

① 수학자들은 운동을 길이의 변화로만 생각한다. 그렇게 되면 동

일한 대상이 적용하는 좌표에 따라 운동하기도 정지하기도 하며 절대적 운동도 없다. 그러나 수학에서 물리학으로 가면 벌써 마음대로 운동과 정지를 선택할 수 없다. 거기서는 운동은 거역할 수 없는 하나의 실재이다. 데카르트의 모순은 운동을 기하학자로서 정의한 다음에 물리학자로서 다룬 것에 기인한다. 실재 운동의 존재를 부인한다면 우주의 아무것도 변하지 않을 것이며, 우리 자신의 운동에 대한 의식을 설명할 길이 없다. 절대적 운동이 있다면 운동을 장소의 변화로만 설명할 수 없다. 분석은 항상 운동 자체로 돌아오게 한다. 내 눈이 운동을 볼 때 뭔가 실재로 일어난 것이며, 근육감각은 운동의 실재성을 보장한다. 근육감각과 물질적 질은 모두 절대이다(215~220쪽).

III. 절대적으로 결정된 윤곽을 가진 독립적 물체로 물질을 분할하는 것은 모두 인위적인 분할이다. 지각과 물질〔220~226쪽〕

①시각과 촉각은 항상 공간적 연속성으로 주어지며 끊어지지 않는다. 우리는 어떻게 물질의 연속성을 각각이 개체성을 가지는 그만큼의 물체로 조각내는가? 우리에게 주어진 것은 움직이는 연속성인데 어떻게 거기서 영속적인 물체와 그것의 동질적 운동을 표상하는가? 의식에 가장 직접적으로 주어진 것들을 생각하고 과학의 가장 먼 소망을 생각한다면 과학과 의식은 일치하는데도 어떻게 거기서 불연속적 물질과 그 관계의 변화만을 생각하는가? 의식과 과학 옆에 삶이 있다. 살기 위해서는 우선 나와 다른 생명체들의 신체를 구별해내고 내 필요에 따라 그것을 충족시키는 것을 구별해내야 한다. 그렇게 잘라진 신체들 사이의 관계를

확립하는 것이 바로 산다는 것이다(220~222쪽).

② 그러나 삶의 운동을 연장하는 것은 참된 인식에 등 돌리는 것이다. 분할은 순수 인식의 영역으로 부적당하게 이전된, 유용한 행동의 일반적 형태이다. 그 대표적 학문인 화학은 물질을 원자들로 구성하고 그 원자들의 충돌을 생각한다. 그것은 고체와 그 충돌이 우리의 관심을 가장 많이 끄는 것이기 때문이다. 그러나 밀치는 두 물체 사이에 접촉은 없으며 고체는 물질의 결정적 상태가 아니다(222~224쪽).

③ 물질의 모든 부분은 다른 부분들과 상호작용한다. 서로 인력과 척력이 작용한다. 그것을 물질과는 다른 어떤 힘이라고 생각하는데, 그런 생각은 고정된 죽은 사물과 그 작용을 구별하라는 일상적 요구에 따르는 것이다. 그러나 힘과 물질은 접근하고 결합하며, 힘이 물질화하고 원자가 이상화하여 둘이 공통의 한계로 수렴하면 물질의 연속성이 회복된다. 그리하여 패러데이는 원자가 힘의 중심이며 각 원자는 중력이 펼쳐지는 공간 전체를 점하고 모든 원자가 상호 침투한다고 한다. 또 톰슨은 원자가 완전한 유체 속에서 소용돌이치는 고리로서 그 운동에 그 개체성을 빚지고 있다고 한다. 어느 쪽이든 물질의 불연속성은 사라진다. 그러나 사실은 소용돌이든 역선이든 계산을 도식화하는 편의적 도형일 뿐이다. 다만 그 상징들은 운동이 단순한 관계의 변화가 아니라 진정한 실재임을 암시한다(224~226쪽).

IV. **실재 운동은 사물이 아니라 상태의 전이이다. 지속과 긴장**〔226~235쪽〕

①우리는 질적인 감각과 공간적인 운동을 나눈다. 질과 양의 차이는 없앨 수 없지만 실재 운동은 질 자체가 아닐지를 아는 것이 문제이다. 운동 자체는 지속을 점하며, 불가분적이고, 우리 의식의 연속성과도 유사한 질적인 연속성이다. 양을 응축하면 질이 되지 않는가? 질을 느린 리듬으로 살면 순수 진동이 되지 않는가? 그렇게 생각하는 것을 방해하는 것은 운동 자체와 운동이 응축되는 질 사이에 개입하는 원자 같은 요소들 때문이다. 우리의 일상적 경험은 항상 움직이는 물체를 보고 운동과 질들은 그것의 우연 요소가 된다. 감각은 표면에서 부동의 것으로 나타나지만 심부는 살아있고 진동한다(226~229쪽).

②진동의 무한한 다수성을 짧은 지속 속에 응축해야 할 필연성이 질적 차이를 낳는다. 진동수가 가장 적은 붉은 빛도 초당 400조 번을 진동한다. 그것을 가장 경제적인 시간으로 센다고 하더라도 25,000년이 걸린다. 공간은 우리 밖에 있고 우리의 관여를 언제까지나 기다릴 수 있으므로 그 분할은 무한할 수 있다. 공간은 근본적으로 무한한 분할 가능성의 도식에 불과하다. 그러나 우리 지속은 그것을 나누는 행위의 계속되는 순간들과 일치하며, 분할을 멈추는 순간, 분할가능성도 멈춘다. 우리 지속의 분할을 더 멀리 밀고 나아가고 싶어 하는 바로 그 노력이 그 지속을 그만큼 더 길게 늘어뜨릴 것이다. 우리는 자연에서 내적 상태들의 연속보다 훨씬 더 빠른 연속을 예감하지만 동질적 시간은 언어의 우상이며 허구이다. 지속의 유일한 리듬은 없다. 지각한다는 것은 긴 역사를 요약하여 응축하는 데서 성립한다. 지각한다는 것은 고정시

키는 것이다(229~233쪽).

③지각한다는 것은 무수한 순간을 한 순간으로 응축하는 것이지
만, 물질계는 표상과 본질적으로 다르지 않다. 물질은 모두 연속
되는 무수한 진동들로 해소된다. 그런 연속적 진동의 운동성 자
체를 생각하면 물질에 대한 순수한 시각이 얻어진다. 그리고 나
의 의식과 생의 요구들을 회복하면 질적인 변화들이 응축된 그
림과 같은 시각이 얻어진다. 변화는 어디에나 있지만 깊은 곳에
있다. 우리는 보편적인 변화를 응축하면서 장소의 변화를 구성한
다(233~235쪽).

3. 연장성과 펼쳐짐〔235~246쪽〕

①사물과 그 주변은 절대적으로 단절될 수 없다. 지각은 우리의 행
동이 멈추고, 우리의 필요에 관심을 끌기를 멈추는 곳에서 그 대
상들을 마감한다. 그렇게 분할하려면 구체적 연장인 감각적 질의
연속체 아래에 무한정 변형될 수 있는 그물코를 가진 망을 던져
야 한다. 그러한 관념적인 도식이 동질적 공간이다. 끊임없이 변
하는 어떤 현재 속에 있는 것이 물질의 근본적인 법칙이다. 거기
에서 필연이 성립한다. 자유로운 행동은 그런 현재를 응축하고
동화시킴으로써 필연의 그물을 뚫을 수 있는 반응으로 소화할
때 성립한다. 그리고 우리 자신의 존재와 사물의 존재 전체를 공
통의 실로 연결하기 위해 계기 일반에 추상적인 도식을 적용한
것이 동질적 시간이다. 동질적 공간과 동질적 시간은 움직이는
연속체에 받아들이게 한 응고와 분할의 이중적 작업을 표현한다.

그것은 물질에 대한 우리 행동의 도식이다. 그것을 실재의 속성으로 생각하면 기계론과 역동론이라는 형이상학적 독단론의 난점에 빠지게 된다. 또 칸트의 비판론도 시간과 공간을 감성의 형식이라 하면 물질과 정신을 마찬가지로 인식 불가능한 것이라 하게 된다. 그들 모두의 공통적 밑바닥은 동질적 공간과 시간을 사변적 실재라 생각하는 것이다. 그렇다면 이제 그들의 난점을 보는 이론을 위한 여지가 있을 것이다(235~238쪽).

② 실재론과 관념론이 공통적으로 받아들이는 이중적 요청은 1) 다양한 종류의 질들 사이에는 공통적인 것이 아무것도 없다는 것과 2) 연장과 순수 질 사이에도 또한 공통적인 것이 아무것도 없다는 것이다. 우리는 반대로 다른 질서의 질들 사이에 공통적인 것이 있으며, 그것들은 모두 다양한 정도의 연장성의 성질을 띠고 있다고 생각한다. 영국 관념론의 본질은 연장성을 촉각의 속성으로 간주하는 것이다. 촉각의 연장성과 연장적이지 않은 촉각의 감각과는 어떠한 공통성도 없다고 생각하는 것이다. 그것은 실재론도 마찬가지이다. 감각은 공간 밖에 있기 때문에 그 공간적 원인과도 유사성이 없다는 것이다. 공간과 단절됨으로써 그들 사이도 또한 단절되며, 그리하여 그것들 서로의 성질도 연장성도 가지지 않는다. 그러나 적어도 시각에는 연장성을 인정해야 할 것이다. 사람들은 시각에서 촉각의 암시를 보는 것에 불과하다고 둘러댄다. 그러나 가령 독자적인 부조의 시각적 지각이 어떻게 촉각을 암시하는지는 설명하지 못한다. 기억은 현재의 지각을 더 복잡하게는 할 수 있지만 새로운 지각을 창조하지

는 못한다. 그러나 시각적 형태, 부조, 거리가 촉각의 상징이라고 받아들이더라도 그 상징이 왜 성공하는지를 설명해야 한다. 시각과 촉각의 두 연쇄가 상응하는 것을 보장하는 원리가 있어야 한다(238~242쪽).

③ 모든 감각은 연장의 성격을 띤다. 현대 심리학도 그것을 받아들인다. 그러나 공간은 고정성과 무한한 가분성의 상징이다. 그것은 구체적 감각 아래에 우리가 까는 것이다. 실용적 욕구를 반영하는 우리의 상상력은 운동에 앞서 정지를 믿고, 운동을 더 이상 거리의 변화로밖에는 보지 않는다. 운동을 공간에 동화시키면서 사람들은 그런 운동이 공간처럼 동질적이라고 생각한다. 이제 운동과 질 사이의 모든 관계는 사라져 버리고, 운동을 공간에, 질을 의식에 몰아넣는다. 그렇게 되면 의식에 던져진 질은 공간성을 회복할 수 없고, 공간으로 던져진 운동은 자신의 본질 자체인 현재와 과거의 유대를 단념한다. 이렇게 지각의 두 측면인 질과 운동이 어두움에 싸이면 의식이 공간에서 일어난 것을 번역할 지각의 현상은 신비가 되어버린다. 그러나 실재를 마주해 보면 지각과 사물 사이, 질과 운동 사이에는 본질적인 차이도, 심지어 진정한 구별조차도 발견할 수 없다. 우리의 지각은 원천적으로 정신 속보다는 사물 속에, 우리 속보다는 우리 밖에 있다. 구체적인 지각은 기억이 개입하며, 감각 질의 주관성은 우리 의식이 다수의 순간들을 유일한 직관에서 응축하여 서로 속으로 연장하는 것에 기인한다(242~246쪽).

4. 영혼과 신체〔246~251쪽〕

①영혼과 신체는 지각에서 접촉한다. 이원론에서 주체와 대상의 부분적 일치를 인정하기 싫어하는 것은 지각은 단일한 것인 반면 대상은 나누어질 수 있는 것으로 생각하기 때문이다. 그러나 물질의 가분성 전체가 물질을 지배하기 위해 그것 아래에 까는 공간에 속한다. 연장적 물질은 우리 지각의 불가분성을 가진다. 역으로 지각은 연장성을 가진다. 지각과 물질은 우리가 행동의 선입견을 떨쳐내 버릴수록 서로를 향해 다가가서 감각은 연장성을 회복하며, 구체적 연장성은 자연적 연속성과 불가분성을 되찾는다. 그 둘 사이의 장벽으로 서 있던 동질적 공간은 도식이나 상징에 불과하다(246~247쪽).

②정신은 기억, 즉 미래를 위한 과거와 현재의 종합이며, 물질의 순간들을 응축하여 이용하고 신체와의 결합의 존재 이유인 행동으로 나타난다. 신체와 정신의 구별은 공간이 아니라 시간에 따라 확립되어야 한다. 통속적 이원론의 잘못은 물질을 공간에, 감각을 의식에 두는 것이다. 거기서부터 평행론이나 예정 조화론이 나오는 반면, 기억의 심리학이나 물질의 형이상학을 구성할 수 없게 된다. 물질은 서로로부터 연역되고 서로 동등해지는 무한히 빠른 순간들의 연속이며, 정신은 과거의 현재로의 연장, 진행, 진화, 즉 기억이다(247~249쪽).

③우리는 신체와 정신의 관계에 관한 문제에 대해 공간적 구별을 시간적 구별로 대체했다. 공간적 구별은 정도를 포함하지 않는다. 그러나 정신의 가장 낮은 역할이 사물의 연속적 순간들을 연

결하는 것이라면 정신과 물질 사이에는 무한한 정도들이 있게 된다. 신경계의 더 복잡한 조직은 사물의 리듬에서 벗어나서 과거를 붙잡아 점점 더 깊이 미래에 영향을 미치게 해 주는 내적인 힘을 드러낸다. 그렇게 되면 무기물에서 반성력이 큰 정신 사이에는 모든 정도의 자유가 있게 된다. 그러면 물질과 정신은 점점 더 접근하게 된다. 물론 물질과 가장 낮은 자유 사이에도 구별은 존속하겠지만 결합은 가능해진다. 순수지각에서 부분적 일치라는 형태로 접할 것이다. 가장 낮은 정도의 정신일 순수지각은 진정으로 물질의 부분일 것이다. 물질이 과거를 기억하지 않는다면, 그것은 물질이 끊임없이 과거를 반복하고 각각이 앞선 것과 동등하며 거기서부터 연역될 수 있기 때문이다. 따라서 그 과거는 그 현재에 진실로 주어져 있다. 그러나 진화하는 존재는 매 순간 뭔가 새로운 것을 창조한다. 따라서 과거가 현재에 저장되어 있지 않다면 현재에서 과거를 찾을 수 없다(249~251쪽).

요약과 결론(굵은 글씨는 우리가 생각한 각 부분의 요약이다)

I. **몸은 행동의 도구이다.** 척수는 다소 필연적 운동으로 변환시키고, 뇌는 다소 자유롭게 선택된 운동 장치와 관계를 맺게 한다. 몸은 운동 습관을 보존하며, 또 과거의 지각들을 연장한 어떤 두뇌 현상들의 반복에 의해 현재와의 접착점을 찾는다. 어떤 경우라도 뇌가 기억이나 상들을 축적하지는 않는다. 그러한 생각들은 결국 몸과 정신 사이의 심연을 팠지만, 사실은 그것들을 접근시킬 수

단을 제시하기 위해서였다.

II. 통속적 이원론이나 유물론과 관념론은 모두 육체와 정신 중 어느 하나가 다른 것의 복제물이라 생각한 것이다. 유물론이나 관념론은 나타나는 질서와 과학에서 성공하는 질서 사이를 오가는 것이다. 그것들은 모두 지각과 기억을 순수 인식 활동으로 간주한다. 그러나 사실은 **지각과 기억, 그리고 몸은 모두 행동을 위한 것이다.** 지각은 가능한 행동을 스케치하는 것이며, 기억은 가장 유용한 결정을 하게 하거나 사물에 대한 행동 능력을 크게 하는 것이다.

III. **지각한다는 것이 대상들 총체로부터 내 몸의 가능적 행동을 떼어내는 것에서 성립한다.** 다른 것은 제거하고 내 몸에 필요한 것만을 취한 것이다. 그것이 순수지각이다. 그와 같이 지각과 실재 사이에 부분과 전체의 관계를 확립하기 위해서는 행동을 준비한다는 진정한 역할을 지각에 남겨두어야 했다. 그때 인식은 내 안이라기보다는 사물 안에 있고, 외관과 실재가 아니라 부분과 전체의 관계에 있으므로 주관적이지 않게 된다. 한편 실재론은 모두 동질적 공간을 지성과 사물 사이의 장벽으로 세운다. 그러나 그것은 행동을 위해 물질 아래에 던지는 그물에 불과하다. 그것을 알아차리면 **나누어지지 않는 구체적인 연장성과 직접적 지각의 연장성을 회복한다.** 지각은 우리의 가능적 행동이며 뇌의 상태는 일어나려는 행동이기 때문에, 뇌의 상태는 단지 지각에 연속될 뿐이다.

IV. **순수지각에 정조와 기억을 통합해야 한다.** 신체와 물체의 거리가 감소할수록 가능적 행동은 실재적 행동이 되며, 지각이 우리 자신의 몸이 될 때 실재행동이 된다. 고통이 바로 그것이며, 손상된 부분의 현재적·국지적 노력이자 실패할 수밖에 없게 단죄된 노력이다. 고통은 그것이 일어난 장소에 있다. 사람들은 그런 정조를 연장적이지 않다고 생각하여 정조와 감각을 상의 재료로 만든다. 그러면 감각과 지각이 정체불명의 것으로 되어버린다. 사실 감각은 상의 재료가 아니라 몸으로부터 투사된 불순물이다.

V. 물질계 자체가 서로 보상하고 중화되는 의식이지만 **정신을 만나기 위해서는** 과거가 현재로 연장되며, 필연의 법칙에서 빠져 나온 **기억으로 이행해야 한다.**

VI. 기억은 두뇌의 기능에 불과하며, 지각과 기억 사이에는 강도의 차이밖에 없는가? 아니면 기억은 뇌의 기능과는 다른 것이며, 지각과 기억 사이에는 정도차가 아니라 본성의 차이가 있는가? 뇌에 기억이 저장되어 있다면 일정한 망각에는 뇌의 일정한 부위의 손상이 대응해야 할 것이다. 그러나 사실은 어떤 부위가 손상되는 것이 아니라 호출의 능력의 활력이 다소 감소한다. **뇌의 역할은 기억을 가두는 것이 아니라 호출 기제의 작동을 확보하는 것이다.** 재인의 두 방식 중 습관에 의한 재인은 몸속에 세운 운동장치의 작동의 파괴에 의해 설명되며, 상에 의한 재인의 경우는 다양한 감각적이고 운동적인 지역들이거나, 더 빈번하게는 기억들 자체라기보다는 그것들을 피질의 내부 자체에서부터 작동하게 해주는 부속기관들(annexe)이 손상된 것이다. 재인은 뇌 속에 잠든 기억들이 깨어나는 것이 아니라 의식의 긴장을 통해 현재 지각과 접촉하는 내용을 순수기억 속으로 찾으러 가는 것이다. 이제 그 순수기억은 분석하여 지각과 기억 사이에는 정도가 아니라 본성의 차이가 있다는 것을 보여야 한다.

VII. 기억이 더 약한 지각에 불과하다면, 역으로 지각은 더 강한 기억과 같은 무엇일 것이다. 영국의 관념론이나 물질은 참인 환각이라는 생각의 뿌리가 그것이다. 그러나 약한 소리의 지각이 강한 소리의 기억으로는 되지 않는다. 이미 과거의 표상을 가지고 있지 않다면 아무리 약한 상태도 과거로 보낼 수 없다. 기억은 현재에서 과거로의 퇴행이 아니라 반대로 과거에서 현재로의 진행에서 성립한다. 현재는 우리에게 작용하는 것이자 우리를 작용하게 하는 것이다. 현재는 몸의 상태이며 과거는 더 이상 작용하지 않는 것이다. 그러므로 **기억이 뇌로부터 나올 수가 없다. 뇌는 기억을 잇는 것이며, 기억에 부여하는 물질성에 의해 현재에 대한 영향력을 줄 뿐이다.** 순수기억은 정신이다.

VIII. 연상주의는 의식의 여러 국면을 혼동하여 하나로 놓은 잘못을 저질렀지만 우리는 반대로 **행동의 국면과 꿈의 국면 사이에 수천 수만의 국면들을 반복하여 산다. 지성의 삶은 국면들 사이를 왔다 갔다 하는 운동 자체에서 성립한다.** 연상의 법칙의 유사성과 인접성은 생명체의 관심은 현재의 상황 속에서 이전의 상황과 닮은 것을 파악하고, 그것을 뒤따르던 것에 접근시켜서 자신의 과거 경험을 이용하는 것이라는 데서 온다. 어느 유사성과 인접성의 선택은 긴장의 정도에 달려 있다. 그 두 극단 사이의 운동이 일반 관념을 그린다. 일반 관념은 한 극단에서 다른 극단으로 가는 정신의 움직임에서 성립한다.

IX. 모든 지각은 순수지각이 아니라 기억의 성격을 띤다. 지각을 순수기억과 순수지각, 즉 정신과 물질의 종합으로 파악하면 둘 사이의 결합의 문제를 다룰 수 있다. 비연장적인 것과 연장적인 것, 질과 양, 자유와 필연의 대립을 약화시켜 상호 연관을 밝혀야 한다.

1. 직접적 직관에 주어진 것은 **나누어진 연장성과 순수 비연장성 사이의 뭔가 중간적인 것, 펼쳐짐이다.** 그런데 우리는 행동의 필요에 의해 연장성이 절대적으로 독립적인 대상들로 재단되며, 알아차릴 수 없을 정도로 조금씩 정조에서 지각으로 이행한다. 그렇게 하여 무한히 나누어질 수 있는 연장성과 절대적으로 비연장적인 감각을 세운다.

2. 지각은 비연장적이 아니라 자리가 있다. 또 물질은 미립자로 구성된 것이 아니다. 마지막으로 추상적인 동질적 운동도 제거해 보라. 운동은 그 자체 질적인 변화이다. 엄청난 다수의 순간들을 자신의 외견상의 단순성 속에서 요약하는 것이 순수지각과 순수기억의 살아있는 종합이다. **질과 양 사이에는 긴장의 차이밖에 없다.** 이제 긴장의 관념에 의해 양과 질의 대립이 극복된다.

3. 절대적 필연성은 연속적 순간들 서로의 완벽한 등가성일 것이다. 물질계가 그러할 것인가? 우리는 연구의 편의를 위해 그렇게 가정했지만 좀 약화시킬 여지는 있을 것이다. 물질을 중화된 의식으로 볼 수도 있다. **생물계에서 공간에서의 운동에 주어지는 점점 더 큰 자유를 볼 수 있다.** 의식은 점증적으로 긴장하여 점점 더 잘

과거를 보존하고 점점 더 풍부하고 강도 높은 삶을 통해 필연의 그물망을 뚫고 지나갈 행위들을 더 잘 창조할 수 있게 된다. 자유는 항상 필연으로 그 깊은 뿌리를 내리고 그것과 함께 내적으로 조직된다. 정신은 물질에서 자신의 영양분을 끌어낼 지각을 빌리고, 자신의 자유를 새긴 운동의 형태로 그것을 되돌려 준다.

앙리 베르크손
(Henri Bergson, 1859~1941)

플라톤 이후 최고의 형이상학자이자 "프랑스가 낳은 가장 프랑스적인 철학자"로 칭해지는 베르크손은 폴란드계 유태인인 아버지와 영국인 어머니 사이에서 태어났다. 그는 11살 때부터 파리에서 기숙사 생활을 했는데, 꽁도르세 중고교 시절부터 우등생의 표본과 같은 학생으로서 전국 학력경시대회에서 라틴어, 영어, 희랍어, 수학, 기하학 등에서 1, 2위를 휩쓸었고, 19세에 프랑스 지적엘리트들의 집합소인 파리 고등사범학교(ENS)의 철학과에 입학했다. 고등사범을 졸업하면서 철학교수 자격시험(agrégation)에 합격(22세)하고 앙제와 끌레르몽-페랑의 고등학교 교수로 재직하면서 박사학위 논문이자 그의 첫 번째 주저인 『시론』을 완성한다(30세). 두 번째 주저인 『물질과 기억』을 저술(37세)한후 41세 되는 해에는 꼴레즈-드-프랑스의 교수로 임명되어 62세 때까지 20여년간 재직한다. 정치-윤리학 아카데미 회원(42세), 아카데미 프랑세즈 회원(55세)이었던 그는 대십자훈장에 서품되었고, 1928년에는 세 번째 주저인 『창조적 진화』로 노벨 문학상을 수상했다. 73세에 마지막 주저인 『도덕과 종교의 두원천』(1932)을 완성한 베르크손은 조용한 말년을 보내다가 2차 세계대전 발발직후 독일군에 점령된 파리에서 쓸쓸히 숨을 거두었고(81세), "전쟁만 아니었다면 국장이었을" 그의 장례식은 눈발이 날리는 파리 근교의 가르쉬 묘지에서조촐하게 치러졌다. 평생을 단 하루도 쉴 날이 없었다던 그는 "태어나서 일하고 죽었다"는 철학자로서는 최고의 수식어가 아깝지 않은 생을 살았다.

최화(1958~)

서울대학교 법과대학을 졸업하고 서울대 대학원 철학과에서 석사학위를 받았다. 프랑스 빠리-소르본느대학교(빠리 IV대학)에서 플라톤에 대한 연구로 박사학위를 받았으며 1995년 이후 경희대학교 교수로 재직 중이다. 한국프랑스철학회 및 한국고전철학회 회장을 역임하였으며 현재는 한국서양고전학회 회장을맡고 있다. 박홍규의 영향을 깊이 받은 그는 스승과 같이 플라톤과 베르크손의형이상학을 연구하고 있으며, 새로운 한국철학을 위해 지각의 형이상학을 준비하고 있다. 역서로 라베쏭의 『습관에 대하여』와 베르크손의 『의식에 직접 주어진 것들에 관한 시론』, 저서로 『박홍규의 형이상학』 등이 있다.

(현대철학총서 2 | 베르크손 전집 1) 물질과 기억

초판 1쇄 발행 2017년 12월 11일 | **초판 3쇄 발행** 2023년 1월 26일
앙리 베르크손 **지음** | 최화 **역주** | **펴낸이** 김시열
펴낸곳 도서출판 자유문고

(02832) 서울시 성북구 동소문로 67-1 성심빌딩 3층

전화 (02) 2637-8988 | **팩스** (02) 2676-9759

ISBN 978-89-7030-118-1 94160
ISBN 978-89-7030-098-6 (총서) 값 25,000원
http://cafe.daum.net/jayumungo (도서출판 자유문고)